Stefano Paterna

KÖLN FOTOGRAFIEREN

Der Foto-Reiseführer zu den schönsten Motiven

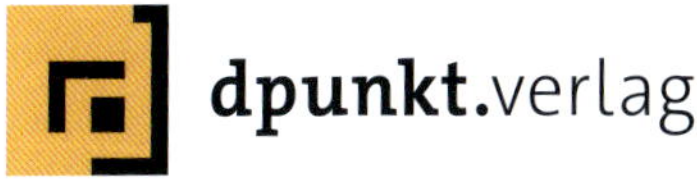

Stefano Paterna
www.stefanopaterna.com
Instagram @stefano_paterna
www.fotokurse-koeln.com

Lektorat: Rudolf Krahm
Lektoratsbüro: Friederike Demmig, Julia Griebel
Copy-Editing: Friederike Daenecke, Zülpich
Satz: Anna Diechtierow
Herstellung: Stefanie Weidner, Frank Heidt
Umschlaggestaltung: Anna Diechtierow, unter Verwendung eines Fotos des Autors
Druck und Bindung: mediaprint solutions GmbH, 33100 Paderborn
Karten: Stepmap

Bibliografische Information der Deutschen Nationalbibliothek
Die Deutsche Nationalbibliothek verzeichnet diese Publikation in der Deutschen Nationalbibliografie; detaillierte bibliografische Daten sind im Internet über *http://dnb.d-nb.de* abrufbar.

ISBN:
Print 978-3-86490-976-4
PDF 978-3-98890-050-0
ePub 978-3-98890-051-7
mobi 978-3-98890-052-4

Copyright © 2024 dpunkt.verlag GmbH
Wieblinger Weg 17
69123 Heidelberg

Hinweis: Dieses Buch wurde mit mineralölfreien Farben auf PEFC-zertifiziertem Papier aus nachhaltiger Waldwirtschaft gedruckt. Der Umwelt zuliebe verzichten wir zusätzlich auf die Einschweißfolie. Hergestellt in Deutschland.

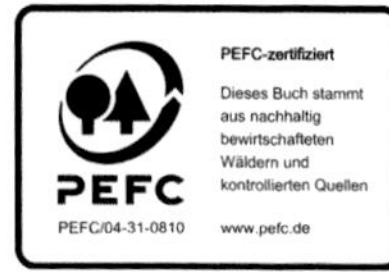

Schreiben Sie uns:
Falls Sie Anregungen, Wünsche und Kommentare haben, lassen Sie es uns wissen: *hallo@dpunkt.de.*

Die vorliegende Publikation ist urheberrechtlich geschützt. Alle Rechte vorbehalten. Die Verwendung der Texte und Abbildungen, auch auszugsweise, ist ohne die schriftliche Zustimmung des Verlags urheberrechtswidrig und daher strafbar. Dies gilt insbesondere für die Vervielfältigung, Übersetzung oder die Verwendung in elektronischen Systemen. Es wird darauf hingewiesen, dass die im Buch verwendeten Soft- und Hardware-Bezeichnungen sowie Markennamen und Produktbezeichnungen der jeweiligen Firmen im Allgemeinenwarenzeichen-, marken- oder patentrechtlichem Schutz unterliegen. Alle Angaben und Programme in diesem Buch wurden mit größter Sorgfalt kontrolliert. Weder Autor noch Verlag können jedoch für Schäden haftbar gemacht werden, die in Zusammenhang mit der Verwendung dieses Buches stehen.

543210

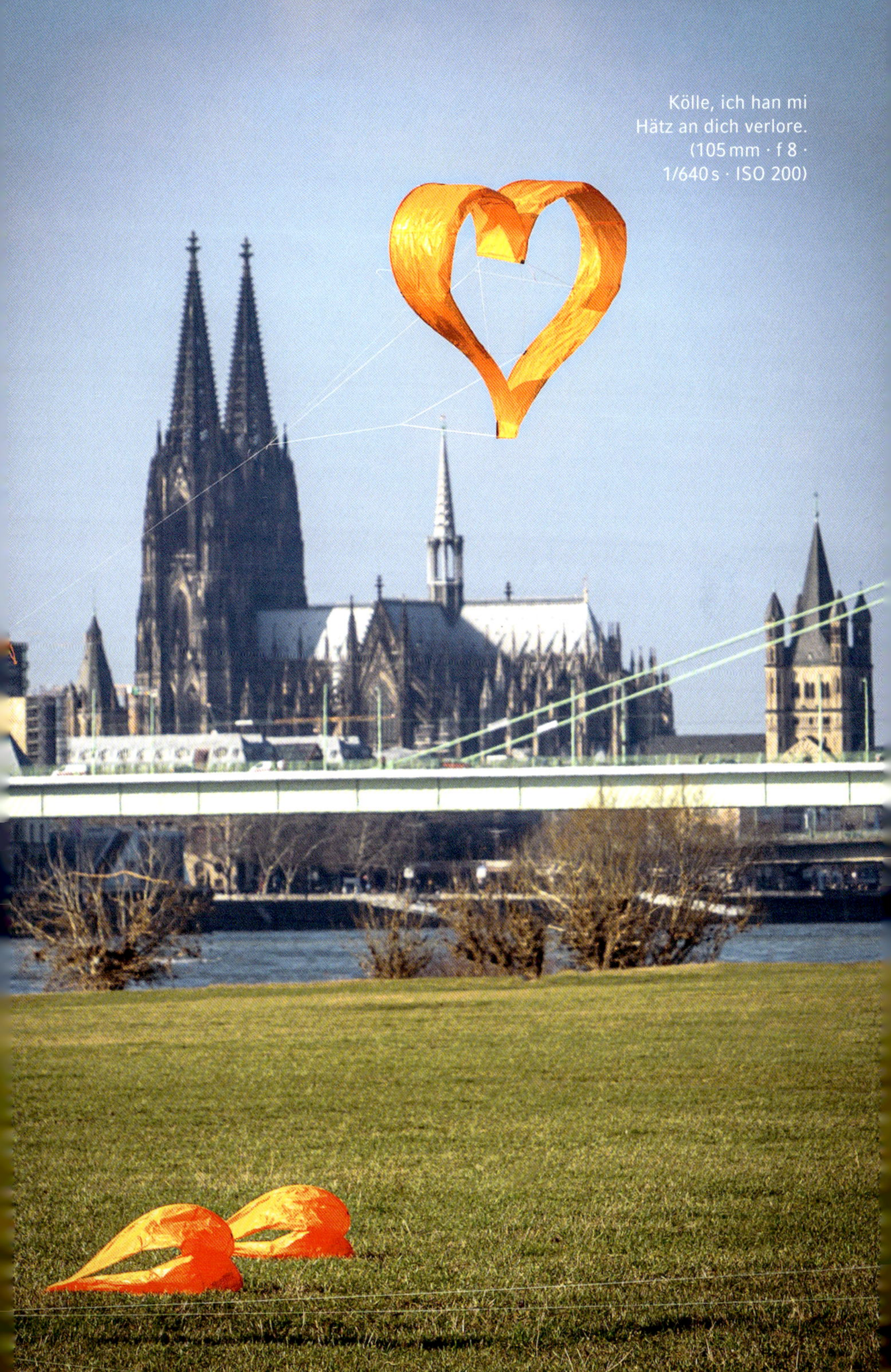

Kölle, ich han mi
Hätz an dich verlore.
(105 mm · f 8 ·
1/640 s · ISO 200)

STEFANO PATERNA – REISEFOTOGRAF AUS LEIDENSCHAFT

Bevor Stefano Paterna seine beiden Leidenschaften – das Reisen und das Fotografieren – zu seinem Beruf machte, arbeitete er nach seinem Studium für verschiedene europäische Banken. Schon zu dieser Zeit absolvierte er eine fotografische Ausbildung an der renommierten Londoner University of the Arts, die er dann durch eine einjährige Assistenz bei dem Werbe- und Modefotografen Prasad Naik in Mumbai fortführte.

Nach einigen Jahren im Ausland und vielen Reisen zog es den Kölner mit italienischen Wurzeln wieder zurück in seine deutsche Heimat. Inspiriert von der Schönheit der Welt, deren Vielfalt er mit seiner Kamera immer wieder neu entdeckt, beschloss er im Jahr 2006 den Sprung in die Selbstständigkeit und eröffnete 2013 eine Fotoschule in Köln. Seitdem gibt er sein Wissen und seine Erfahrungen an Hobbyfotografen weiter – in Workshops vor Ort und auf ausgewählten Fotoreisen. Dabei geht es ihm nicht nur um das reine Handwerk, sondern auch immer darum, dass verschiedene

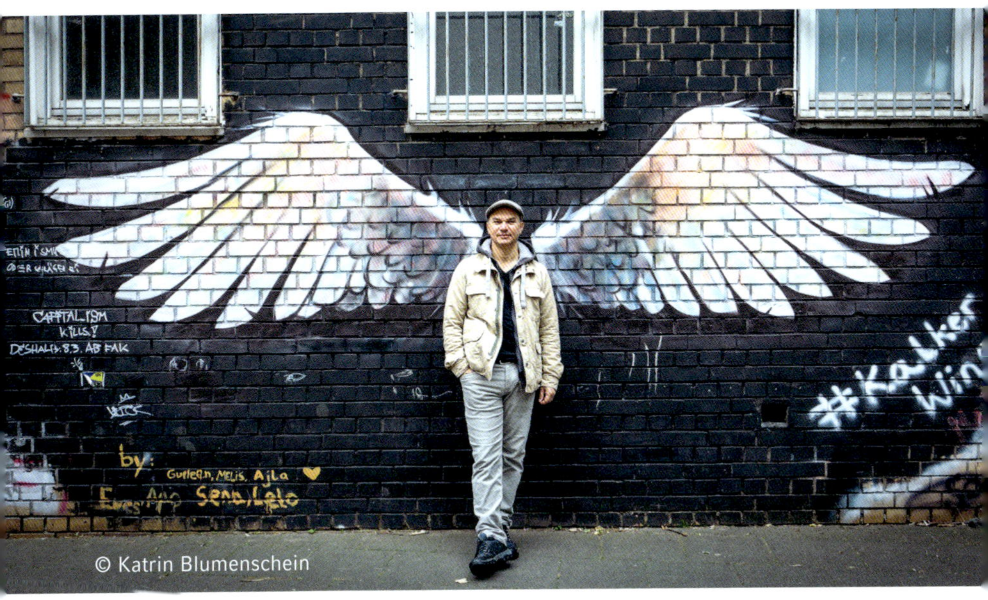

© Katrin Blumenschein

Sichtweisen in der Fotografie legitim sind. Es gibt kein »Richtig oder Falsch«, sondern viele individuelle Perspektiven, die immer wieder neue und überraschende Ergebnisse hervorbringen.

Stefano Paterna ist nach wie vor als Fotograf unterwegs und fotografiert regelmäßig für Magazine, Verlage, Fremdenverkehrsämter und Reiseveranstalter. Dabei führen ihn diese Projekte zu Orten auf der ganzen Welt. Seine Fotos von diesen Reisen wurden in einer Reihe von Magazinen und Zeitungen abgedruckt, unter anderem in National Geographic Traveler, Condé Nast Traveler, Merian, GEO, Vanity Fair, Harper's Bazaar, in der Financial Times und im Wall Street Journal.

Seine Bilder und Workshop-Angebote, die unter anderem nach Venedig, in die Toskana, zu den Dolomiten, nach Irland, Cornwall, Asturien, Kenia und Namibia führen, finden Sie auf seiner Webseite.

www.stefanopaterna.com
Instagram *@stefano_paterna*
www.fotokurse-koeln.com

INHALTSVERZEICHNIS

Einleitung

ÜBER DIE STADT UND DAS FOTOGRAFIEREN IN KÖLN

»Hey Kölle, du bes e Jeföhl« ist nicht nur zu einer Hymne geworden, sondern beschreibt ganz gut, wie die Kölner über ihre Stadt denken. Köln lässt sich nicht greifen, sondern muss erlebt werden. Vielleicht ist das eine Erklärung dafür, warum die Stadt so unterschiedlich wahrgenommen wird. Für die Kölner ist es die schönste Stadt schlechthin, an der sie mit einer solchen Hingabe und Liebe hängen, dass keine Kritik akzeptiert wird, insbesondere nicht von Auswärtigen. Intern mag das wahrlich anders aussehen.

Den Auswärtigen oder Besuchern erschließt sich die Stadt meist nicht auf Anhieb, denn Köln hatte nie den Charme einer Residenzstadt, sondern war immer eine geschäftige Handelsstadt und Stadt der Bürger.

Vermutlich erklärt es sich so, dass ich den Buchvertrag für den »Fotoscout Köln« erst im insgesamt fünften Anlauf erhalten habe. Dabei habe ich es bei drei unterschiedlichen Verlagen versucht. Beim dpunkt.verlag hat es bei der dritten Anfrage schlussendlich geklappt. Vermutlich, weil sie meine ständigen Anfragen satt waren. Aber bei meiner dritten Anfrage gab es einen Unterschied: Diesmal habe ich neben dem Exposé auch 150 meiner Köln-Bilder mitgeschickt. Und diese sollen den Ausschlag gegeben haben.

Die meisten wissen nicht, dass sich in Köln schöne Fotos produzieren lassen. Aus irgendeinem Grund glauben viele nicht, dass Köln eine fotogene Stadt ist. Vermutlich erschließt sich Köln dem Besucher nicht direkt fotografisch. Aber Sie, lieber Leser, liebe Leserin, sind der Beweis, dass ich hoffentlich richtig liege.

Köln hat sich zu einem der Medien-, Tourismus- und Geschäftszentren in Deutschland entwickelt. Köln die größte Stadt in Nordrhein-Westfalen und die viertgrößte Stadt in Deutschland. Köln ist modern, aufregend und beiderseits des Rheins gelegen. Der berühmte Dom ist nicht nur das Wahrzeichen der Stadt, sondern auch eine der bekanntesten und meistbesuchten Sehenswürdigkeiten in Deutschland.

Köln sollte auf jedem Reiseplan stehen: prächtige Kirchen, interessante Architektur, international bekannte Museen mit einer lebendigen Kunstszene, lokale Küche und Bier. Die Kölner an sich sind sehr freundliche und fröhliche Menschen, die sich für alle Arten von Touristen interessieren.

IN KÖLN FOTOGRAFIEREN

Es gibt zahlreiche Möglichkeiten und Motive, um in Köln zu fotografieren. Natürlich sind Architektur und Stadtlandschaften die Hauptattraktionen, aber ich mag auch die Straßenfotografie. In einer Großstadt wie Köln wird es mir als Fotograf nie langweilig!

Für die hier abgedruckten Aufnahmen habe ich unterschiedliche Techniken angewendet. In diesem Buch werde ich größtenteils nicht auf sie eingehen. Dafür gibt es zahlreiche andere Titel, zum Beispiel eines meiner anderen Bücher (»Urbane Fotografie«), oder Sie gehen auf meinen YouTube-Kanal und lassen sich die Technik in einem Video von mir erklären.

Mit diesem Buch möchte ich Ihnen meine Begeisterung für Köln näherbringen und Ihnen dabei helfen, die nächste Köln-Reise oder regelmäßige Ausflüge perfekt vorzubereiten. So können Sie sich bestimmte Fotomotive bereits vor dem nächsten Ausflug aussuchen und planen, wie Sie sie in Szene setzen. Denn eins ist klar: Sie benötigen viele Besuche, um die meisten der hier vorgestellten Fotospots abzulichten. Vor allem, wenn Sie sie im besten Licht fotografieren möchten. Das nämlich sollte Ihr fotografischer Anspruch sein.

Als Fotograf ist man nie ganz zufrieden. Oftmals gibt es entweder zu viele Wolken oder nicht genug Wolken oder auch die falschen Wolken. Das Gebäude ist nicht richtig beleuchtet oder es gibt ein Gerüst oder eine Baustelle vor dem Gebäude.

Die ganze Planung sollte Sie aber natürlich vor Ort nicht davon abhalten, sich einfach auch mal von Ihrer Stimmung leiten zu lassen und das zu fotografieren, was Ihnen vor die Linse kommt.

Der »Fotoscout Köln« will keinen normalen Reiseführer ersetzen, bietet aber neben den Tipps zur Fotografie auch einige weiterführende Informationen für Ihre Reise und Ausflüge. Bezüglich der fotografischen Ergebnisse hilft dieses Buch dabei, dass Sie zur richtigen Zeit am richtigen Ort sind und mit dem passenden Equipment die Bilder produzieren, an denen Sie sich noch lange erfreuen werden.

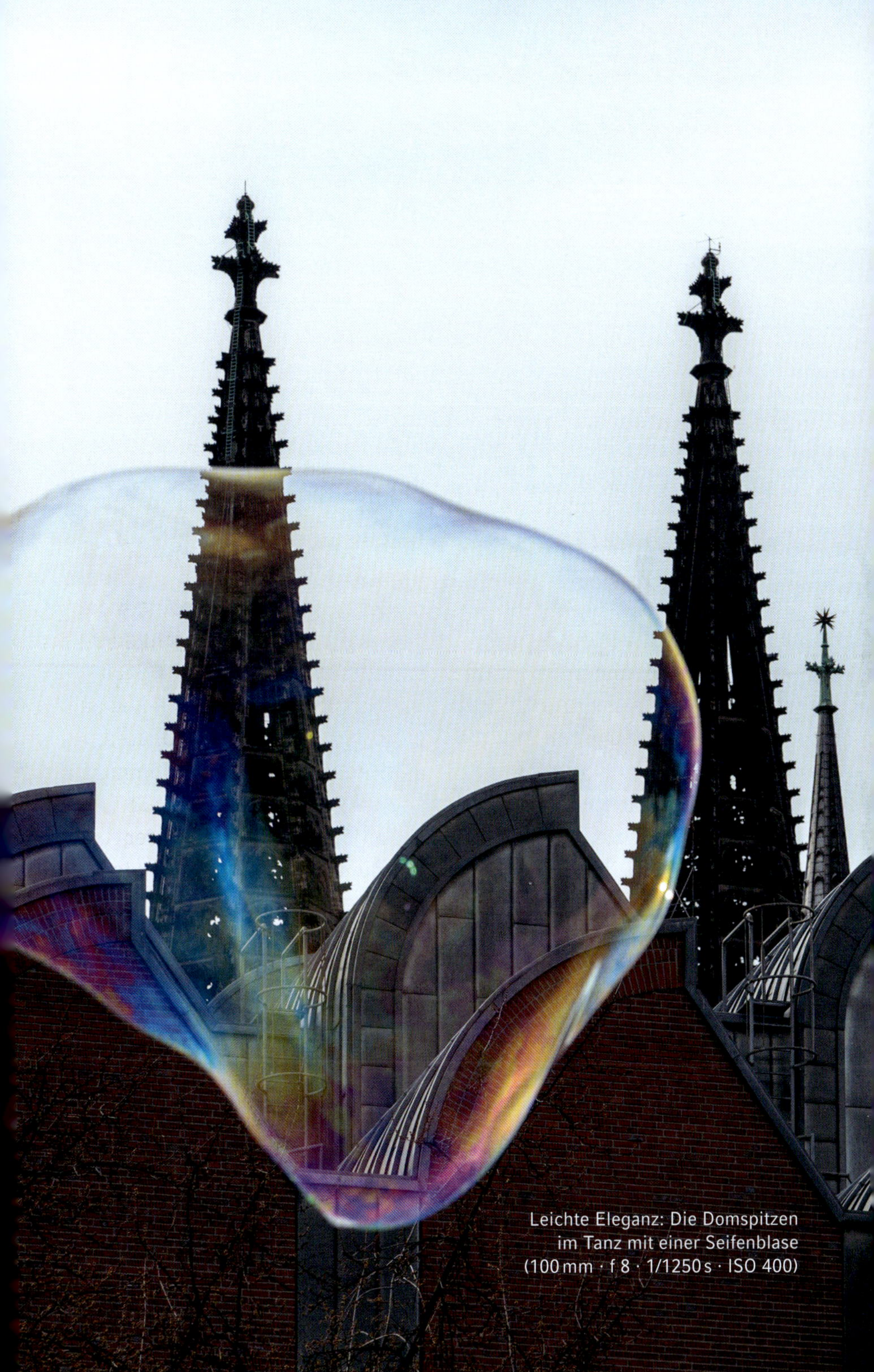

Leichte Eleganz: Die Domspitzen im Tanz mit einer Seifenblase (100 mm · f 8 · 1/1250 s · ISO 400)

REISEPLANUNG

DIE BESTE REISEZEIT

Köln bietet das ganze Jahr über sehr gute Fotomöglichkeiten und jede Jahreszeit hat hier ihre eigenen interessanten Facetten. Der Frühling und der Sommer sind die Monate mit den größten Veranstaltungen. In der Vorweihnachtszeit bieten großartig dekorierte Gebäude und die einladenden Weihnachtsmärkte tolle Fotomotive.

Köln ist eine ziemlich sichere Stadt, aber Sie sollten während Ihres Aufenthalts und beim Fotografieren Ihren gesunden Menschenverstand einschalten. Behalten Sie immer Ihre Kamera, Ausrüstung und Ihr Portemonnaie im Auge, denn Taschendiebstahl kommt vor.

UNTERWEGS IN KÖLN

Um größere Strecken in der Stadt zurückzulegen, nutzen Sie am besten die öffentlichen Verkehrsmittel. Köln verfügt über einen guten öffentlichen Personennahverkehr. Die meisten Fotomotive in der Innenstadt sind nur wenige Gehminuten voneinander entfernt, und für die etwas weiter gelegenen Fotospots empfehle ich Ihnen am besten ein Fahrrad. Wenn Sie nicht mit Ihrem eigenen Fahrrad unterwegs sind, gibt es zahlreiche Möglichkeiten, ein Fahrrad für zwei oder drei Tage zu mieten. Köln besitzt auch mehrere Call-a-Bike-Systeme. Eines wird von den Kölner Verkehrs-Betrieben (KVB) betrieben, ein weiteres von der Deutschen Bahn. Sie können sich online mit der passenden App für ein Konto registrieren und gleich losfahren. Das nächstgelegene Fahrrad finden Sie mithilfe Ihrer App, und Sie können das Fahrrad überall in der Stadt einfach wieder stehen lassen. Zusätzlich besteht auch die Möglichkeit, Elektrofahrräder und Elektroroller anzumieten.

Die Innenstadt soll in den nächsten Jahren immer weiter autofrei gestaltet werden. Ein längst überfälliger Schritt, den ich persönlich sehr begrüße. Das Parken auf der Straße wird weiter zurückgebaut und somit sind Sie auf das Parken im Parkhaus angewiesen, wenn Sie mit dem Auto anreisen.

Deutsche Bahn Call A Bike:
www.callabike.de/de/koeln/
KVB-Rad:
www.kvb-rad.de/de/koeln/
Radstation Köln:
www.radstationkoeln.de/de/verleih/
ListNRide:
www.listnride.de/cologne
Donkey Republic:
www.donkey.bike/de/
Lime:
www.li.me/de-de/

FESTIVALS

Die mit Abstand berühmteste und größte Veranstaltung der Stadt ist der Kölner Karneval. Menschen aus ganz Deutschland und Europa feiern dieses Ereignis (ca. 2 Millionen Besucher) und es zählt zu den größten Straßenfestivals in Europa.

Während der Karnevalstage finden Sie überall in der Innenstadt tolle Fotomotive. Vergessen Sie nicht, Menschen vor dem Fotografieren um Erlaubnis zu

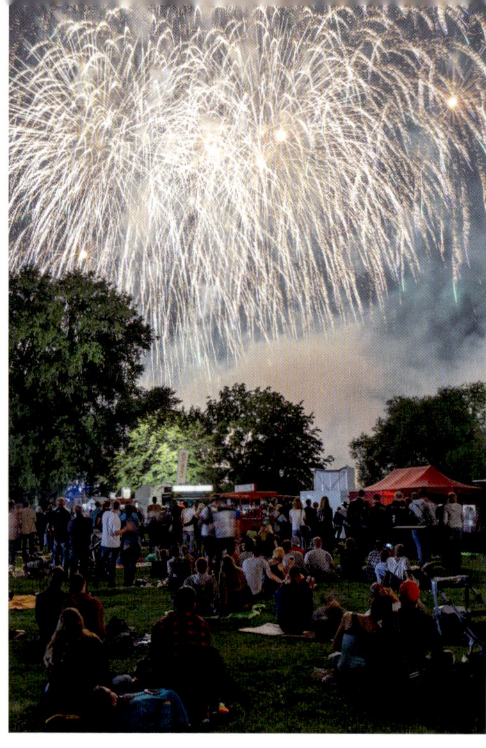

Feuerwerk bei den *Kölner Lichtern* (35 mm · f 5,6 · 1,3 s · ISO 640 · Stativ) 50.948167, 6.972375

fragen. Die Route des Rosenmontagzuges und der Veedelszüge finden Sie auf der Webseite *www.koelnerkarneval.de*.

Die zweitgrößte Veranstaltung ist die Kölner Gay Pride (ColognePride), auch CSD (Christopher Street Day) genannt, die größte LGBTQ-Parade Deutschlands mit ca. 1 Million Besuchern. Informieren Sie sich auf der Website *www.colognepride.de* über das genaue Datum und die Route. Dann kann für Ihre Aufnahmen eigentlich nichts mehr schiefgehen.

Die Kölner Lichter* (*www.koelner-lichter.de*) sind eine Musik- und Feuerwerksveranstaltung, die seit 2001 jährlich im Sommer (meistens im Juli) stattfindet. Das enorm beeindruckende Feuerwerk wird mit der Musik synchronisiert, die jedes Jahr neu für die Veranstaltung komponiert wird. Das Feuerwerk wird von einem Boot nördlich der Hohenzollernbrücke auf dem Rhein gestartet.

Für einen guten Aufnahmestandort müssen Sie wirklich sehr früh vor Ort sein, da es sehr voll wird. Achten Sie bei der Wahl Ihres Standorts darauf, dass sich niemand mehr vor Sie stellen kann und Sie eine freie Sicht behalten. Viele Bereiche, wie auch die Deutzer Brücke und die Zoobrücke, werden aus Sicherheitsgründen gesperrt. Eine Übersicht der Sperrungen finden Sie vor Veranstaltungsbeginn auf: *www.koeln.de/koeln/was_ist_los/koelner_lichter/koelner-lichter-treppen-am-rheinboulevard-werden-gesperrt_1095115.html*

Sollte diese Webseite nicht aktualisiert werden, informieren Sie sich am besten auf: *www.koeln.de/koeln/was_ist_los/topevents*

VOLKSFESTE

Die Kirmes findet jeden Frühling und Herbst auf dem Deutzer Rheinufer zwischen Deutzer Brücke und Severinsbrücke statt. In der Regel gibt es zu Beginn und zum Ende des Volksfestes ein etwa zehnminütiges Feuerwerk (siehe Tour 6, Seite 206). *www.schausteller.koeln/koelner-fruehlings-und-herbstvolksfest.html*)

WEIHNACHTSMÄRKTE

Für die Dauer von vier Wochen bis einen Tag vor Heiligabend öffnen die Kölner Weihnachtsmärkte mit mehreren Standorten in der Stadt (siehe Tour 9, Seite 253). *www.koelnerweihnachtsmaerkte.de/weihnachtsmaerkte)*

WEITERE LINKS

Kölner Verkehrs-Betriebe (KVB):
www.kvb.koeln
Kölner Fremdenverkehrsamt:
www.koelntourismus.de
Offizielle Webseite von Köln:
www.koeln.de
Kölner Seilbahn:
www.koelner-seilbahn.de

ÖFFNUNGS-, TAGES- ODER JAHRESZEITEN

Bei der Zusammenstellung der Fotospots habe ich mich bewusst schwerpunktmäßig auf Motive eingelassen, die das ganze Jahr über zu besuchen und zu fotografieren sind. Bis auf wenige Ausnahmen sind Sie dadurch völlig unabhängig von Öffnungs-, Tages- oder Jahreszeiten.

*Seit 2020 ist die Veranstaltung leider ausgesetzt. Zurzeit (2023) ist noch ungewiss, wann und ob die Kölner Lichter wieder stattfinden.

Köln fotografieren

MOTIVWAHL

Bei meiner Motivwahl für den vorliegenden »Fotoscout Köln« habe ich bewusst den Schwerpunkt auf Architekturaufnahmen und Stadtansichten gelegt. Diese Motive sind das ganze Jahr rund um die Uhr zugänglich und zu fotografieren, es sei denn sie sind gerade eingerüstet oder eine Baustelle behindert die freie Sicht auf das Motiv.

Aus diesem Grund findet sich auch keine Streetfotografie oder Festivalfotografie in diesem Buch. Diese Genres der Fotografie basieren auf dem Prinzip der Momentaufnahme. Dem Street- und Event-Fotografen geht es um ein Ereignis, das zu einem bestimmten Zeitpunkt an einem bestimmten Ort stattfindet. Da solche Ereignisse oft nicht vorhersehbar sind, kann ich Ihnen hierzu keine Fototipps geben.

Locations wie Parkanlagen oder Grünflächen sind ebenfalls nicht Gegenstand dieses Fotoscouts, weil sie nicht einzigartig für Köln sind. Jede größere Stadt hat Parkanlagen, in denen sich möglicherweise die gleichen Fotos wie in jeder anderen Stadt aufnehmen lassen.

Eine Ausnahme bildet jedoch die Flora (Seite 170). Die neuen Schaugewächshäuser bieten eine großartige Möglichkeit zum Fotografieren von seltenen und exotischen Pflanzen. Gerade Liebhaber der Makrofotografie kommen hier voll und ganz auf ihre Kosten. Außerdem befindet sich in der Flora die einzige Palmenallee Deutschlands. Der »Fotoscout Köln« zeigt vor allem

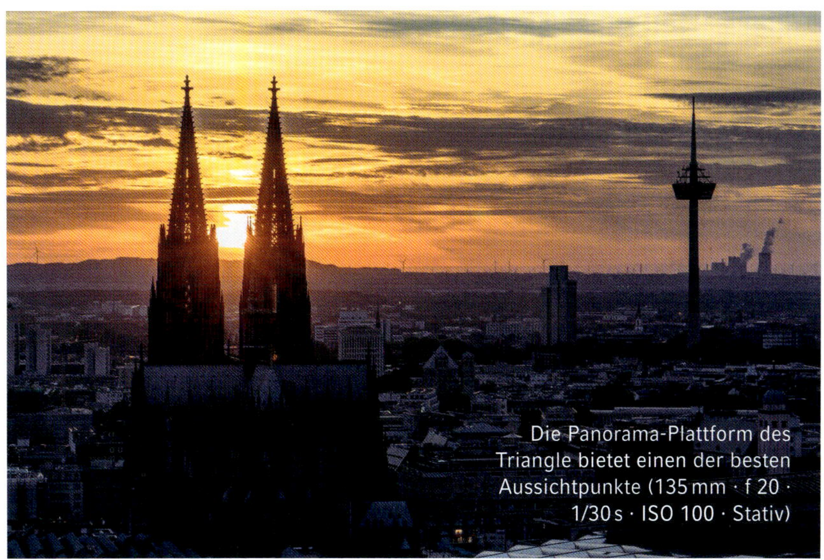
Die Panorama-Plattform des Triangle bietet einen der besten Aussichtpunkte (135 mm · f 20 · 1/30 s · ISO 100 · Stativ)

Aufnahmen, die eigentlich nur in Köln entstehen können. Dabei war mein Anspruch, die Motive im schönsten Licht zu fotografieren.

KÖLN VON OBEN

Eine erhöhte Aussicht zum Fotografieren finden Sie vom Triangle (Seite 201) und vom Südturm des Kölner Doms (Seite 31). Auch die Restaurantterrasse des Osman 30 bietet eine ganz großartige Perspektive, aber hier ist die Nutzung eines Stativs verboten und selbst das Fotografieren mit »größeren« Kameras ist untersagt. Ähnliches gilt für die Bar *Botanik* im *Wasserturm Hotel* und die *Sky Lounge* des *Savoy*-Hotels. Die oberste Etage von einigen Parkhäusern eignet sich ebenfalls zum Fotografieren. Beachten Sie aber, dass Sie ein Parkhaus nur betreten dürfen, wenn Sie dort auch parken. Fahren Sie einfach auf die oberste Etage des Parkhauses Ihrer Wahl und prüfen Sie, ob sich eine Aufnahme lohnt.

Die Aussichtsetage des Fernsehturms in Köln steht schon seit Jahren leer und ein Besuch ist seitdem nicht mehr möglich. Seit Juli 2022 steht der Fernsehturm, auch *Colonius* genannt, unter Denkmalschutz. Der Grund für die unter Denkmalschutzstellung ist, dass Fördergelder für die Renovierung vom Bund beantragt werden können. Vielleicht sind so in Zukunft wieder Aufnahmen von der Aussichtsetage möglich.

DROHNENFOTOGRAFIE IN KÖLN

Drohnenaufnahmen eignen sich ganz hervorragend für beeindruckende Fotos aus der Vogelperspektive. Sie sollten jedoch beachten, dass gem. § 24 Nr. 4 der Kölner Stadtordnung es im Kölner Stadtgebiet verboten ist, Modellfluggeräte (unter anderem Drohnen) zu benutzen. Dies gilt für die private wie auch die gewerbliche Nutzung. Es ist jedoch möglich, im Falle bestimmter Anlässe Ausnahmen zu beantragen.

Diese Einschränkung gilt nur für öffentliche Bereiche (Flächen der Stadt Köln), wie Rhein, Grünflächen, Denkmäler, öffentliche Verkehrswege, und Naturschutzgebiete, außerdem Einsatzorte von Polizei und Rettungskräften sowie für Menschenansammlungen.

Das Betreiben von Drohnen über Privatflächen ist jedoch mit Einwilligung des Eigentümers jederzeit möglich.

Zusätzlich möchte ich auf die EU-Drohnenverordnung hinweisen, die vorsieht, dass in Abhängigkeit vom Gewicht der Drohne unterschiedliche Führerscheine vorgelegt werden müssen, um diese betreiben zu dürfen. Gemäß § 33 der Kölner Stadtordnung kann ein Verstoß mit einer Geldbuße bis zu 1.000 € geahndet werden.

Die Erlaubnis für einen Drohnenflug über eine Fläche der Stadt Köln können Sie bei Frau Stefanie Hilmann (*stefanie.hilmann@stadt-koeln.de*, Telefon: 0221/221-27736) und Herr Martin Stasch (*martin.stasch@stadt-koeln.de*) beantragen.

Für die Bearbeitung der Anfrage benötigt die Antragsstelle folgende Angaben und Unterlagen:

- In welchem Zeitraum sollen die Aufnahmen erfolgen?
- Wo sollen die Aufnahmen erfolgen? (Liefern Sie eine Skizze vom Aufstiegsort und von dem Bereich mit, der überflogen werden soll.)
- Ihre Lizenzen als Dokumente
- das technische Datenblatt der Drohne
- Nachweis Ihrer Haftpflichtversicherung

Ob eine Gebühr erhoben wird, richtet sich danach, ob die Drohne auf Privatgelände oder auf öffentlichen Flächen gestartet und gelandet wird.

ERKLÄRUNG ZU DEN AUFNAHMEDATEN

- **24 mm:** Angabe der Brennweite. Ich habe unterschiedliche Objektive bei den Aufnahmen verwendet, darunter Festbrennweiten, Zoomobjektive und ein Tilt-Shift-Objektiv. Diese Brennweite ist auf Basis eines Vollformatsensors angegeben.
- **ISO 100:** Angabe der ISO-Einstellung
- **f 8:** Angabe der Blende
- **1/100 s:** Angabe der Belichtungszeit in Sekunden
- **GND:** Angabe, ob ein Grauverlaufsfilter zum Einsatz kam (mit Angabe der jeweiligen Filterstärke)
- **ND:** Angabe, ob ein Graufilter zur Verlängerung der Belichtungszeit zum Einsatz kam (mit Angabe der Filterstärke)
- **Polfilter:** Angabe, ob ein Polarisationsfilter zur Eliminierung von Reflexionen zum Einsatz kam
- **Stativ:** Angabe, ob ein Stativ zum Einsatz kam
- **Stativ a. A.:** Stativ nur auf Anfrage gestattet
- **50.940803, 6.957886:** GPS-Angabe für Google Maps. Bitte beachten Sie, dass diese Angabe nicht immer metergenau sein kann.

(Die konkreten Angaben für die Aufnahmedaten stellen Beispiele dar.)

WICHTIG

Die angegebenen Koordinaten des jeweiligen Fotospots beziehen sich auf den Kamerastandort beim Fotografieren der gezeigten Aufnahme und nicht auf das zu fotografierende Objekt bzw. die Sehenswürdigkeit selbst. Die Aufnahmepositionen von den Brücken habe ich in den Touren des jeweiligen Motivs zugeordnet. Wenn ich zum Beispiel von der Mitte der Deutzer Brücke den Kölner Dom fotografiert habe, dann habe ich das Bild in der Tour 1, »Rund um den Dom«, untergebracht. Wenn ich von der Mitte der Deutzer Brücke den Rheinboulevard fotografiert habe, dann wurde das Motiv von mir der Tour 6, »Deutz und die östliche Rheinroute«, zugeordnet.

KÖLN FOTOGRAFIEREN BEI SONNE, REGEN UND SCHNEE

Die folgende Übersicht entspricht natürlich meinen eigenen Präferenzen. Grundsätzlich lassen sich überall in Köln bei unterschiedlichen Wetterbedingungen großartige Bilder produzieren. Meine Darstellung soll Ihnen als grober Leitfaden dienen und hat mir in der Vergangenheit, je nach Wettersituation, gute Ergebnisse ermöglicht.

FOTOGRAFIEREN BEI SONNE

Am Tag lässt es sich in Köln überall gut fotografieren. Zwischen 11:00 Uhr und 15:00 Uhr sind die Kontraste jedoch in der Regel zu stark, um Licht und Schatten in einem Bild zu kombinieren. Im Sommer erweitert sich dieses Zeitfenster um mindestens zwei Stunden von 10:00 Uhr bis 16:00 Uhr.

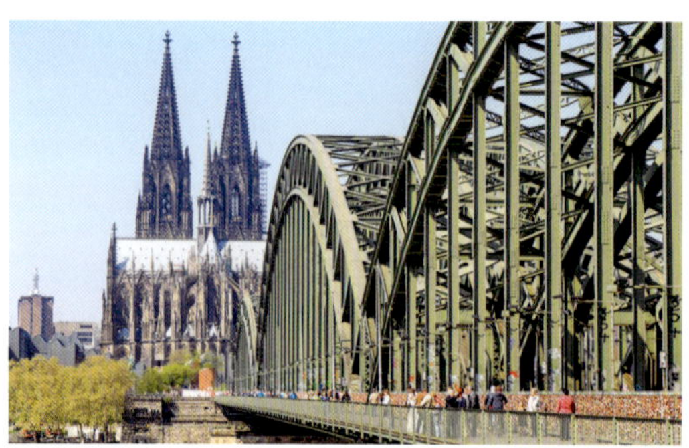

Vermeiden Sie das Fotografieren zur Mittagszeit bei starker Sonneneinstrahlung. (93 mm · f 6,3 · 1/400 s · ISO 100)

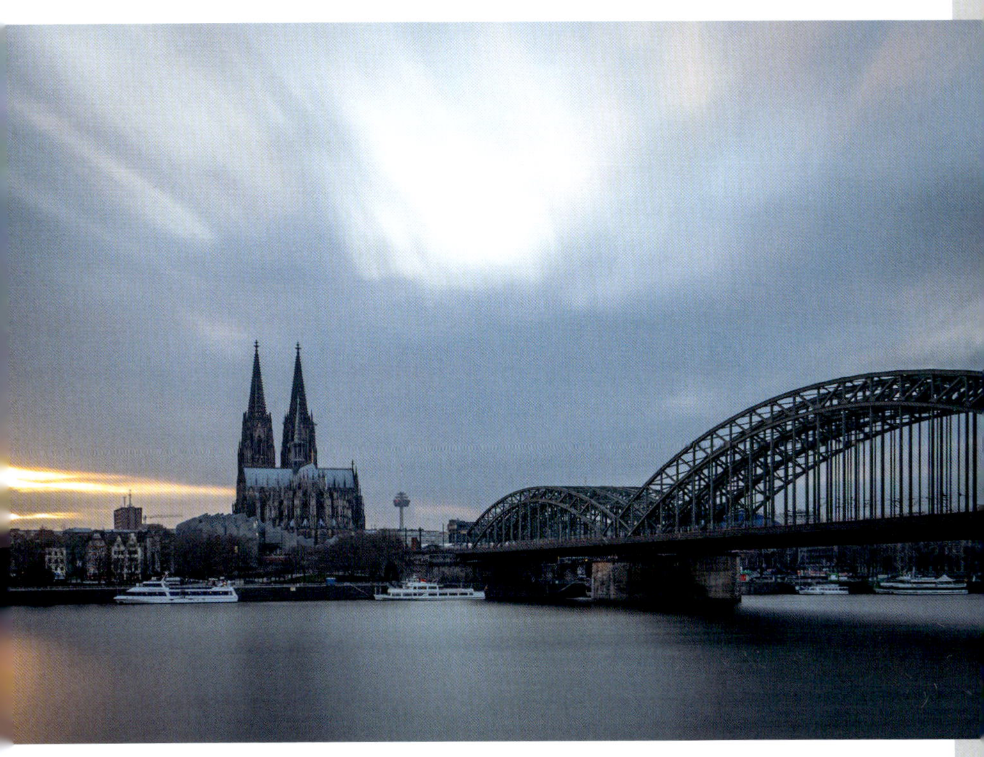

FOTOGRAFIEREN BEI BEWÖLKUNG

An bewölkten Tagen eignet sich das diffuse Licht ganz großartig für Schwarzweiß-Aufnahmen. Auch Langzeitbelichtungen funktionieren an bewölkten Tagen am besten. Die ziehenden Wolken sorgen dabei für eine interessante Textur am Himmel.

Die glatte Wasseroberfläche und die ziehenden Wolken werden durch die lange Belichtungszeit erzielt. (24 mm · f 8 · 240 s · ISO 100 · Stativ · ND 3.0)

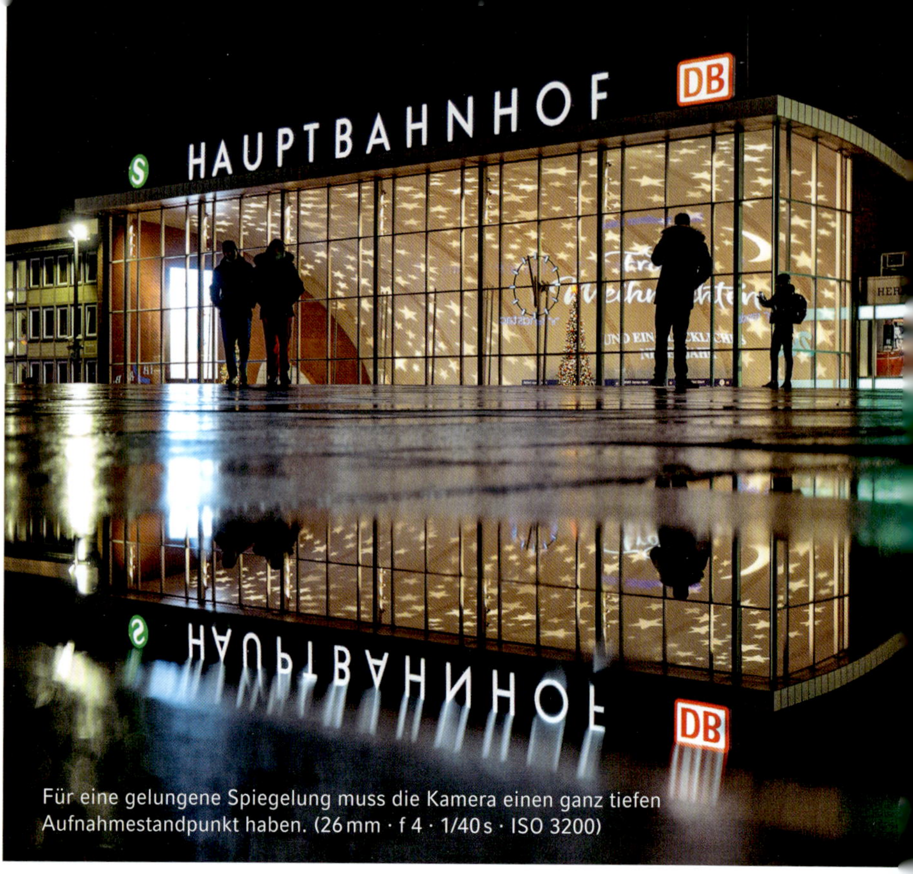

Für eine gelungene Spiegelung muss die Kamera einen ganz tiefen Aufnahmestandpunkt haben. (26 mm · f 4 · 1/40 s · ISO 3200)

FOTOGRAFIEREN BEI REGEN

Auch an Regentagen können gute Aufnahmen entstehen. Zum einen können Sie natürlich ausweichen und zum Beispiel im Trockenen in der U-Bahn oder im Museum fotografieren. Zum anderen können Sie einfach Ausschau nach Pfützen halten, in denen sich tolle Spiegelungen fotografieren lassen. Am Abend bzw. bei Nacht ermöglichen die starken Kontraste zwischen der Straßenbeleuchtung und ihren Reflexionen auf dem nassen Boden einzigartige Aufnahmen.

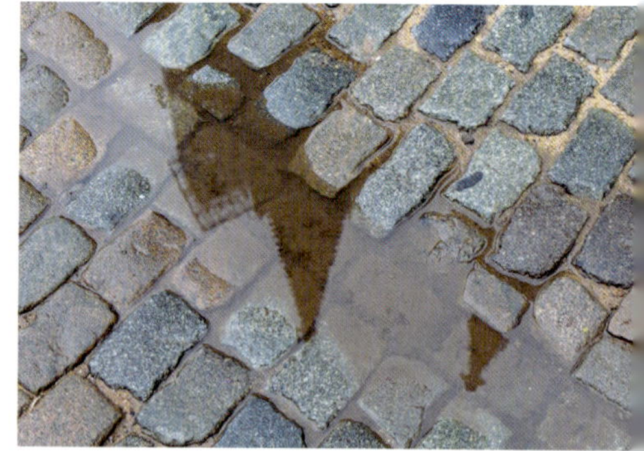

In der Pfütze spiegeln sich die Turmspitzen des Doms. (40 mm · f 7,1 · 1/250 s · ISO 800)

FOTOGRAFIEREN BEI SCHNEE UND NEBEL

Sollten Sie jemals Gelegenheit haben, Köln zu besuchen, während Schnee fällt, dann rate ich Ihnen zu fotografieren, was das Zeug hält. Köln im Schnee oder im Nebel ist mittlerweile schon eine Rarität. Dabei ergeben sich zahlreiche Möglichkeiten für die Straßenfotografie, Reisefotografie und Fine-Art-Aufnahmen. Lassen Sie sich von der besonderen Stimmung inspirieren.

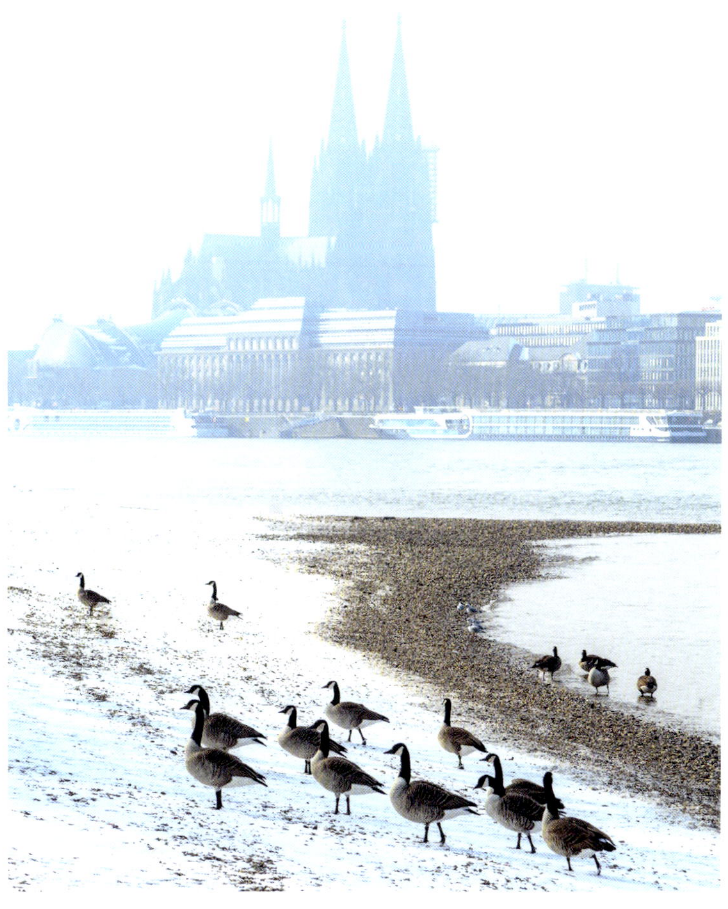

Schnee ist ein seltener Gast in Köln.
(105 mm · f 8 · 1/2000 s · ISO 800)

KÖLN FOTOGRAFIEREN BEI NACHT

Nachts, wenn zahlreiche Gassen in der Altstadt nahezu verlassen sind, könnte man für einen Augenblick fast glauben, Köln ganz für sich allein zu haben: eine große Stille, beinahe die perfekte Ruhe und die Möglichkeit, sich ganz der Fotografie hinzugeben.

Oftmals reicht eine einzelne Straßenlaterne oder ein Neonlicht, um eine Szene perfekt ins rechte Licht zu setzen. Und Orte, die bei Tag noch zu uninteressant für eine Aufnahme schienen, springen dem Betrachter nachts förmlich entgegen und müssen unbedingt fotografiert werden. Zum Fotografieren bei Nacht gehört, dass der Himmel komplett dunkel ist. Diesen komplett schwarzen Anteil sollten Sie im Bildausschnitt dann möglichst gering halten.

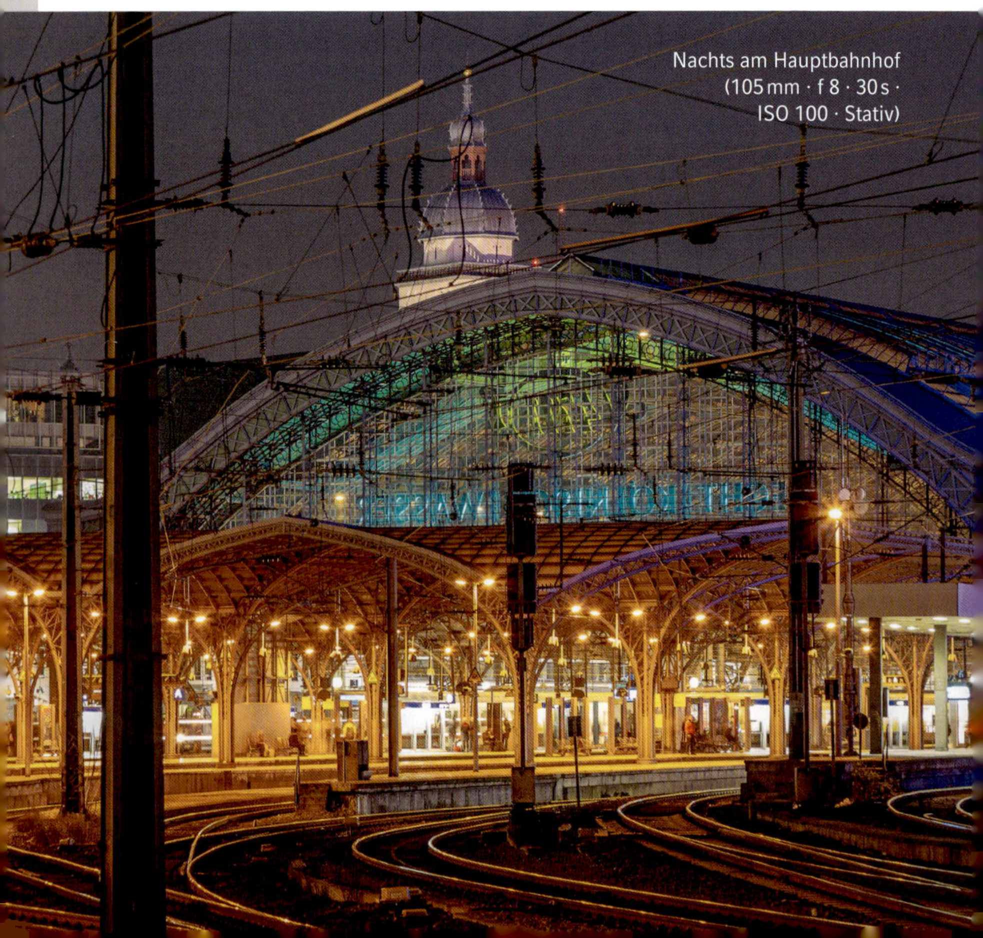

Nachts am Hauptbahnhof (105 mm · f 8 · 30 s · ISO 100 · Stativ)

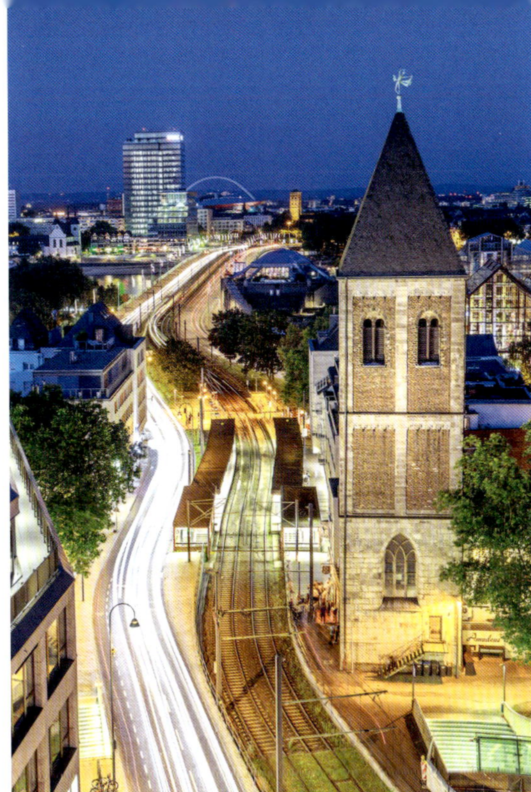

Klein St. Martin zur Blauen Stunde (200 mm · f 9 · 15 s · ISO 200 · Stativ)

KÖLN FOTOGRAFIEREN WÄHREND DER BLAUEN STUNDE

Die Blaue Stunde ist heute vor allem ein poetischer Begriff für die Zeit der Dämmerung zwischen Sonnenuntergang und nächtlicher Dunkelheit sowie für die Phase kurz vor Sonnenaufgang. Während dieser Zeit besitzt der tiefblaue Himmel in etwa dieselbe Helligkeit wie das künstliche Licht von Gebäude- und Straßenbeleuchtungen.

Gegenüber Aufnahmen bei absoluter Dunkelheit ist die Umgebung leicht erhellt und somit besser sichtbar, die Kontraste zwischen Hell und Dunkel sind abgemildert und die Bilder weisen eine interessante Stimmung auf.

Die unterschiedlichen Farbtemperaturen (das Blau des Himmels, das Orange der Glühbirnen und Straßenbeleuchtung, das Türkis der Leuchtstoffröhren) machen solche Fotos ungewöhnlich bunt. Dieser Effekt wird durch die notwendige längere Belichtungszeit noch verstärkt.

KÖLN FOTOGRAFIEREN WÄHREND DER GOLDENEN STUNDE

Kölns wundervolle Kulisse eignet sich besonders gut zum Fotografieren während der sogenannten Goldenen Stunde. Diese bezeichnet die Zeit des Sonnenaufgangs und -untergangs. Die Himmelsfarben erscheinen in diesen Momenten besonders kräftig und intensiv, vor allem, wenn die Wolken mitspielen und den Himmel in ein warmes orangerotes Licht tauchen.

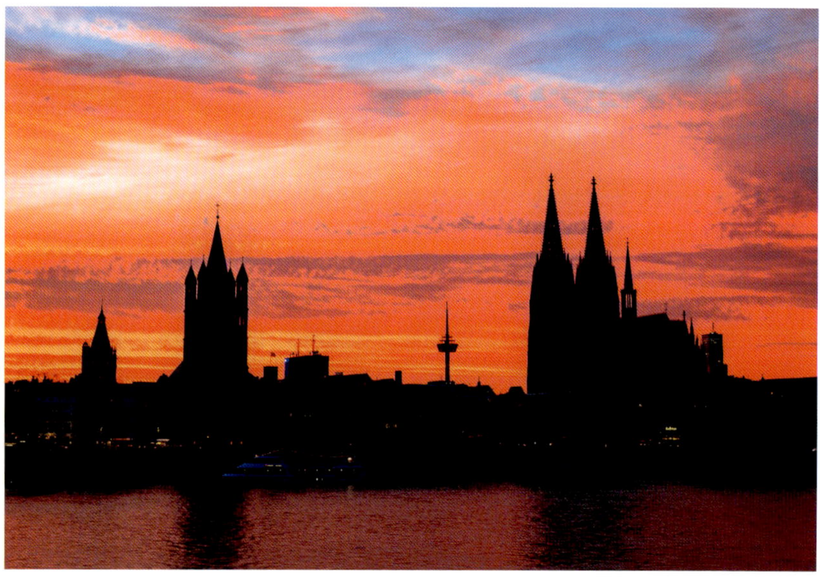

Altstadtsilhouette während der Goldenen Stunde (45 mm · f 8 · 1/5 s · ISO 100 · Stativ)

ACHTUNG

Bitte beachten Sie, dass das Fotografieren auf Privatgrundstücken grundsätzlich verboten sein kann. Auch das Fotografieren in Gebäuden ist häufig nur eingeschränkt möglich. Ich habe versucht bei allen Fotospots, bei denen eine Einschränkung möglich ist, diese auch aufzuführen.

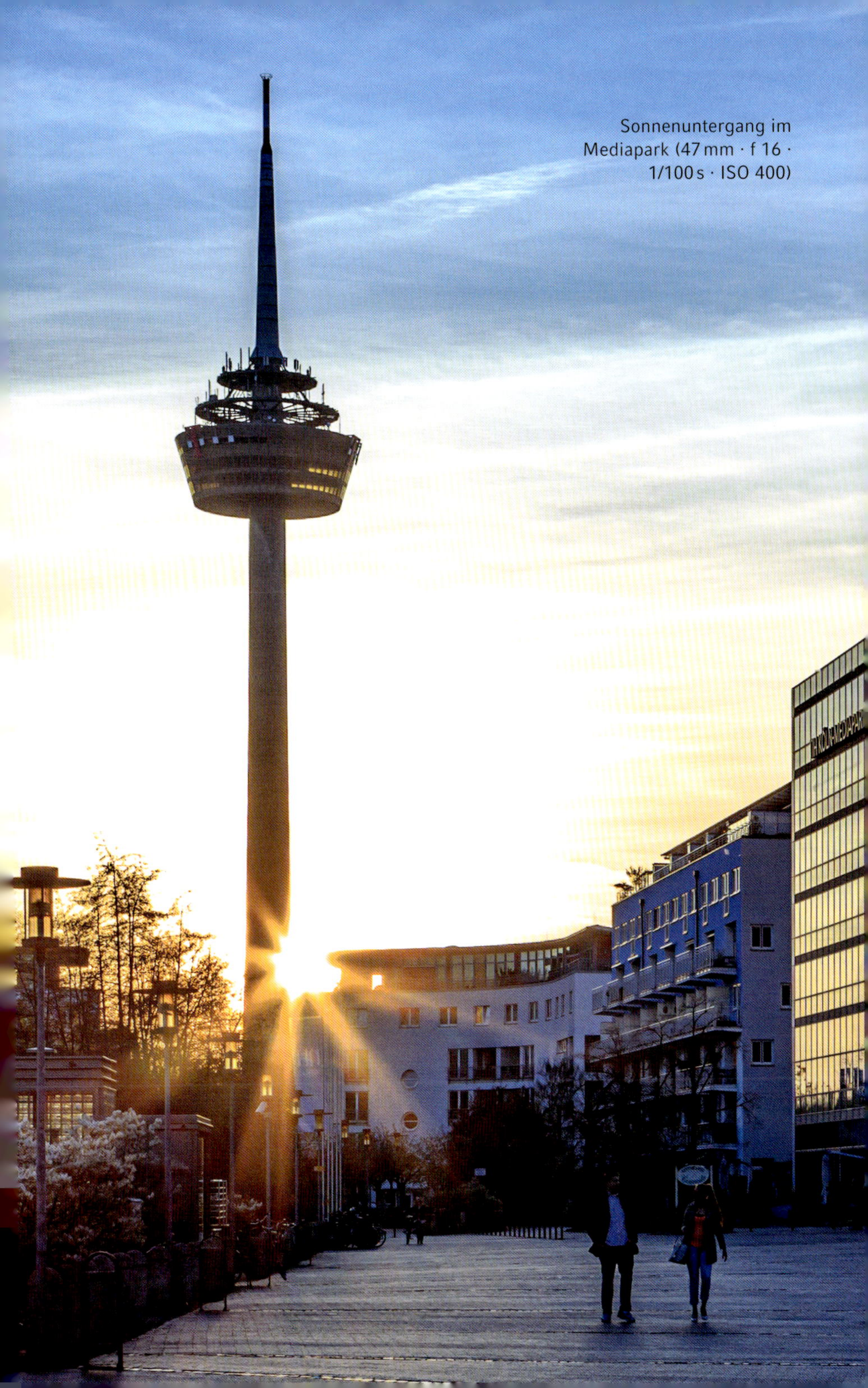

Sonnenuntergang im Mediapark (47 mm · f 16 · 1/100 s · ISO 400)

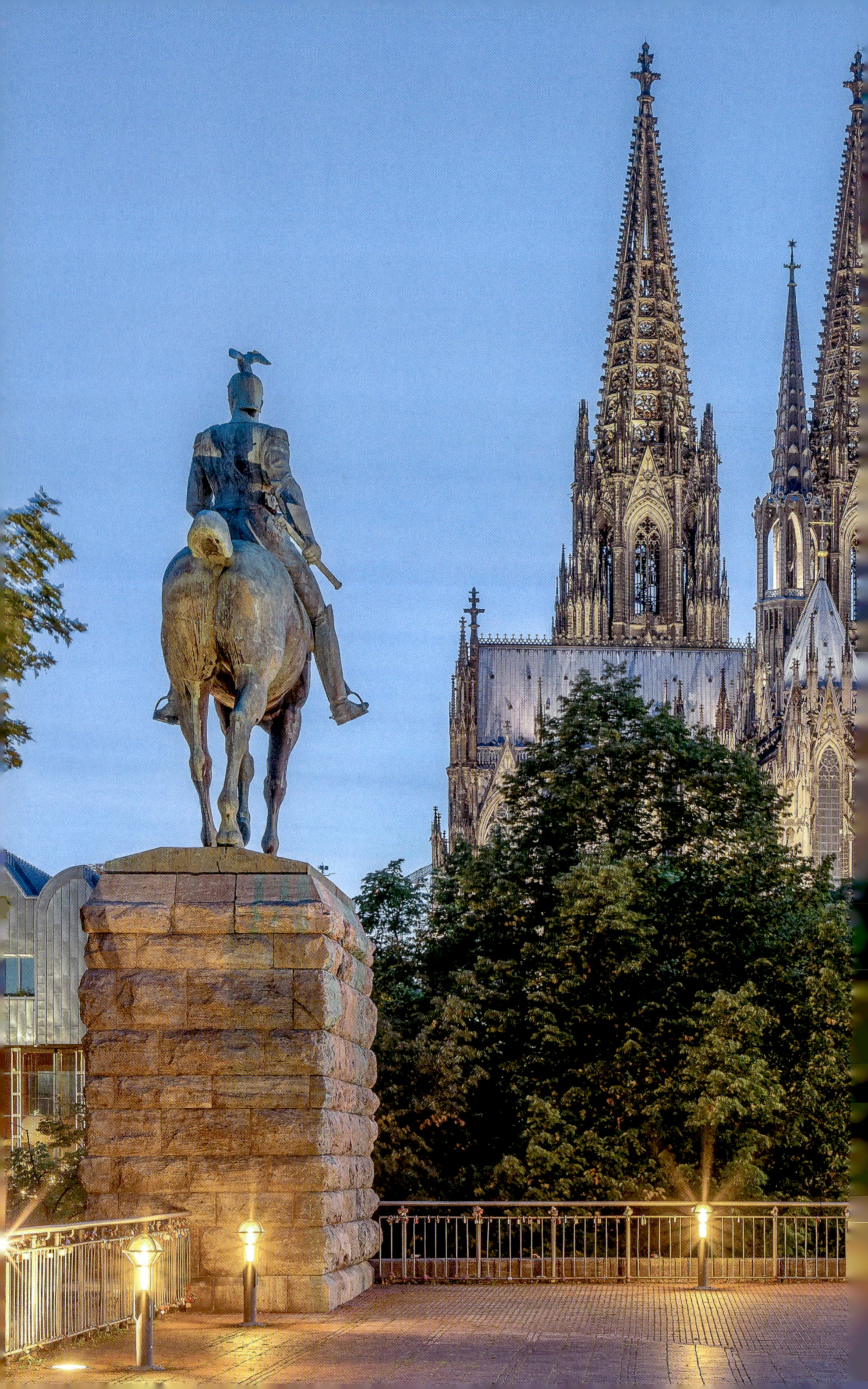

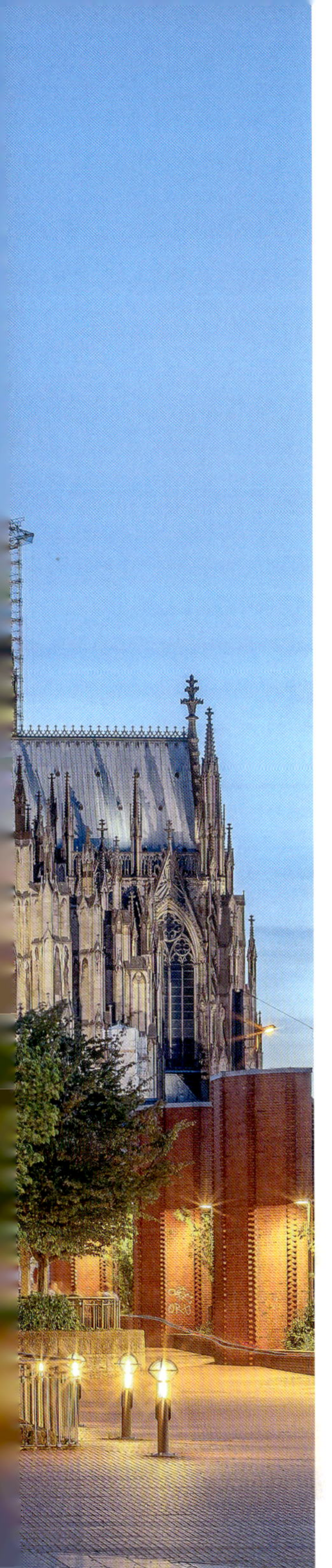

RUND UM DEN DOM – DIE ALTSTADT-ROUTE

TOUR 1

Die Altstadt ist voller Sehenswürdigkeiten und Fotomotive. Weite Teile der Altstadt sind verkehrsberuhigt und somit gut zu Fuß zu erkunden.

41 mm · f 13 · 4 s · ISO 100 · Stativ

RUND UM DEN DOM – DIE ALTSTADT-ROUTE
TOUR 1

1 DER HOHE DOM ZU KÖLN
2 DAS DOMPORTAL
3 KREUZBLUME UND RÖMERTOR
4 GAFFEL AM DOM
5 BURGMAUER DOMBLICK
6 BAHNHOFSVORPLATZ
7 DOMHERREN-FRIEDHOF
8 MUSEUM LUDWIG
9 KURT-HACKENBERG-PLATZ
10 HEINRICH-BÖLL-PLATZ
11 KAISER WILHELM II. – DAS REITERDENKMAL
12 MIT DYNAMIK IN DEN HAUPTBAHNHOF
13 KAISER WILHELM II. – REITERDENKMAL UND DOM
14 VORHÄNGESCHLÖSSER AUF DER HOHEN-ZOLLERNBRÜCKE
15 WELTJUGEND-TAGSWEG
16 PAOLOZZIBRUNNEN
17 AN GROSS ST. MARTIN
18 ALTER MARKT
19 AUF DEM ROTHENBERG
20 FISCHMARKT
21 FRANKENPLATZ
22 TRANKGASSE
23 BRESLAUER PLATZ
24 MARZELLENSTRASSE

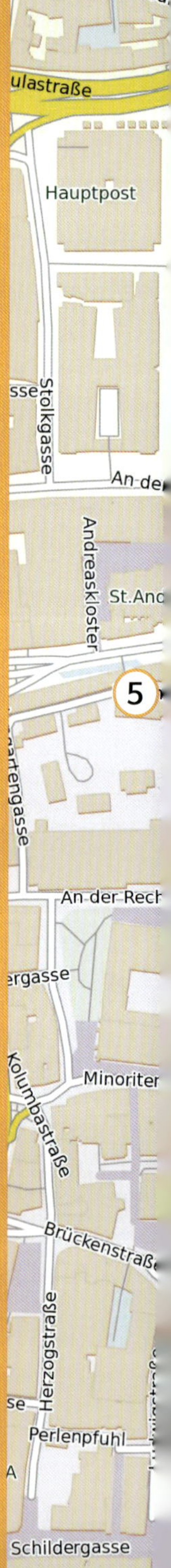

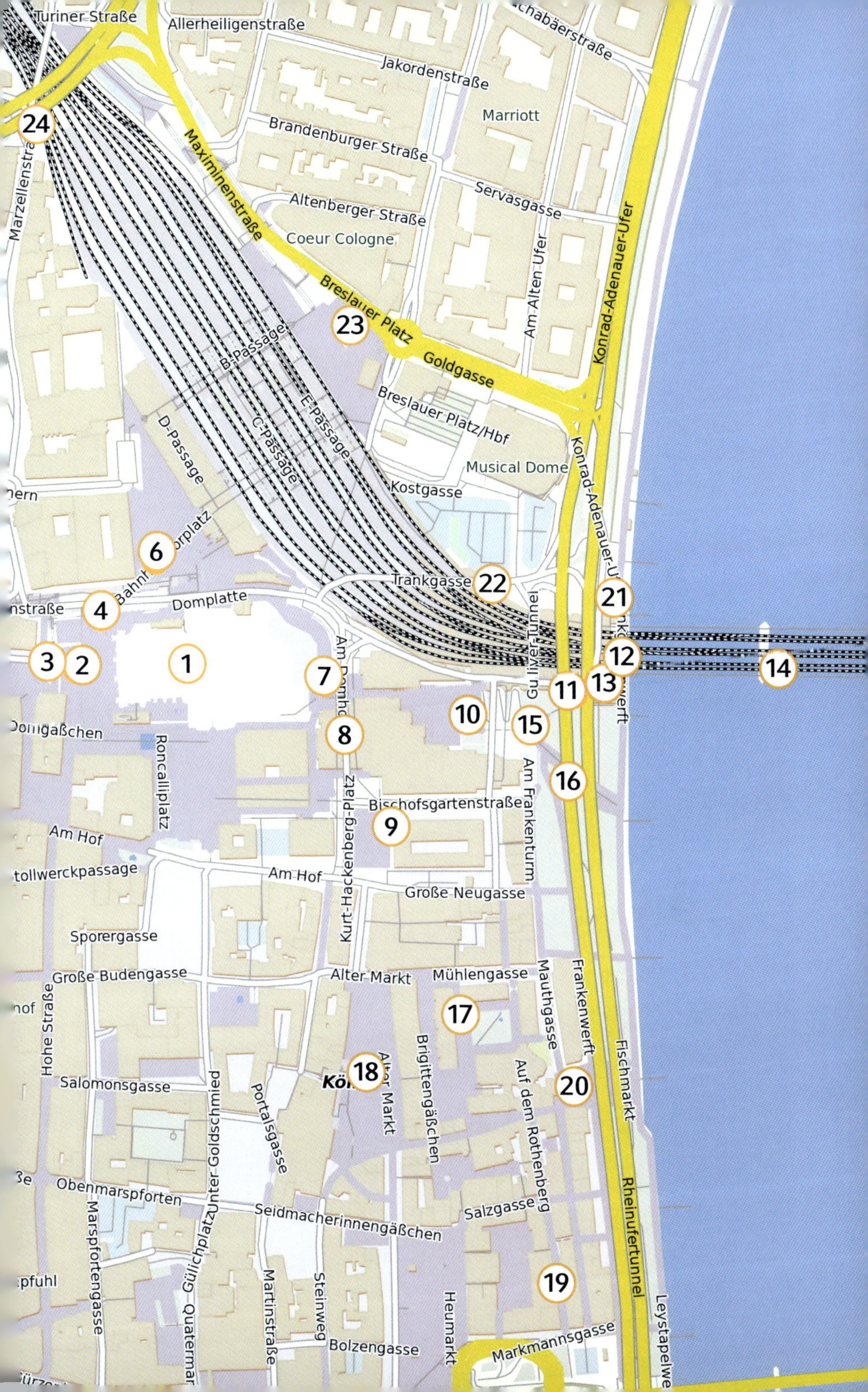
Turiner Straße
Allerheiligenstraße
Jakordenstraße
Marriott
Brandenburger Straße
Maximinenstraße
Servasgasse
Altenberger Straße
Coeur Cologne
Konrad-Adenauer-Ufer
Am Alten Ufer
Breslauer Platz
Goldgasse
B-Passage
E-Passage
C-Passage
D-Passage
Breslauer Platz/Hbf
Musical Dome
Kostgasse
Trankgasse
Domplatte
Domgäßchen
Roncalliplatz
Kurt-Hackenberg-Platz
Bischofsgartenstraße
Am Frankenturm
Am Hof
Große Neugasse
Sporergasse
Große Budengasse
Alter Markt
Mühlengasse
Mauthgasse
Frankenwerft
Hohe Straße
Salomonsgasse
Unter Goldschmied
Portalsgasse
Brigittengäßchen
Auf dem Rothenberg
Fischmarkt
Rheinufertunnel
Obenmarspforten
Marspfortengasse
Seidmacherinnengäßchen
Salzgasse
Gülichplatz
Martinstraße
Steinweg
Heumarkt
Bolzengasse
Markmannsgasse

1 DER HOHE DOM ZU KÖLN

Beste Tageszeit: morgens und am späten Nachmittag
Koordinaten: 50.941316, 6.95792
Adresse: Domkloster 4, 50667 Köln
Öffnungszeiten: in der Regel zwischen 10:00 bis 17:00 Uhr, sonntags 13:00 bis 16:00 Uhr
Webseite: *www.koelner-dom.de, www.koelner-dom.de/besuchen/fotografieren-und-filmen*

Der Kölner Dom (offiziell: Hohe Domkirche Sankt Petrus) ist das Wahrzeichen der Stadt und eine der meistbesuchten Sehenswürdigkeiten in Deutschland. Selbstverständlich finden sich daher in diesem Buch zahlreiche Fotospots im Zusammenhang mit dem Dom wieder. Der Dom ist nun mal von zahlreichen Stellen in der Stadt gut zu sehen und zu fotografieren.

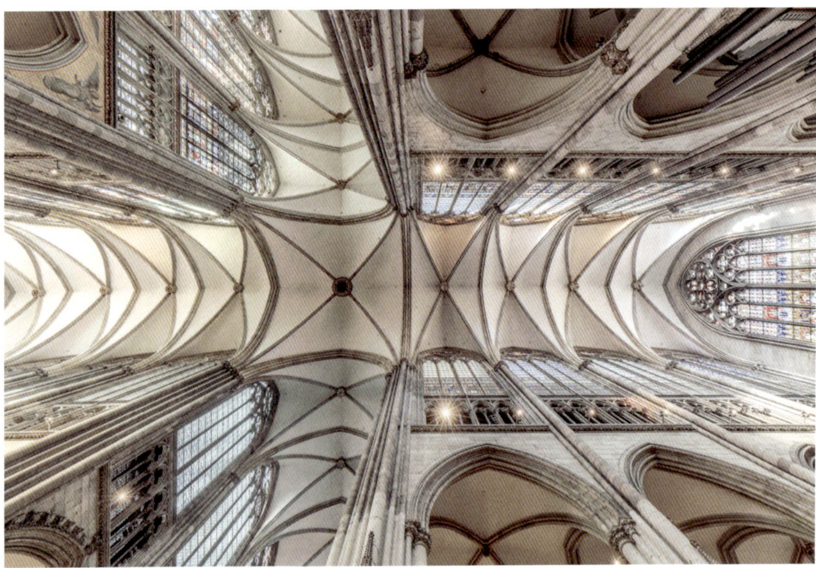

Versuchen Sie sich bei der Aufnahme des Deckengewölbes so mittig wie möglich zu positionieren. Dann erhalten Sie die bestmögliche Symmetrie bei der Aufnahme. HDR-Bild aus 5 Aufnahmen. Mittlere Aufnahmeeinstellung: 16 mm · f 8 · 1/4 s · ISO 100 · Stativ a. A.

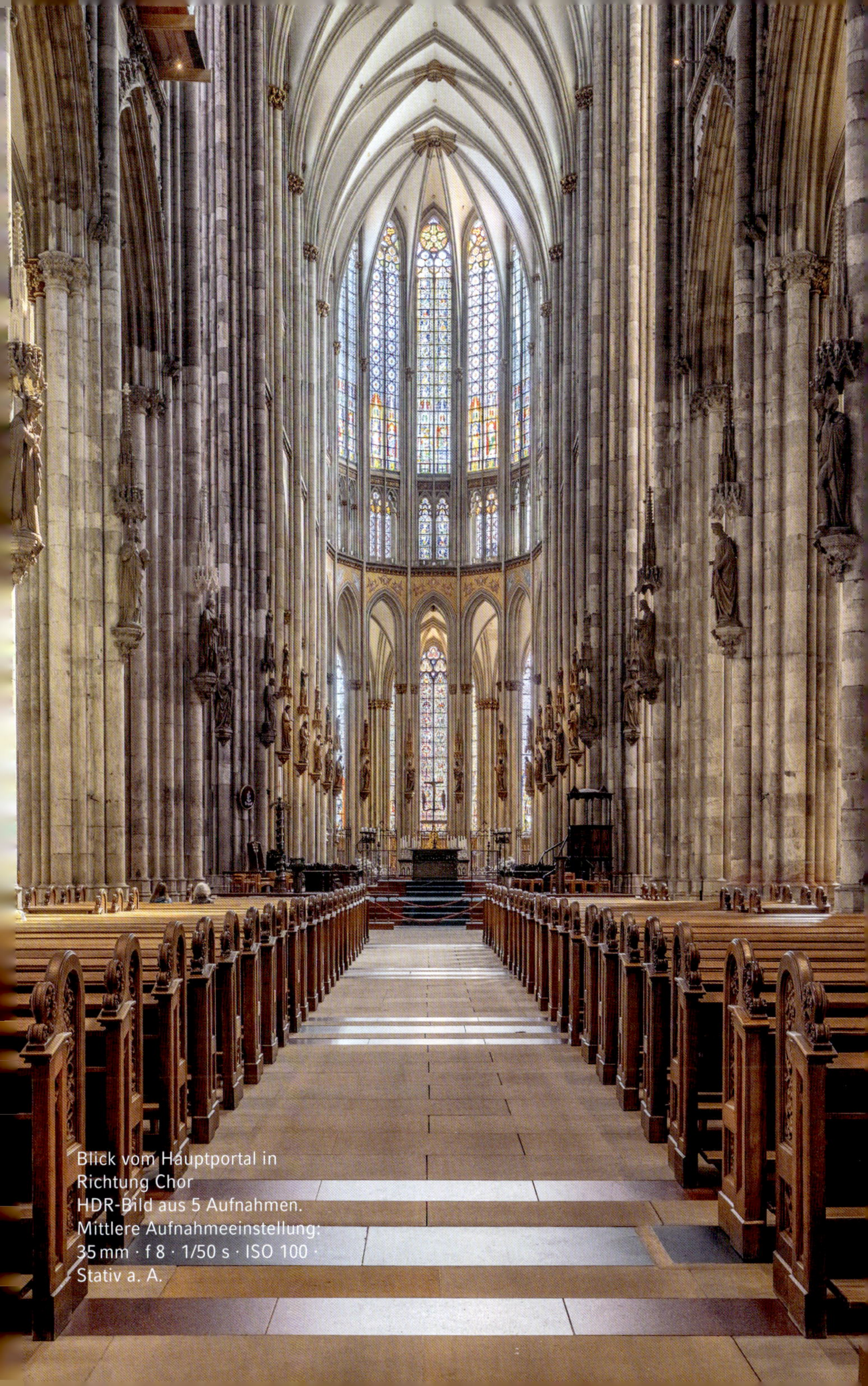

Blick vom Hauptportal in Richtung Chor
HDR-Bild aus 5 Aufnahmen.
Mittlere Aufnahmeeinstellung:
35 mm · f 8 · 1/50 s · ISO 100 ·
Stativ a. A.

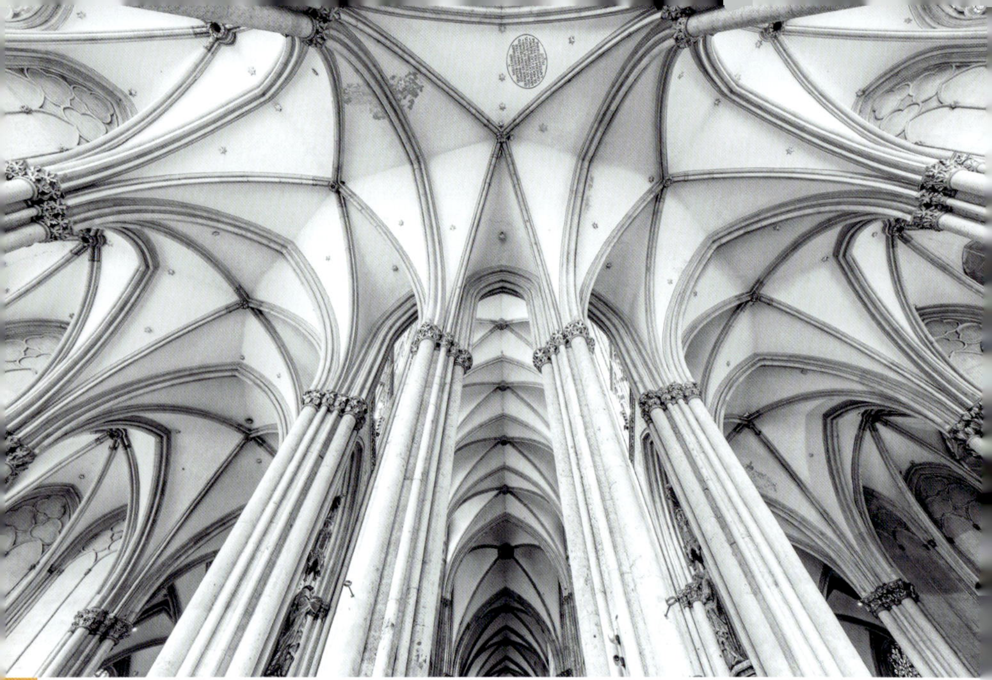

Der Chor im östlichen Teil der Kathedrale. Durch das Weitwinkel verstärkt sich die Dynamik der Aufnahme. (16 mm · f 8 · 2 s · ISO 100 · Stativ a. A.)

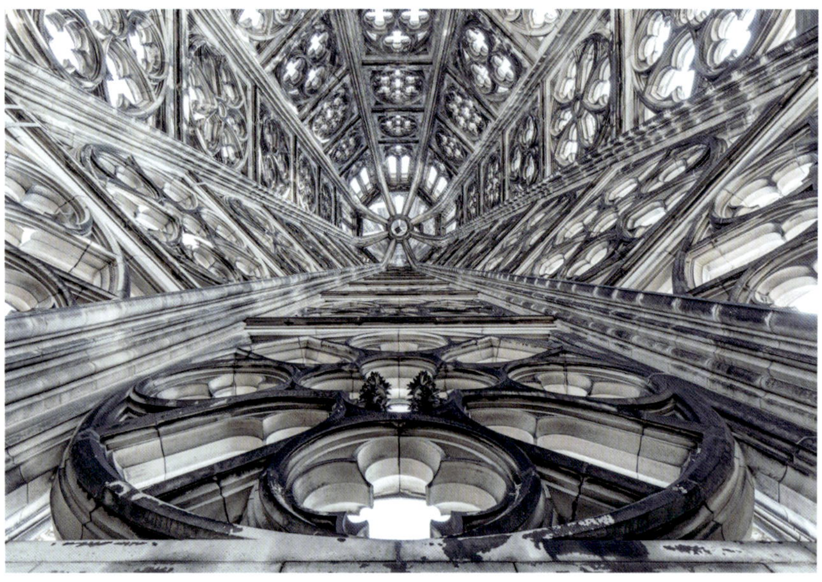

Aufnahme mit nach oben gerichteter Kamera im Südturm. Probieren Sie verschiedene Aufnahmepositionen aus. Diese Perspektive ermöglicht zahlreiche surreal wirkende Kompositionen. (19 mm · f 8 · 1/40 s · ISO 1000)

Nehmen Sie sich aber auch Zeit, um im Innenraum des Doms auf Motivsuche zu gehen. Ich empfehle Ihnen, im Vorfeld eine Stativgenehmigung zu beantragen. Dadurch haben Sie den Vorteil, mit niedrigen ISO-Werten und langen Belichtungszeiten fotografieren zu können, und haben genügend Zeit und Präzision für die Bildkomposition. Die Stativgenehmigung beantragen Sie bei der Pressestelle (*presse@koelner-dom.de*). Ansprechpartner sind Herr Markus Frädrich und Herr Matthias Deml.

Sollten Sie die Mühe nicht scheuen, die 533 Stufen des Südturms zu erklimmen, dann werden Sie mit großartigen Ausblicken über die Stadt belohnt. Allerdings ist das Fotografieren durch den engen Maschendraht stark eingeschränkt.

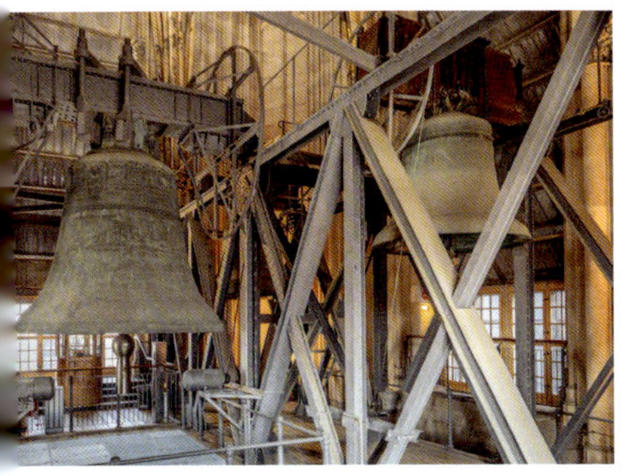

Auf dem Weg zur Aussichtsplattform befindet sich die Glockenstube. Eine Aufnahme vom Dicken Pitter, wie die Petersglocke auf Kölsch genannt wird, darf bei einem Aufstieg in den Südturm natürlich nicht fehlen. (24 mm · f 8 · 0,4 s · ISO 100 · Stativ a. A.)

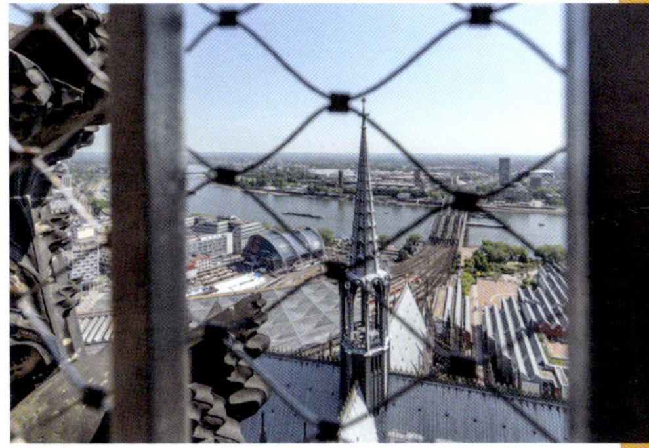

Der enge Maschendraht schränkt die freie Sicht für Aufnahmen ein. Der Ausblick aber ist großartig. (16 mm · f 8 · 1/200 s · ISO 100)

2 DAS DOMPORTAL

Beste Tageszeit: morgens und bei Regen
Koordinaten: 50.941287, 6.956671
Adresse: Domplatte, 50667 Köln

Das Domportal bzw. der Domvorplatz lässt sich nur sehr früh am Morgen so menschenleer fotografieren, da es immer Passanten gibt, die in Richtung Hauptbahnhof gehen oder von dort kommen. Tatsächlich habe ich diese Aufnahme bei Regenwetter geplant, damit ich keine Menschen auf dem Foto habe, aber insbesondere um die Spiegelung auf dem nassen Stein zu verstärken.

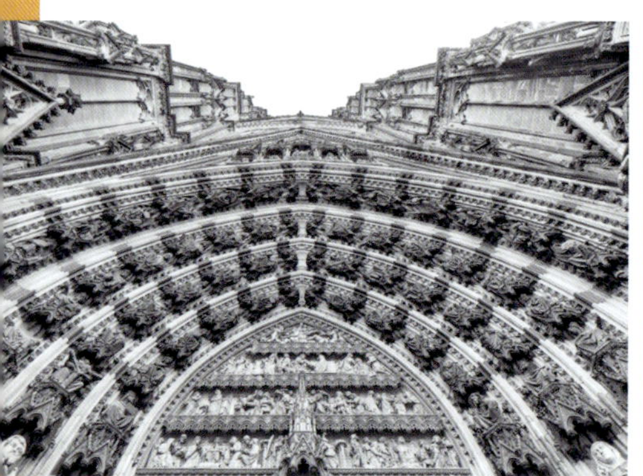

Die steil nach oben gerichtete Aufnahme am Westportal bietet eine interessante Perspektive. Die spitz zulaufende Portalrahmung verstärkt die Dynamik und Blickführung zur Mitte. (24 mm · f 6,3 · 1/250 s · ISO 500)

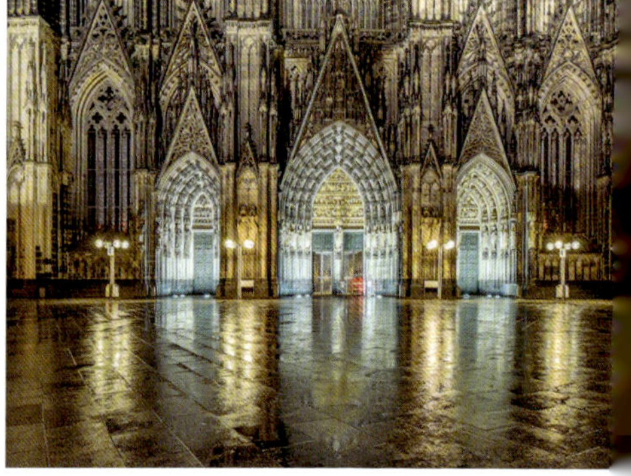

Schöne Reflexionen bieten sich nach einem Regenschauer auf der nassen Domplatte an. (20 mm · f 8 · 1,3 s · ISO 100 · Stativ)

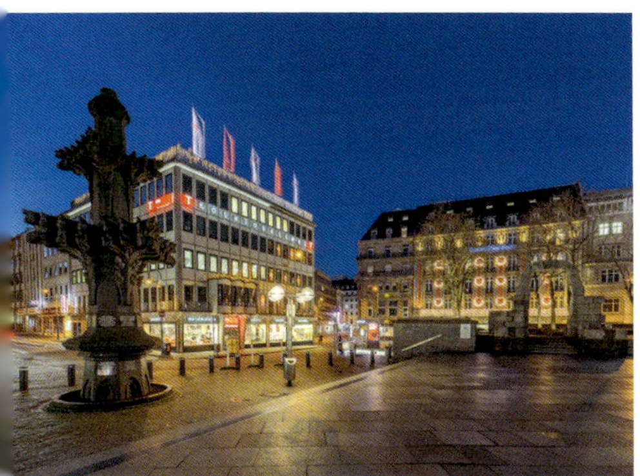

Auf der Südseite der Domplatte befindet sich das Modell der Kreuzblume und gleich dahinter das Gebäude des KölnTourismus.
(16 mm · f 8 · 13 s · ISO 100 · Stativ)

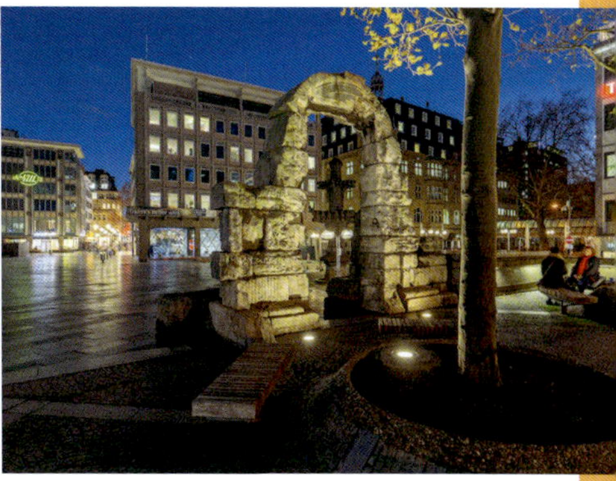

Die antike Fußgängerpforte bildet den Mittelteil des Bildaufbaus. Für den Vordergrund habe ich den Baum mit seinem kreisrunden Beet gewählt.
(20 mm · f 8 · 20 s · ISO 100 · Stativ)
50.941316, 6.95792

3 KREUZBLUME UND RÖMERTOR

Beste Tageszeit: abends
Koordinaten: 50.941287, 6.956671
Adresse: Kardinal-Höffner-Platz 1, 50667 Köln

Auf der Domplatte können Sie ganz bequem eine Kreuzblume fotografieren. Sie ist ein Modell der Originalkreuzblumen auf den Turmspitzen im Maßstab 1:1.

Wenige Meter entfernt befindet sich eine der zwei kleinen Fußgängerpforten des originalen römischen Nordtores. Sie steht heute allerdings nicht mehr an der Originalstelle, sondern wurde aus städtebaulichen Gründen einige Meter versetzt. Ein Modell des gesamten Tores zur Römerzeit finden Sie im Römisch-Germanischen Museum. Das Museum ist derzeit (Herbst 2023) wegen Renovierung ins Belgische Haus, Cäcilienstraße 46, umgezogen.

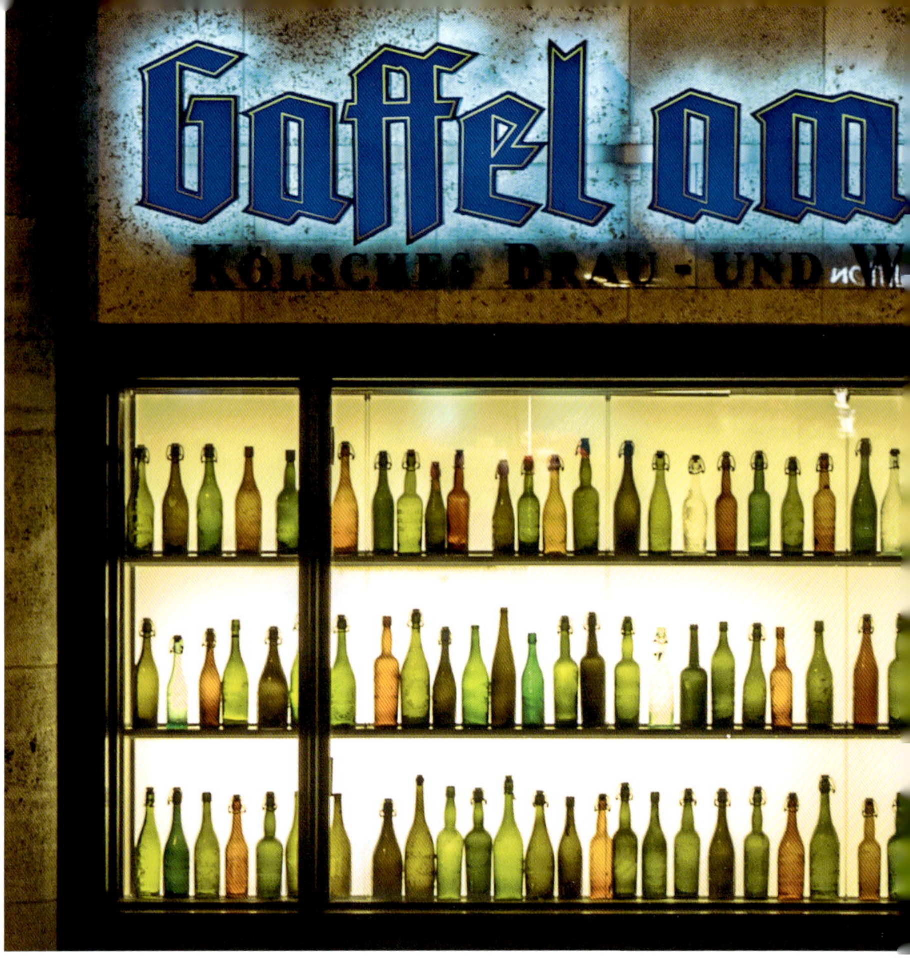

4 GAFFEL AM DOM

Beste Tageszeit: abends
Koordinaten: 50.941650, 6.956941
Adresse: Bahnhofsvorplatz 1, 50667 Köln

Über dem Eingang auf der Trankgasse in das Wirtshaus Gaffel am Dom befindet sich das interessante Fotomotiv einer Sammlung von historischen Bierflaschen. Gerade am Abend, sobald die Innenraumbeleuchtung des Lokals eingeschaltet wird, ist das Motiv besonders fotogen.

Das Wirtshaus ist bei Touristen sehr beliebt, da es sich in der unmittelbaren Entfernung zum Bahnhof

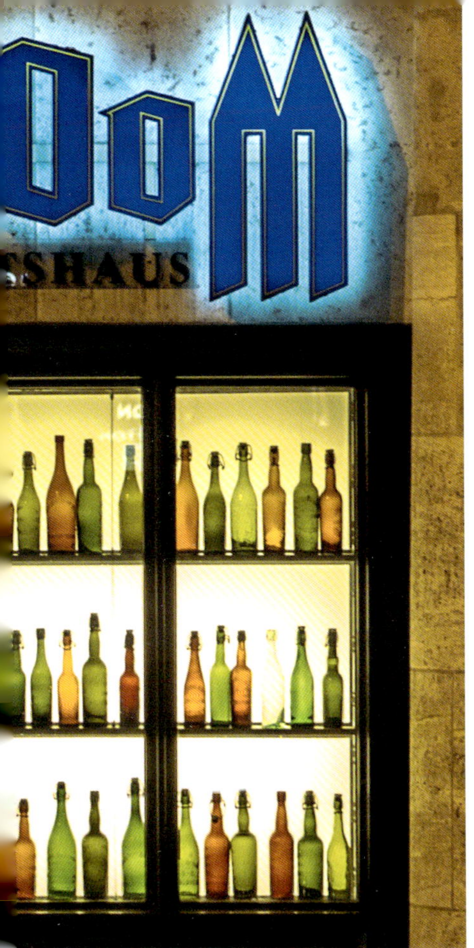

Tagsüber ist das Motiv eher unscheinbar, aber wenn die Beleuchtung eingeschaltet wird, erwacht es zum Leben. Kontrollieren Sie bei der Aufnahme das Histogramm und vermeiden Sie Überbelichtungen in den hellen Bildbereichen.
(105 mm · f 8 · 1,3 s · ISO 100 · Stativ)

befindet und auf ein schnelles Kölsch besucht werden kann. Allerdings besuche ich als Einheimischer lieber Brauhäuser wie das *Päffgen* in der Friesenstraße oder die *Malzmühle* am Heumarkt, die von hier aus gut fußläufig zu erreichen sind.

Auf jeden Fall bietet die Neonreklame mit den aus dem Hintergrund beleuchteten Flaschen ein stimmungsvolles Fotomotiv. Von dem erhöhten Standpunkt auf der Domplatte aus lässt es sich auf ungefähr Augenhöhe fotografieren, wenn Sie unmittelbar davor stehen, sodass sich keine stürzenden Linien ergeben.

5 BURGMAUER DOMBLICK

Beste Tageszeit: später Nachmittag
Koordinaten: 50.941404, 6.954727
Adresse: Burgmauer 14, 50667 Köln

Die einzige Möglichkeit, die Westfassade des Doms aus der Nähe zu fotografieren, ohne die Kamera zu stark nach oben neigen zu müssen, ergibt sich von der Burgmauer aus, einer wenig befahrenen Einbahnstraße, die in westlicher Richtung verläuft.

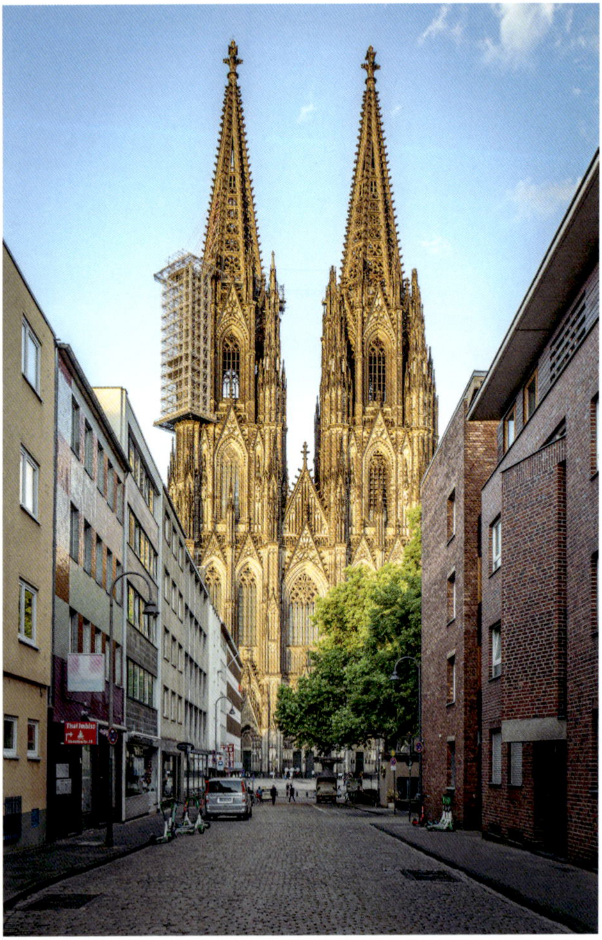

Wenn die Sonne am späten Nachmittag untergeht, erstrahlt die Fassade in goldfarbenem Licht. Seien Sie rechtzeitig vor Ort und verpassen Sie nicht den richtigen Moment. (29 mm · f 7,1 · 1/125 s · ISO 400)

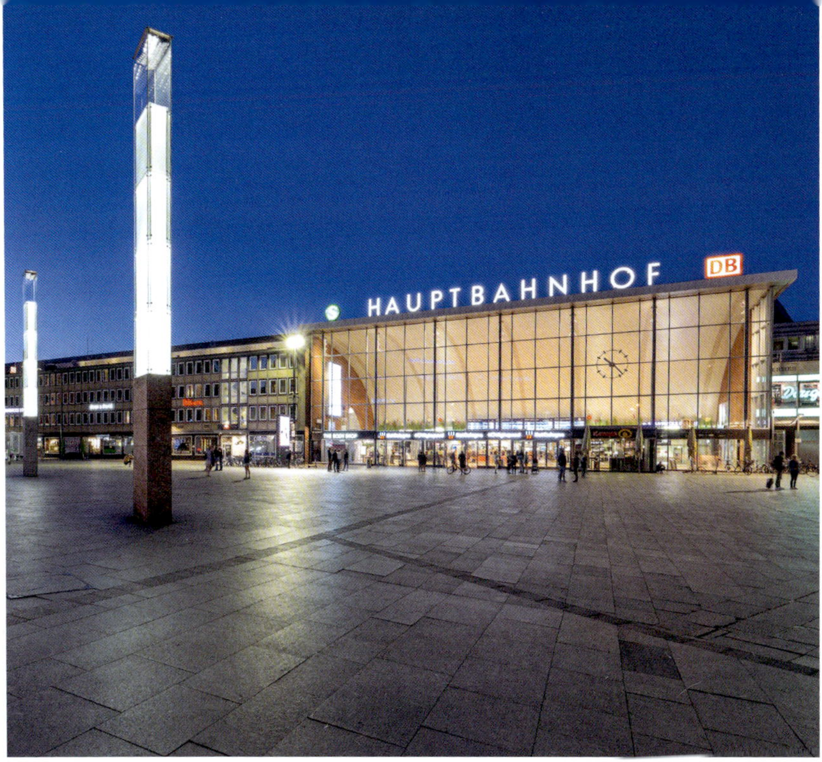

Achten Sie bei der Aufnahme mit den interessanten Platzlaternen darauf, dass diese ganz senkrecht verlaufen. Ich habe ein starkes Weitwinkelobjektiv genutzt und es frontal gerade ausgerichtet. Überflüssige Bildbereiche habe ich großzügig beschnitten. (14 mm · f 11 · 8 s · ISO 100 · Stativ)

6 BAHNHOFSVORPLATZ

Beste Tageszeit: abends
Koordinaten: 50.942043, 6.957568
Adresse: Bahnhofsvorplatz 1, 50667 Köln

Laut einer Schätzung aus dem Jahr 2016 überqueren täglich etwa 280.000 Menschen den Bahnhofsvorplatz in Köln. Allerdings können diese Zahlen je nach Tageszeit, Wochentag und Veranstaltungen in der Stadt variieren.

Entscheiden Sie selbst, ob Sie eher viele oder wenige Menschen auf Ihren Bildern haben möchten.

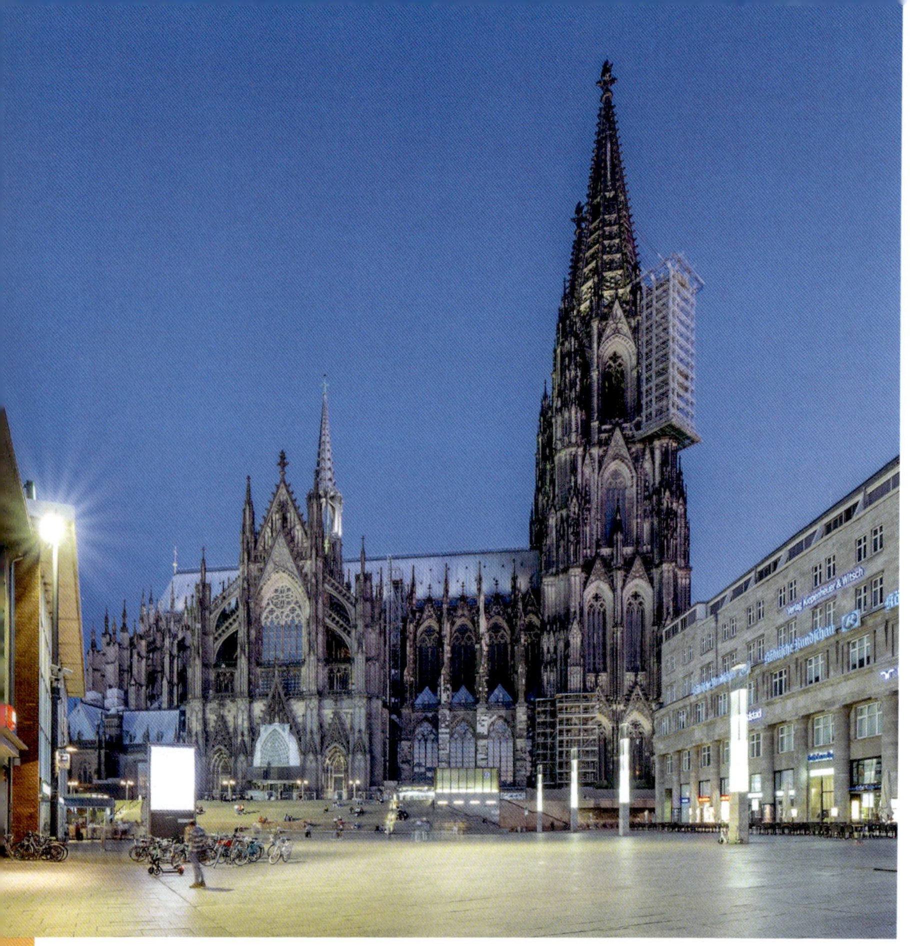

Die gerade Ausrichtung des Objektivs war bei dieser Aufnahme hingegen nicht möglich, da sonst große Bereiche des Doms bereits bei der Aufnahme fehlen würden. Also musste ich die Kamera nach oben richten und die stürzenden Linien in der Nachbearbeitung gerade ausrichten. Ein starkes Weitwinkel hilft aber schon bei der Aufnahme, um so viel wie möglich auf das Bild zu bekommen.
(14 mm · f 11 · 13 s · ISO 100 · Stativ) 50.942592, 6.957605

Dementsprechend sollten Sie sich eine passende Uhrzeit suchen. Ich persönlich mag meine Aufnahmen eher mit wenigen Menschen und zur Blauen Stunde. Die Farbe des Himmels und die Beleuchtung der umliegenden Gebäude komplementieren sich so genau nach meinem Geschmack.

7 DOMHERRENFRIEDHOF

Beste Tageszeit: abends
Koordinaten: 50.941214, 6.959499
Adresse: Domplatte Ostseite, 50667 Köln

Die Flächen auf der Domebene und der Straßenebene zwischen dem östlichen Domchor, dem Domherrenfriedhof, dem Museum Ludwig und dem Hauptbahnhof sind nach umfangreichen Umbauarbeiten im Jahr 2016 fertiggestellt worden und wirken jetzt offen und ansprechend. Gerade die Rückseite des Doms war vorher eher schmuddelig und wurde von

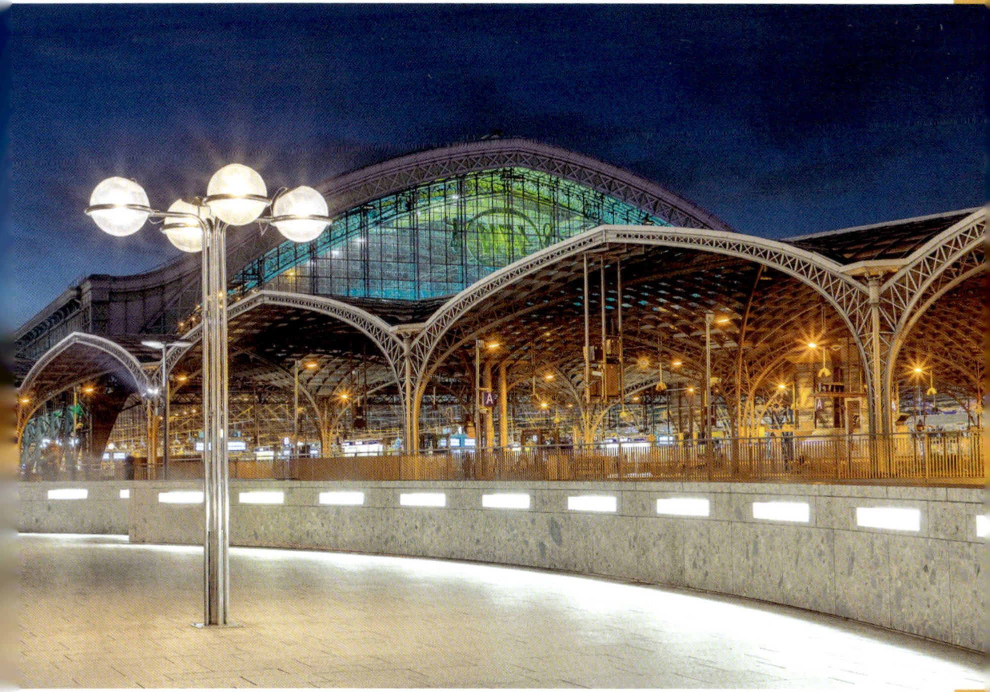

Die Straßenlaterne habe ich in der linken Bildhälfte platziert. So fülle ich den sonst leeren Bereich mit einem interessanten Motiv aus. Die Laterne ist aber wiederum nicht so dominant, dass sie von der wundervollen Stahlkonstruktion ablenkt.
HDR-Bild aus 5 Aufnahmen. Mittlere Aufnahmeeinstellung: 50 mm · f 8 · 10 s · ISO 100 · Stativ

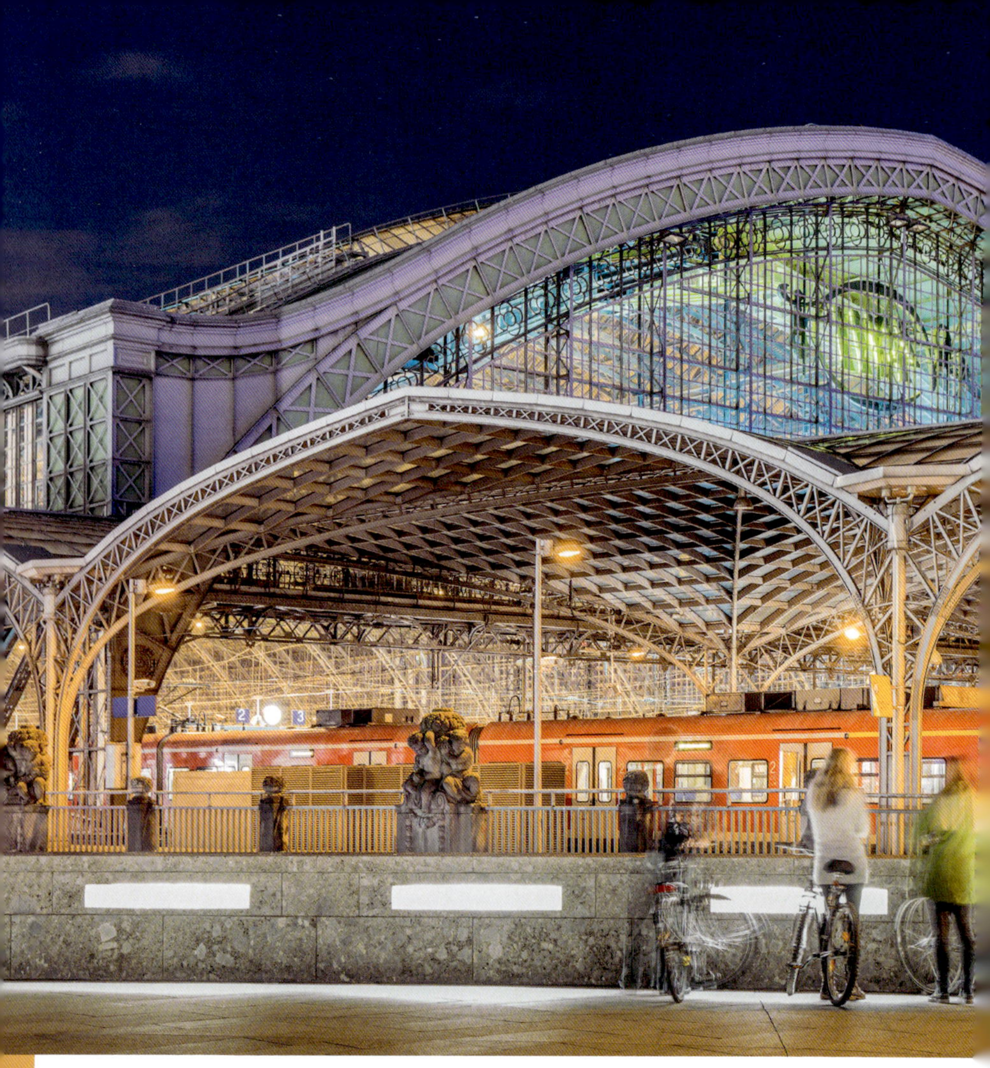

Jung und Alt gemieden. Jetzt lädt sie zu einem Spaziergang ein und ist vor allem fotogen.

Hier bieten sich gleich mehrere Fotomotive an, insbesondere die Ansicht auf die 1988 zum Rhein hin verlängerte Bahnsteighalle. Die überdachte Stahlkonstruktion ist ein richtig cooles Motiv!

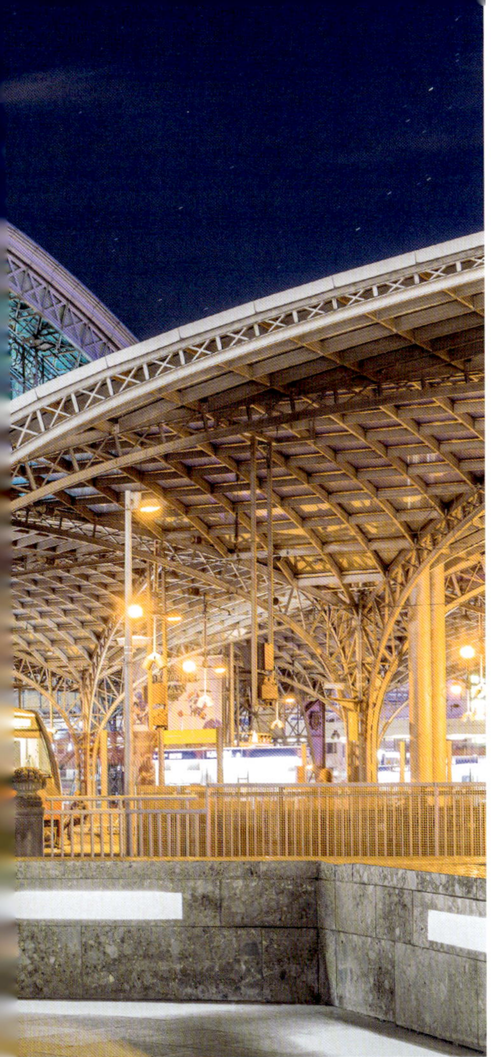

Bei der zweiten Aufnahme liegt der Schwerpunkt auf der 4711-Neonreklame in Kombination mit der filigranen Stahlkonstruktion. Gern platziere ich Personen als zusätzlich Akzente in meine Aufnahmen. Angesichts einer Belichtungszeit von 30 Sekunden sind die Personen erstaunlich scharf geblieben. (46 mm · f 7,1 · 30 s · ISO 100 · Stativ) 50.941630, 6.959340

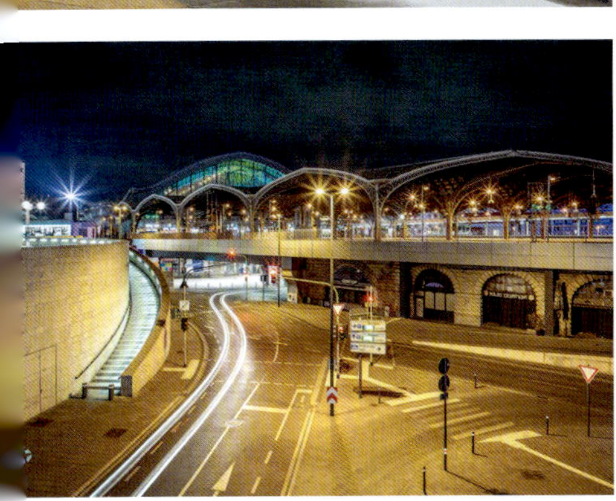

Von einer anderen Aufnahmeposition aus lässt sich die Bahnsteighalle mit Lichtspuren des darunter vorbeifahrenden Verkehrs kombinieren. (24 mm · f 8 · 8 s · ISO 100 · Stativ) 50.941038, 6.959769

8 MUSEUM LUDWIG

Beste Tageszeit: abends
Koordinaten: 50.940806, 6.959745
Adresse: Kurt-Hackenberg-Platz, 50667 Köln

1986 wurde der von den Kölner Architekten *Busmann + Haberer* entworfene Neubau eröffnet, nachdem zuvor die Lichtführung und Materialien an einem eigens dafür errichteten Testbau entwickelt und erprobt worden waren – an der sogenannten Simultanhalle in Köln-Volkhoven.

Anlass für das Museum war eine Schenkung des Sammler-Ehepaars Peter und Irene Ludwig an die

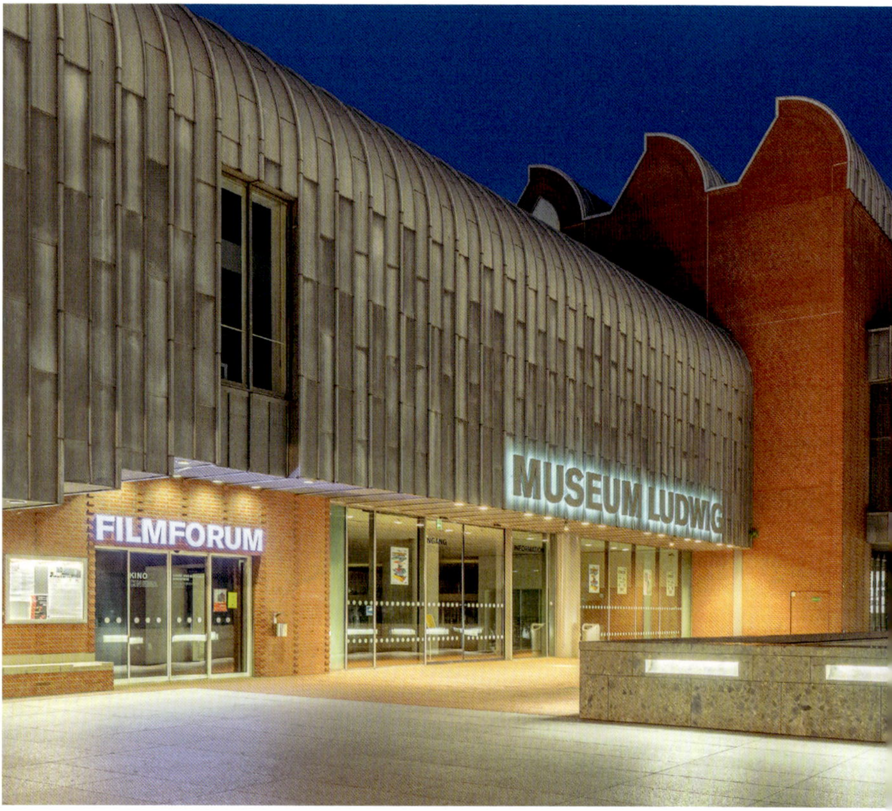

Stadt Köln mit rund 350 Werken. Sie stellten nur eine einzige Bedingung: mehr Platz. Zu Beginn teilte sich das Museum Ludwig das Gebäude noch mit dem Wallraf-Richartz-Museum, bis das Wallraf-Richartz-Museum 2001 in ein weiteres neu errichtetes Gebäude zog, in dem sich heute die weltweit umfangreichste Sammlung mittelalterlicher Malerei befindet.

Das Museum Ludwig bietet zahlreiche großartige Aufnahmemöglichkeiten und Motive. Das Bild unten gefällt mir ganz besonders, weil es das Museumsgebäude selbst und seine interessante Fassade in Szene setzt.

Ich mag dieses Bild vom Museum ganz besonders. Die beleuchteten Schriftzüge und die graue Fassade in Kombination mit dem roten Ziegelstein machen es zu einem echten Hingucker.
HDR-Bild aus 5 Aufnahmen. Mittlere Aufnahmeeinstellung: 24 mm · f 8 · 5 s · ISO 100 · Stativ

9 KURT-HACKENBERG-PLATZ

Beste Tageszeit: abends
Koordinaten: 50.940240, 6.960234
Adresse: Kurt-Hackenberg-Platz, 50667 Köln

Durch die neue Gestaltung des Kurt-Hackenbeck-Platzes wurde Raum mit einem eigenen Charakter geschaffen. Der historische Bereich gehört zum Kulturpfad »Via Culturalis« und soll als verbindendes Element zwischen Bahnhof und Altstadt dienen.

Meiner Meinung nach mangelt es dem Platz zwar an Aufenthaltsqualität, aber nichtsdestotrotz bietet er einige schöne Fotomotive – wie den Eingang der Philharmonie.

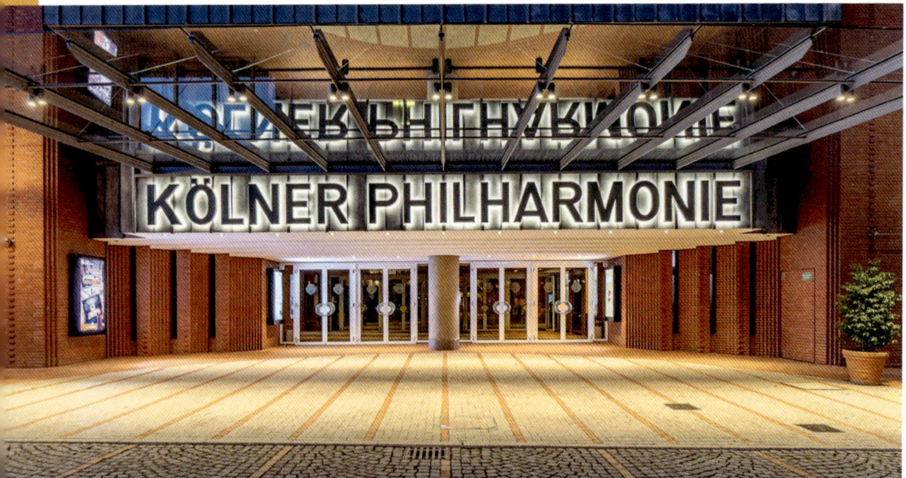

Der Eingang der Kölner Philharmonie. Der Schriftzug spiegelt sich im gläsernen Vordach, und die Linien im Glasdach und die farbigen Linien im Boden ziehen den Blick magisch zum Schriftzug und in den Eingang.
HDR-Bild aus 5 Aufnahmen. Mittlere Aufnahmeeinstellung: 17 mm · f 9 · 5 s · ISO 100 · Stativ

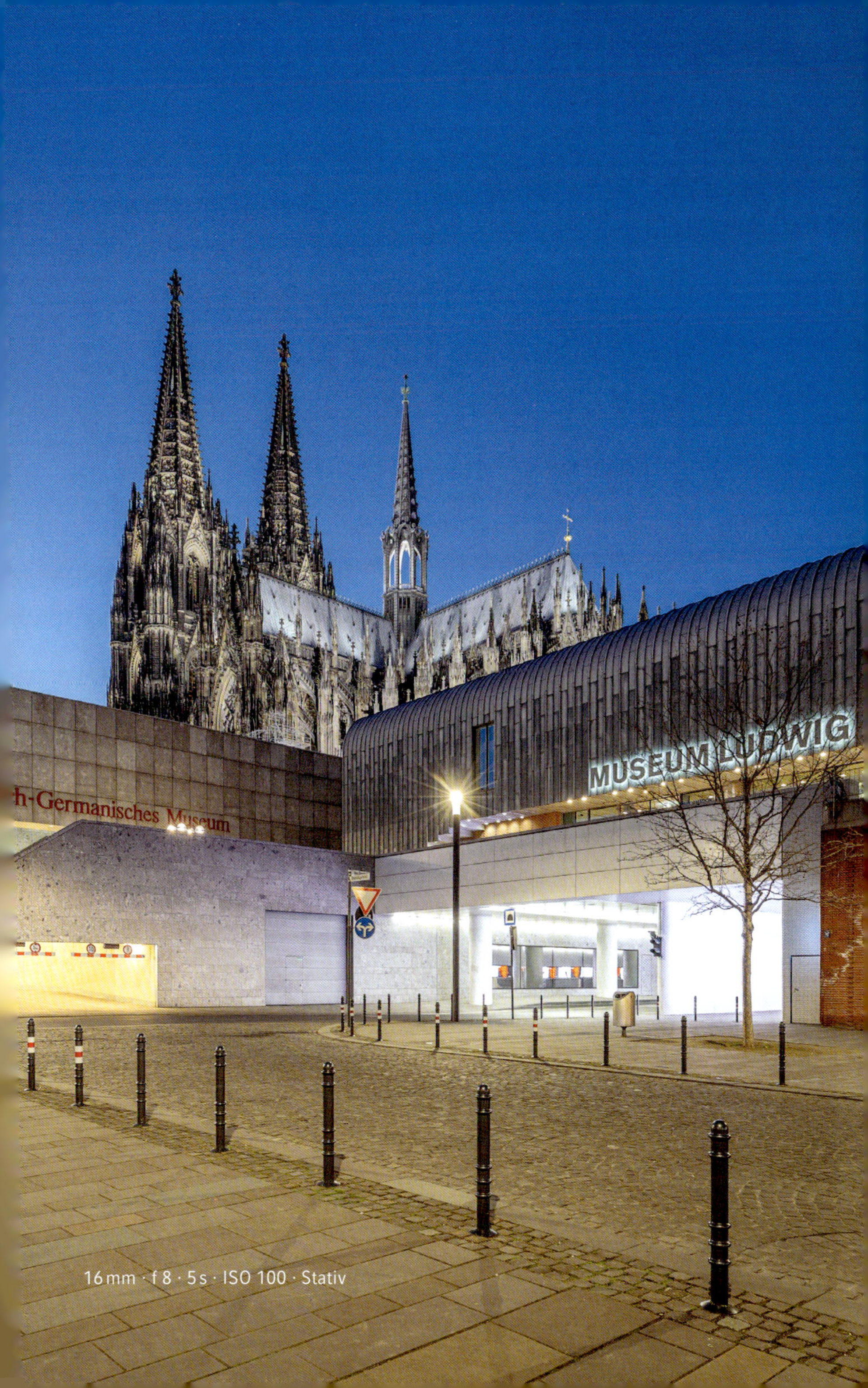

16 mm · f 8 · 5 s · ISO 100 · Stativ

10 HEINRICH-BÖLL-PLATZ

Beste Tageszeit: abends
Koordinaten: 50.940978, 6.961173
Adresse: Heinrich-Böll-Platz, 50667 Köln

Als das Museum Ludwig (und auch zunächst das Wallraf-Richartz-Museum) entstand, wurde in diesen Gebäudekomplex auch die neue Philharmonie integriert.

Die Philharmonie war zunächst als Mehrzweckraum geplant. Ihre Dachfläche ist als Platz begehbar und unter dem Namen Heinrich-Böll-Platz bekannt. Der Platz wurde vom israelischen Bildhauer Dani Karavan

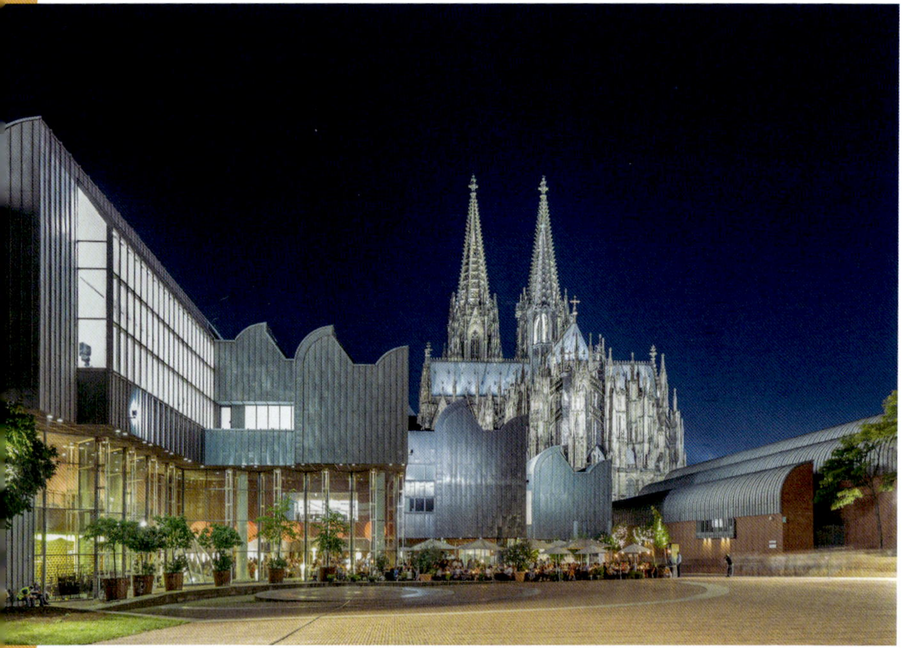

An Veranstaltungsabenden riegelt Personal den Platz über der Philharmonie ab. So habe ich einen menschenleeren Platz in der Aufnahme. Die beleuchtete obere Etage des Museums Ludwig verschafft dieser Aufnahme das gewisse Etwas.
(24 mm · f 8 · 15 s · ISO 100 · Stativ)

in Form eines raumgreifenden Kunstwerks mit dem Namen *Ma'alot* gestaltet.

Bei Konzerten oder Proben riegeln Mitarbeiter der Philharmonie die Fläche mit Bändern ab, damit Passanten nicht quer über den Platz laufen und dadurch die Konzerte stören. Denn insbesondere durch Skateboardfahrer oder rollende Koffer dringen starke Geräusche in den Konzertsaal.

Anhand der Absperrung können Sie gut erkennen, ob gerade ein Konzert oder Proben stattfinden. Beim Fotografieren stört die Absperrung nicht, sondern hat vielmehr den Vorteil, dass sich keine Personen im Vordergrund auf dem Bild befinden.

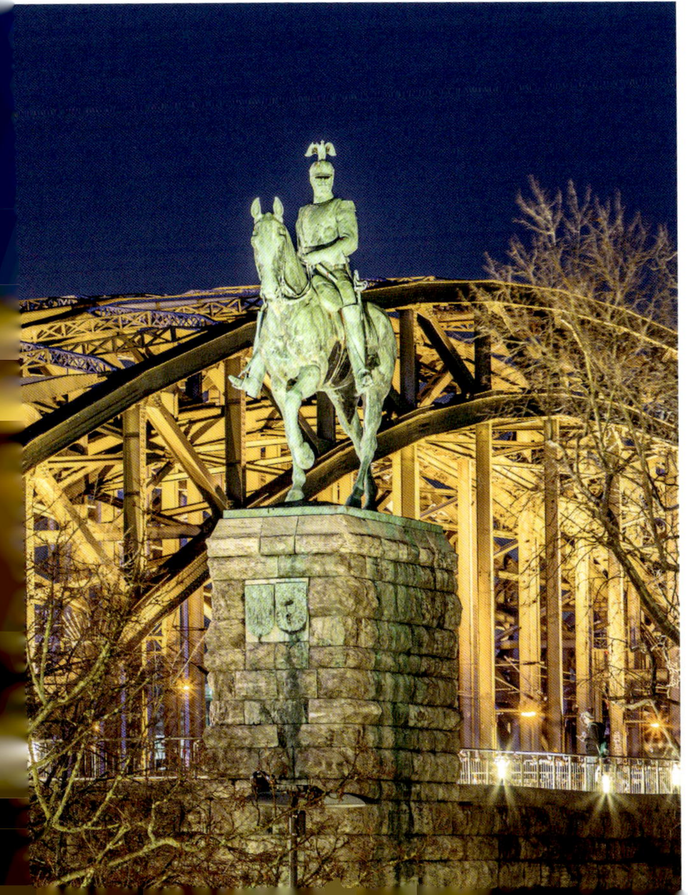

Vom gleichen Aufnahmestandpunkt, nur in die entgegengesetzte Richtung fotografiert, ergibt sich die Aufnahme vom Reiterstandbild und dem Bogen der Hohenzollernbrücke. (105 mm · f 9 · 6 s · ISO 100 · Stativ)

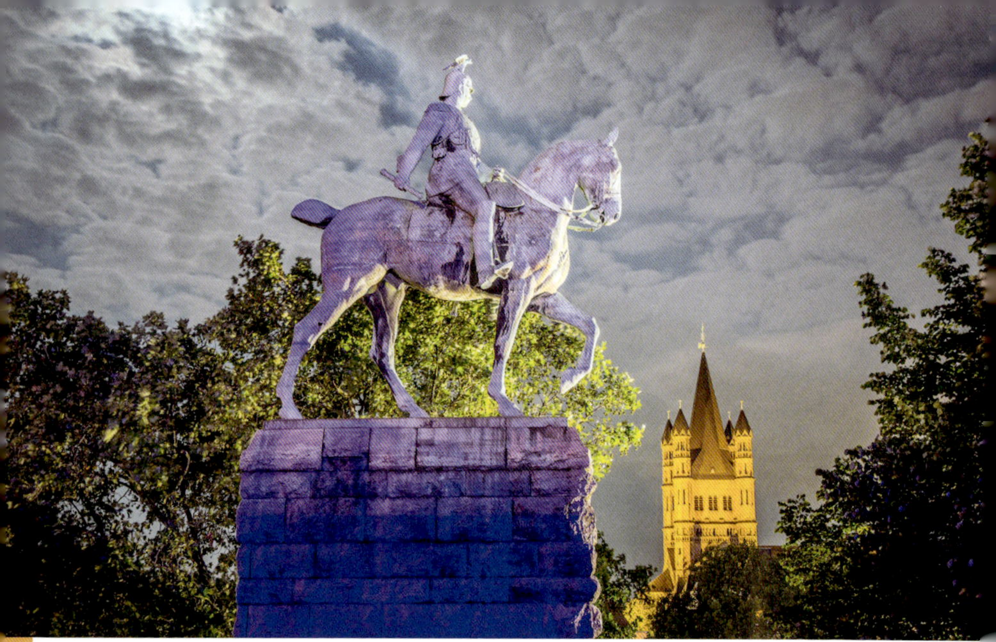

Diese interessante Farbgebung des Reiterdenkmals entstand durch die Beleuchtung des Musical Domes auf der gegenüberliegenden Seite. Achten Sie auf eine genaue Positionierung, damit so viel wie möglich von Groß Sankt Martin zu erkennen ist. (40 mm · f 8 · 15 s · ISO 100 · Stativ)

11 KAISER WILHELM II. – DAS REITERDENKMAL

Beste Tageszeit: morgens und abends
Koordinaten: 50.941143, 6.962338
Adresse: Heinrich-Böll-Platz, 50667 Köln

Kaiser Wilhelm II. war von 1888 bis zur Novemberrevolution 1918 der letzte deutsche Kaiser und König von Preußen. Für diese Aufnahme steigen Sie am besten auf die kleine Mauer, die die Bepflanzung vom Gehweg abtrennt, oder direkt auf einen Kanaldeckel, der sich etwas versteckt im Pflanzenbeet befindet. Dabei müssen Sie die Beine Ihres Stativs etwas zusammenschieben, um einen stabilen Stand zu erhalten. Versuchen Sie bei der Komposition die Kamera so auszurichten, dass der Glockenturm der Kirche *Groß Sankt Martin* in Ihrer Aufnahme nicht oder nur so wenig wie möglich durch Äste oder Blätter verdeckt wird.

12 MIT DYNAMIK IN DEN HAUPTBAHNHOF

Beste Tageszeit: morgens und abends
Koordinaten: 50.941370, 6.962928
Adresse: Heinrich-Böll-Platz, 50667 Köln

Auch für diese Aufnahme müssen Sie auf die kleine Mauer neben dem Gehweg steigen, um diesen ungestörten Blickwinkel zu erhalten. Am einfachsten steigen Sie auf die Mauer am Ende des Beetes, da sie dort nur wenige Zentimeter hoch ist, und gehen dann auf der Mauer entlang, bis Sie ungefähr auf Höhe der Straßenlaterne sind.

Ein Zaun schließt den Weg ab, damit niemand auf die Gleise gelangen kann. Den Stand auf der Mauer und die damit erhöhte Ansicht benötigen Sie, um über den Zaun hinweg fotografieren zu können. Die Mauer ist etwa 50 cm hoch und gerade breit genug,

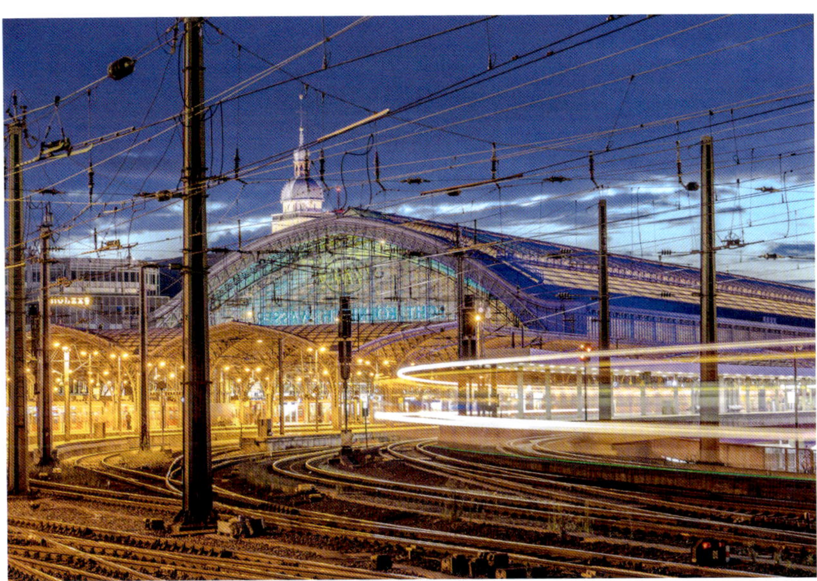

Einfahrende Züge geben der Aufnahme durch Lichtspuren das gewisse Etwas. (87 mm · f 8 · 30 s · ISO 100 · Stativ)

um das Stativ auf sie zu stellen und zu platzieren. Dabei müssen Sie die Beine Ihres Stativs zusammenschieben, damit es noch einen stabilen Stand hat.

Warnung: Steigen Sie nur auf die Mauer, wenn Sie sich damit absolut sicher fühlen! Kein Foto ist es wert, dass Sie sich bei der Aufnahme durch einen Sturz verletzen.

Bei dieser Aufnahme werden die Gleise im Vordergrund sowie die Stromkabel und Masten aufgrund der langen Belichtungszeit angestrahlt und gut erhellt. Sie erhalten ein dynamischeres Bild, wenn Sie die Lichtstreifen eines vorbeifahrenden Zuges mit einbinden können. Dafür benötigen Sie unter Umständen etwas Geduld und mehrere Versuche, bis das Bild wirklich Ihren Ansprüchen gerecht wird. Achten Sie darauf, auf welchen Gleisen der nächste Zug vorbeifahren wird. Wenn der nächste Zug unmittelbar vor Ihnen auf den nahe gelegenen Gleisen vorbeifährt, deckt er das gesamte Bild ab – was aber auch zu interessanten Aufnahmen führen kann.

Das Bild wurde nach Sonnenuntergang kurz vor der Blauen Stunde aufgenommen. Diese Ansicht sieht tagsüber nicht besonders interessant aus. Aber nach Sonnenuntergang, wenn der Hauptbahnhof beleuchtet und die Stahlkonstruktion durch die künstlichen Lichtquellen akzentuiert wird, dominieren diese interessanten Strukturen die Aufnahme.

Das Dach des Hauptbahnhofs besteht aus einer verglasten Konstruktion und die Fassadenfront trägt ein Werbeemblem aus Neonlichtern. Die Langzeitbelichtung betont die Farbgebung der Werbung und der umgebenden Glasfenster.

Dieser Standort funktioniert das ganze Jahr über. Aber nur während der Wintermonate können Sie Ihren Standpunkt variieren und verschiedene Winkel ausprobieren, weil dann die Blätter fehlen und die Pflanzen zurückgeschnitten werden.

13 KAISER WILHELM II. – REITERDENKMAL UND DOM

Beste Tageszeit: morgens und abends
Koordinaten: 50.941215, 6.962731
Adresse: Heinrich-Böll-Platz, 50667 Köln

Auf dem Platz kurz vor der Hohenzollernbrücke können Sie das Reiterdenkmal von Kaiser Wilhelm II. und den Dom im Hintergrund in unterschiedlichen Positionen kombinieren. Je stärker ich meine Position zur linken Seite hin verändere, desto enger rücken das Reiterdenkmal und der Dom zusammen.

Bei meiner Aufnahme habe ich darauf geachtet, dass die Beleuchtung, die am Gitter entlang läuft, versetzt ist und eine schöne Blickführung in Richtung Dom ergibt.

Probieren Sie verschiede Aufnahmepositionen. Je nachdem, ob Sie sich weiter nach links oder rechts positionieren, rücken das Reiterstandbild und der Dom näher zusammen oder weiter auseinander. HDR-Bild aus 5 Aufnahmen. Mittlere Aufnahmeeinstellung: 41 mm · f 13 · 4 s · ISO 100 · Stativ

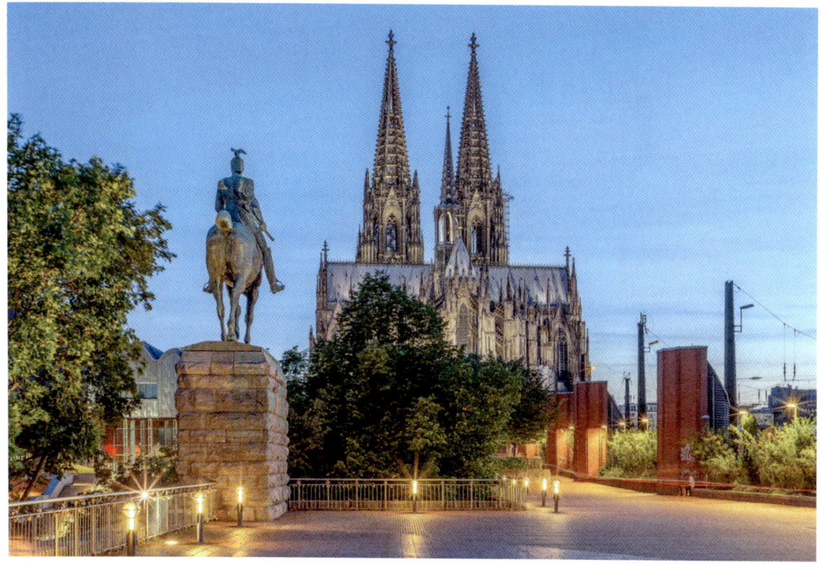

14 VORHÄNGESCHLÖSSER AUF DER HOHENZOLLERNBRÜCKE

Beste Tageszeit: den ganzen Tag über
Koordinaten: 50.941346, 6.964650
Adresse: Hohenzollernbrücke, 50679 Köln

Ein sehr beliebtes Fotomotiv sind die Vorhängeschlösser auf der Hohenzollernbrücke. Seit 2008 breitet sich der aus Italien stammende Brauch der Liebesschlösser auf der Brücke aus.

Beinahe täglich machen sich frisch vermählte Brautpaare samt Hochzeitsfotografen auf den Weg vom nahegelegenen Standesamt, um gleich nach der Trauung ein Schloss an das Geländer zu hängen und den Schlüssel dann in den Rhein zu werfen.

Mittlerweile ist es beinahe unmöglich geworden, auf der Südseite der Brücke noch Platz für ein weiteres Schloss zu finden.

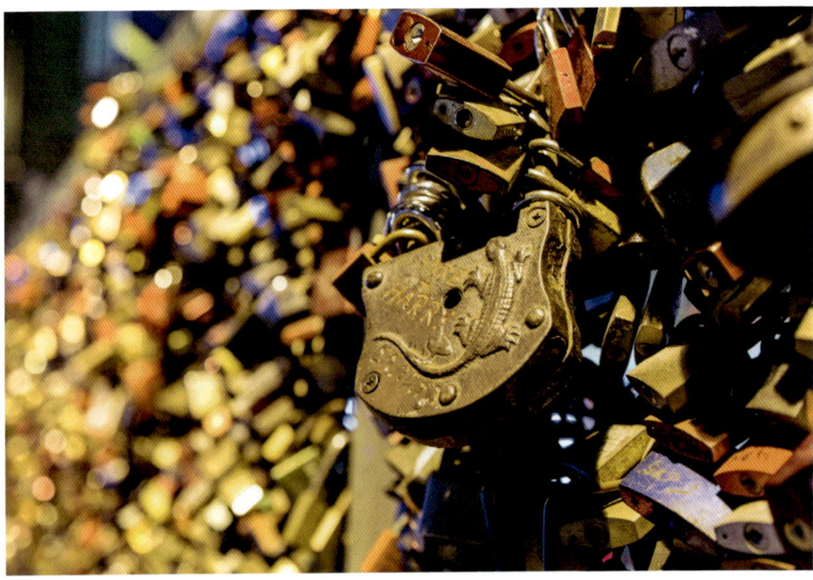

In dem Meer von Vorhängeschlössern finden sich immer wieder ausgesprochen schöne Exemplare. Mit einer offenen Blende können Sie diese besonders hervorheben. (58 mm · f 4,5 · 13 s · ISO 100 · Stativ)

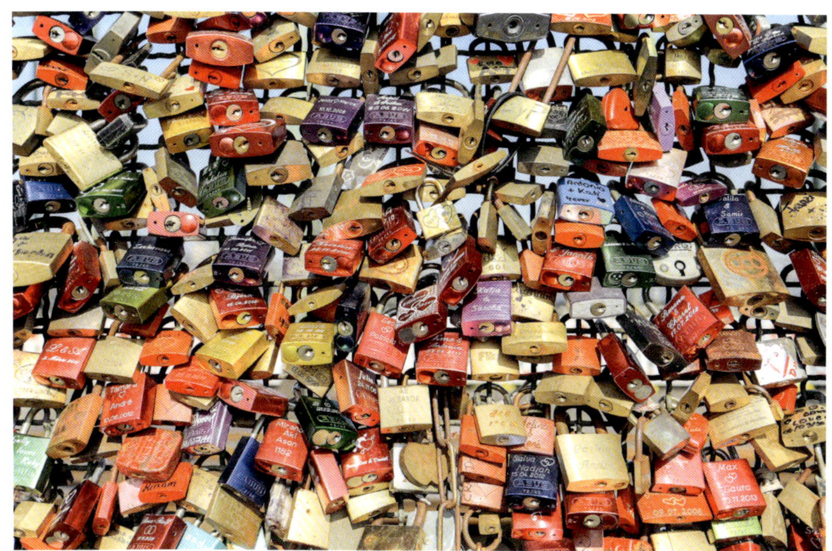

Eine frontale Aufnahme zeigt, dass es eigentlich keinen Platz für ein weiteres Schloss gibt. (35 mm · f 5 · 1/800 s · ISO 100)

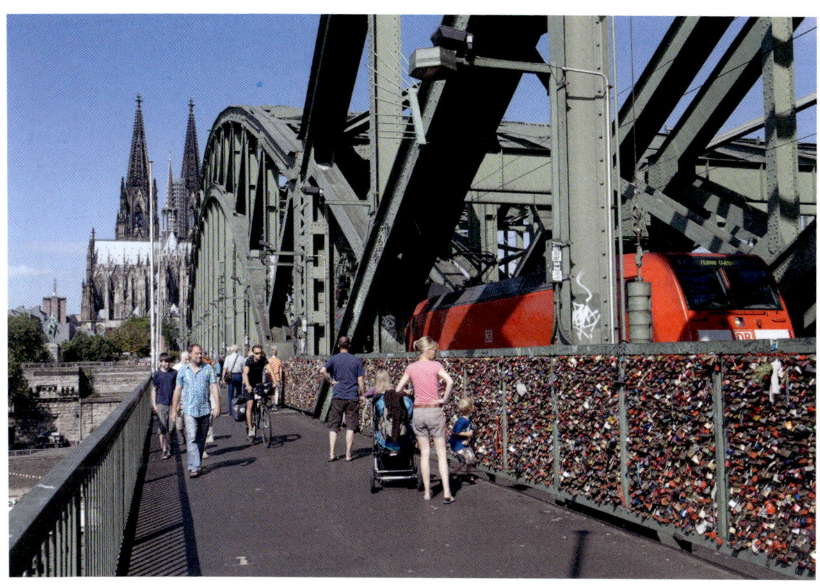

Eine Übersichtsaufnahme zeigt die unglaubliche Anzahl an Schlössern, die sich auf etwa 400 Meter Länge auf der Südseite der Brücke verteilen.
(35 mm · f 9 · 1/500 s · ISO 200)

15 WELTJUGENDTAGSWEG

Beste Tageszeit: morgens und abends
Koordinaten: 50.940898, 6.961862
Adresse: Weltjugendtagsweg, 50667 Köln

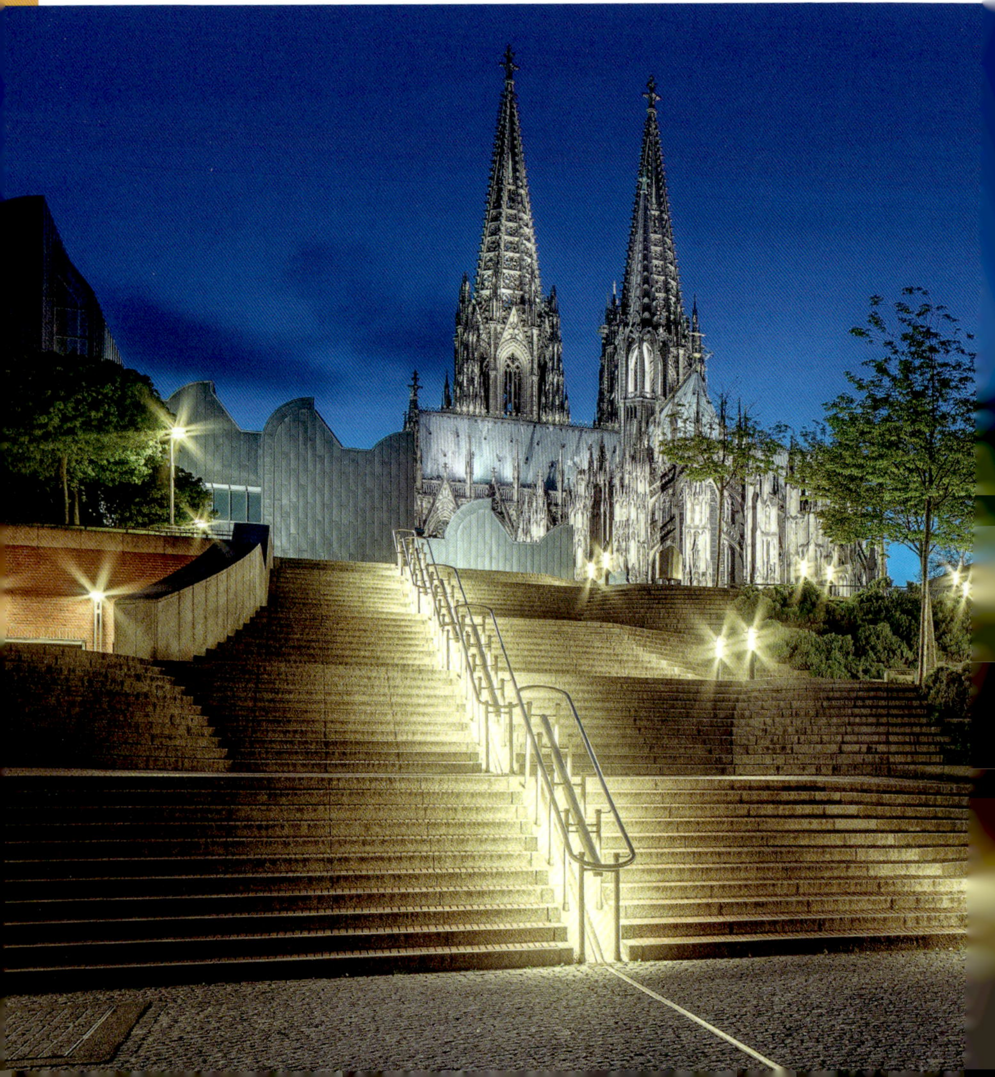

Vom Hans-Böckler-Platz führt eine Treppe in Richtung Rheinufer. Der Abschnitt vom Ende der Treppe bis zum Rhein wird Weltjugendtagsweg genannt. Diese Location übt eine magische Wirkung aus und ermöglichte mir eine meiner Lieblingsaufnahmen in Köln. Die Treppe, die hinauf zum Dom führt, und die zahlreichen Lichter, die den Radweg auf der rechten Seite beleuchten, bilden die Elemente einer sehr komplexen, aber stimmungsvoll ausgewogenen und harmonischen Aufnahme.

Das ist sicherlich eines meiner Lieblingsmotive in Köln. Die Treppe, die Bäume und die Anordnung der Lichter tragen zu einer sehr komplexen und außergewöhnlichen Komposition mit dem Kölner Dom bei. HDR-Bild aus 5 Aufnahmen. Mittlere Aufnahmeeinstellung: 24 mm · f 11 · 2 s · ISO 100 · Stativ · Tilt/Shift-Objektiv

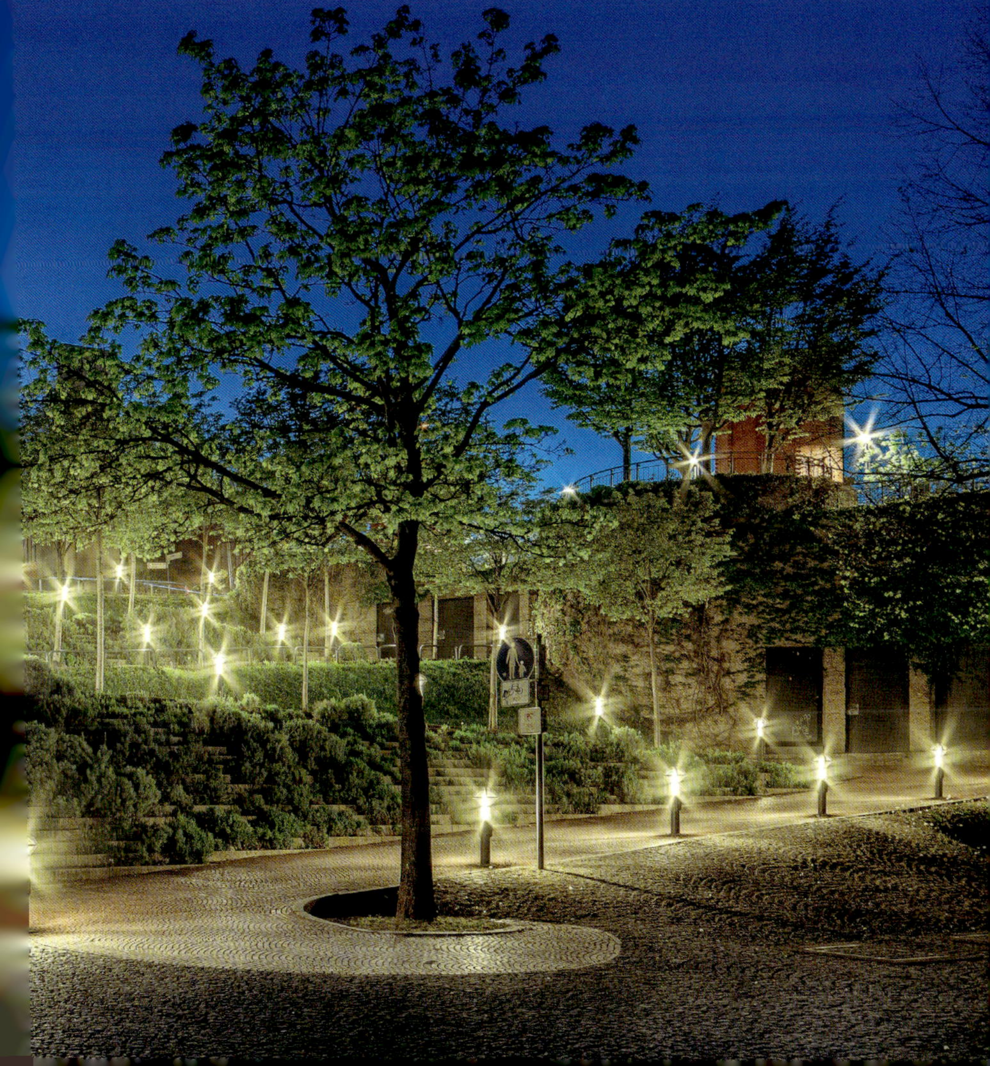

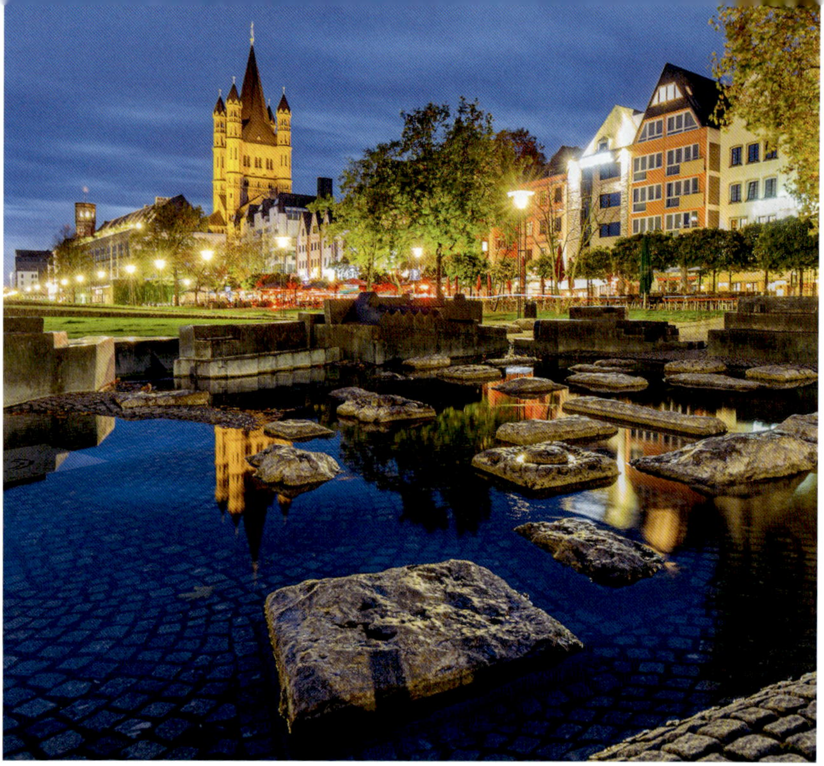

Versuchen Sie, sich so zu positionieren, dass Sie möglichst viel von der Spiegelung einfangen. Eine etwas tiefere Aufnahmeposition ist hier hilfreich.
(19 mm · f 8 · 62 s · ISO 100 · Stativ · Polfilter)

16 PAOLOZZIBRUNNEN

Beste Tageszeit: morgens und abends
Koordinaten: 50.940498, 6.962305
Adresse: Weltjugendtagsweg, 50667 Köln

Im Rheingarten in der Altstadt wurde 1986 von Eduardo Paolozzi der Paolozzibrunnen angelegt. Bei Windstille lassen sich darin faszinierende Spiegelungen von der Altstadt und der Kirche Groß Sankt Martin fotografieren. Die Steinquader wirken möglicherweise zu Beginn etwas störend, aber auf den zweiten Blick machen sie den Vordergrund wesentlich interessanter.

Suchen Sie unbedingt nach einem passenden Spot, um möglichst viel von der Altstadtspiegelung einzufangen.

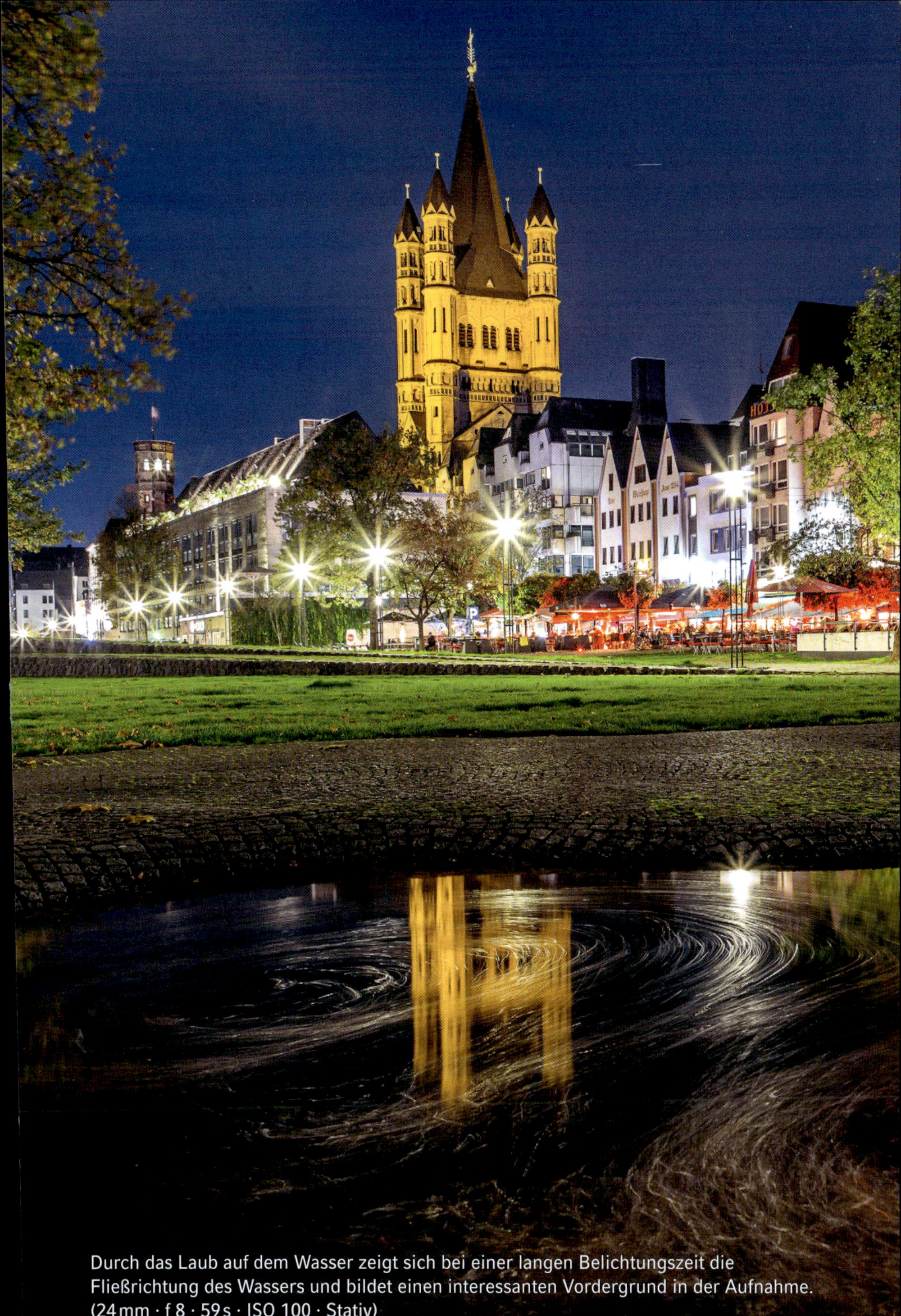

Durch das Laub auf dem Wasser zeigt sich bei einer langen Belichtungszeit die Fließrichtung des Wassers und bildet einen interessanten Vordergrund in der Aufnahme. (24 mm · f 8 · 59 s · ISO 100 · Stativ)

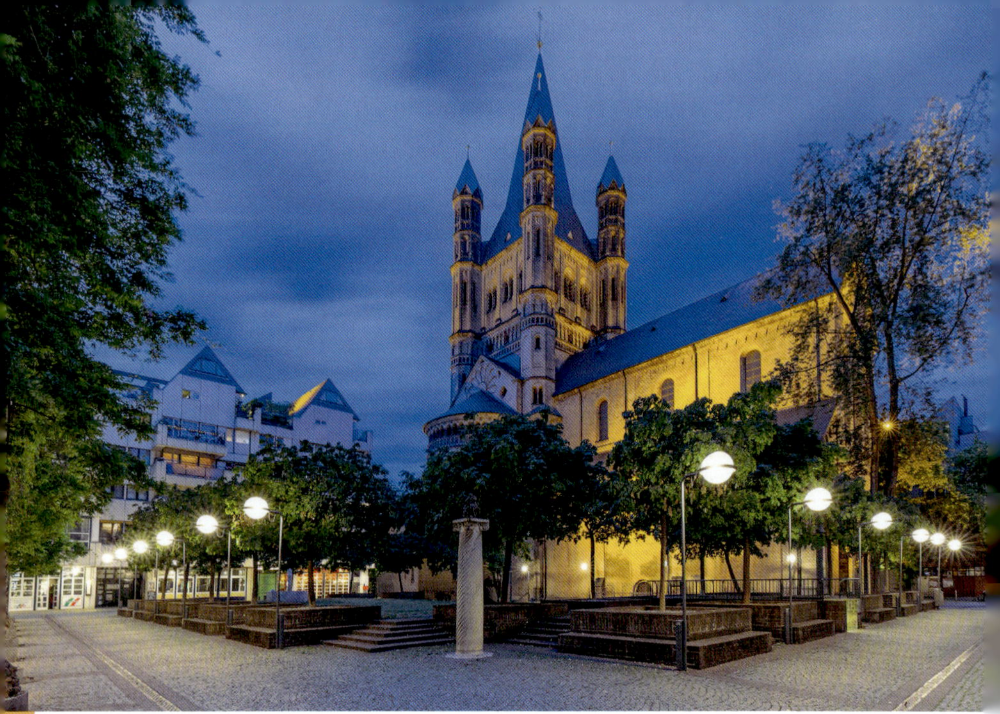

RUND UM GROSS ST. MARTIN

Gerade am späten Abend (und am besten unter der Woche) ist in der Altstadt nicht mehr so viel los und Sie können in Ruhe, mit Kamera und Stativ ausgestattet, verschiedene Motive in Angriff nehmen. Besonders die Kopfsteinpflaster und die Fassaden der alten Gebäude haben es mir angetan.

17 AN GROSS ST. MARTIN

Beste Tageszeit: abends
Koordinaten: 50.938947, 6.961032
Adresse: An Groß St. Martin, 50667 Köln

Der Gebäudekomplex »An Groß St. Martin« gehört meiner Meinung nach zu den gelungenen Beispielen der Kölner Stadtplanung. Den Architekten ist es hier

Probieren Sie, möglichst weit im Durchgang zu stehen, aber auch den Abschluss der beiden Lampenreihen auf das Bild zu bekommen.
HDR-Bild aus 5 Aufnahmen. Mittlere Aufnahmeeinstellung: 16 mm · f 11 · 2 s · ISO 100 · Stativ

gelungen, Beton und Stahl mit traditionellen Materialien wie Backstein und Kalkputz zu kombinieren. Für mich ist der Platz eine echte Oase der Ruhe in der sonst so hektischen Altstadt.

Um den Platz komplett auf das Bild zu bekommen, müssen Sie sich ganz in die Ecke der kleinen, zum Platz führenden Unterführung stellen. Dabei müssen Sie den Kompromiss eingehen, möglichst weit hinten zu stehen, aber immer noch die Seiten mit den wunderschönen Lampen einzufangen.

18 ALTER MARKT

Beste Tageszeit: abends
Koordinaten: 50.938528, 6.959994
Adresse: Alter Markt, 50667 Köln

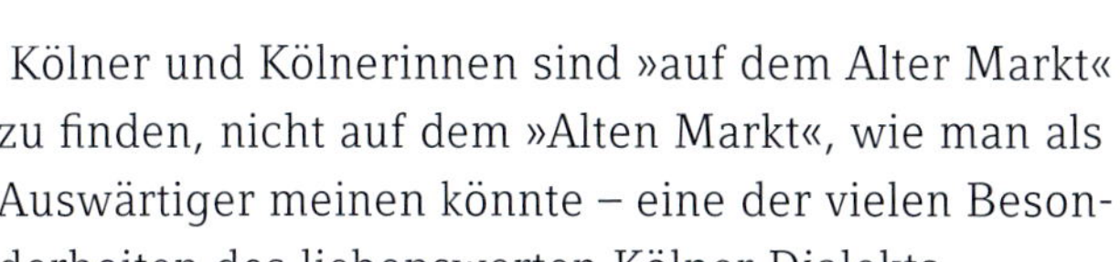

Kölner und Kölnerinnen sind »auf dem Alter Markt« zu finden, nicht auf dem »Alten Markt«, wie man als Auswärtiger meinen könnte – eine der vielen Besonderheiten des liebenswerten Kölner Dialekts.

Im Mittelalter war der Alter Markt ein wichtiger Platz für Handel und Handwerk in Köln. Doch gleichzeitig wurde der Platz auch für öffentliche Hinrichtungen von Verbrechern genutzt, die zur Abschreckung dienten.

Heute ist der Alter Markt ein beliebter Treffpunkt für Touristen und Einheimische, auf dem zahlreiche

Restaurants und Cafés zu finden sind. Es ist jedoch immer noch wichtig, sich an die dunkle Geschichte des Platzes zu erinnern und wertzuschätzen, wie weit wir uns in unserer modernen Gesellschaft von solch barbarischen Praktiken entfernt haben.

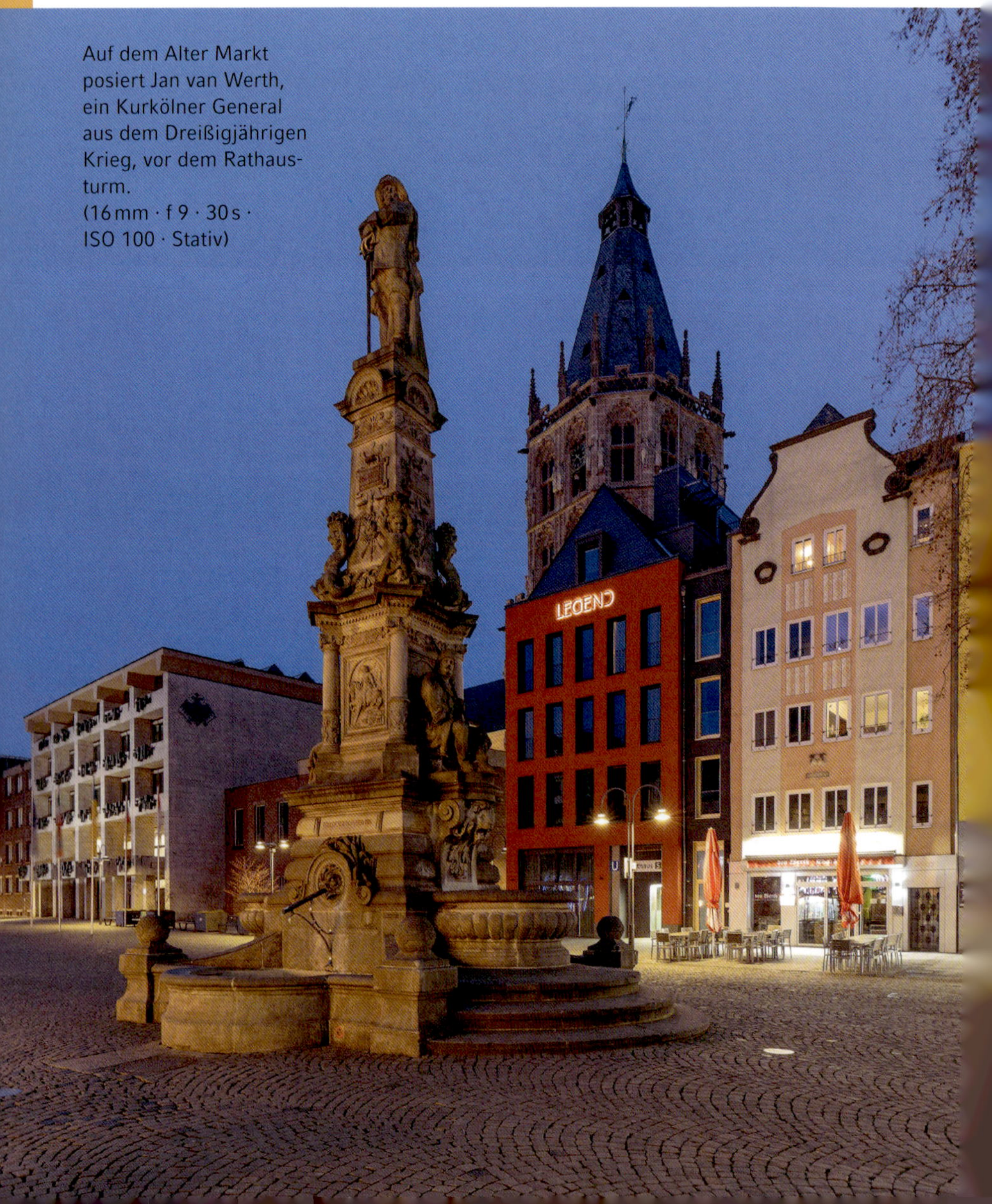

Auf dem Alter Markt posiert Jan van Werth, ein Kurkölner General aus dem Dreißigjährigen Krieg, vor dem Rathausturm.
(16 mm · f 9 · 30 s · ISO 100 · Stativ)

19 AUF DEM ROTHENBERG

Beste Tageszeit: abends
Koordinaten: 50.937074, 6.962171
Adresse: Auf dem Rothenberg, 50667 Köln

»Auf dem Rothenberg« ist eine historische Gasse im Martinsviertel der Kölner Altstadt. Fotografisch interessant sind die historischen Gebäude und das Kopfsteinpflaster in Kombination mit dem roten Neonschild »Hotel«. Ich habe mich bewusst für die Aufnahmen so platziert, dass in der Flucht der Gasse noch die Kirche Groß Sankt Martin zu erkennen ist.

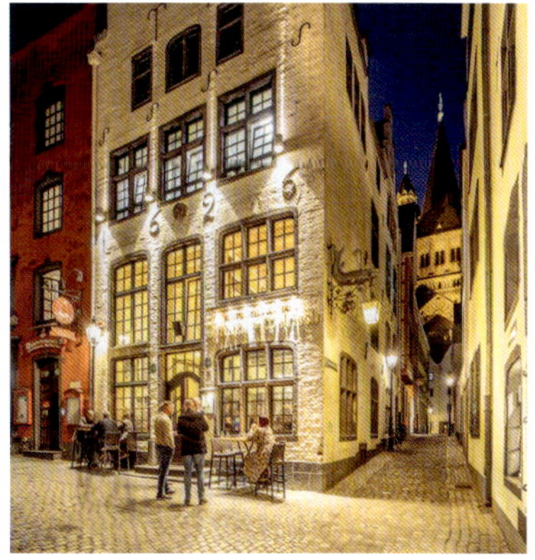

Das Lokal, das im Jahr 1629 gegründet wurde (die Jahreszahl 1626 an der Fassade ist einem »Zahlendreher« beim Wiederaufbau geschuldet), hat eine lange Geschichte und war schon immer ein beliebter Ort für Kölner Bürger, um sich zu treffen, zu trinken und zu essen.
(16 mm · f 9 · 5 s · ISO 100 · Stativ)
50.937636, 6.962010

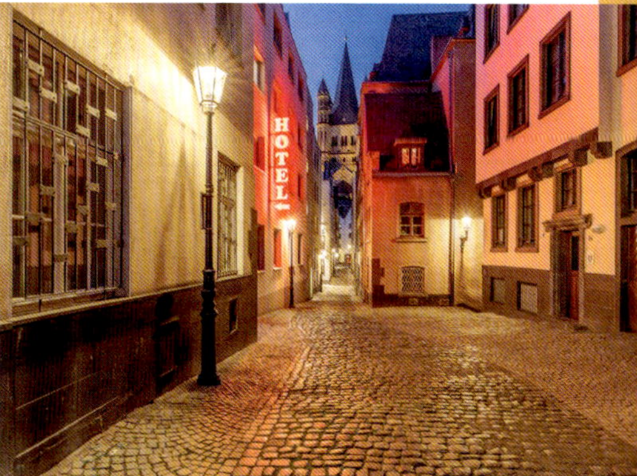

Die grelle neonrote Hotelreklame setzt einen anachronistischen Farbkontrast zur historischen Umgebung.
HDR-Bild aus 5 Aufnahmen.
Mittlere Aufnahmeeinstellung: 21 mm · f 11 · 1 s · ISO 100 · Stativ

20 FISCHMARKT

Beste Tageszeit: abends
Koordinaten: 50.938444, 6.962373
Adresse: Frankenwerft 33, 50667 Köln

Der historische Fischmarkt wurde im 12. Jahrhundert erstmals beurkundet. Er profitierte im 13. Jahrhundert vom Kölner Stapelrecht, das Händlern gebot, sämtliche auf dem Rhein transportierten Güter in Köln drei Tage lang anzubieten. Den Kölner »Feschwievern«, den damaligen Fischverkäuferinnen, setzte der Bildhauer Rainer Walk mit einem Brunnen ein Denkmal. Heute ist der Fischmarkt ein beliebter Ort für Touristen und Einheimische.

Fotografisch interessant sind die bunten, nach historischem Vorbild wiederaufgebauten Gebäude.

Der Bildhauer Rainer Walk setzte mit diesem Brunnen den Kölner »Feschwievern« ein Denkmal – den Fischhändlerinnen, die über Jahrhunderte hier in Rheinnähe ihre Ware verkauften. Ein echter Farbtupfer sind die schmalen Gebäude am Fischmarkt. HDR-Bild aus 3 Aufnahmen. Mittlere Aufnahmeeinstellung: 16 mm · f 9 · 2 s · ISO 100 · Stativ

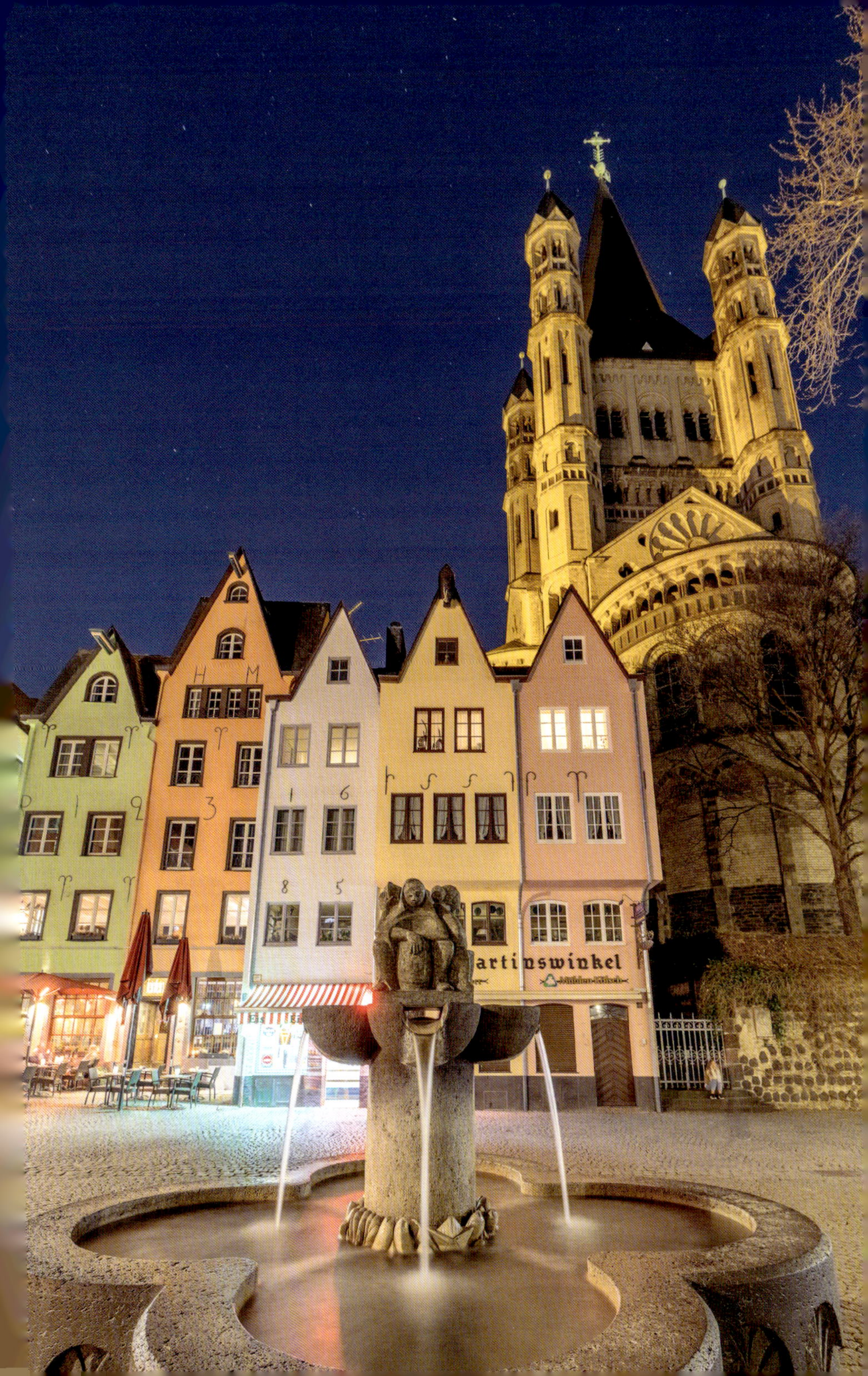
artinswinkel

21 FRANKENPLATZ

Beste Tageszeit: morgens und abends
Koordinaten: 50.941832, 6.962789
Adresse: Frankenplatz, 50668 Köln

Die Nordseite der Hohenzollernbrücke lässt sich nur über eine Treppe zwischen Frankenplatz und Trankgassenwerft erreichen. (Einen direkten Zugang zur Brücke vom Hauptbahnhof aus gibt es nicht.) Von der Treppe bietet sich Ihnen eine weitere Perspektive für Aufnahmen in Richtung Hauptbahnhof an – und dieses Mal in Kombination mit dem Reiterstandbild von Kaiser Friedrich III.

Die Lichtspuren des vorbeifahrenden Zugs und des Autoverkehrs auf der Straße verleihen der Aufnahme zusätzliche Dynamik.
(24 mm · f 8 · 4 s · ISO 100 · Stativ)

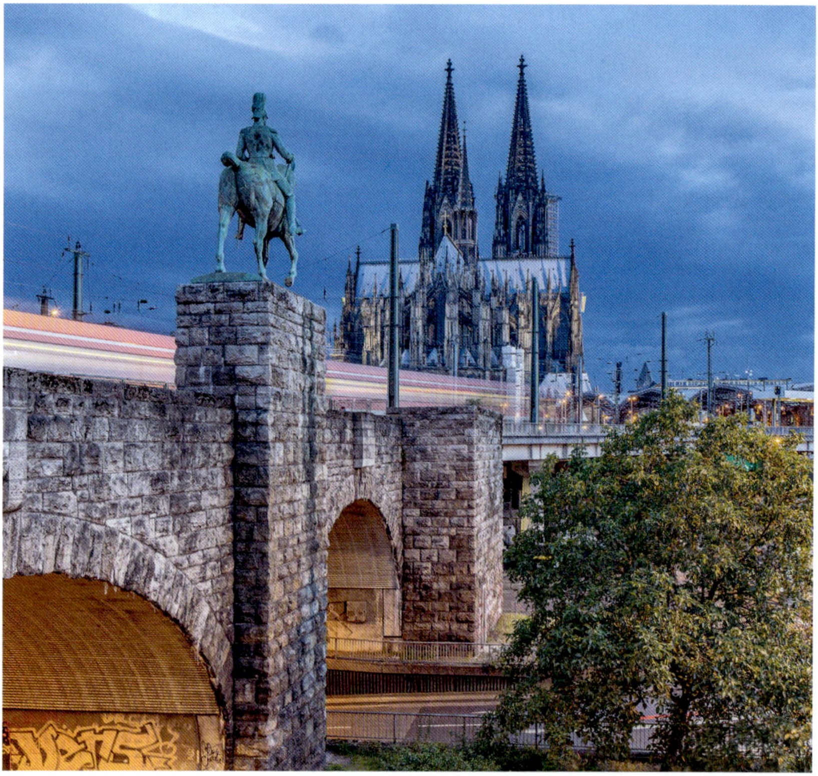

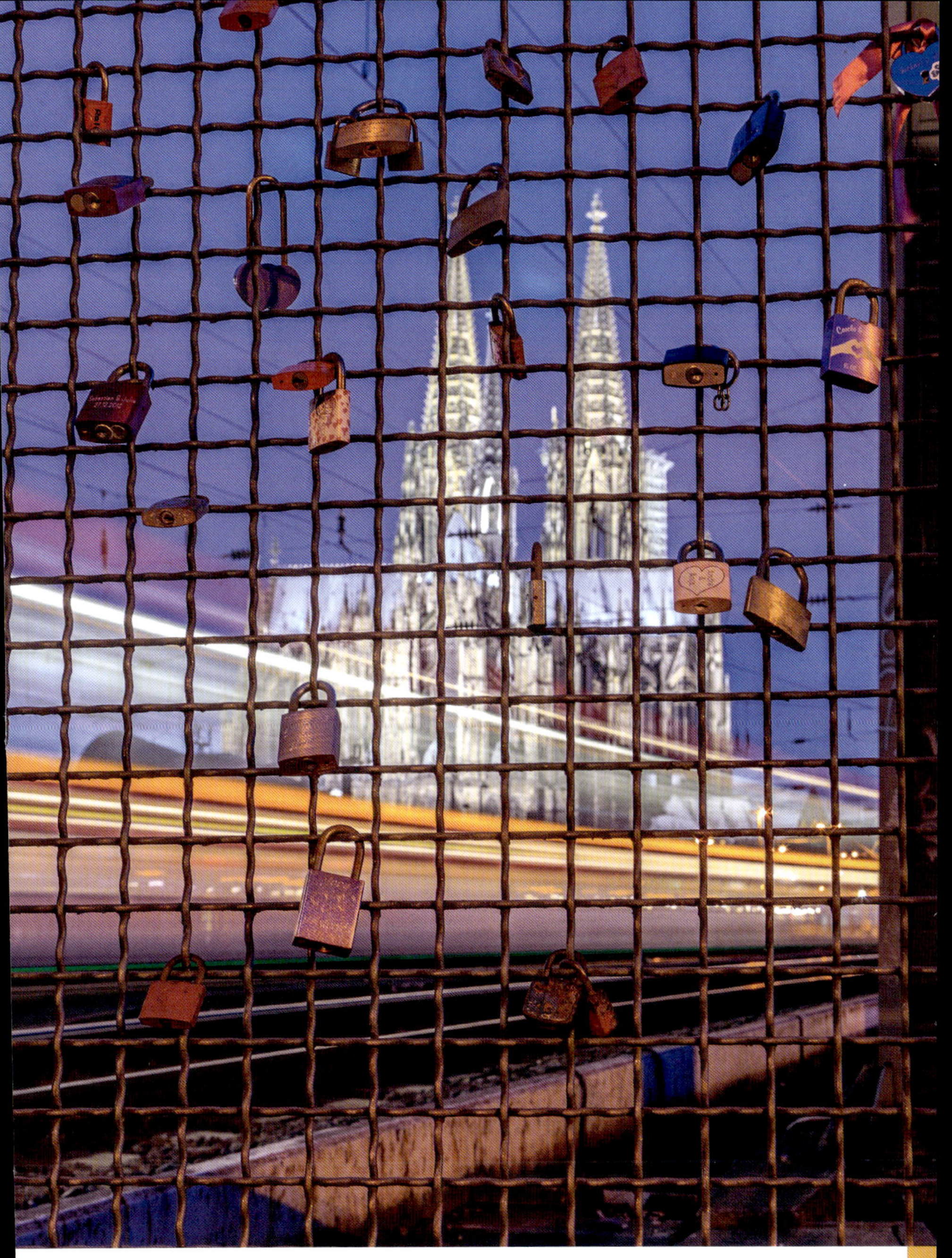

Auch bei dieser Aufnahme habe ich mehrere Versuche gebraucht, bis mir die Lichtstreifen der vorbeifahrenden Züge gefallen haben. (35 mm · f 9 · 20 s · ISO 100 · Stativ)

Am oberen Ende der Treppe biegen Sie links in östlicher Richtung ab, um über die Brücke zu gelangen. Biegen Sie stattdessen nach rechts in westliche Richtung ab, versperrt Ihnen ein Gitter den Weg. Dieses Gitter bietet Ihnen meiner Meinung nach aber eine der besten Möglichkeiten, um Liebesschlösser und Dom auf einem Bild zu kombinieren.

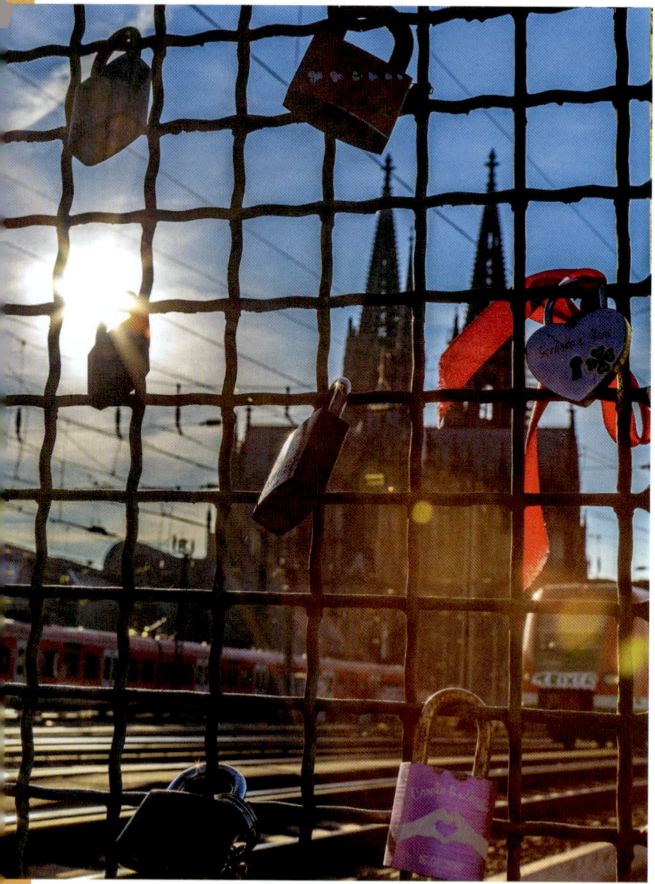

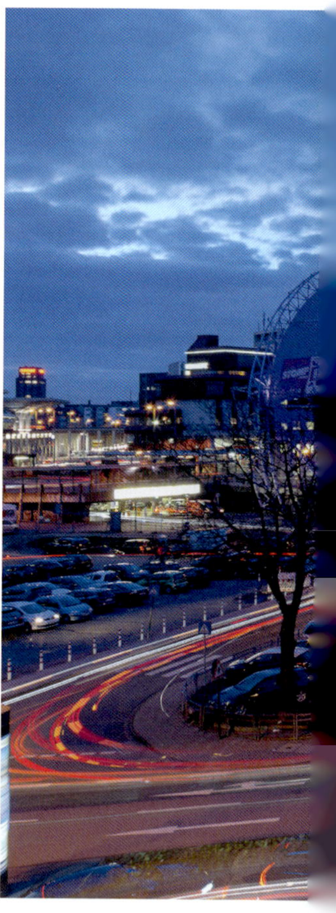

Noch versperren die Schlösser nicht den Blick auf den Dom.
(45 mm · f 18 · 1/320 s · ISO 400)

Von diesem Standpunkt aus lassen sich auch die besten Aufnahmen vom *Musical Dome* machen. Mit einer langen Belichtungszeit lässt sich dieser am Abend sehr schön mit Lichtspuren vorbeifahrender Fahrzeuge kombinieren.

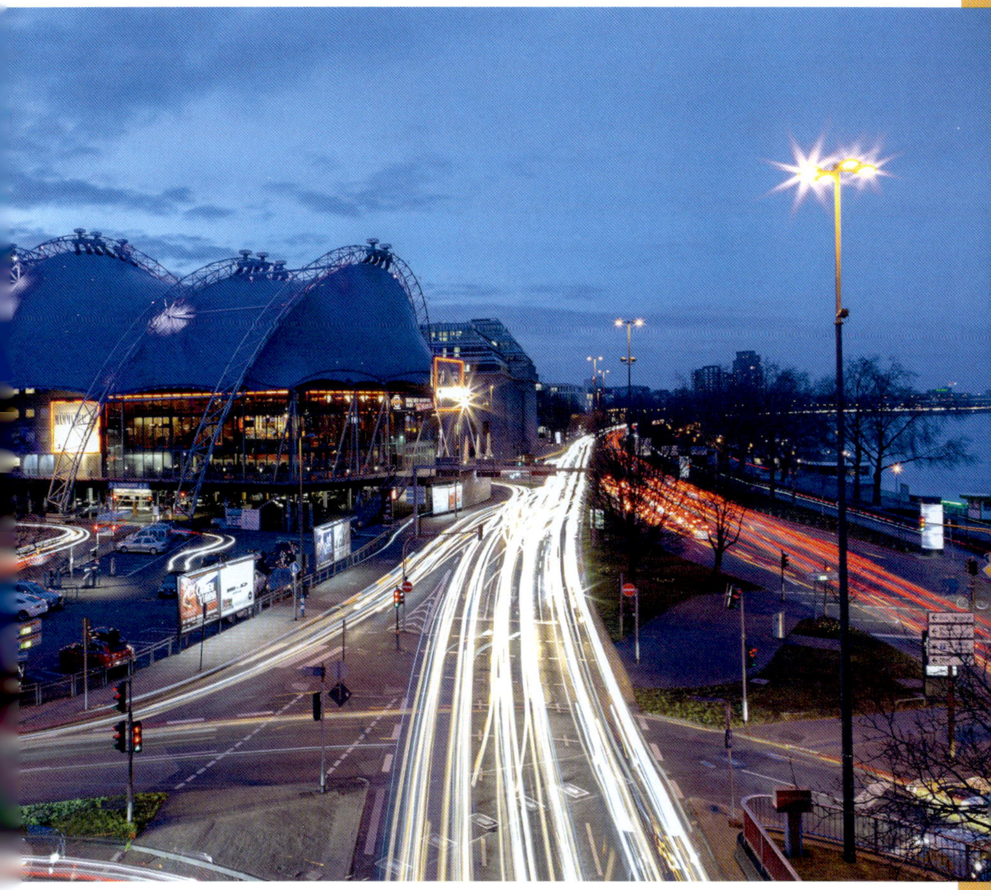

Dieser Standort ist auch einer der besten Spots, um den Musical Dome zu fotografieren. Insgesamt 5 Aufnahmen mit den gleichen Einstellungen habe ich in Photoshop gestapelt, um auf diese Anzahl an Lichtspuren zu kommen.
(24 mm · f 16 · 10 s · ISO 100 · Stativ)

22 TRANKGASSE

Beste Tageszeit: morgens und abends
Koordinaten: 50.941901, 6.961348
Adresse: Frankenplatz, 50668 Köln

Im Rahmen des langfristig angelegten Projekts »Lichtpassagen« wurde 2014 auch die Trankgasse unter dem Hauptbahnhof mit 84 energiesparenden

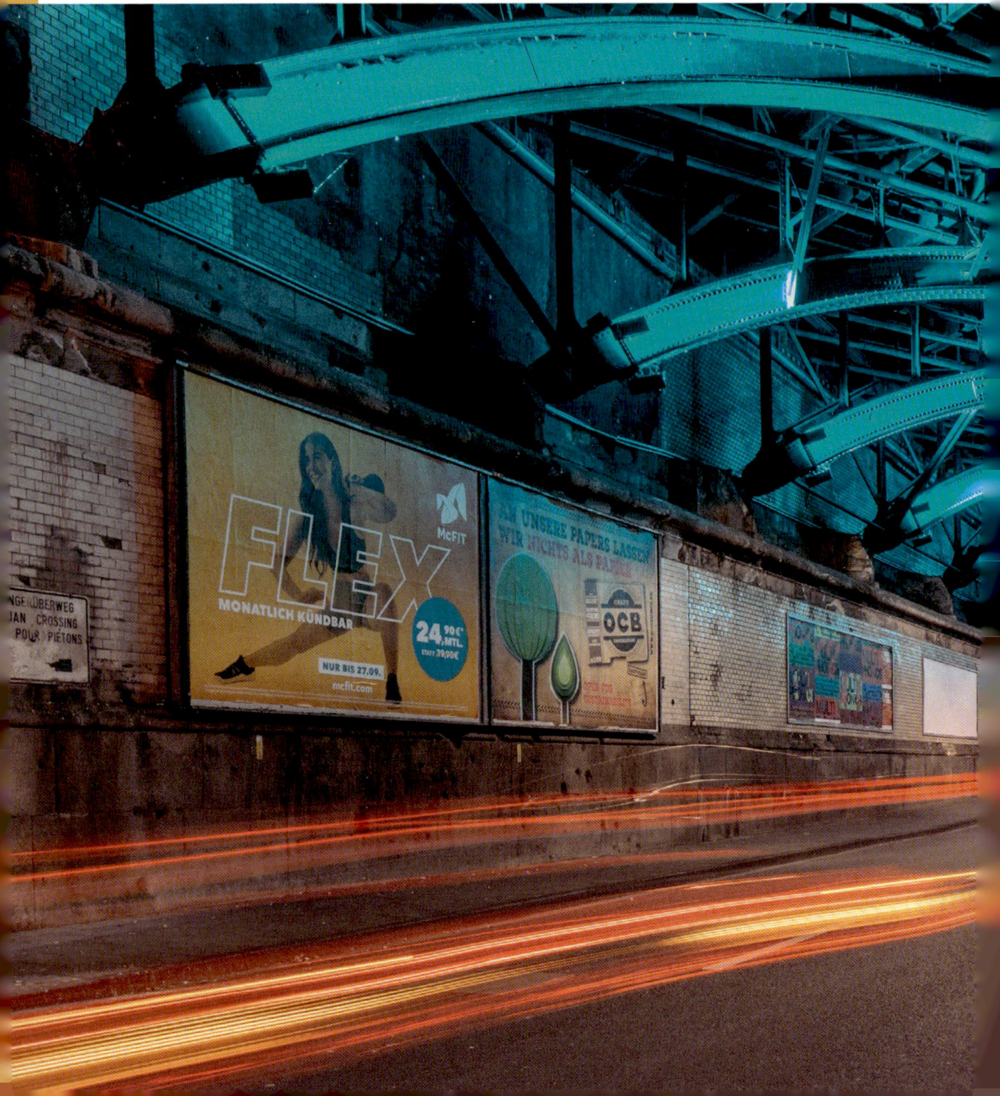

LED-Strahlern bestückt, die seitlich sowie unterhalb der Stahlträger positioniert und ausgerichtet wurden. Die Strahler leuchten im »Kölner Brückengrün« und tauchen die Stahlkonstruktion sowie die darüber liegenden Rohre in ein warmes grünes Licht.

In Kombination mit den roten Lichtstreifen der vorbeifahrenden Fahrzeuge ergeben sich hier sehr dynamische und interessante Aufnahmen.

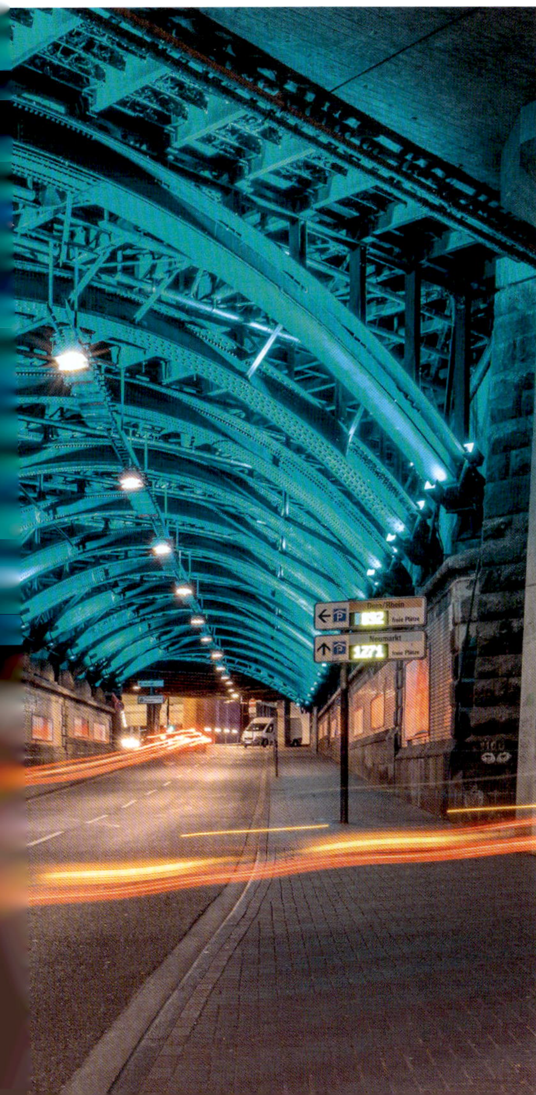

Das Kölner Brückengrün in Kombination mit den Lichtstreifen der Rückleuchten der vorbeifahrenden Autos ermöglichen faszinierende Aufnahmen.
(18 mm · f 20 · 30 s · ISO 100 · Stativ)

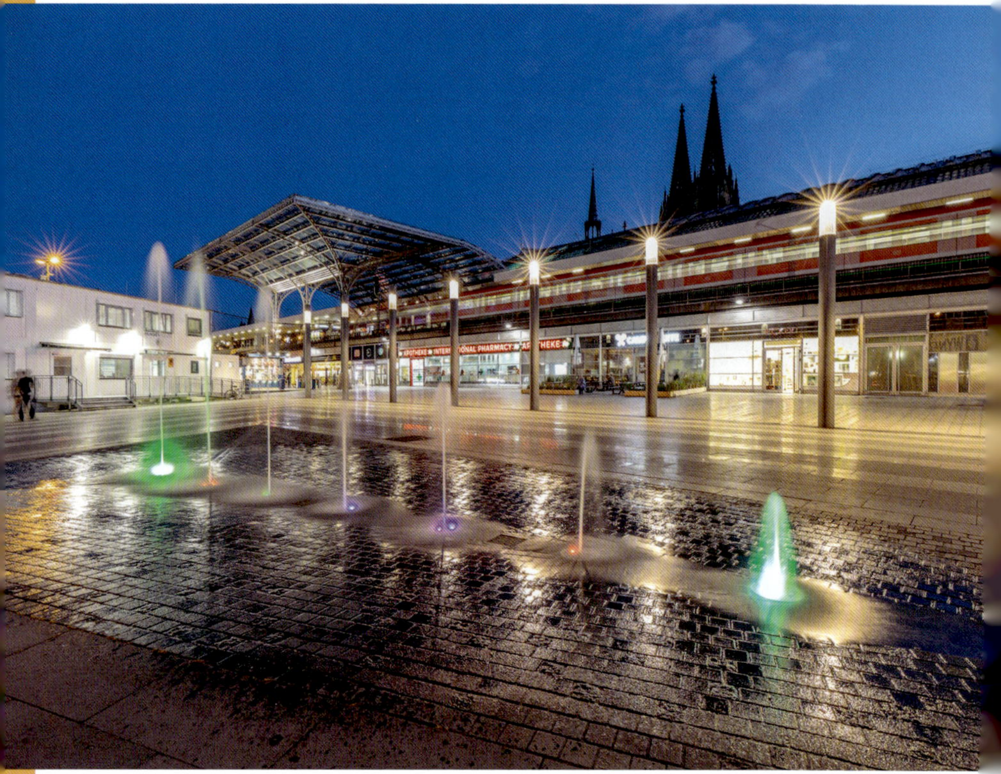

Farbige Wassersäulen auf dem Breslauer Platz mit Blick in Richtung Hauptbahnhof und Domspitzen.
(16 mm · f 11 · 15 s · ISO 100 · Stativ)

23 BRESLAUER PLATZ

Beste Tageszeit: abends
Koordinaten: 50.943688, 6.959788
Adresse: Breslauer Platz, 50668 Köln

Der Breslauer Platz liegt auf der rückwärtigen Seite des Hauptbahnhofs, wo sich auch der Busbahnhof befindet. Überquert man den Platz, gelangt man rasch zum *Musical Dome*. Nachdem der Breslauer Platz nach umfangreichen Umbaumaßnahmen im März

2013 eröffnet wurde, bemerkte man, dass die ebenfalls geplante und beschlossene Brunnenanlage fehlte. Ein Jahr später und mit weiteren 325.000 Euro Baukosten wurde der Brunnen mit den sieben Wassersäulen in Betrieb genommen.

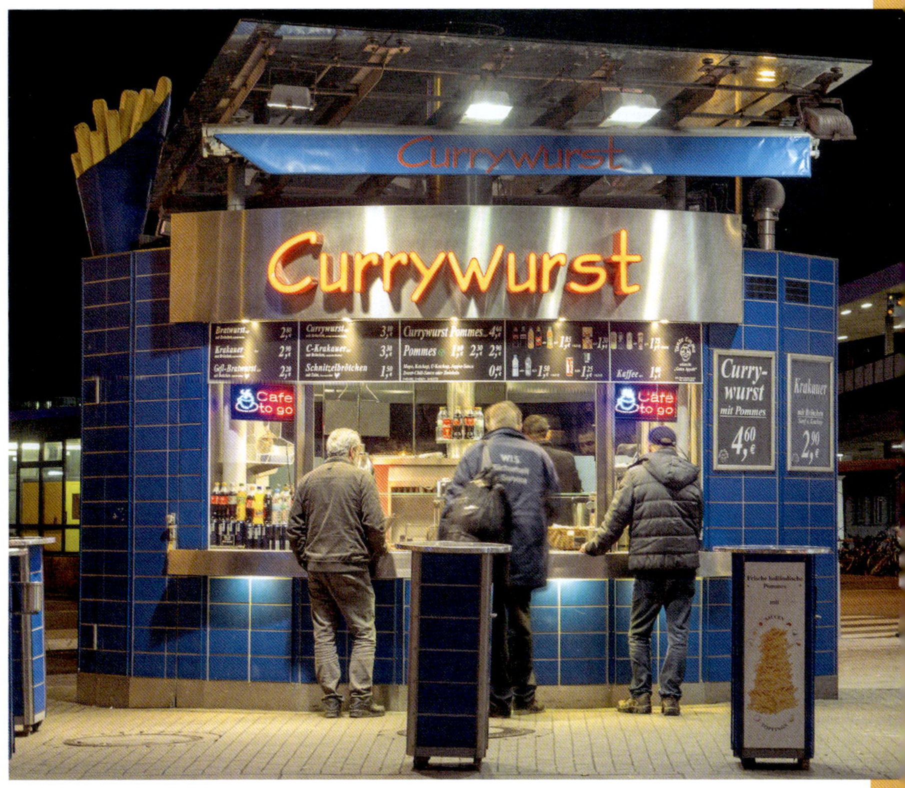

Die Currywurstbude auf dem Breslauer Platz: Stärkung für Nachtschwärmer und urbanes Fotomotiv in einem.
(70 mm · f 8 · 1,3 s · ISO 200 · Stativ)

24 MARZELLENSTRASSE

Beste Tageszeit: abends
Koordinaten: 50.945064, 6.956179
Adresse: Marzellenstraße 53, 50668 Köln

Der Tunnel in der Marzellenstraße war die erste Bahnunterführung, die im Rahmen des Konzepts der »Lichtpassagen« (bereits im Jahr 2012) durch den Einsatz neuester LED-Technik aufgewertet wurde.

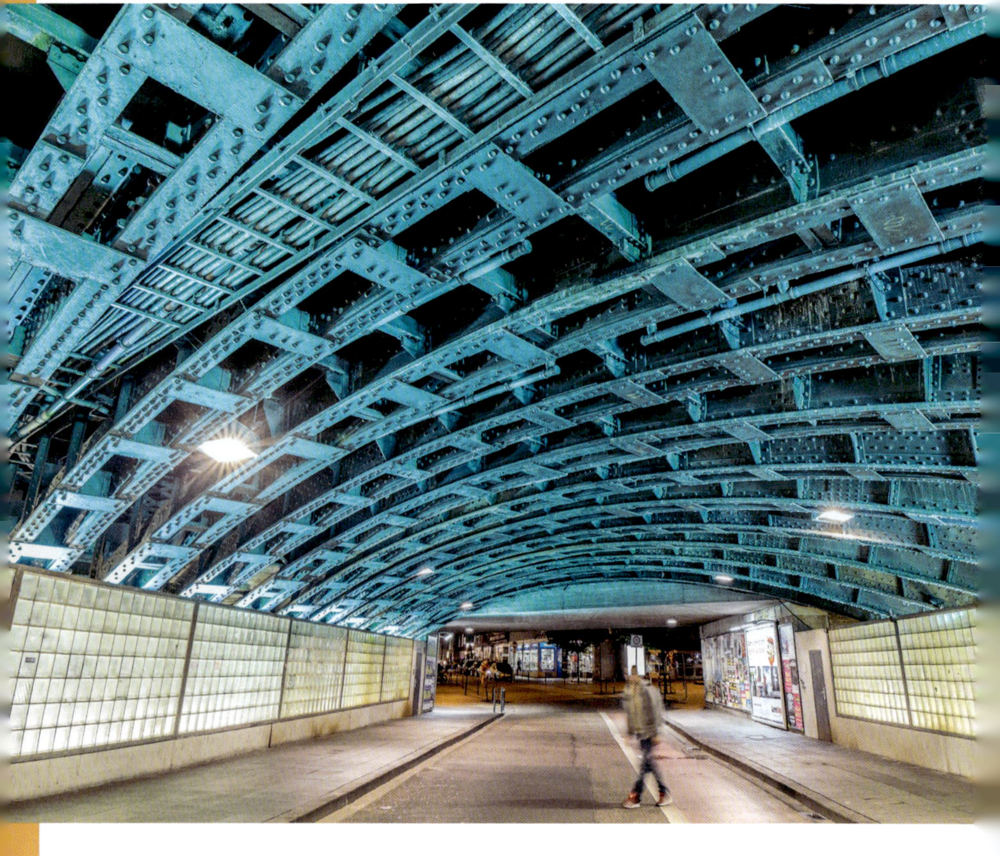

Die Unterführung an der Marzellenstraße Ecke Ursulaplatz bietet mit ihrer grünen Beleuchtung ein großartiges Motiv. Am besten kommen Sie spätabends oder nachts an diesen Fotospot: Dann gibt es nur wenig Verkehr auf der Straße und Sie können sich mit dem Stativ die beste Aufnahmeposition suchen und die Kamera positionieren.

Ich habe bei diesen Aufnahmen bewusst ein starkes Weitwinkelobjektiv gewählt, um die Wölbung der Stahlkonstruktion zu verstärken. Da mir die Bildmitte zu leer erschien, bin ich absichtlich durch das Bild gelaufen. Den ISO-Wert musste ich entsprechend erhöhen, um die Verschlusszeit zu verkürzen und somit nur eine leichte Bewegungsunschärfe zu erzielen.

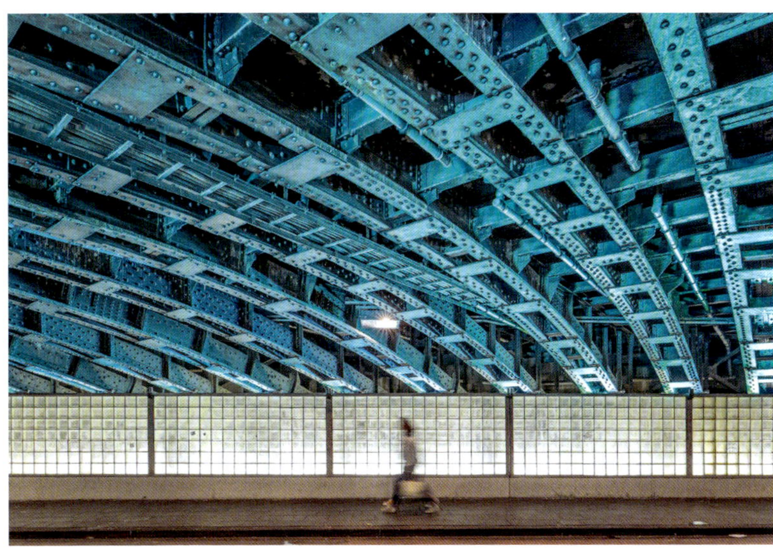

Ich finde, dass Passanten mit einer leichten Unschärfe dem sonst für mich zu leeren Bild das gewisse Etwas geben. (20 mm · f 6,3 · 1/6 s · ISO 100 · Stativ)

Mit dem 10-Sekunden-Selbstauslöser habe ich mehrere Anläufe benötigt, bis ich mit meiner Position und dem richtigen Maß an Unschärfe zufrieden war. (20 mm · f 6,3 · 1/5 s · ISO 1250 · Stativ)

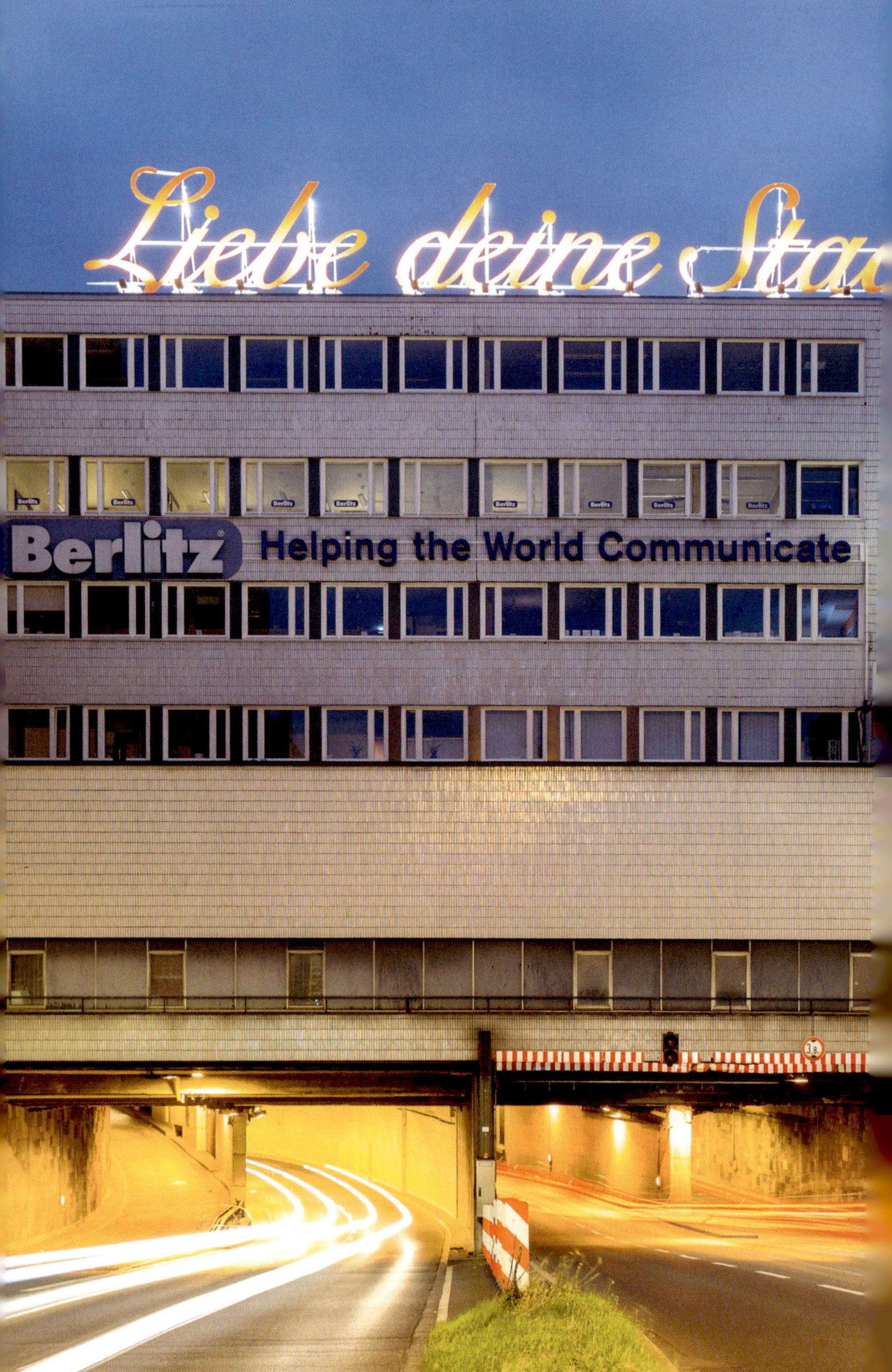
Liebe deine
Berlitz
Helping the World Communicate

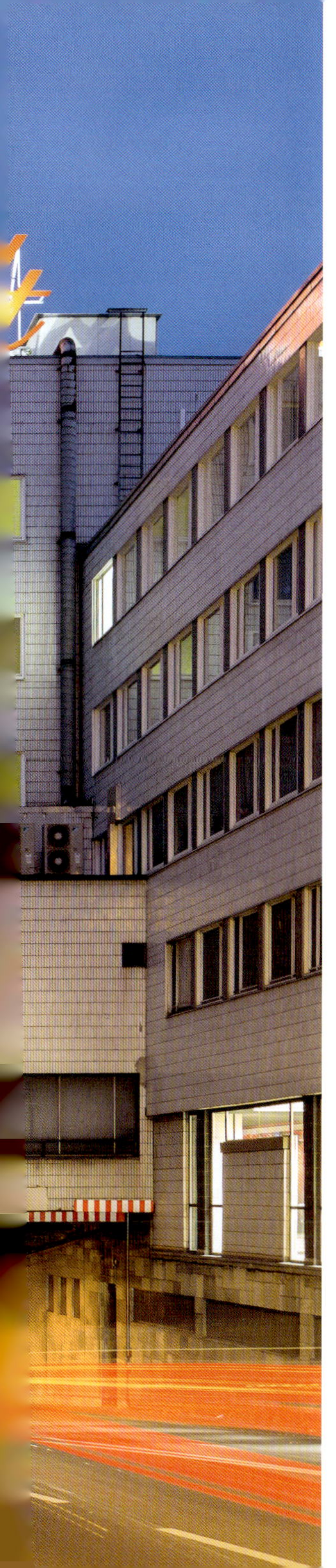

DIE INNENSTADT
TOUR 2

Der Neumarkt bildet das Zentrum der Innenstadt. Dieser Platz ist ein Knotenpunkt für den Verkehr und den öffentlichen Nahverkehr aus allen Himmelsrichtungen. Der große Neumarkt selbst wirkt öde und wenig einladend, seine Umgebung bietet aber einige großartige Motive, bei denen Sie bewusst den Straßenverkehr am Abend mit interessanten Lichtspuren in Ihre Aufnahmen einbauen können.

28 mm · f 8 · 30 s · ISO 50 · Stativ

DIE INNENSTADT

TOUR 2

1. NEUMARKT PASSAGE UND GALERIE
2. PEEK & CLOPPENBURG
3. LIEBE DEINE STADT
4. KAUFHOF-PARKHAUS
5. BIERBRUNNEN
6. GÜRZENICH
7. ALT ST. ALBAN
8. HEUMARKT
9. PEGEL KÖLN
10. LICHT UND BEWEGUNG
11. KOLUMBA
12. WDR ARKADEN
13. MUSEUM FÜR ANGEWANDTE KUNST KÖLN
14. ZEUGHAUS
15. RÖMERTURM ZEUGHAUSSTRASSE
16. ST. GEREON
17. THE QVEST
18. 25HOURS HOTEL »THE CIRCLE«
19. OLIVANDENHOF

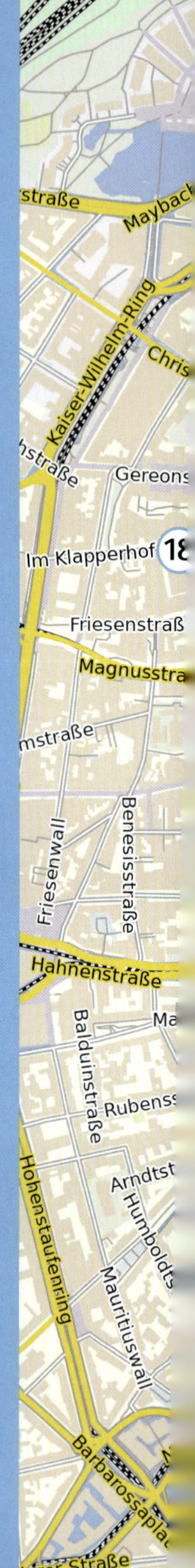

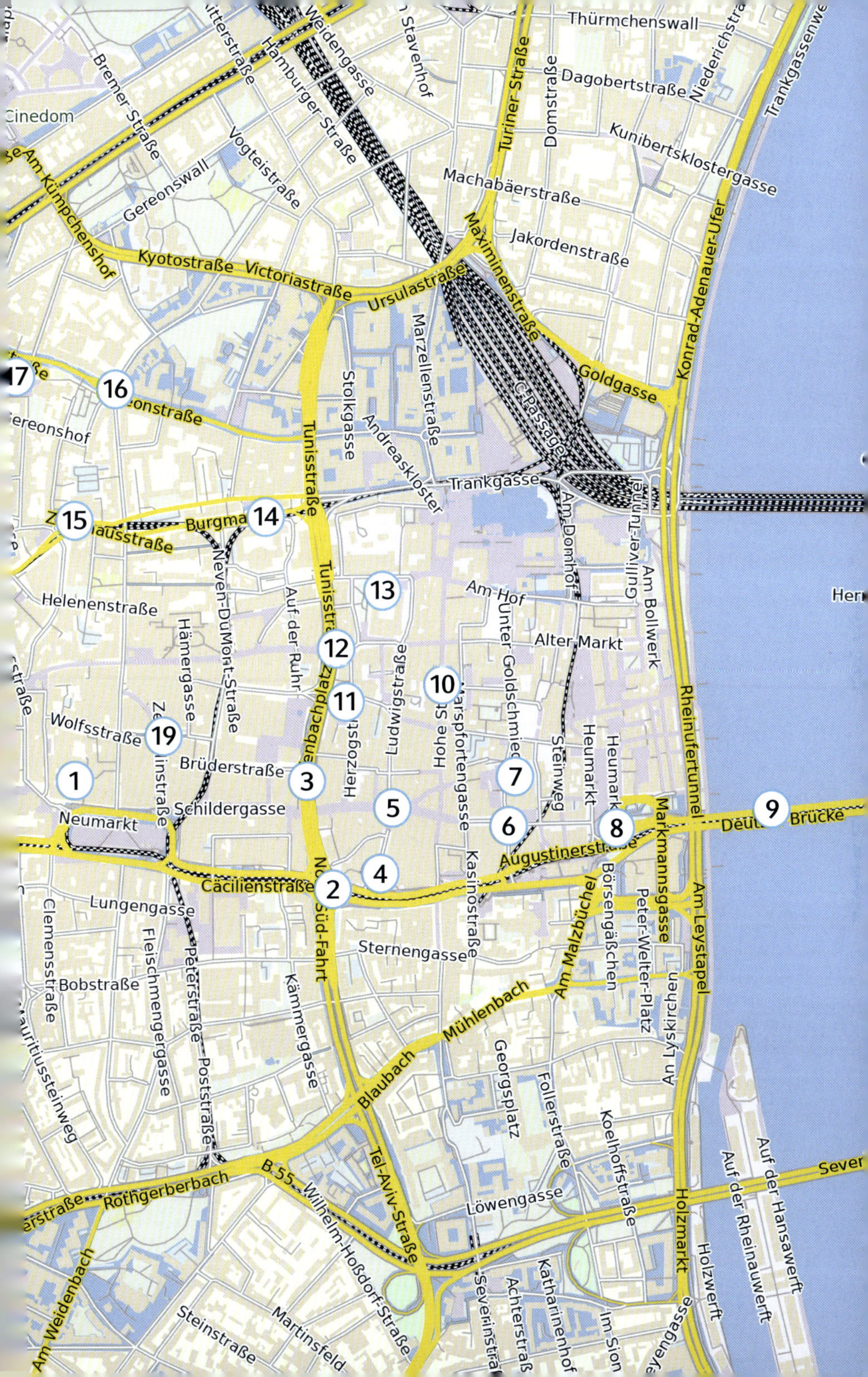

Cinedom
Bremer Straße
Hamburger Straße
Weidengasse
Stavenhof
Thürmchenswall
Turiner Straße
Domstraße
Dagobertstraße
Niederichstraße
Trankgassenwerft
Kunibertsklostergasse
Am Kümpchenshof
Gereonswall
Vogteistraße
Machabäerstraße
Maximinenstraße
Jakordenstraße
Kyotostraße
Victoriastraße
Ursulastraße
Konrad-Adenauer-Ufer
Goldgasse
17
16
Gereonshof
Stolkgasse
Marzellenstraße
Andreaskloster
Tunisstraße
Trankgasse
15
14
Burgmauerstraße
Neven-DuMont-Straße
Auf der Ruhr
Am Domhof
Gulliver-Tunnel
Am Bollwerk
13
Am Hof
Helenenstraße
Hämergasse
12
Alter Markt
Unter Goldschmied
10
11
Ludwigstraße
Herzogstraße
Hohe Straße
Marspfortengasse
Steinweg
Heumarkt
Wolfsstraße
19
Brüderstraße
3
7
1
Rheinufertunnel
9
Deutzer Brücke
Neumarkt
Schildergasse
5
6
8
Markmannsgasse
Augustinerstraße
4
Cäcilienstraße
2
Nord-Süd-Fahrt
Kasinostraße
Börsengäßchen
Am Leystapel
Peter-Welter-Platz
Lungengasse
Clemensstraße
Sterneng asse
Am Malzbüchel
Bobstraße
Fleischmengergasse
Peterstraße
Poststraße
Kämmergasse
Mühlenbach
Mauritiussteinweg
Georgsplatz
Follerstraße
Koelhoffstraße
An Lyskirchen
Blaubach
Rothgerberbach
B 55
Wilhelm-Hoßdorf-Straße
Tel-Aviv-Straße
Löwengasse
Holzmarkt
Auf der Rheinauwerft
Auf der Hansawerft
Severinsbrücke
Am Weidenbach
Steinstraße
Martinsfeld
Severinstraße
Achterstraße
Katharinenhof
Im Sion
Holzwerft

1 NEUMARKT PASSAGE UND GALERIE

Beste Tageszeit: tagsüber
Koordinaten: 50.936938, 6.946509
Adresse: Neumarkt 18A, 50667 Köln

In der überdachten Einkaufspassage befinden sich einige Einzelhandelsgeschäfte, und die Gastronomie lädt zum Verweilen ein. Das kunstvoll eingedeckte Arkaden-Glasdach ist eines der Fotomotive, die sich hier anbieten.

Die zwei Meter hohe und drei Tonnen schwere Eistüte *Dropped Cone* von Claes Oldenburg ist ein Fotomotiv gleich nebenan auf dem Dach der Neumarkt Galerie. Die aufragende Spitze des Hörnchens soll an die Kölner Skyline erinnern. Tatsächlich waren sogar zwei Eistüten geplant, um die Verbindung zum Kölner Dom zu verstärken.

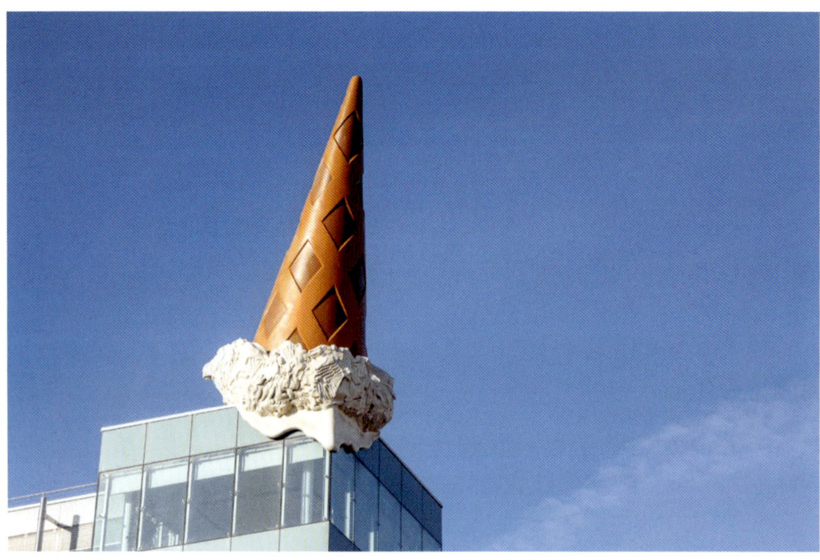

Dropped Cone – das Eishörnchen auf dem Dach der Neumarkt Galerie soll an den Dom erinnern. Der Künstler hatte sich Postkarten aus Köln schicken lassen und entschieden, dass Köln eine Stadt der Kirchtürme sei.
(75 mm · f 8 · 1/1250 s · ISO 500) 50.936185, 6.949120

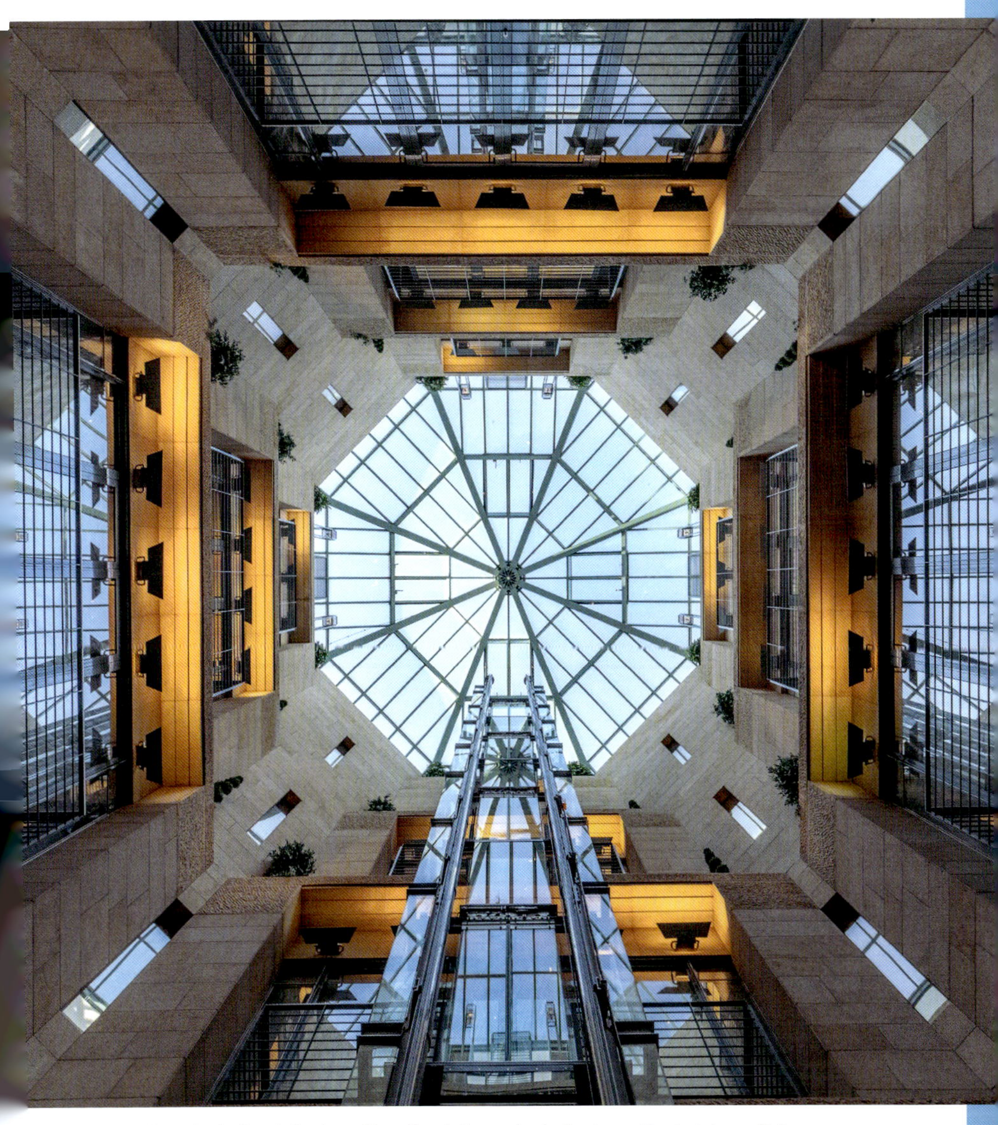

Das Glasdach der Arkaden: Eine faszinierende Aufnahme lässt sich realisieren, wenn Sie die Kamera senkrecht nach oben in Richtung Glaskuppel richten. (16 mm · f 8 · 1/500 s · ISO 1600) 50.936938, 6.946509

2 PEEK & CLOPPENBURG

Beste Tageszeit: abends
Koordinaten: 50.935172, 6.953348
Adresse: Schildergasse 65–67, 50667 Köln

Das 5. Weltstadthaus der Modekette Peek & Cloppenburg wurde von Renzo Piano entworfen und im September 2005 eröffnet.

Die 4900 Quadratmeter große Glasfassade bietet bei eingeschalteter Innenraumbeleuchtung ein spektakuläres Motiv. Das Weltstadthaus erinnert einige Betrachter aufgrund seiner Form mit den runden, organischen Kurven und der glänzenden bläulichen Fassade an den Körper eines Wals im Wasser.

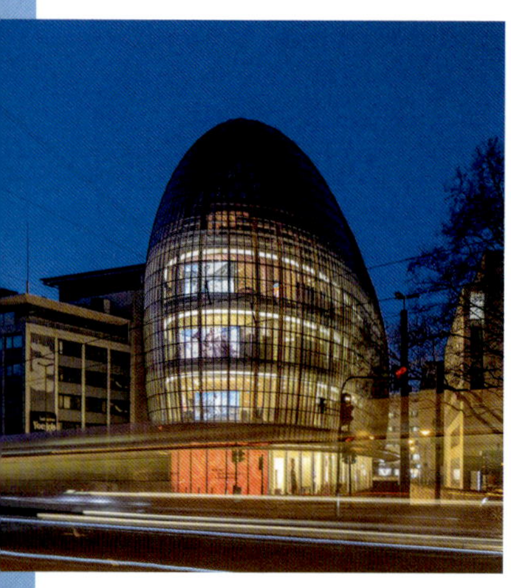

Es gibt verschiedene Aufnahmepositionen, um die Fassade zu fotografieren. Gehen Sie ruhig einige Meter hin und her und erarbeiten Sie für sich die beste Position. Ich habe bewusst noch eine vorbeifahrende Straßenbahn in das Motiv mit aufgenommen.
(28 mm · f 16 · 3,2 s · ISO 100 · Stativ)

Gleich auf der gegenüberliegenden Straßenseite befindet sich die Kölner Zentrale der Telekom. Die Fassade mit ihren vielen unterschiedlichen Rechtecken bietet zahlreiche tolle Fotomöglichkeiten. Ich habe bei meiner Aufnahme die ungewöhnliche Fassade als Spiegelung auf einem Auto eingefangen.
(24 mm · f 14 · 1/50 s · ISO 100)
50.934170, 6.954423

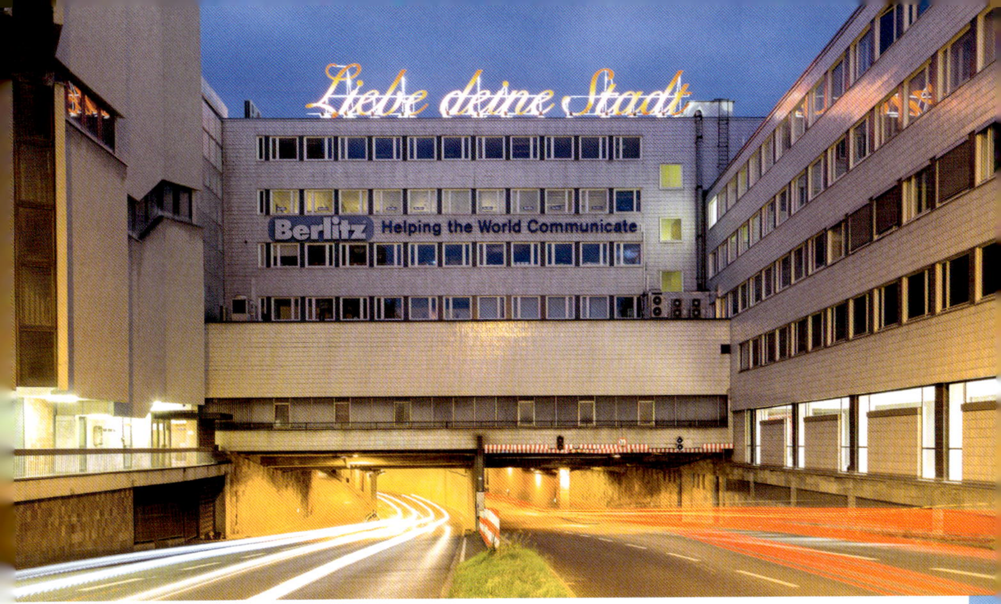

Der Grünstreifen ist so breit, dass Sie dort Ihr Stativ aufstellen können und der Verkehr Ihnen nichts anhaben kann. Dieser Aufnahmestandort ist sicherlich nichts für schwache Nerven.
(28 mm · f 8 · 30 s · ISO 50 · Stativ)

3 LIEBE DEINE STADT

Beste Tageszeit: abends
Koordinaten: 50.936951, 6.952710
Adresse: Nord-Süd-Fahrt, 50667 Köln

Merlin Bauer ist ein österreichischer Aktions- und Konzeptkünstler, der den Schriftzug »Liebe deine Stadt« geschaffen hat. Die 26 Meter breiten und 4 Meter hohen Buchstaben sind Teil eines 2002 begonnenen Projekts. Mit diesem Projekt ehrte Merlin Bauer über mehrere Jahre hinweg exemplarische Bauten der Kölner Nachkriegsarchitektur und brachte sie damit zurück ins kollektive Gedächtnis.

Dieses Bild habe ich vom Grünstreifen zwischen den beiden Fahrbahnen der Nord-Süd-Fahrt aufgenommen, der zentralen Verkehrsachse für den Autoverkehr in der Innenstadt. Es gibt dort keinen Fußgängerüberweg, um den Grünstreifen zu erreichen. Seien Sie daher unbedingt vorsichtig, wenn Sie die Straße überqueren! Sie tun dies auf eigene Gefahr!

Sie erhalten ein wesentlich dynamischeres Bild, wenn Sie die Lichtstreifen von vorbeifahrenden Autos in das Bild integrieren. Deswegen bevorzuge ich die Aufnahme am Abend.

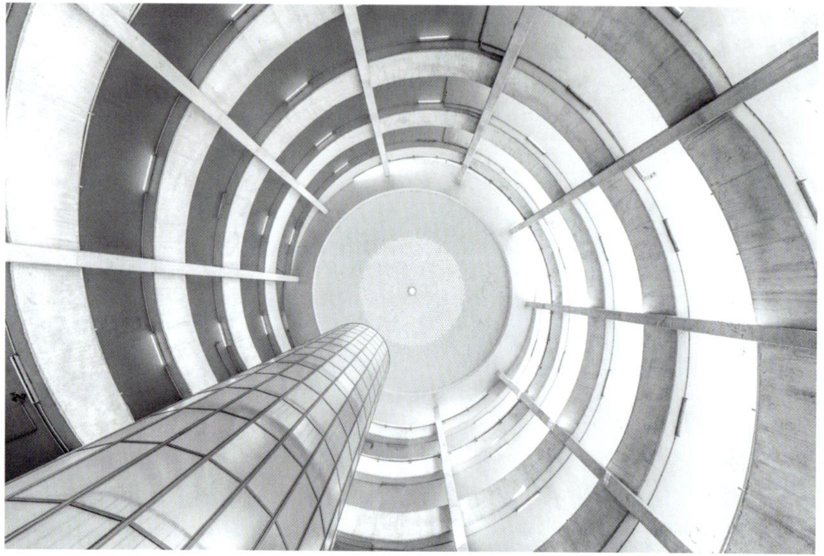

Die symmetrische Architektur in Form eines Schneckenhauses spricht mich bei dieser Aufnahme besonders an. Je weitwinkliger Ihr Objektiv ist, desto mehr Windungen bekommen Sie auf das Bild. Ich habe mir extra für diese und einige andere Aufnahmen im Buch ein extremes Weitwinkelobjektiv mit 11 mm Brennweite ausgeliehen. (11 mm · f 8 · 1/13 s · ISO 100 · Stativ)

4 KAUFHOF-PARKHAUS

Beste Tageszeit: tagsüber
Koordinaten: 50.935448, 6.954563
Adresse: An St. Agatha 22, 50667 Köln

In den 1960er-Jahren wurde das Kaufhof-Parkhaus nach Entwürfen von Hermann Wunderlich mit spindelförmiger Rampe nach amerikanischem Vorbild

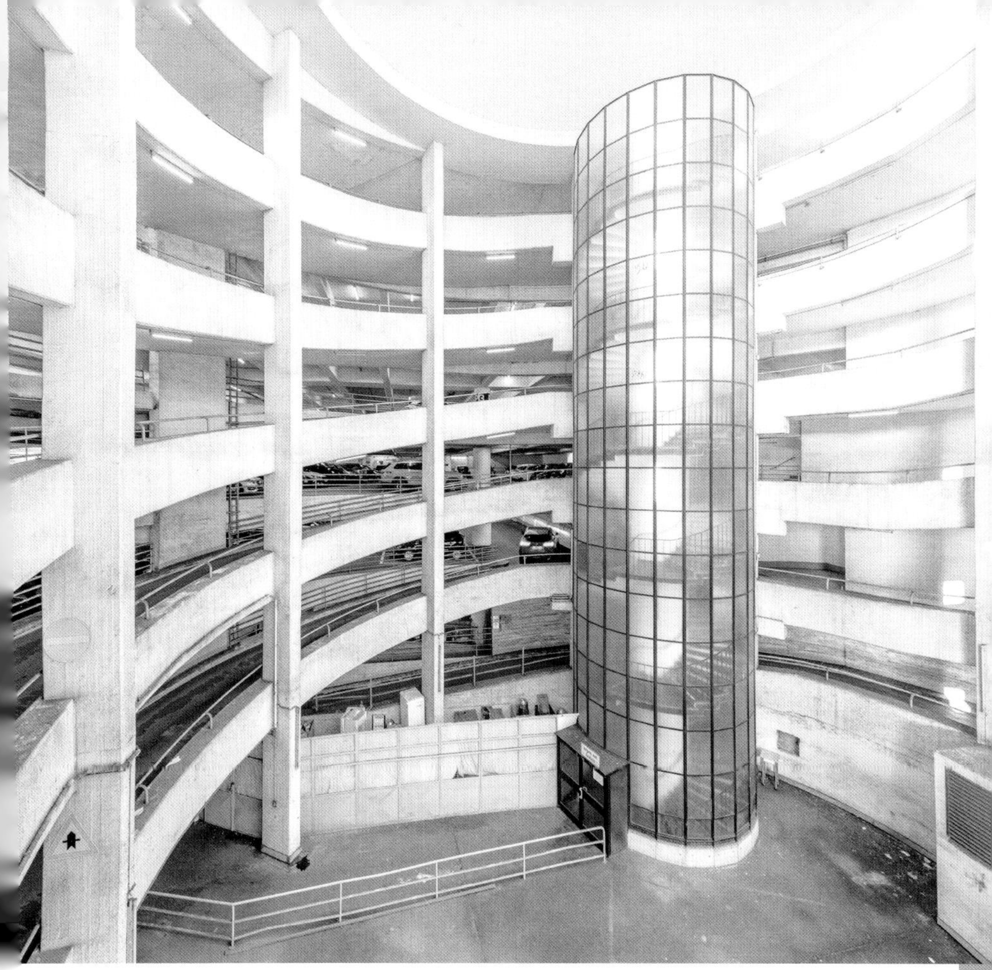

Der seitliche Blick auf die spindelförmige Rampe und das verglaste Treppenhaus wirkt nicht ganz so spektakulär, ist aber dennoch ein Foto wert. (11 mm · f 8 · 1/5 s · ISO 100 · Stativ)

gebaut. Das verglaste Treppenhaus ist von der Straße An St. Agatha zu erreichen. Ich bin ein Fan von nach oben gerichteten Aufnahmen, denn oft ergeben sich großartige Perspektiven, die im wahrsten Sinne des Wortes oft übersehen werden.

Die Fotos habe ich in Schwarzweiß umgewandelt, damit nichts von dieser sachlichen Architektur und der Linienführung im Bild ablenkt.

5 BIERBRUNNEN

Beste Tageszeit: abends
Koordinaten: 50.936500, 6.954936
Adresse: Schildergasse 1–9, 50667 Köln

Die schlanke Betonstele wurde als Erinnerung an die Zunft der Bierbrauer errichtet, die über Jahrhunderte hinweg ihren Sitz auf der Schildergasse hatte. Der 1972 aufgestellte Brunnen wurde von dem Metallbildhauer Josef Jaekel gestaltet, und bei seiner Einweihung floss nicht wie heute Wasser, sondern tatsächlich Kölsch aus dem Brunnen. Der Bierbrunnen gehört zu den bekanntesten Skulpturen in Köln und ist Symbol für die moderne Kunstszene der Stadt.

Planen Sie Ihre Aufnahme auf jedem Fall nach Geschäftsschluss. Die Schildergasse ist mit die populärste Einkaufsstraße in Köln, tagsüber wäre eine derartige Aufnahme ohne Menschen nicht möglich.

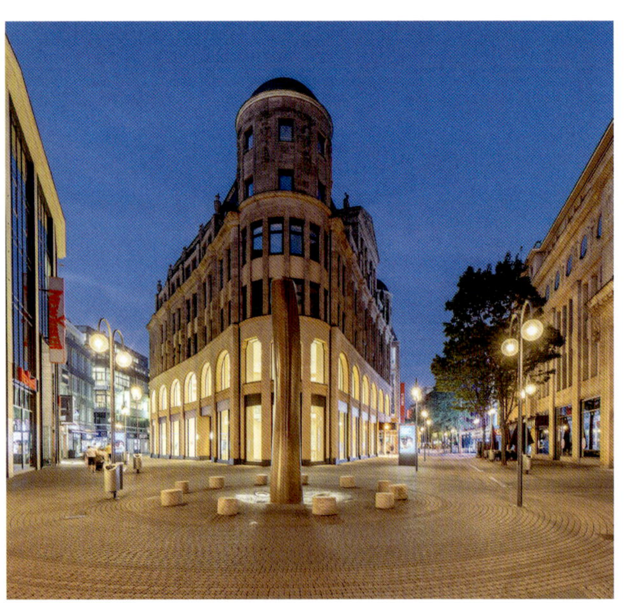

Ich habe hier verschiedene Aufnahmepositionen ausprobiert – von weiter links bis ganz auf die rechte Seite. Beim Vergleich der Auswahl auf einem großen Monitor hat mich die mittlere Aufnahmeposition überzeugt. HDR-Bild aus 3 Aufnahmen. Mittlere Aufnahmeeinstellung: 16 mm · f 8 · 1 s · ISO 100 · Stativ

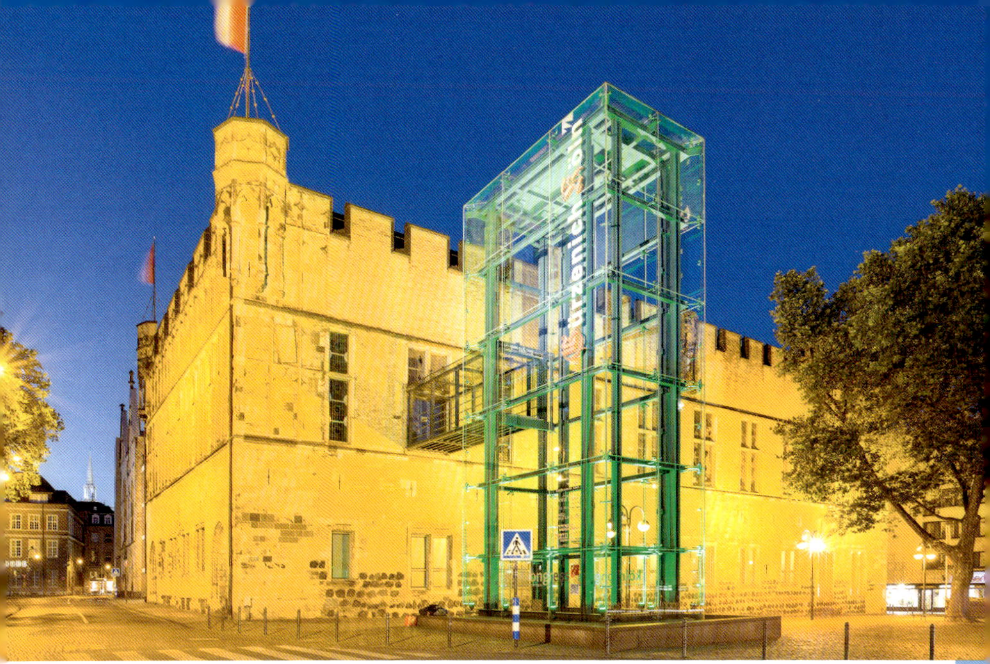

Die perfekte Mischung von warmen und kalten Farben: Die warme Fassade wird vom kühlen Blau des Himmels und dem Grün des Aufzugs umrahmt. (20 mm · f 8 · 13 s · ISO 100 · Stativ)

6 GÜRZENICH

Beste Tageszeit: abends
Koordinaten: 50.936199, 6.958071
Adresse: Martinstraße 29–37, 50667 Köln

Der Gürzenich ist ein historisches Gebäude und ein wichtiger Teil der Kölner Geschichte. Das Gebäude wurde im 15. Jahrhundert als Festhalle und Versammlungsort errichtet und hat im Laufe der Jahrhunderte viele bedeutende Veranstaltungen beherbergt.

Die Kombination aus historischen Elementen und modernen Design-Details ist besonders reizvoll für Fotografen, die gerne Kontraste in ihren Bildern einfangen.

Mir gefällt bei diesem Motiv ganz besonders die Kombination aus jung und alt und die Farbkombination am Abend zwischen der mittelalterlichen Fassade und dem modernen Aufzug aus Glas und Stahl.

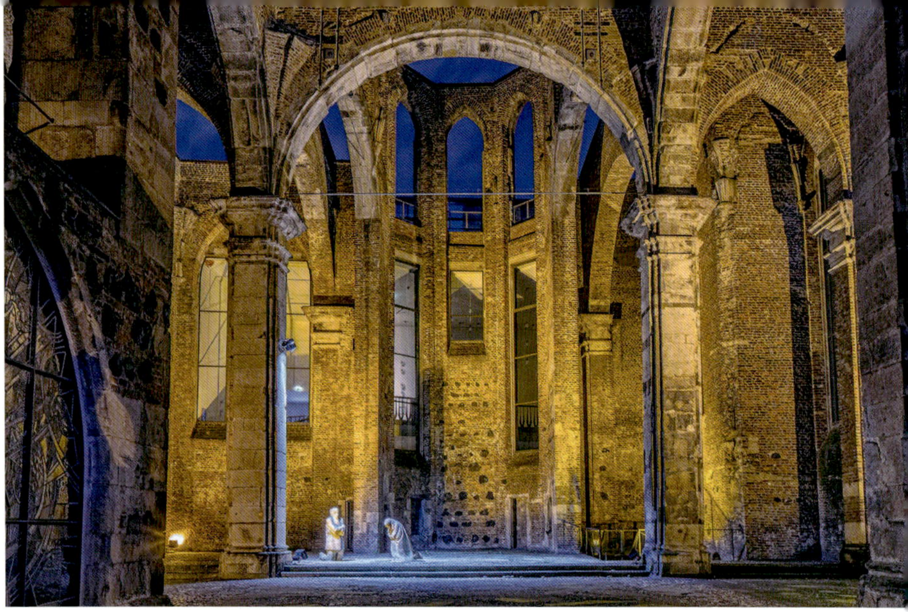

Die Schwierigkeit bei dieser Aufnahme besteht darin, dass das Objektiv durch die Gitterstäbe passen muss. Achten Sie darauf, dass Ihr gewähltes Objektiv nicht einen zu großen Durchmesser hat.
HDR-Bild aus 3 Aufnahmen. Mittlere Aufnahmeeinstellung: 24 mm · f 9 · 10 s · ISO 100 · Stativ

7 ALT ST. ALBAN

Beste Tageszeit: abends
Koordinaten: 50.936949, 6.958152
Adresse: Quatermarkt 4, 50667 Köln

Alt St. Alban ist eines der ältesten romanischen Kirchengebäude Kölns. Die Ruine der Kirche ist heute eine Gedenkstätte für die Opfer der beiden Weltkriege mitten in der Altstadt. Zentrales Kunstwerk der Gedenkstätte sind die »Trauernden Eltern«, eine Kopie der Skulpturen von Käthe Kollwitz.

Die Schwierigkeit beim Fotografieren besteht darin, mit dem Objektiv durch die Gitterstäbe zu kommen und das Stativ nahe am Gitter zu positionieren. Denn der Blick in die Gedenkstätte wird durch ein Gittertor ermöglicht und fotografieren müssen Sie vom Bürgersteig aus.

8 HEUMARKT

Beste Tageszeit: abends
Koordinaten: 50.936185, 6.960925
Adresse: Heumarkt, 50667 Köln

Auf dem Heumarkt finden zahlreiche Konzerte, Feste und interkulturelle Veranstaltungen statt. Am 11.11. wird hier traditionell die Sessionseröffnung des Kölner Karnevals gefeiert.

Insbesondere das Gastronomie-Gewerbe ist mit Brauhäusern, Kneipen und Café-Terrassen vertreten. Im Sommer ist dies ein beliebter Treffpunkt für Kölner und Touristen gleichermaßen. Auf dem Heumarkt befindet sich das Reiterstandbild von König Friedrich Wilhelm III. von Preußen, das ich fotografisch in Szene gesetzt habe. Dabei waren mehrere Anläufe erforderlich, da die 4711-Reklame in der linken Bildhälfte nicht immer beleuchtet ist.

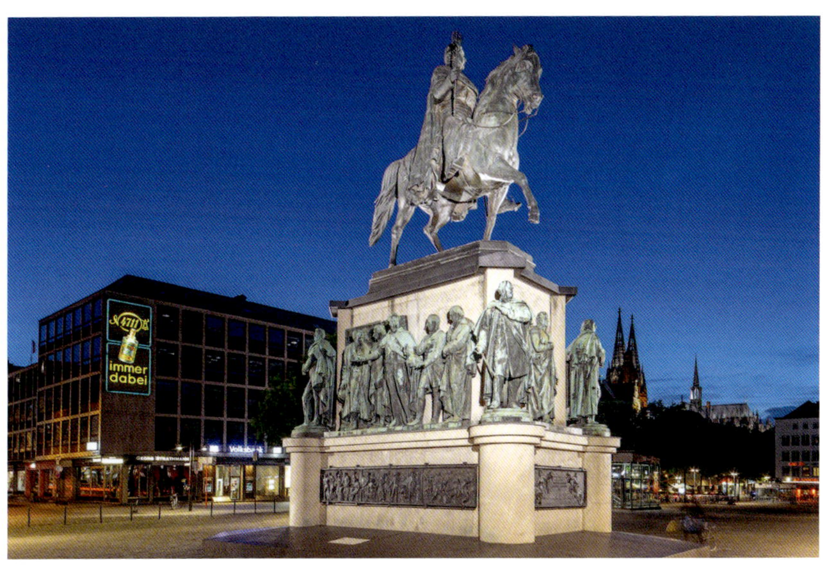

Achten Sie bei Ihrer Positionierung darauf, dass auf der rechten Seite auch die Domspitzen zu sehen sind. (24 mm · f 11 · 8 s · ISO 100 · Stativ · Tilt/Shift-Objektiv)

9 PEGEL KÖLN

Beste Tageszeit: abends
Koordinaten: 50.936448, 6.965150
Adresse: Frankenwerft 29, 50667 Köln

Die gesamte Deutzer Brücke bietet hervorragende Möglichkeiten, die Kölner Altstadt zu fotografieren. Dabei müssen Sie sich nur für einen bestimmten Blickwinkel entscheiden. Gehen Sie ruhig einige Male auf der Deutzer Brücke entlang, bis Sie die beste Position gefunden haben.

Der Pegel Köln steht in der Kölner Altstadt und misst den Wasserstand des Rheins am Stromkilometer 688. Er ist einer von 22 Pegeln am Rhein und neben dem Pegel Kaub der wichtigste. Heute erinnert der Pegel Köln als historisches Wahrzeichen der Stadt an die Bedeutung des Rheins für Köln und die Kölner. In der Altstadt dokumentieren zahlreiche Hochwassermarken an den Fassaden, dass Hochwasser eine ernsthafte und reale Bedrohung für die Stadt darstellt.

Die beste Position für eine solche Aufnahme finden Sie auf der Deutzer Brücke. Ich habe bei meinem Bild darauf geachtet, dass Groß Sankt Martin nicht die Domtürme verdeckt. Die Häuserreihe und der Pegel in der unteren Bildhälfte verleihen dem Bild eine Dimension gestaffelter Tiefe. (70 mm · f 7,1 · 10 s · ISO 100 · Stativ)

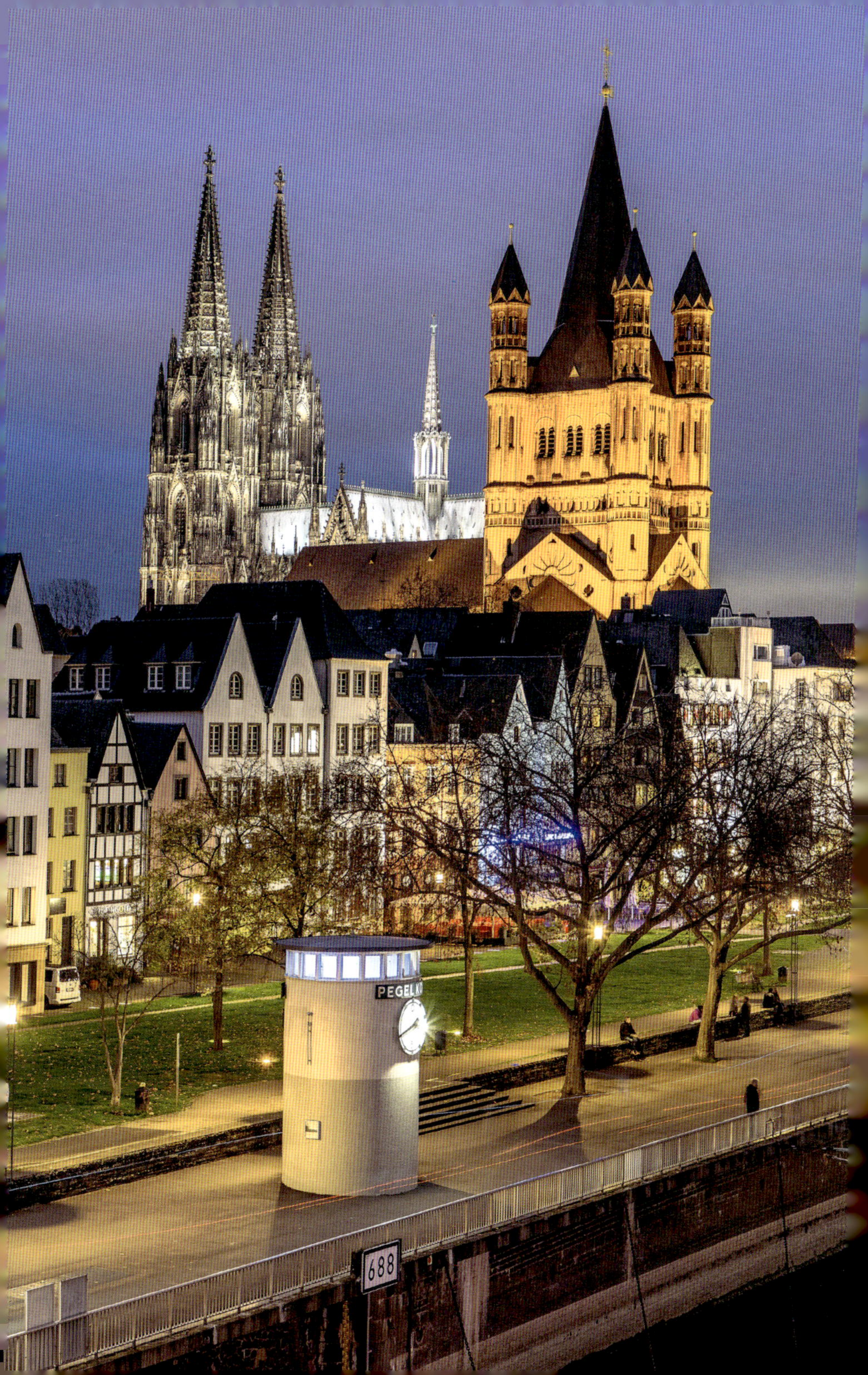
PEGEL
688

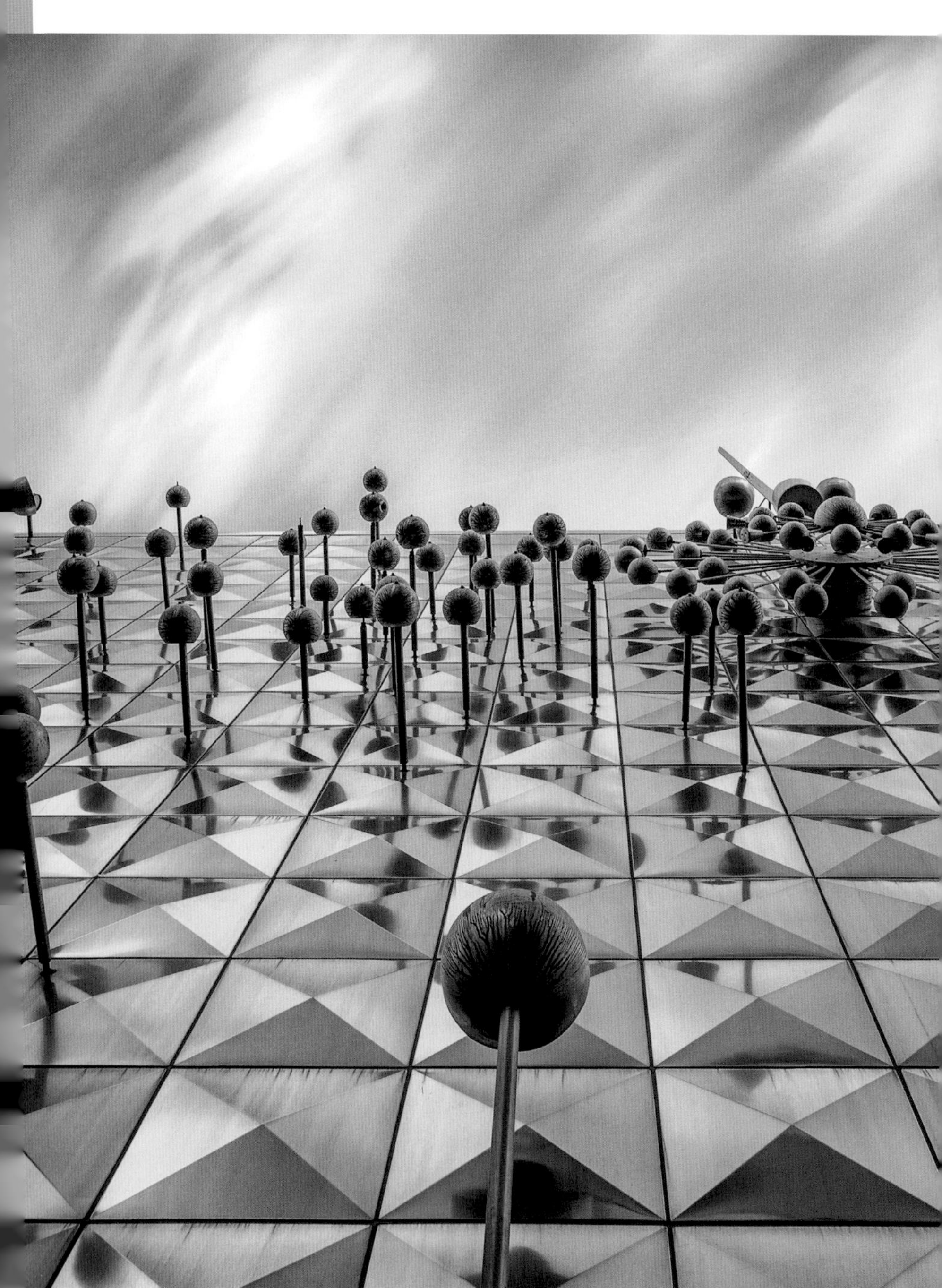

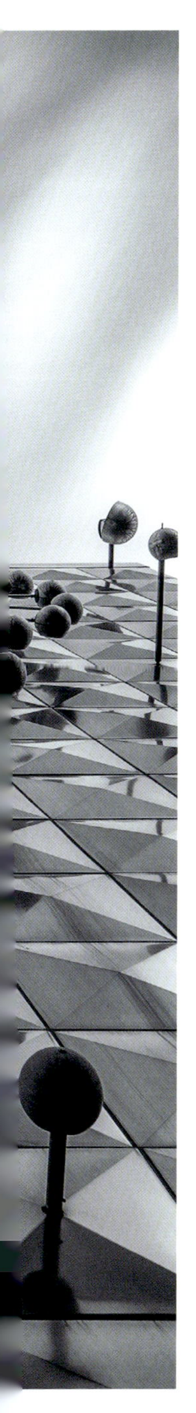

10 LICHT UND BEWEGUNG

Beste Tageszeit: tagsüber
Koordinaten: 50.938482, 6.956309
Adresse: Hohe Str. 124, 50667 Köln

Auf der *Hohe Straße* am Wormland-Haus befindet sich eines der bedeutendsten Kunstwerke im öffentlichen Raum Kölns: Otto Pienes kinetische Plastik »Licht und Bewegung« von 1966. Als Mitbegründer der legendären »Zero-Gruppe« gehörte Piene zu den bedeutenden Erneuerern der Kunst in Deutschland und Europa nach dem Zweiten Weltkrieg.

Ich habe mir überlegt, wie ich der eher statischen Plastik in der Aufnahme etwas mehr Dynamik verleihen kann und habe mich für eine Langzeitbelichtung entschieden. Die Belichtungszeit von 49 Sekunden stellt die Wolken ziehend und in Bewegung dar. Das ist meine Interpretation von »Licht und Bewegung«.

Lassen Sie sich nicht von kopfschüttelnden Passanten irritieren, die sich über eine ungewöhnliche Aufnahmeperspektive wundern. Der Blick geht entlang der Fassade steil nach oben gen Himmel.
(24 mm · f 10 · 49 s · ISO 50 · Stativ · ND 3.0)

11 KOLUMBA

Beste Tageszeit: tagsüber
Koordinaten: 50.938212, 6.953768
Adresse: Kolumbastraße 4, 50667 Köln

Das Kolumba Museum in Köln ist ein architektonisches Meisterwerk und ein bedeutendes Kunstzentrum. Das Museum wurde 2007 auf dem Gelände der ehemaligen Kirche St. Kolumba eröffnet und ist seitdem zu einem wichtigen Anziehungspunkt für Kunstliebhaber aus der ganzen Welt geworden.

Das Kolumba Museum ist jedoch nicht nur für seine Sammlung bekannt, sondern auch für seine Architektur. Der renommierte Schweizer Architekt Peter

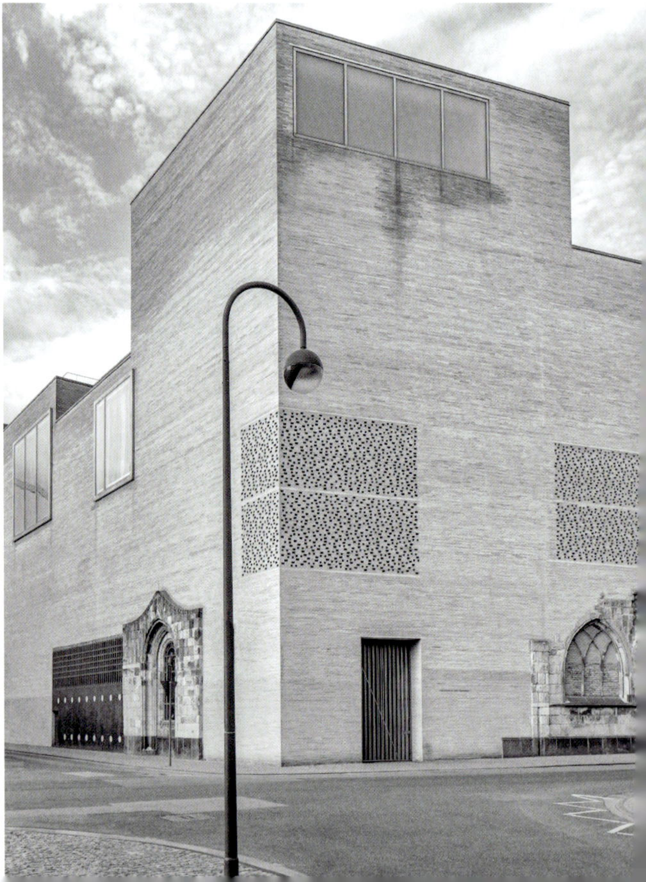

Damit das Bild so extrem aufgeräumt wirkt, habe ich sämtliche störende Elemente, wie Poller, Verkehrsschilder, Straßenschilder und Straßennamen und Löcher in der Straße wegretuschiert. (24 mm · f 7,1 · 1/800 s · ISO 1600)

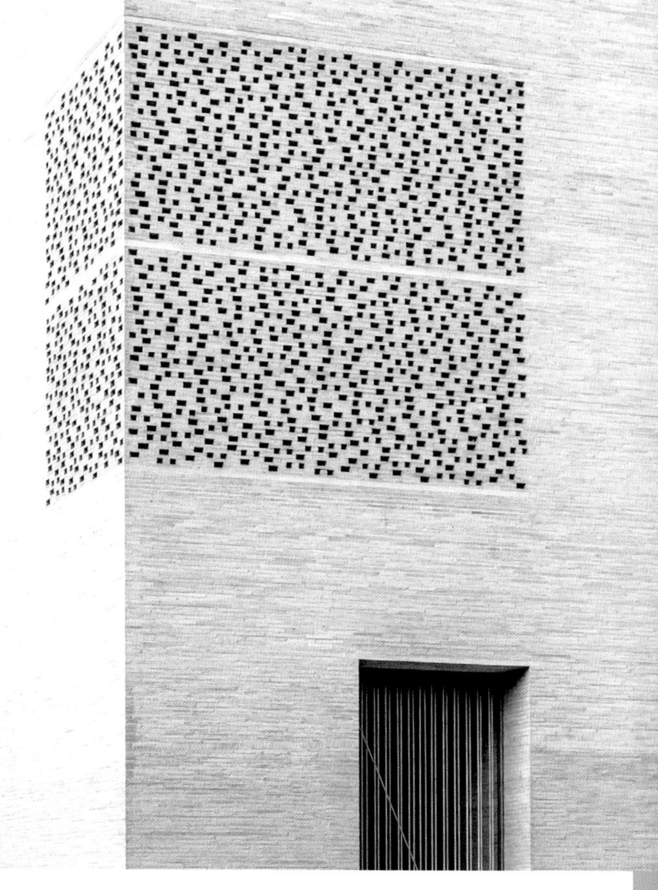

Beschränken Sie sich nicht nur auf das gesamte Gebäude, sondern achten Sie auf Details und fotografieren Sie Ausschnitte. (24 mm · f 5,6 · 1/1000 s · ISO 1600)

Zumthor entwarf das Gebäude, das sich nahtlos in das historische Umfeld einfügt. Das Museum ist in der Tat so gestaltet, dass es die Überreste der ehemaligen Kirche und ihre Fundamente in das Design integriert.

Die Fassade aus hellgrauem Backstein bietet einige interessante Details, wie die Lichtfassade und die Übergänge des historischen zum modernen Gebäude, und ist ein großartiges Fotomotiv für jeden Liebhaber der Architekturfotografie.

Auch im Inneren des Museums bieten sich zahlreiche Motive an, und mir gefällt ganz besonders die Kombination von Werken aus unterschiedlichen Jahrhunderten und Stilrichtungen. Das Museum zählt ganz klar zu meinen Lieblingsmuseen in Köln.

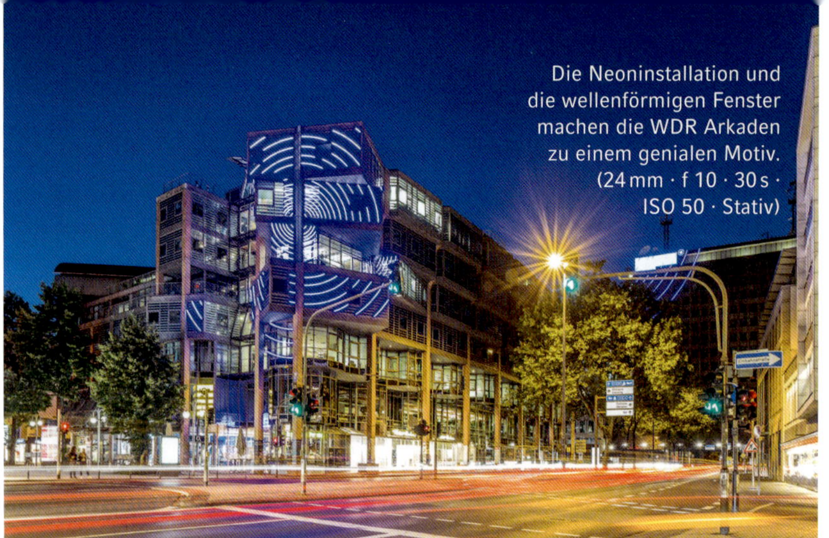
Die Neoninstallation und die wellenförmigen Fenster machen die WDR Arkaden zu einem genialen Motiv. (24 mm · f 10 · 30 s · ISO 50 · Stativ)

12 WDR ARKADEN

Beste Tageszeit: abends
Koordinaten: 50.939008, 6.953530
Adresse: Elstergasse 4, 50667 Köln

Die WDR Arkaden wurden in den 1990er-Jahren erbaut und beherbergen heute zahlreiche Einzelhandelsgeschäfte und Gastronomiebetriebe. Sie zeichnen sich durch ihre architektonisch anspruchsvolle Gestaltung aus und sind ein Beispiel für modernes Architekturdesign in der Innenstadt von Köln. Ein besonderes Merkmal des Gebäudes stellen die großen, wellenförmigen Fenster dar, die sich entlang der Fassade erstrecken und dem Gebäude seine charakteristische Form verleihen.

Ein weiteres auffälliges Merkmal des Gebäudes ist die farbige Neoninstallation an der Fassade und entlang der oberen Kante des Gebäudes.

All dies macht das Gebäude zu einem lohnenden Motiv gerade am Abend, wenn die Neoninstallation zum Leben erwacht. Und wie bei zahlreichen anderen Aufnahmen in diesem Buch füge ich meinen Bildern gerne die Lichtstreifen des Verkehrs zu.

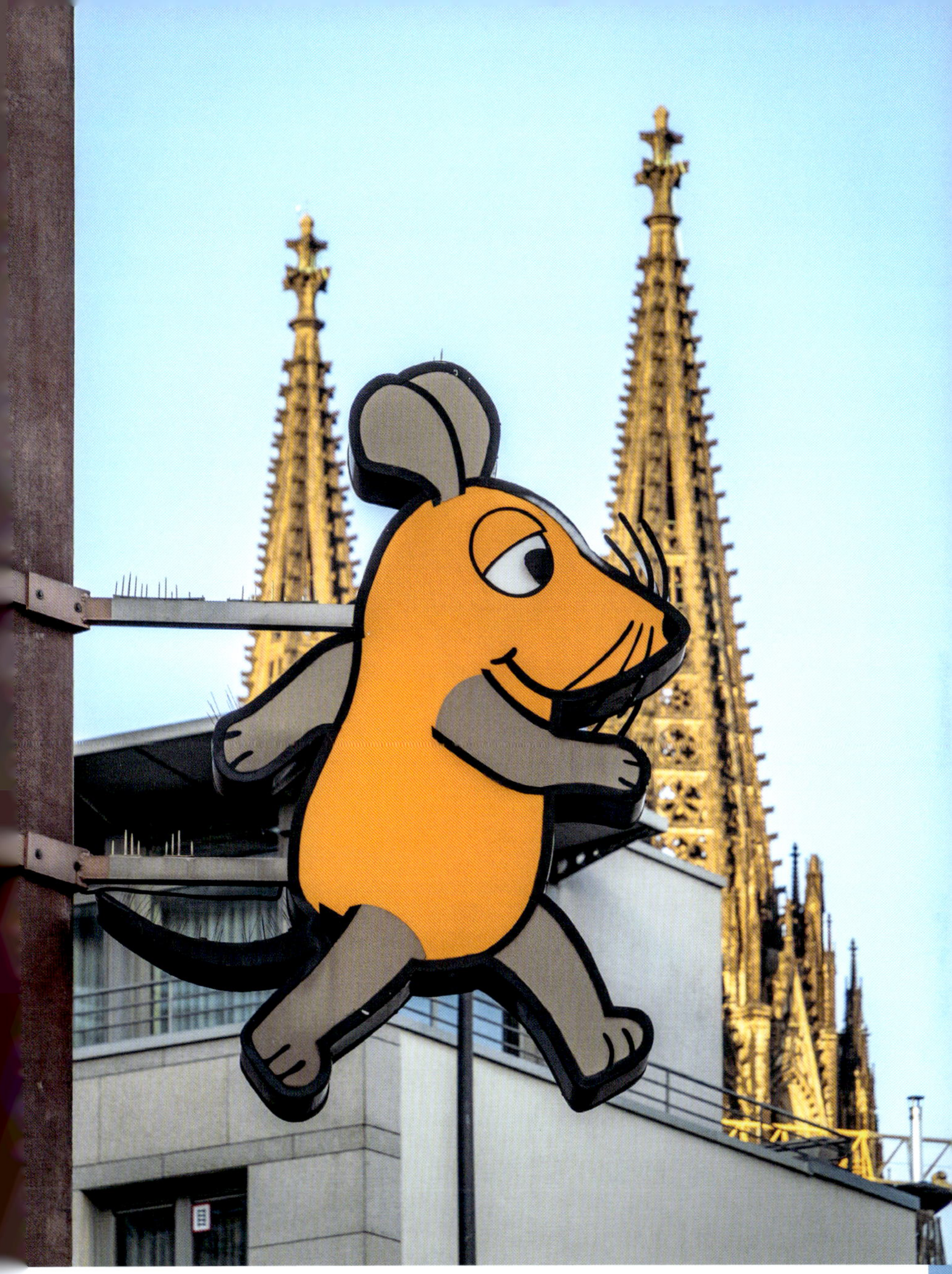

Am Stahlpfeiler des Gebäudes, das den Eckpfeiler Breite Straße/Ecke Tunisstraße darstellt, befindet sich die Mausfigur. Eine geschickte Positionierung ermöglicht ein Foto in Kombination von Maus und Domspitzen.
(105 mm · f 8 · 1/500 s · ISO 1000) 50.939058, 6.952986

13 MUSEUM FÜR ANGEWANDTE KUNST KÖLN

Beste Tageszeit: tagsüber
Koordinaten: 50.940000, 6.954747
Adresse: An der Rechtschule 7, 50667 Köln
Öffnungszeiten: Dienstag bis Sonntag 10:00 bis 18:00 Uhr, montags geschlossen (Privatgrundstück, das Fotografieren kann u. U. eingeschränkt werden)
Webseite: *www.makk.de*

Das Museum für Angewandte Kunst Köln (MAKK) widmet sich der Sammlung, Erhaltung und Präsentation von Design- und Kunstobjekten aus verschiedenen Epochen und Kulturen.

Im Museum darf ohne Blitz fotografiert werden, und auch das Gebäude selbst ist in jedem Fall ein Besuch wert. Vor allem die geschwungene Treppe auf der ersten Etage ist ein wunderbares Fotomotiv und hat es mir angetan.

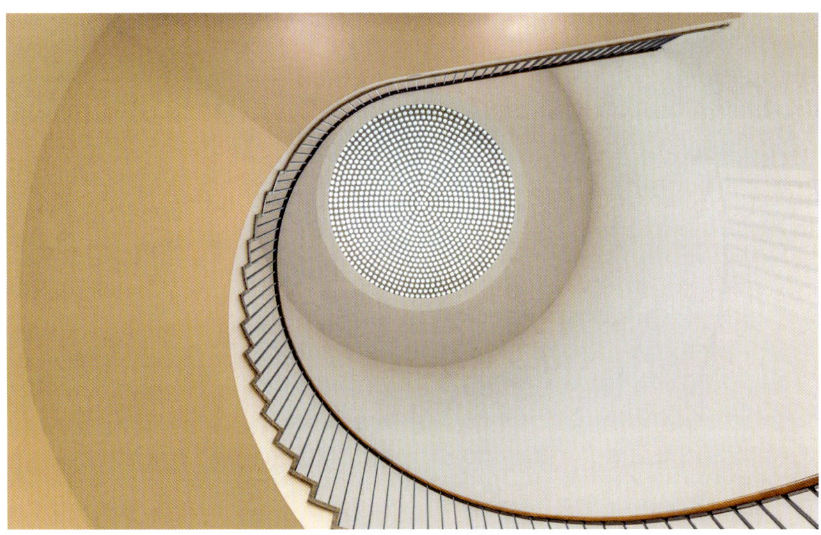

Es sind schon einige Versuche nötig, um einen schönen Bildausschnitt zu erwischen. Die Aufnahmen werden erschwert, da sich eine Brunnenfigur genau in der Mitte unter der Treppe befindet. (16 mm · f 8 · 1 s · ISO 100)

Das Fotografieren mit Stativ ist im Museum natürlich nicht erlaubt, aber ich habe die Kamera auf den Boden gelegt und so den Vorteil niedriger ISO-Werte nutzen können. Ein Klappdisplay an der Kamera ist an dieser Stelle äußerst nützlich. Ich habe leider keines an meiner Kamera und habe deswegen wirklich viele Versuche benötigt, um ein gutes Ergebnis zu erzielen.

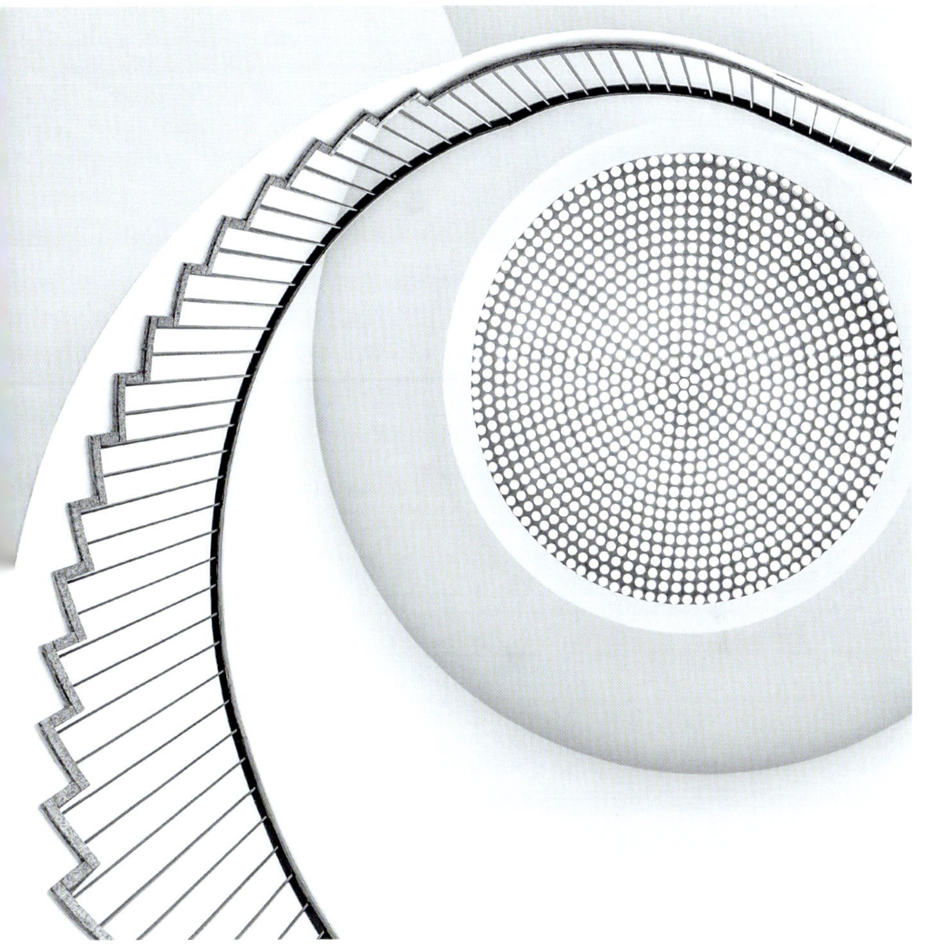

Bei diesem Foto habe ich einen engeren Ausschnitt gewählt und das Bild in Schwarzweiß umgewandelt, damit es noch minimalistischer wirkt. (16 mm · f 8 · 3,2 s · ISO 100)

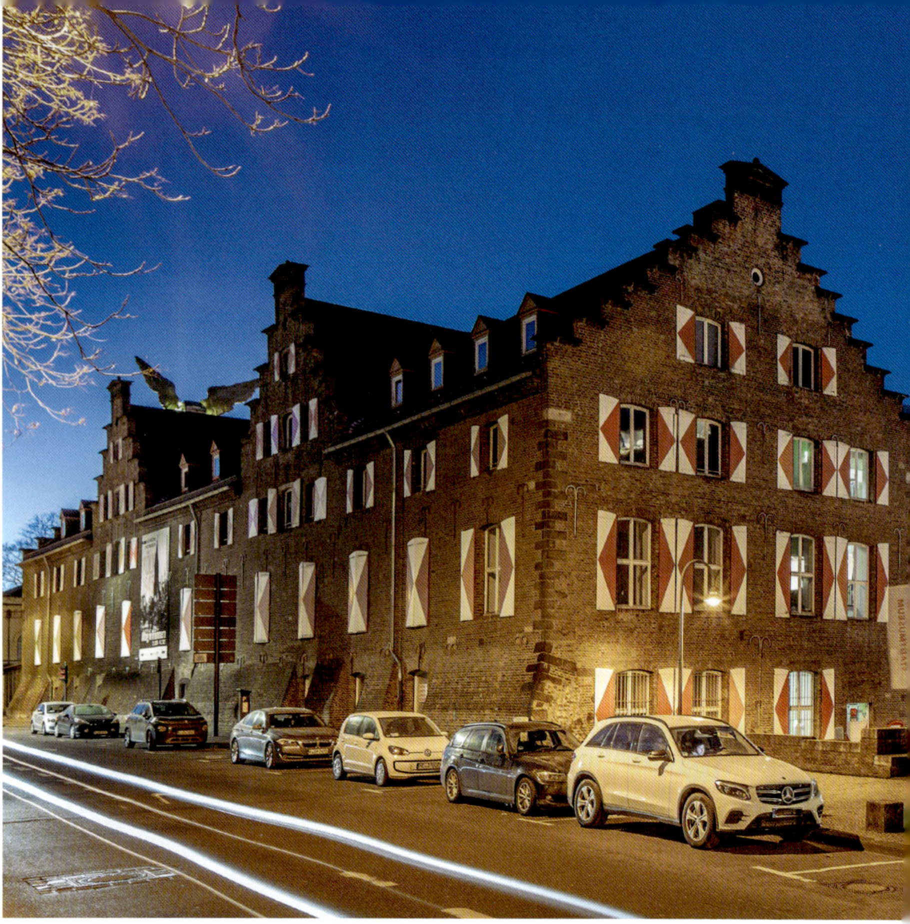

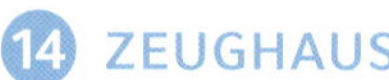

14 ZEUGHAUS

Beste Tageszeit: abends
Koordinaten: 50.941204, 6.951644
Adresse: Zeughausstraße, 50667 Köln

Das Zeughaus beherbergte viele Jahre das Kölner Stadtmuseum und bot seinen Besuchern einen faszinierenden Einblick in die Geschichte und Kultur der Stadt Köln. Seit 2017 sind aber die beiden unteren Etagen wegen eines Wasserschadens ungenutzt und das Kölnische Stadtmuseum ist mittlerweile ausgezogen.

Der Künstler HA Schult installierte 1991 auf dem Treppenturm als »Denkmal der Autozeit« den

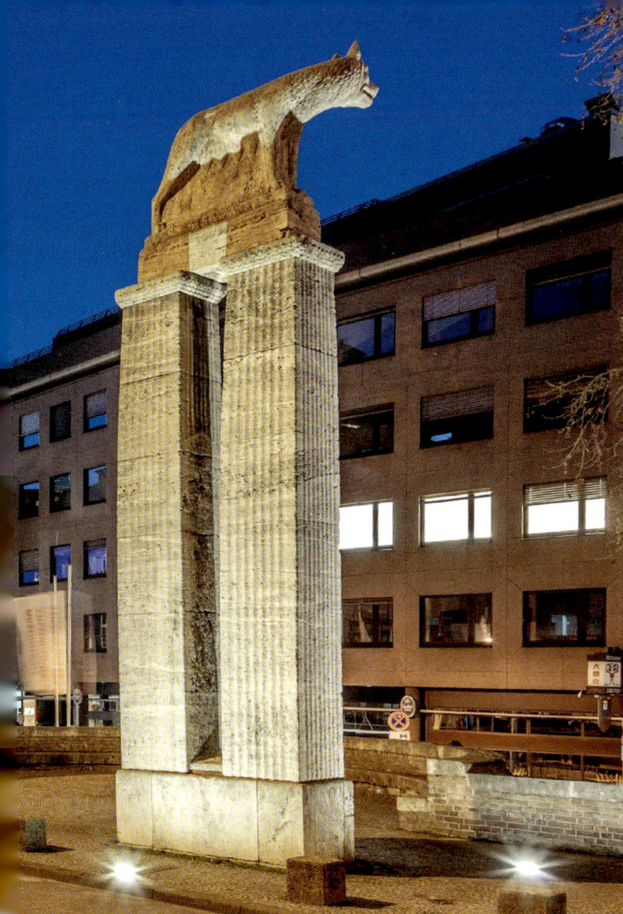

So ist es richtig: In der linken Bildhälfte ist der Goldene Vogel auf dem Dach zu erkennen. Gleich links neben meinem Aufnahmestandpunkt steht eine Laterne, die stark in die linke, obere Ecke des Bildausschnitts strahlt. Im Sommer gelingt die Aufnahme wahrscheinlich besser, weil die Blätter des Baumes die Strahlen der Lampe abschwächen. (24 mm · f 8 · 65 s · ISO 100 · Stativ)

Goldenen Vogel, einen originalen Ford Fiesta mit riesigen Flügeln. Das Auto lässt sich am besten mit einem Tele, aber aus weiterer Entfernung fotografieren, da es kaum zu erkennen und zu sehen ist, wenn Sie unmittelbar vor dem Gebäude stehen.

In östlicher Richtung befindet sich der Römerbrunnen, mit der säugenden Wölfin als Symbol für das antike Rom auf einer Säule. Diese Kombination aus Zeughaus, Römerbrunnen und geflügeltem Auto ist ein wirklich lohnenswertes Motiv. Achten Sie bei der Standortwahl darauf, dass die Flügel des Goldenen Vogels gut zu erkennen sind.

15 RÖMERTURM ZEUGHAUSSTRASSE

Beste Tageszeit: abends
Koordinaten: 50.941163, 6.946575
Adresse: Zeughausstraße 13, 50667 Köln

Der Kölner Römerturm ist der am besten erhaltene Teil der römischen Stadtbefestigung. Seine reiche ornamentale Ausschmückung mit unterschiedlichen Steinsorten und die Kombination aus römischer Architektur und mittelalterlichem Charme machen ihn zu einem lohnenswerten Fotomotiv.

Die Umgebung des Turms bietet ebenfalls viele Fotomotive, da Sie hier Reste der alten Stadtmauer finden, und auch das Rheinufer ist nicht weit weg. Die Zeughausstraße selbst ist zudem eine reizvolle Gasse mit einer besonderen Atmosphäre und vielen historischen Gebäuden.

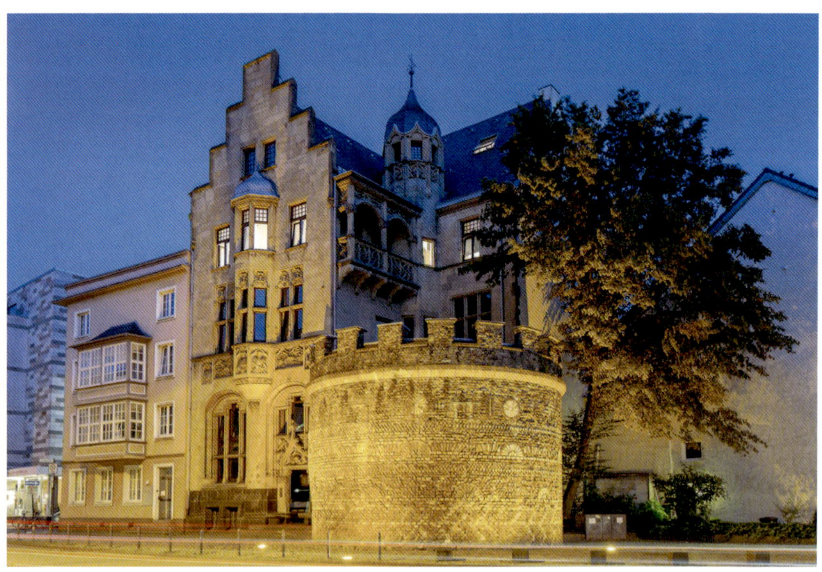

An dieser Aufnahme gefällt mir die Kombination mit dem hinteren Gebäude. Daher habe ich bewusst einen eher weiten als zu engen Bildausschnitt gewählt. (28 mm · f 8 · 30 s · ISO 100 · Stativ)

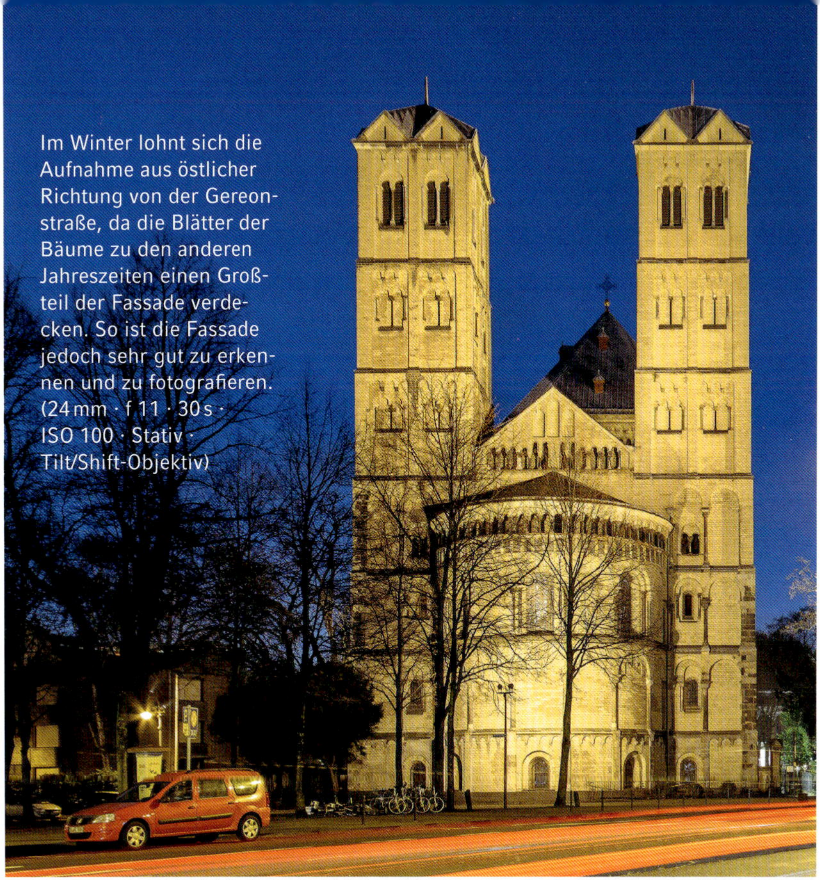

Im Winter lohnt sich die Aufnahme aus östlicher Richtung von der Gereonstraße, da die Blätter der Bäume zu den anderen Jahreszeiten einen Großteil der Fassade verdecken. So ist die Fassade jedoch sehr gut zu erkennen und zu fotografieren. (24 mm · f 11 · 30 s · ISO 100 · Stativ · Tilt/Shift-Objektiv)

16 ST. GEREON

Beste Tageszeit: tagsüber, abends
Koordinaten: 50.943271, 6.947642
Adresse: Gereonshof 2, 50670 Köln

Der Kern dieser Kirchenanlage entstand im 4. Jahrhundert auf einem römischen Gräberfeld. Das macht St. Gereon zu einer der ältesten Kirchen in Köln. Die zahlreichen halbrunden Nischen des zentralen Kuppelbaus (Dekagon) mit ihren Kirchenfenstern sowie die Fenster in Vorhalle, Atrium und Apsis der Kirche sorgen für eine gute Ausleuchtung des Inneren der Kirche. Besonders bei Sonnenuntergang erstrahlt sie in einem besonderen Licht und bietet ein tolles Fotomotiv.

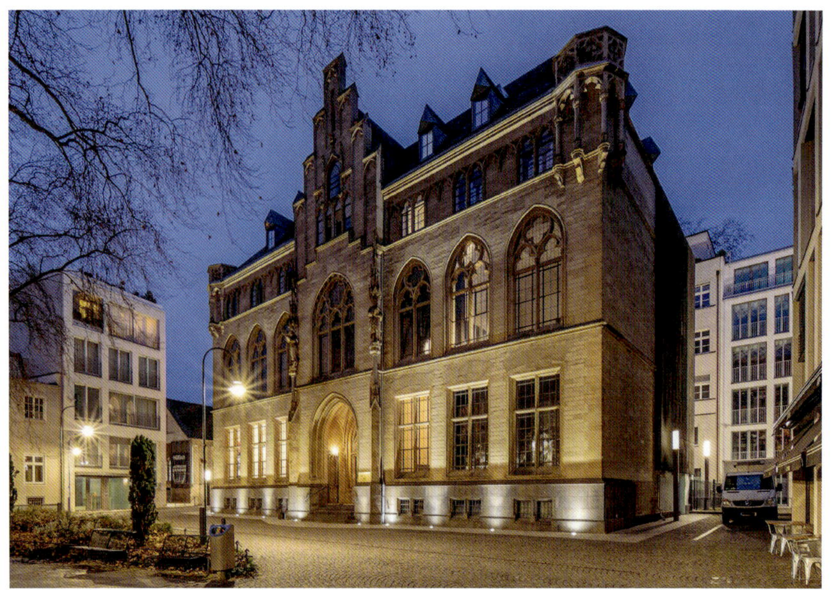

Für die Aufnahme benötigen Sie ein starkes Weitwinkel oder wie in meinem Fall ein Shift-Objektiv, weil Sie relativ nah am Gebäude stehen müssen. Sonst verdecken Äste Teile des Hotels. (15 mm · f 11 · 13 s · ISO 100 · Stativ · Shift-Objektiv)

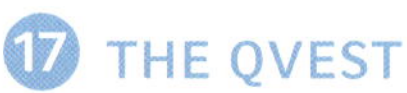

17 THE QVEST

Beste Tageszeit: abends
Koordinaten: 50.943473, 6.944902
Adresse: Gereonskloster 12, 50670 Köln

In einem historischen Bau aus dem Jahr 1867 wurde nach mehrjährigem Umbau 2014 das Hotel The Qvest eröffnet. Die neugotische Architektur mit Rippengewölbe und Spitzbogen ist ein ideales Fotomotiv, insbesondere am Abend, wenn die Beleuchtung im Gebäude eingeschaltet ist.

Vor dem Hotel befindet sich der kleine Platz Gereonskloster. Mit seinen Bäumen und Bänken ist er eine ruhige Oase inmitten der belebten Innenstadt.

Besonders in den Abendstunden, wenn die Fassaden beleuchtet sind, bietet der Platz mit dem Hotel und der gleich gegenüberliegenden Kirche St. Gereon eine malerische und romantisch anmutende Umgebung.

18 25HOURS HOTEL »THE CIRCLE«

Beste Tageszeit: tagsüber, abends
Koordinaten: 50.941707, 6.943398
Adresse: Im Klapperhof 22–24, 50670 Köln

Das Hotel The Circle in Köln ist aufgrund seines auffälligen Designs und seiner unverwechselbaren Fassade ein beliebtes Fotomotiv. Das Hotel befindet sich in einem historischen Gebäude, das in den 1950er-Jahren als Bürogebäude erbaut wurde, und wurde von den renommierten Designern von Dreimeta in ein einzigartiges Boutique-Hotel umgewandelt.

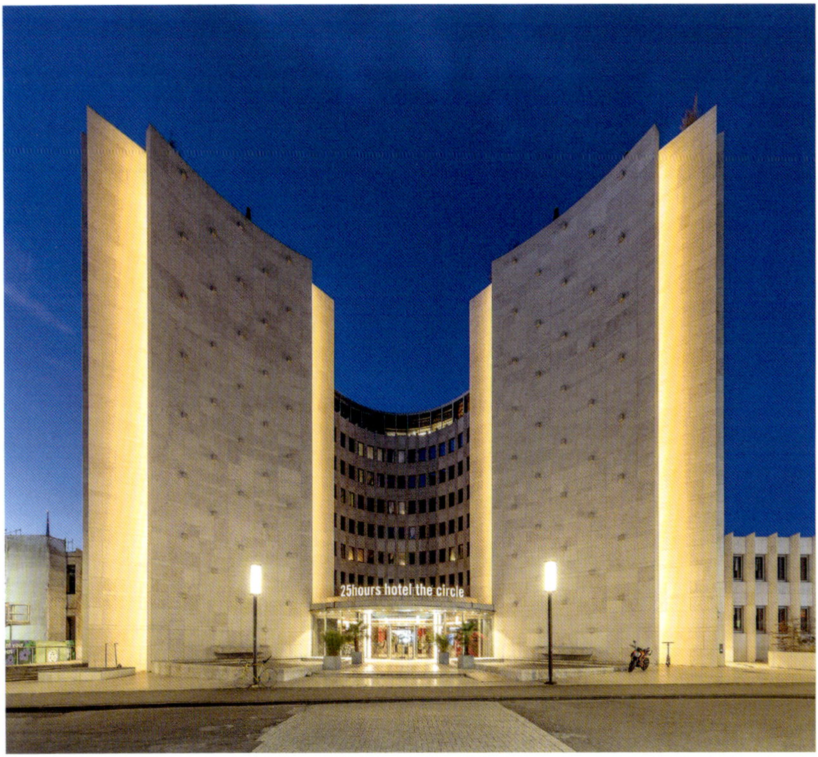

Um stürzende Linien im Bild zu vermeiden, benötigen Sie ein starkes Weitwinkelobjektiv, da Sie sich wegen des gegenüberliegenden Gebäudes nicht weit genug vom Motiv entfernen können. (11 mm · f 8 · 6 s · ISO 100 · Stativ)

Die Fassade des Gebäudes ist in ein auffälliges graues Muster gekleidet, das an eine riesige Krawatte erinnert, und ist mit zahlreichen verspielten Details versehen. Die Fassade wird besonders in den Abendstunden durch eine dynamische Beleuchtung in Szene gesetzt, was zu einem eindrucksvollen visuellen Effekt führt.

Neben seiner auffälligen Fassade und Form bietet das Hotel auch im Inneren zahlreiche Fotomöglichkeiten, darunter die kunstvollen Tapeten und Möbel im Retro-Stil, die auffällige Treppe im Foyer und ein Restaurant mit Blick auf die Kölner Skyline. Das Hotel ist ein ideales Fotomotiv für Fans der Architektur- und Designfotografie.

Bitte beachten Sie, dass der Gereonshof gleich um die Ecke sich in Privatbesitz befindet und das Fotografieren dort grundsätzlich verboten ist. Das ist sehr schade, weil die Gebäude und der Platz für Architekturfotografen ungemein fotogen sind.

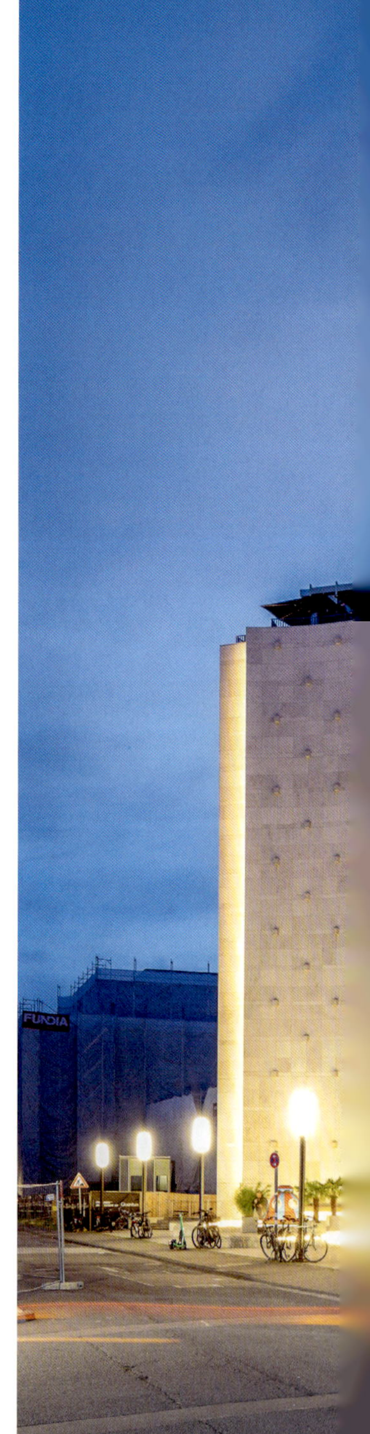

Seitlich versetzt ist die Aufnahme einfacher, da Sie einen größeren Abstand zum Gebäude einnehmen können. (16 mm · f 9 · 30 s · ISO 100 · Stativ)

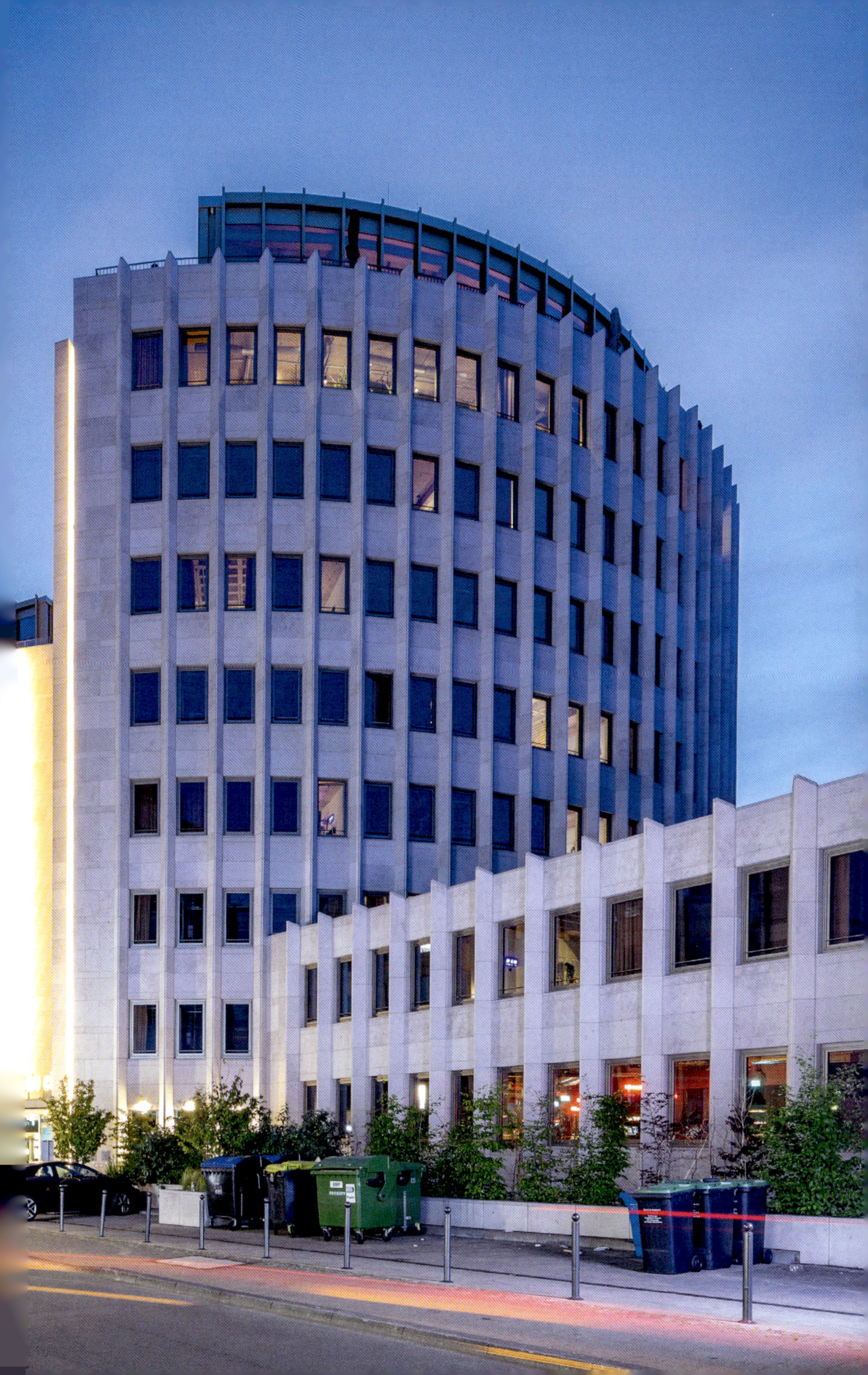

19 OLIVANDENHOF

Beste Tageszeit: abends
Koordinaten: 50.937631, 6.948869
Adresse: Zeppelinstraße 9 Ecke Richmodstraße 10, 50667 Köln

Im Namen dieses Gebäudekomplexes versteckt sich ein mittelalterlicher Elefant, und wenn Sie wollen, können Sie sich im (nach eigenem Bekunden) größten Outdoor-Fachgeschäft Europas für Ihre nächste Wildlife-Safari eindecken. Der heutige Olivandenhof besteht aus einem Gebäude vom Beginn des zwanzigsten Jahrhunderts, das Sie an seinen Zierelementen erkennen (siehe das linke Foto), einem modernen neuen Teil (siehe rechts) und der Glasgalerie mit dem großen Lichthof in der Mitte. Der Olivandenhof

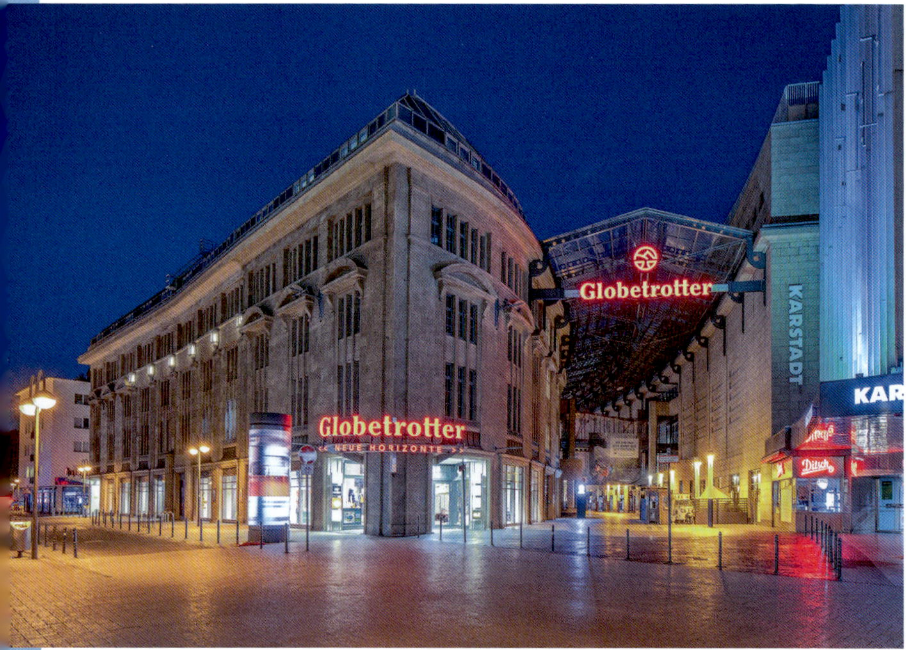

Aufnahme aus südlicher Richtung von Am Alten Posthof an einem Sonntag, weil während der Woche hier sehr viel los ist. (16 mm · f 8 · 20 s · ISO 100 · Stativ)

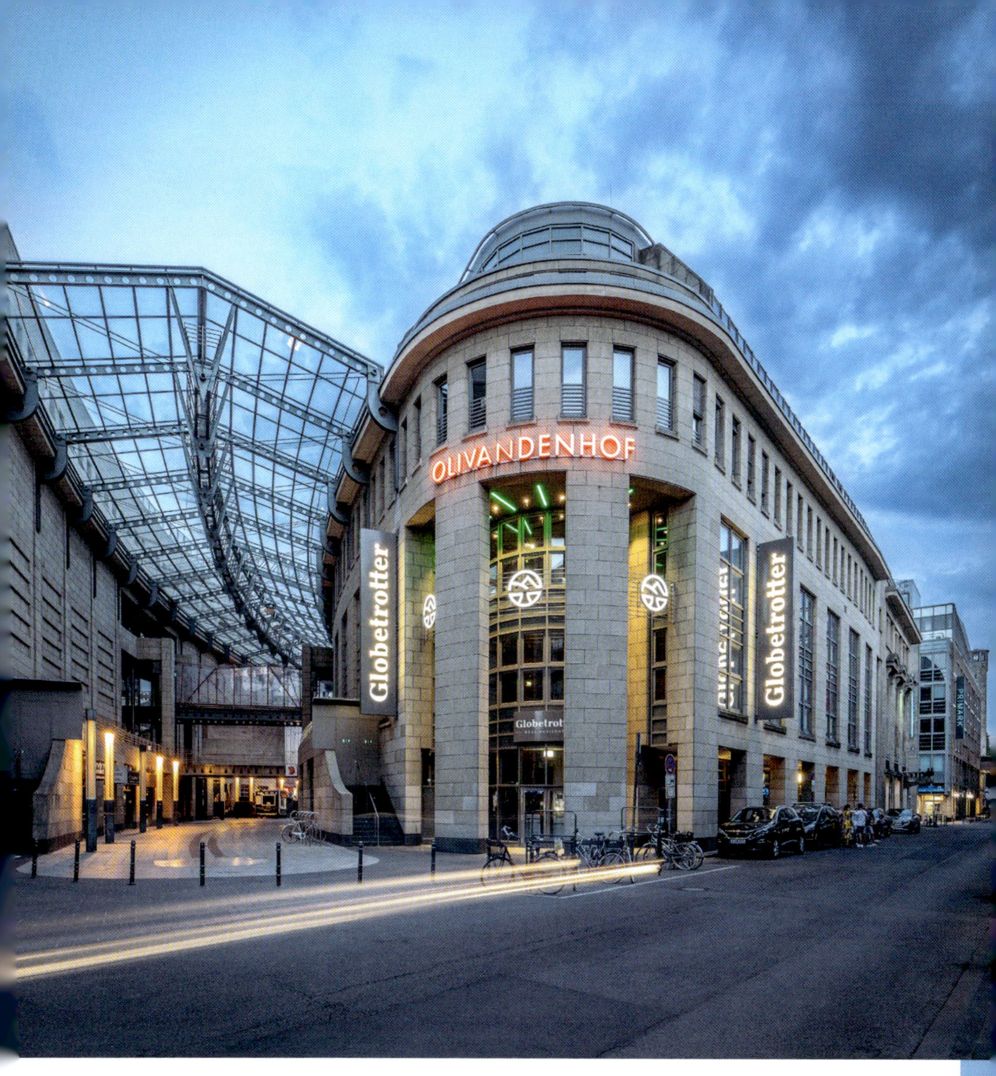

Aufnahme aus östlicher Richtung von der Richmodstraße
(16 mm · f 11 · 4 s · ISO 100 · Stativ) 50.938508, 6.947702

lohnt sich als Fotomotiv, besonders für Liebhaber von Architektur. Da er ein viel besuchtes Einkaufszentrum ist, kommen auch Streetfotografen auf ihre Kosten.

Mir persönlich gefällt ganz besonders die Kombination mit den beleuchteten Namenszügen des Outdoor-Fachgeschäfts.

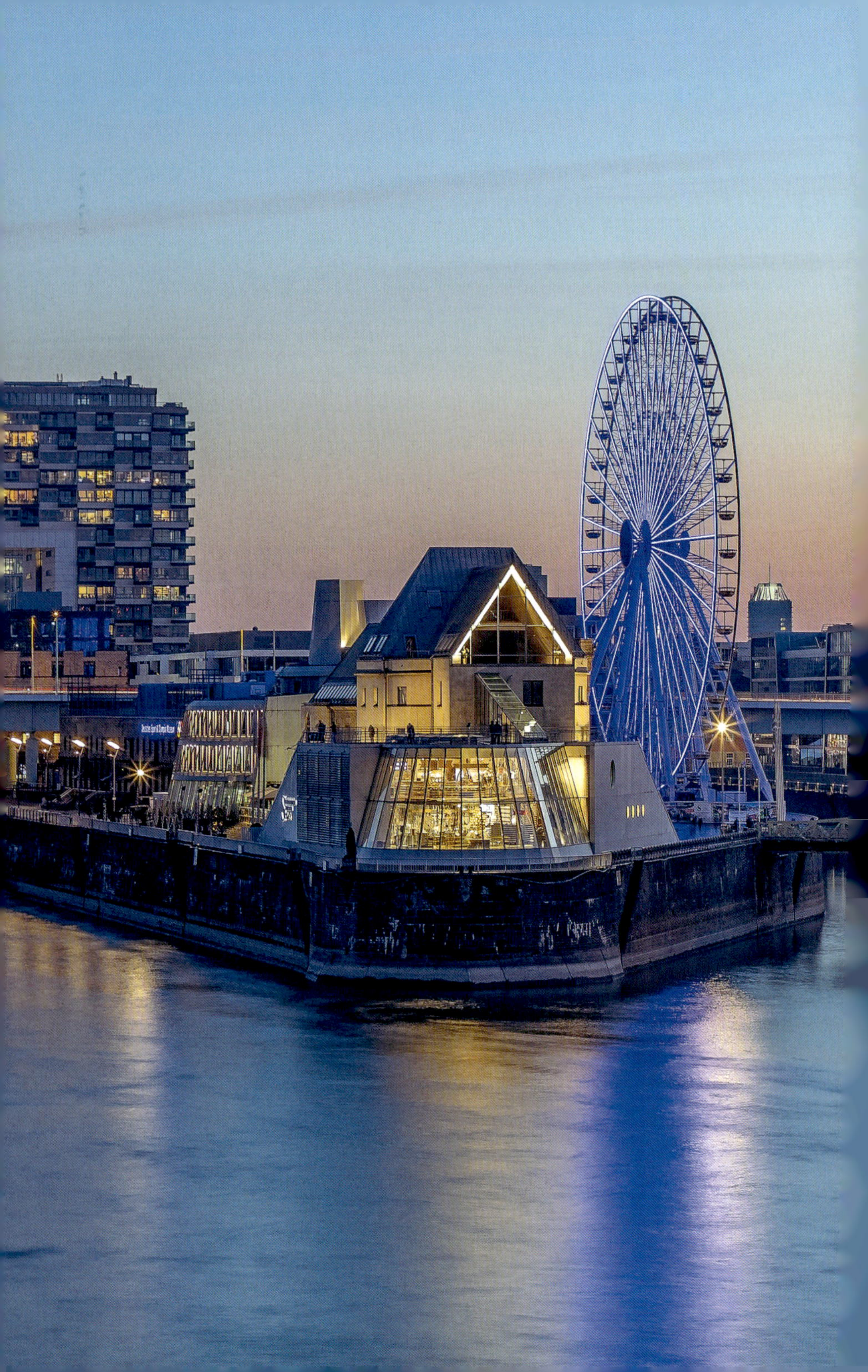

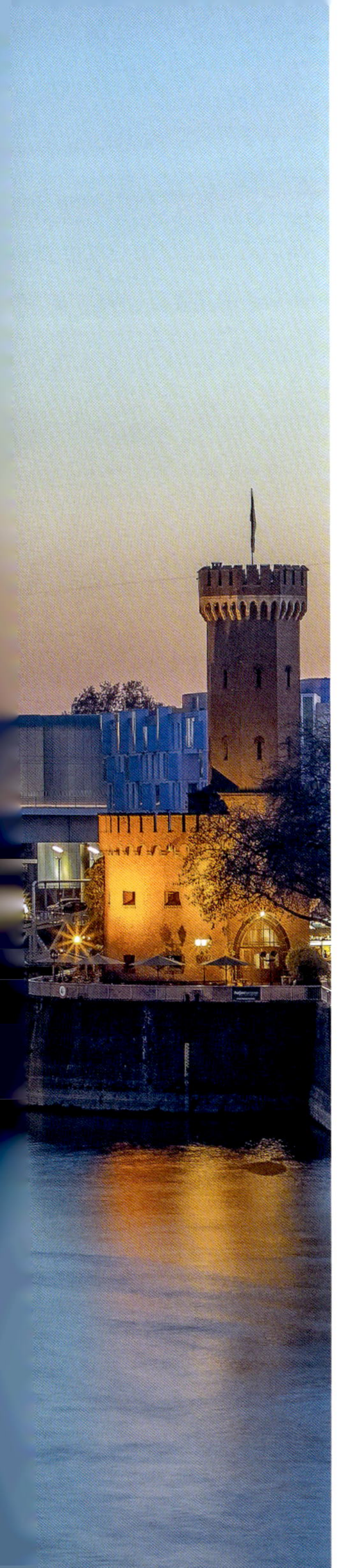

DIE SÜDSTADT

TOUR 3

Die Kölner Südstadt ist schon fast legendär. In den 1970er-Jahren entwickelte sich der Kölner Süden zur Hochburg der Alternativen, und die Kölner Werkschulen, die Universität und die Fachhochschulen brachten Künstler und Studenten in den Stadtbezirk.

Rund um den Chlodwigplatz entstand so eine einzigartige Kneipenlandschaft, die neben dem Miteinander der unterschiedlichen Bevölkerungsgruppen bis heute das besondere Flair der Südstadt ausmachen.

Fotografisch gibt es in der Südstadt einige echte Highlights zu entdecken.

64 mm · f 8 · 8 s · ISO 100 · Stativ

DIE SÜDSTADT
TOUR 3

1. DER RHEINAUHAFEN
2. MALAKOFFTURM
3. SCHOKOLADENMUSEUM
4. KRANHÄUSER
5. HARRY-BLUM-PLATZ
6. BAYENTURM
7. SEVERINSTORBURG
8. ULREPFORTE
9. SACHSENTURM
10. DER HAFENKRAN »DER ALTE HERKULES«
11. HOCHWASSERPUMPWERK SCHÖNHAUSER STRASSE
12. COLOGNE OVAL OFFICES

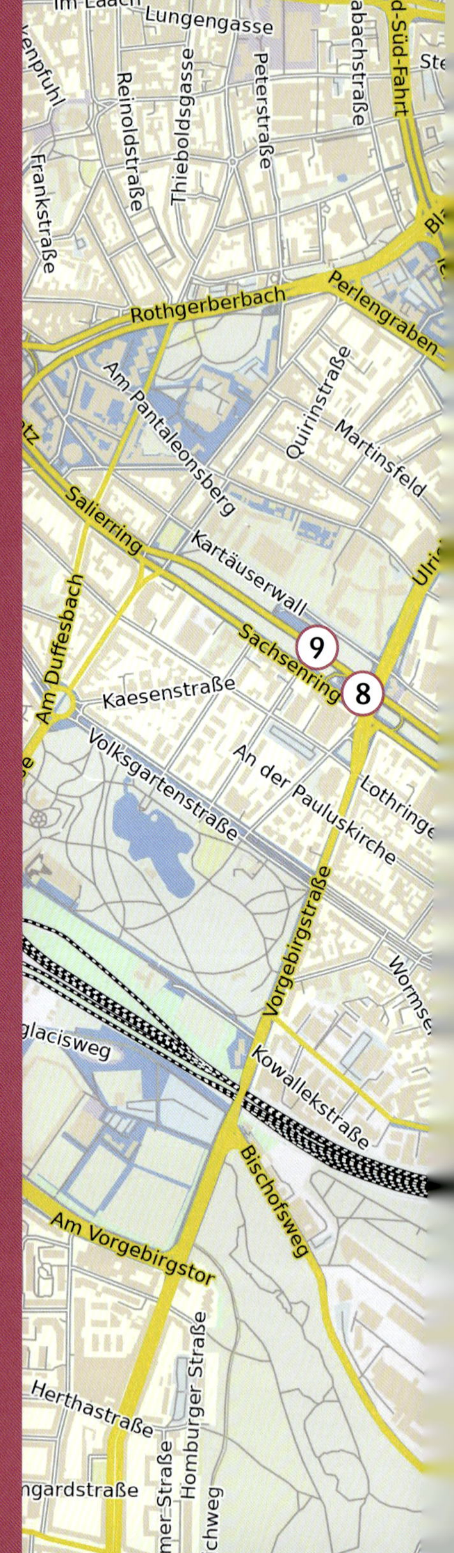

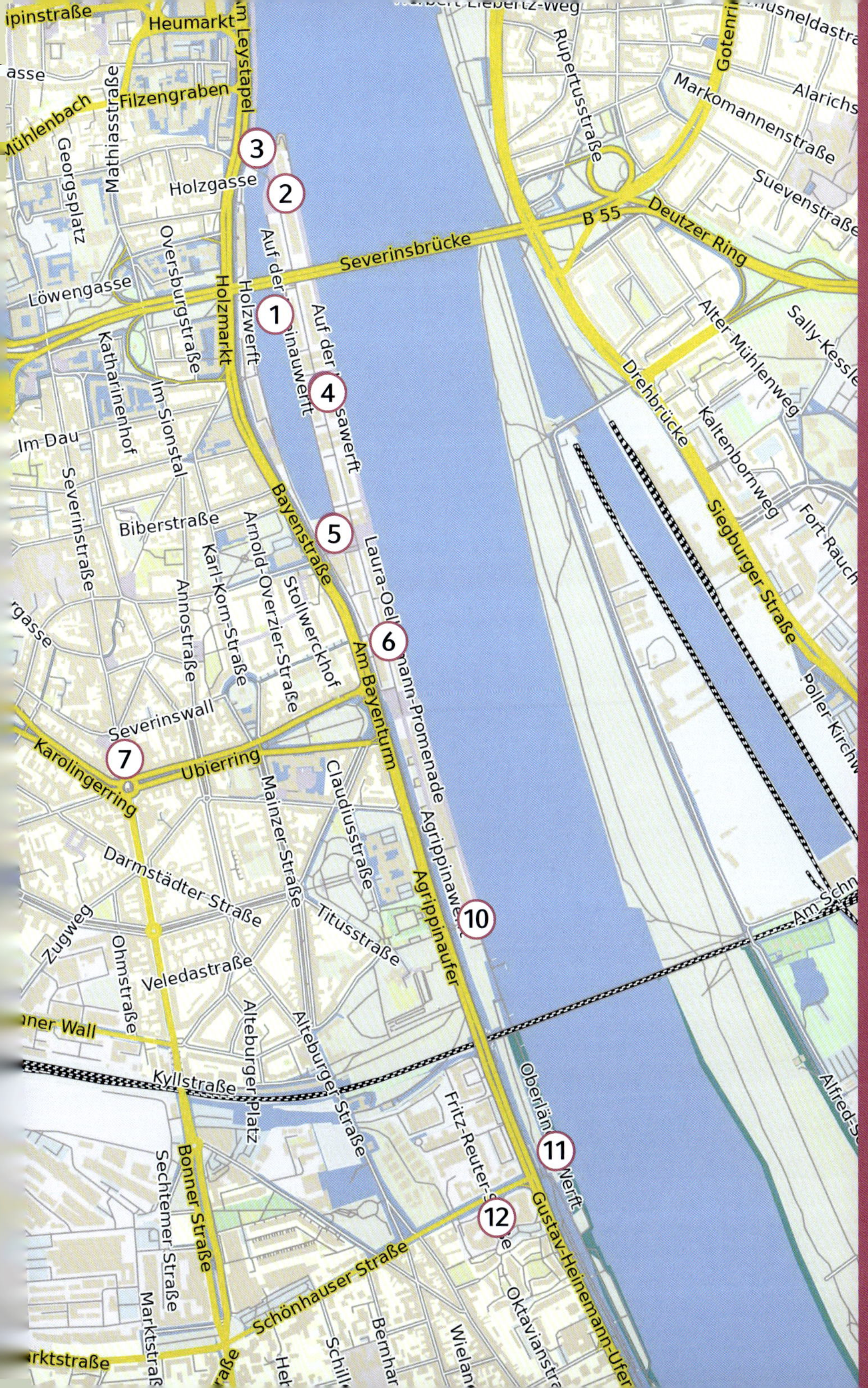
Heumarkt
Am Leystapel
Filzengraben
Mühlenbach
Mathiasstraße
Georgsplatz
Holzgasse
Oversburgstraße
Löwengasse
Holzmarkt
Holzwerft
Auf der Agrippinawerft
Auf der Rheinauwerft
Severinsbrücke
Katharinenhof
Im Sionstal
Im Dau
Severinstraße
Biberstraße
Bayenstraße
Arnold-Overzier-Straße
Karl-Korn-Straße
Annostraße
Stollwerckhof
Laura-Oelbermann-Promenade
Am Bayenturm
Severinswall
Karolingerring
Ubierring
Mainzer Straße
Claudiusstraße
Agrippinawerft
Agrippinaufer
Darmstädter Straße
Titusstraße
Zugweg
Ohmstraße
Veledastraße
Alteburger Platz
Alteburger Straße
Kyllstraße
Fritz-Reuter-Straße
Oberländer Werft
Sechtemer Straße
Bonner Straße
Schönhauser Straße
Gustav-Heinemann-Ufer
Oktavianstraße
Marktstraße
Rupertusstraße
Markomannenstraße
Alarichstraße
Suevenstraße
B 55
Deutzer Ring
Alter Mühlenweg
Drehbrücke
Kaltenbornweg
Siegburger Straße
Fort Rauch
Poller Kirchweg
Am Schnellert
Alfred-Schütte-Allee
1
2
3
4
5
6
7
10
11
12

① DER RHEINAUHAFEN

Beste Tageszeit: tagsüber, abends
Koordinaten: 50.929636, 6.964011
Adresse: Rheinauhafen, 50678 Köln

Der Rheinauhafen ist mit seiner Mischung aus traditioneller und modernster Architektur eine Erfolgsgeschichte der Kölner Stadtplanung und die Visitenkarte des neuen Köln.

Durch seine moderne Architektur, die Wasserlandschaft, Spiegelungen, Kontraste und das lebendige Treiben dort bietet der Rheinauhafen eine Vielzahl

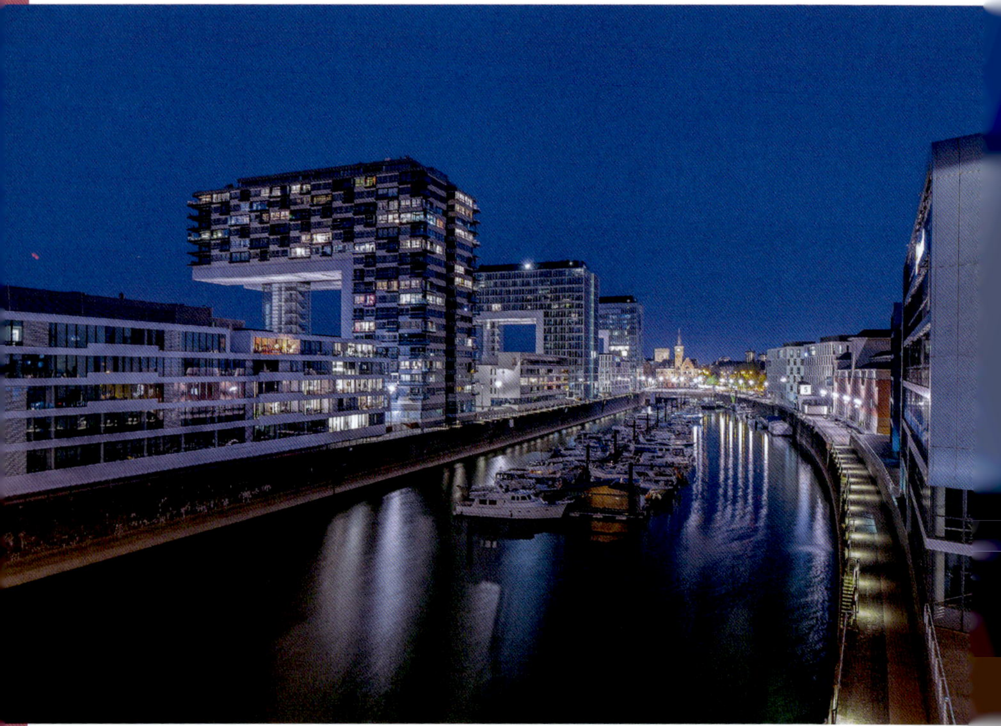

Besonders während Sonnenuntergängen oder in der Nacht, wenn die Beleuchtung die Szenerie erhellt, entstehen beeindruckende Bilder. Der Aufnahmestandort für diese Ansicht ist auf der Brücke.
(19 mm · f 7,1 · 20 s · ISO 100 · Stativ)

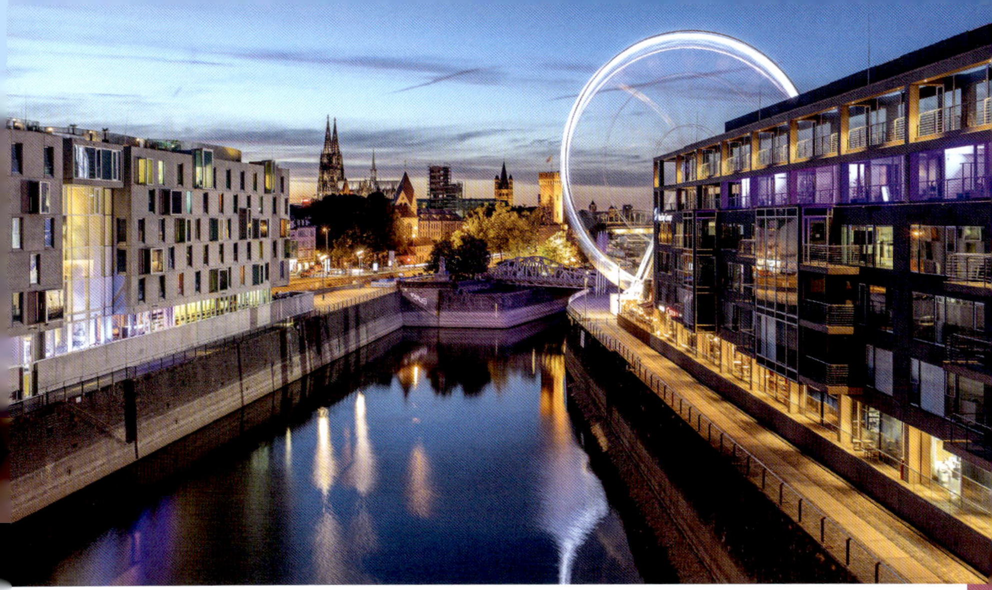

Die bunten Lichter am Abend und eine passende Belichtungszeit, um das Riesenrad in Szene zu setzen, machen die Einfahrt in den Rheinauhafen zu einer beeindruckenden Aufnahme. Auch hier habe ich von der Brücke aus fotografiert.
(24 mm · f 5,6 · 10 s · ISO 100 · Stativ)

von fotografischen Möglichkeiten. Er ist ein beliebter Ort für Fotografen, um ihre Kreativität auszuleben und einzigartige Bilder zu schaffen.

Die Severinsbrücke ist ein guter Standort für Aufnahmen des Hafens, auch weil dort Panoramafreiheit besteht. Wenn man von ihr aus fotografiert, gibt es aber neben dem Verkehr noch ein Problem: die Vibration der Brücke, insbesondere wenn ein Lastwagen oder eine Straßenbahn sie überquert. Warten Sie am besten auf den richtigen Moment, um den Auslöser zu drücken – dann, wenn der Verkehr geringer erscheint. Wichtig ist, viele Bilder aufzunehmen, damit mindestens ein Bild wirklich scharf ist.

Die Fotos auf S. 115 und 120 wurden vom Gelände des Rheinauhafens aus mit Stativ gemacht. Für das Fotografieren mit Stativ benötigen Sie im Vorfeld eine Genehmigung. Diese erteilt die HGK (*www.hgk.de*).

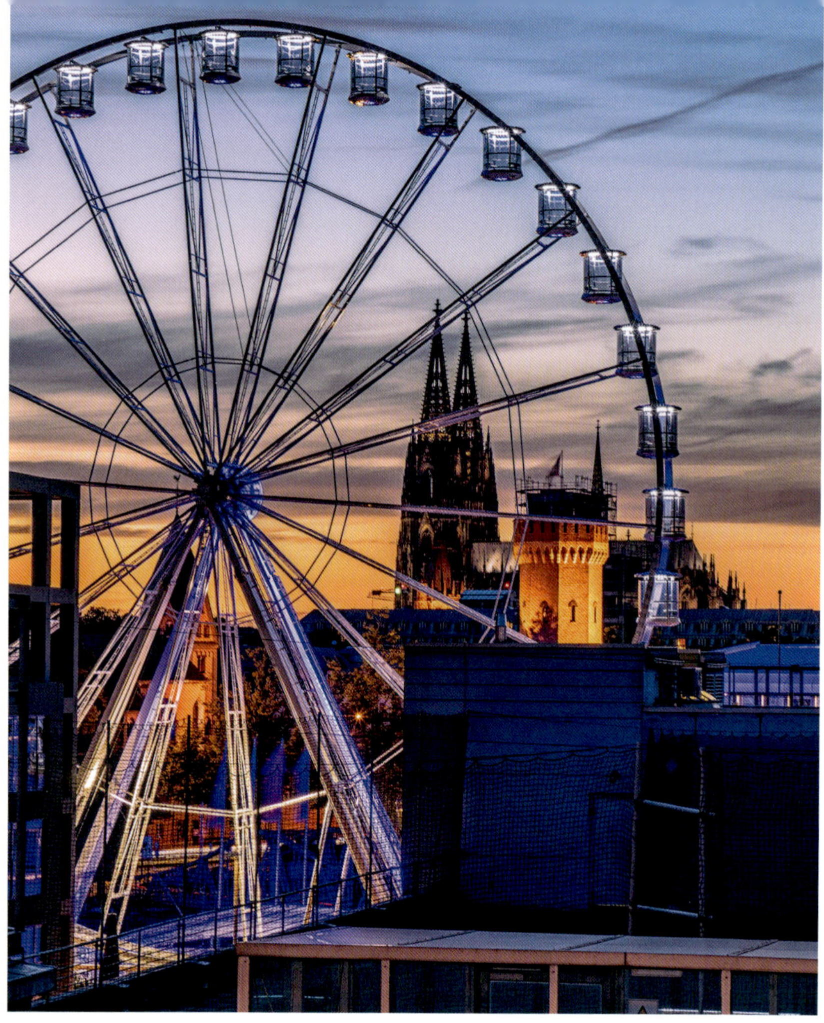

Versuchen Sie, auf der Severinsbrücke einen passenden Standpunkt zu finden, indem Sie auf und ab gehen. Ich habe bei dieser Aufnahme das Riesenrad, den Malakoffturm und den Dom kombiniert. (100 mm · f 16 · 8 s · ISO 100 · Stativ)

Dieser Standort funktioniert das ganze Jahr über. Während der Sommermonate allerdings beginnt die Blaue Stunde viel später, sodass weniger Verkehr herrscht, der die Brücke zum Vibrieren bringt. Zu dieser späten Uhrzeit werden jedoch viele Büroangestellte ihr Gebäude verlassen haben und nur noch wenige Fenster beleuchtet sein. Eine größere Anzahl an beleuchteten Fenstern verbessert jedoch auf jeden Fall das Bild.

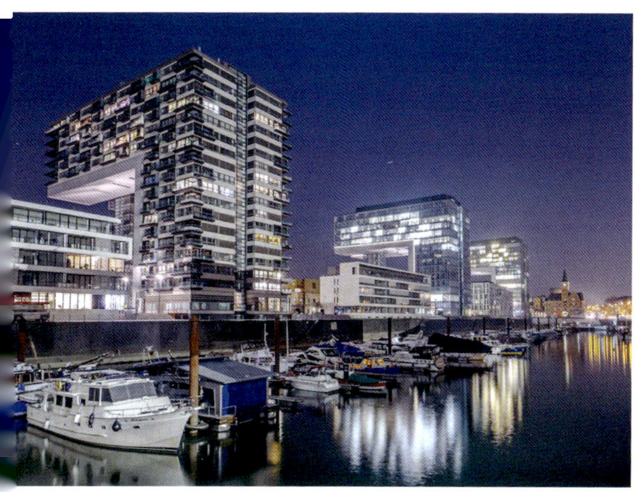

Die Kombination aus Glas, Stahl und Beton verleiht der Umgebung eine futuristische Ästhetik, die viele Fotografen anspricht. (24 mm · f 10 · 30 s · ISO 100 · Stativ)

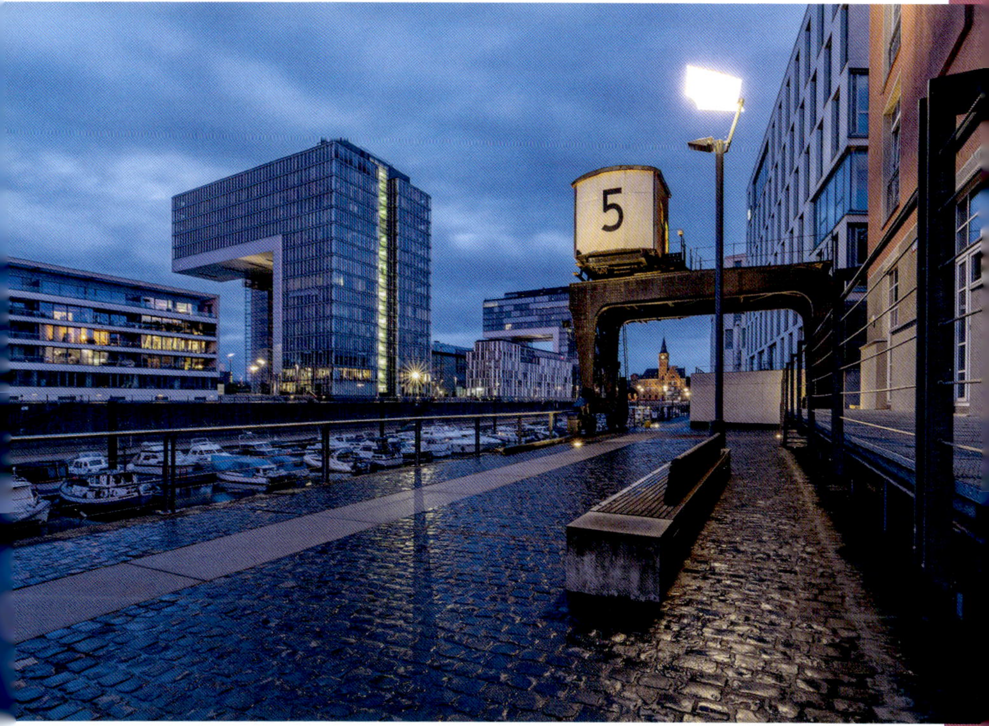

Bei dieser Aufnahme habe ich zahlreiche Elemente kombiniert. Dabei war es mir wichtig, das historische Hafenamt genau im Bogen des Krans Nr. 5 zu platzieren. (14 mm · f 13 · 10 s · ISO 100 · Stativ)

2 SCHOKOLADENMUSEUM

Beste Tageszeit: tagsüber, abends
Koordinaten: 50.931893, 6.964395
Adresse: Am Schokoladenmuseum 1A, 50678 Köln

Das bei Groß und Klein beliebte Schokoladenmuseum befindet sich in einem markanten Gebäude, das wie ein Schiff anmutet. Die einzigartige Architektur, bei der moderne Elemente mit einer bestehenden historischen Bausubstanz kombiniert wurden, bietet eine interessante Kulisse für fotografische Aufnahmen. Nutzen Sie auch seine Terrasse als Standort, um Ihre Kamera auf weitere Rheinmotive zu richten.

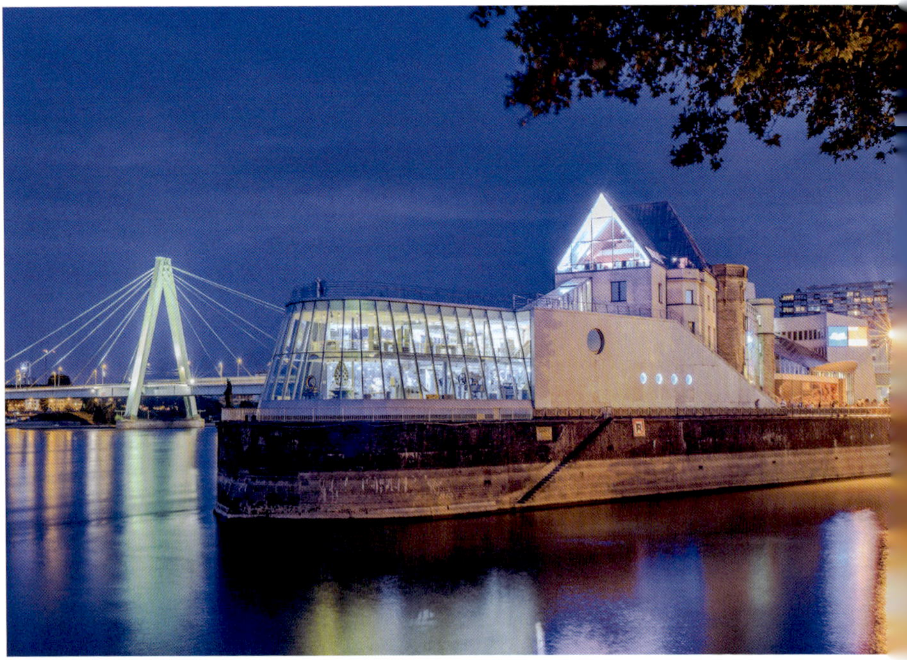

Die Gebäudeform soll an ein Schiff erinnern. Bei dieser Aufnahme habe ich das Schokoladenmuseum mit dem Brückenpfeiler der Severinsbrücke kombiniert. (35 mm · f 8 · 30 s · ISO 100 · Stativ) 50.933488, 6.963557

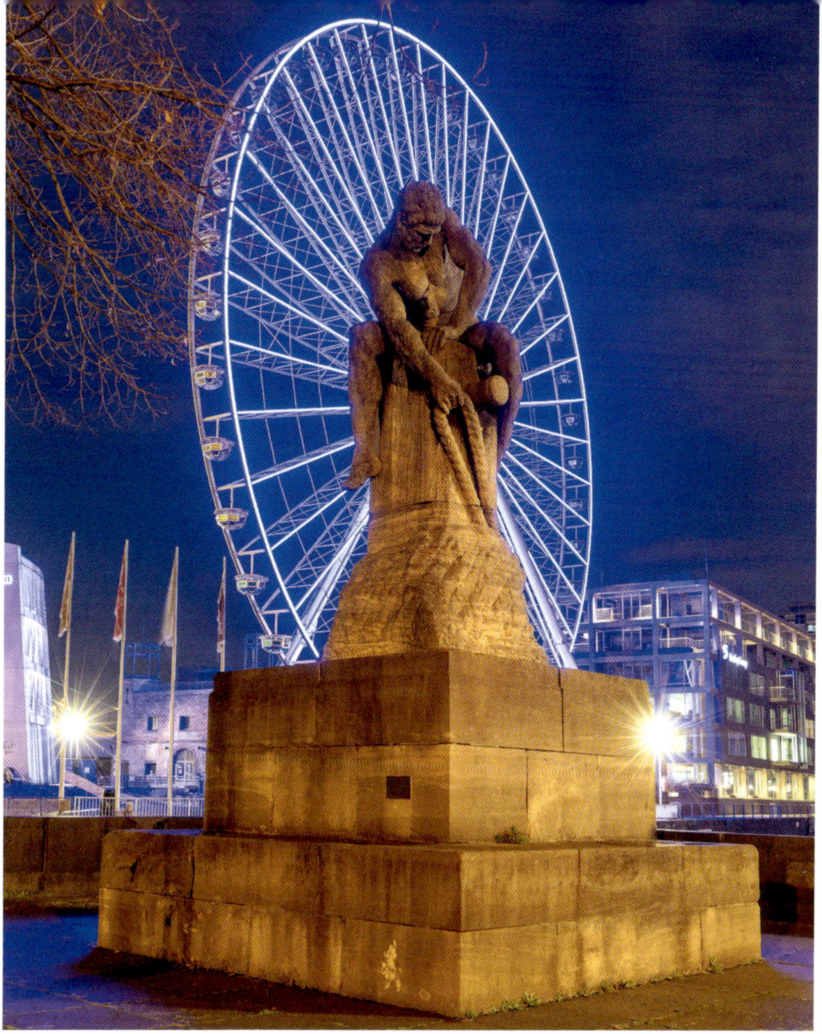

Die Skulptur »Der Tauzieher« von Nikolaus Friedrich habe ich bewusst genau in die Mitte des Riesenrads platziert. (30 mm · f 7,1 · 3,2 s · ISO 200 · Stativ)

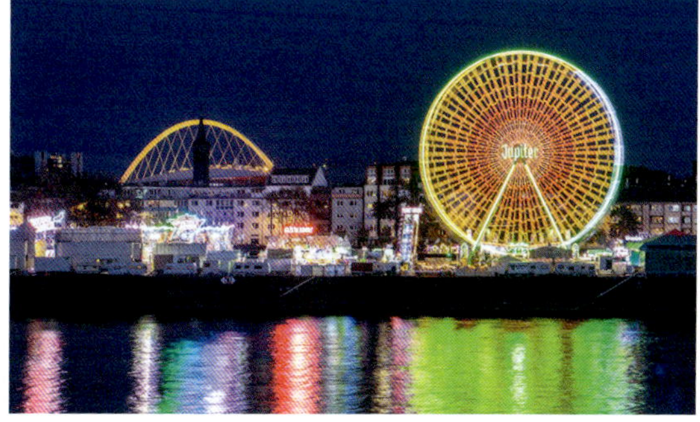

Von der Terrasse des Schokoladenmuseums lässt sich das Volksfest in Deutz besonders gut fotografieren. (105 mm · f 9 · 2 s · ISO 160 · Stativ)

3 MALAKOFFTURM

Beste Tageszeit: tagsüber, abends
Koordinaten: 50.93276, 6.963540
Adresse: Am Leystapel, 50678 Köln

Benannt wurde der Turm 1855 in Erinnerung an das Fort Malakow in Sewastopol auf der Halbinsel Krim, das sich monatelang der Eroberung durch französische Truppen widersetzte, bis es dann am 8. September 1855 doch fiel.

Die Verbindung zum historischen Erbe der Stadt macht den Turm zu einem faszinierenden Motiv für alle, die die Geschichte und Architektur vergangener Zeiten fotografisch einfangen möchten.

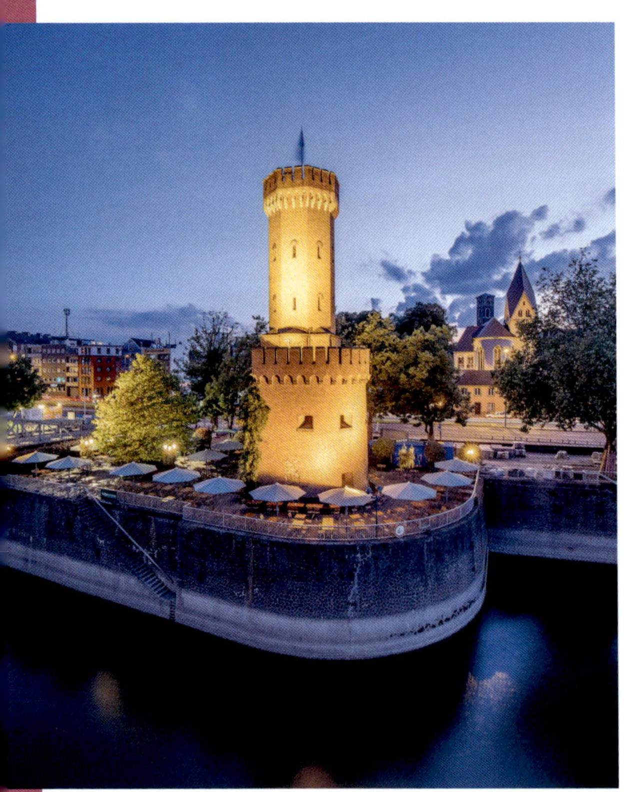

Die symmetrische Form und die Details der Mauerwerkstruktur bieten interessante Möglichkeiten für Kompositionen und Detailaufnahmen. Die verschiedenen Ebenen des Turms und die Spuren der Vergangenheit verleihen den Bildern eine gewisse Atmosphäre und Textur. Der Aufnahmestandort befindet sich auf der Aussichtsterrasse des Schokoladenmuseums.
(16 mm · f 9 · 0,8 s · ISO 100 · Stativ)

4 KRANHÄUSER

Beste Tageszeit: tagsüber, abends
Koordinaten: 50.92830, 6.965576
Adresse: Im Zollhafen, 50678 Köln

Als neues Wahrzeichen des Rheinauhafens entstanden die drei 60 Meter hohen Kranhäuser. Sie zeichnen sich durch ihre markante und moderne Architektur aus. Die drei Gebäude sind in Form von Kränen gestaltet und ragen hoch über den Rheinauhafen in die Höhe. Ihre ungewöhnliche Form und die Verwendung von Glas und Stahl machen sie zu einem auffälligen Motiv für Fotografen. Die klaren Linien und geometrischen Strukturen der Kranhäuser bieten zahlreiche Möglichkeiten für interessante Kompositionen und Perspektiven.

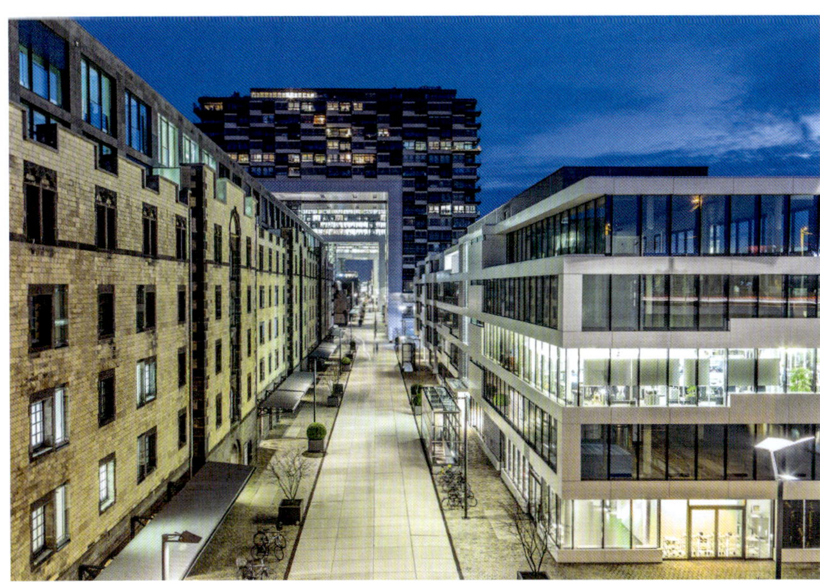

Dieser Aufnahmestandort befindet sich auf der Severinsbrücke. Achten Sie bei Ihrer Aufnahme darauf, dass Sie durch geschicktes Positionieren die größtmögliche Tiefe und Dimension in Ihrer Aufnahme erreichen.
(24 mm · f 9 · 15 s · ISO 100 · Stativ)

5 HARRY-BLUM-PLATZ

Beste Tageszeit: tagsüber, abends
Koordinaten: 50.925761, 6.965829
Adresse: Harry-Blum-Platz, 50678 Köln

Das historische Hafenamt ist ein denkmalgeschütztes Gebäude mit einer reichen Geschichte. Es wurde im Jahr 1902 erbaut und zeugt von der industriellen Vergangenheit des Rheinauhafens.

Die Architektur des Gebäudes – mit seiner eleganten Fassade, den detaillierten Verzierungen und dem klassischen Stil – verleiht ihm einen besonderen historischen Charme, der auf Fotografien gut zur Geltung kommt.

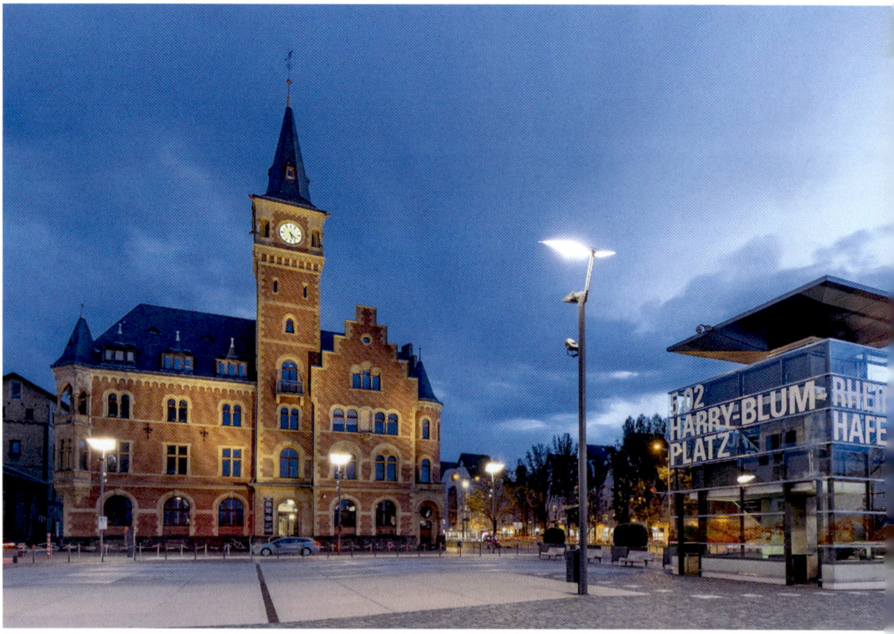

Das historische Hafenamt steht im Kontrast zur modernen Architektur der umliegenden Kranhäuser und der anderen Gebäude im Rheinauhafen. Dieser Kontrast zwischen Alt und Neu schafft eine interessante Dynamik, die mich besonders anspricht.
(16 mm · f 8 · 0,2 s · ISO 100 · Stativ)

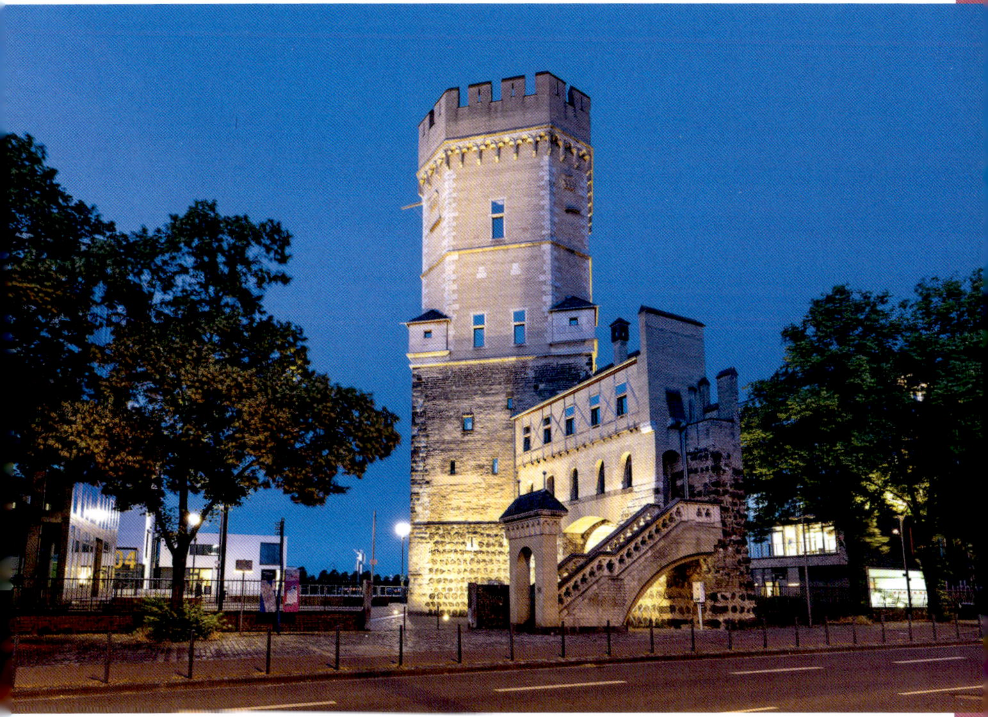

Dieses Foto wurde vom grünen Mittelstreifen auf der Bayenstraße aus aufgenommen. Die Form des Turms mit der Treppe finde ich aus dieser Perspektive ansprechender. (19 mm · f 9 · 8 s · ISO 100 · Stativ) 50.923824, 6.966422

6 BAYENTURM

Beste Tageszeit: tagsüber, abends
Koordinaten: 50.923724, 6.967460
Adresse: Am Bayenturm 2, 50678 Köln

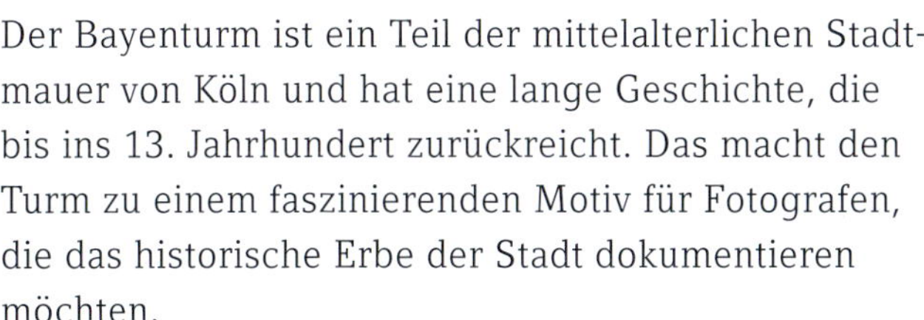

Der Bayenturm ist ein Teil der mittelalterlichen Stadtmauer von Köln und hat eine lange Geschichte, die bis ins 13. Jahrhundert zurückreicht. Das macht den Turm zu einem faszinierenden Motiv für Fotografen, die das historische Erbe der Stadt dokumentieren möchten.

Seine architektonischen Merkmale – wie Zinnen, Schießscharten und steinerne Strukturen – bieten interessante visuelle Elemente für Fotografien.

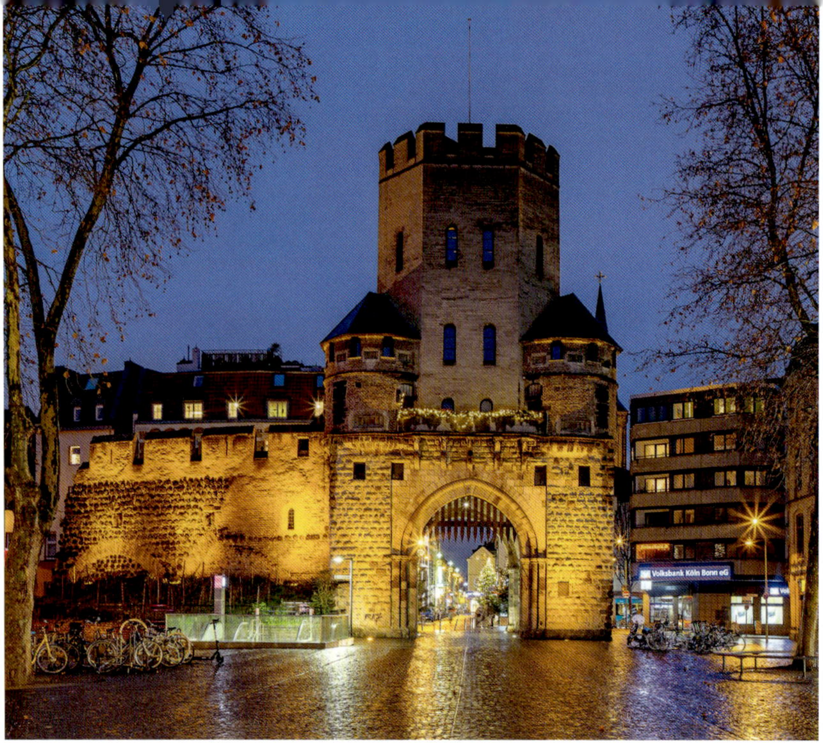

Dieses Bild entstand in einer Regenpause am Abend. Dadurch, dass es den ganzen Tag regnete, waren so gut wie keine Menschen unterwegs. Normalerweise ist der Platz ein beliebter Treff- und Aufenthaltspunkt. Das nasse Kopfsteinpflaster unterstützt die Reflexion der Lichter und Farben aus der Umgebung und macht das Foto besonders stimmungsvoll. (29 mm · f 8 · 1 s · ISO 100 · Stativ)

7 SEVERINSTORBURG

Beste Tageszeit: tagsüber, abends
Koordinaten: 50.921586, 6.959463
Adresse: Chlodwigplatz 2, 50678 Köln

Die Severinstorburg liegt im historischen Severinsviertel, einem charmanten »Veedel« mit kopfsteingepflasterten Straßen und historischen Fachwerkhäusern. Die Kombination aus der Burg und der umgebenden Architektur erzeugt eine malerische Atmosphäre, die Sie nutzen sollten, um eindrucksvolle Bilder zu gestalten. Besonders bei Sonnenuntergängen oder in der Nacht kann die Beleuchtung die Szenerie noch stimmungsvoller machen.

8 ULREPFORTE

Beste Tageszeit: tagsüber, abends
Koordinaten: 50.924092, 6.952327
Adresse: Sachsening 42, 50677 Köln

Die Ulrepforte, auf Kölsch »Ühlepooz«, ist ein historisches Stadttor, das aus dem 13. Jahrhundert stammt. Es ist somit ein Überbleibsel der mittelalterlichen Stadtbefestigung von Köln. Die Ulrepforte ist ein beliebtes Fotomotiv in Köln, sowohl für Einheimische als auch für Touristen. Ihre historische Bedeutung und ihre architektonische Schönheit ziehen regelmäßig Fotografen an.

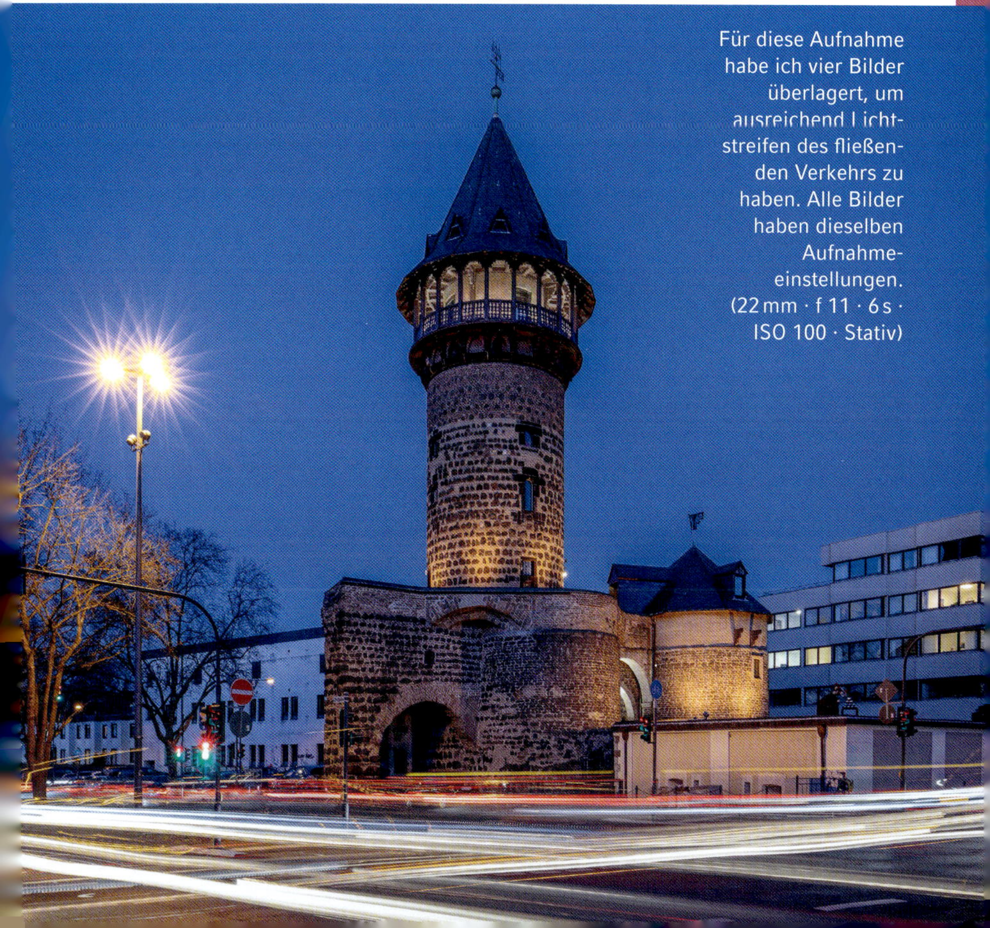

Für diese Aufnahme habe ich vier Bilder überlagert, um ausreichend Lichtstreifen des fließenden Verkehrs zu haben. Alle Bilder haben dieselben Aufnahmeeinstellungen. (22 mm · f 11 · 6 s · ISO 100 · Stativ)

9 SACHSENTURM

Beste Tageszeit: tagsüber, abends
Koordinaten: 50.924851, 6.951054
Adresse: Blaue-Funken-Weg 2, 50677 Köln

Auf Initiative ihres Präsidenten Hanns Göbbels bewarb sich die Karnevalsgesellschaft *Blaue Funken* am 11.11.1959 beim Oberbürgermeister der Stadt Köln um den Halbturm der mittelalterlichen Stadtbefestigung am Sachsenring. Auf das Versprechen von Theo Burauen, den Blauen Funken den Erhalt des stark beschädigten Turms als Quartier zu überlassen, gründete sich im Jahre 1968 der »Gemeinnützige Bauverein Sachsenturm e. V.«.

Im nördlichen Wehrturm der mittelalterlichen Stadtbefestigung hat seit 1981 die *Prinzen-Garde Köln 1906 e.V.* ihr Domizil.

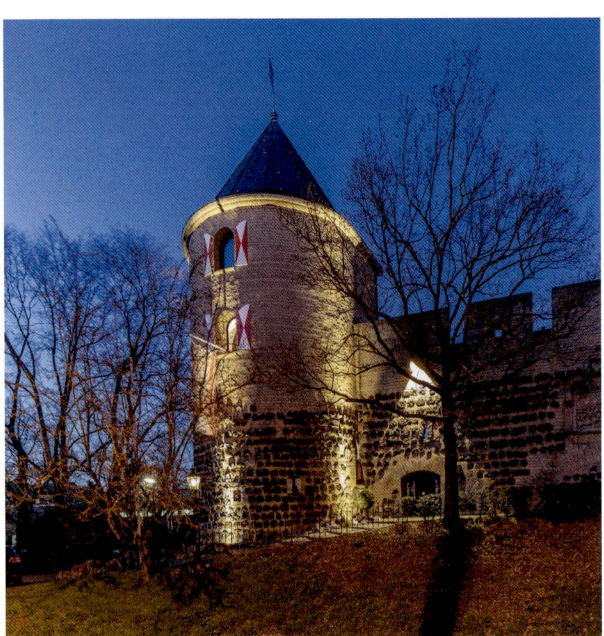

Im nördlichen Wehrturm befindet sich das Domizil der Prinzen-Garde. Warten Sie für Ihre Aufnahme bis zur Blauen Stunde und bis sich die Lichter einschalten. Gerade im Winter bietet sich dadurch ein besserer Blick auf die mittelalterliche Befestigungsanlage. (16 mm · f 8 · 30 s · ISO 100 · Stativ) 50.925271, 6.950133

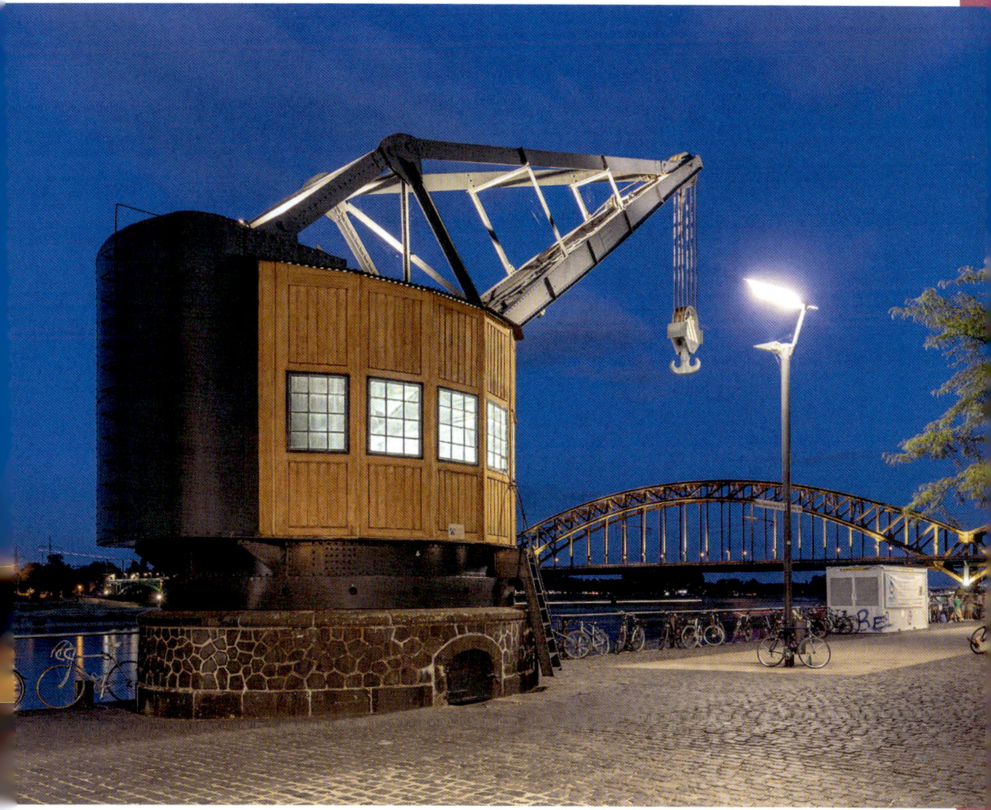

Der Hafenkran »Der Alte Herkules« befindet sich direkt vor der malerischen Kulisse des Rheinufers. Die Kombination aus dem industriellen Charme des Krans und den spiegelnden Eigenschaften des Wassers ermöglicht faszinierende Kompositionen und Stimmungen in den Bildern.
(20 mm · f 8 · 20 s · ISO 100 · Stativ)

10 DER HAFENKRAN »DER ALTE HERKULES«

Beste Tageszeit: tagsüber, abends
Koordinaten: 50.918675, 6.970094
Adresse: Agrippinawerft 30, 50678 Köln

Noch ganze sechs von ehemals 41 Kränen erinnern an die frühere Hafenfunktion des Rheinauhafens. Der Hafenkran Der Alte Herkules ist meiner Meinung nach der schönste und fotogenste. Er steht am südlichen Ende der Promenade.

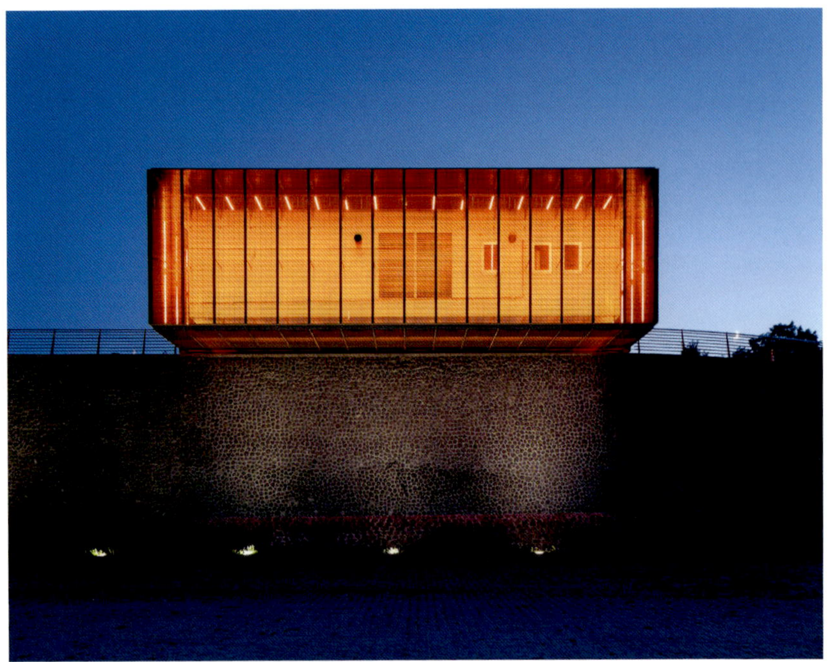

Als Motiv ist das Pumpwerk nur am Abend attraktiv, wenn die Beleuchtung eingeschaltet wird. (24 mm · f 7,1 · 13 s · ISO 100 · Stativ)

11 HOCHWASSERPUMPWERK SCHÖNHAUSER STRASSE

Beste Tageszeit: tagsüber, abends
Koordinaten: 50.914480, 6.972501
Adresse: Oberländer Werft, 50968 Köln
Webseite: *www.steb-koeln.de/Redaktionell/Websitematerial/qr-codes/Lichtszenen_PW_Schoenhauser_Str.pdf*

Das Hochwasserpumpwerk gehört zu den jüngeren Sehenswürdigkeiten im Kölner Stadtteil Bayenthal. Diese großartige Illumination wurde von der Firma Semperlux aus Berlin konzipiert und lässt das Pumpwerk in unterschiedlichen Farben erstrahlen, je nach Wasserpegel des Rheins:

unter 2,4 m – gelb
2,4 m bis 3 m – blau

3 m bis 3,5 m – mint
3,5 m bis 4 m – grün
4 m bis 5 m – gelb-orange
5 m bis 6,2 m – orange
über 6,2 m – rot

Dies ist eine sehr architektonische Aufnahme und Sie können verschiedene Blickwinkel erzeugen, indem Sie Ihre Position ändern. Weitwinkel-, normales und kurzes Teleobjektiv funktionieren am besten, und für lange Belichtungszeiten ist ein Stativ erforderlich.

Es lohnt sich, diesen Standort mehrmals im Jahr aufzusuchen, um die unterschiedlichen Farben fotografieren zu können. Informieren Sie sich am besten im Voraus mithilfe der oben angegebenen Webseite über die aktuellen Pegelstände.

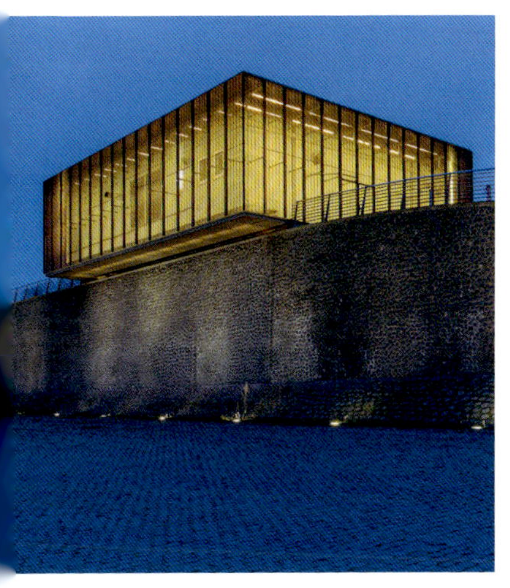

Meiner Meinung nach funktionieren die tiefer gelegenen Aufnahmestandorte am besten. Natürlich sollten Sie aber auch die obere Ebene auf Höhe der Anlage ausprobieren. (32 mm · f 10 · 30 s · ISO 100 · Stativ)

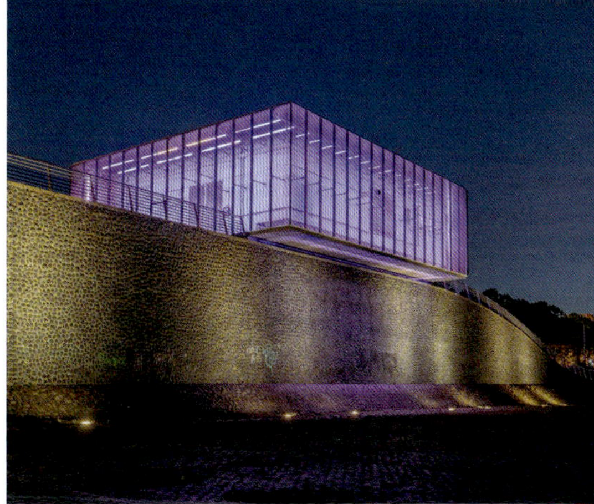

Frontal, von links und von rechts: Probieren Sie immer unterschiedliche Aufnahmepositionen aus und wählen Sie am Ende Ihren Favoriten. (28 mm · f 9 · 30 s · ISO 100 · Stativ)

12 COLOGNE OVAL OFFICES

Beste Tageszeit: tagsüber, abends
Koordinaten: 50.913274, 6.970648
Adresse: Gustav-Heinemann-Ufer 72, 50968 Köln

Die Cologne Oval Offices sind für ihr innovatives und modernes architektonisches Design bekannt. Die ovalen Formen und die Glasfassaden der beiden Bürogebäude bieten interessante visuelle Elemente für Fotografien. Die klaren Linien, die Reflexionen des Lichts auf der Glasoberfläche und die geometrischen Muster werden Sie zu fesselnden Kompositionen und abstrakten Aufnahmen inspirieren. Die ovalen Lichthöfe sind je nach Lichteinfall von farbigen Glasklappen geprägt.

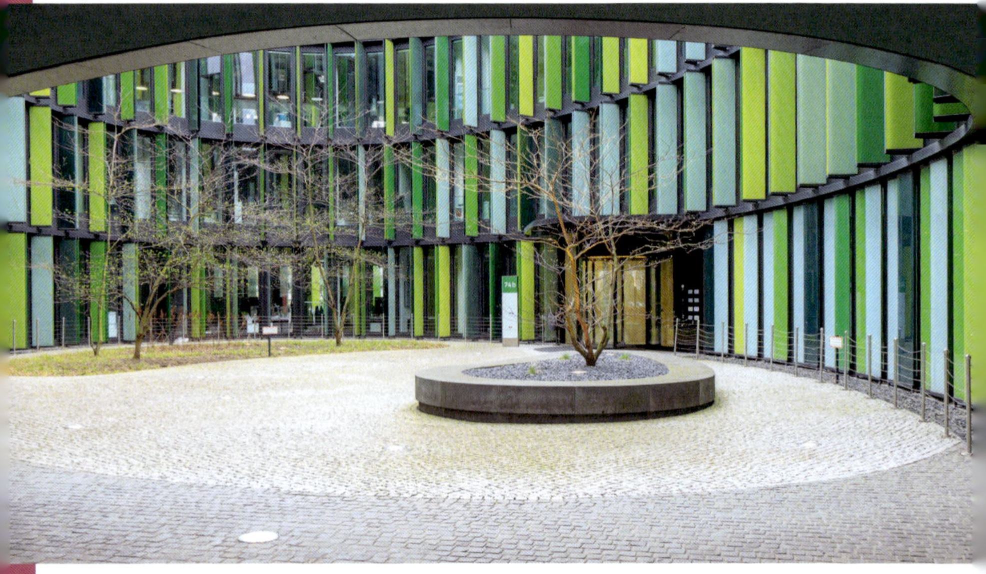

Der Lichthof selbst bietet mit seiner spärlichen Bepflanzung und strengen Architektur ein nahezu abstraktes Fotomotiv.
(28 mm · f 11 · 0,6 s · ISO 100 · Stativ)

Vergessen Sie bei all den interessanten Details aber nicht das Foto in der Totalen. (24 mm · f 11 · 1/15 s · ISO 100 · Stativ)

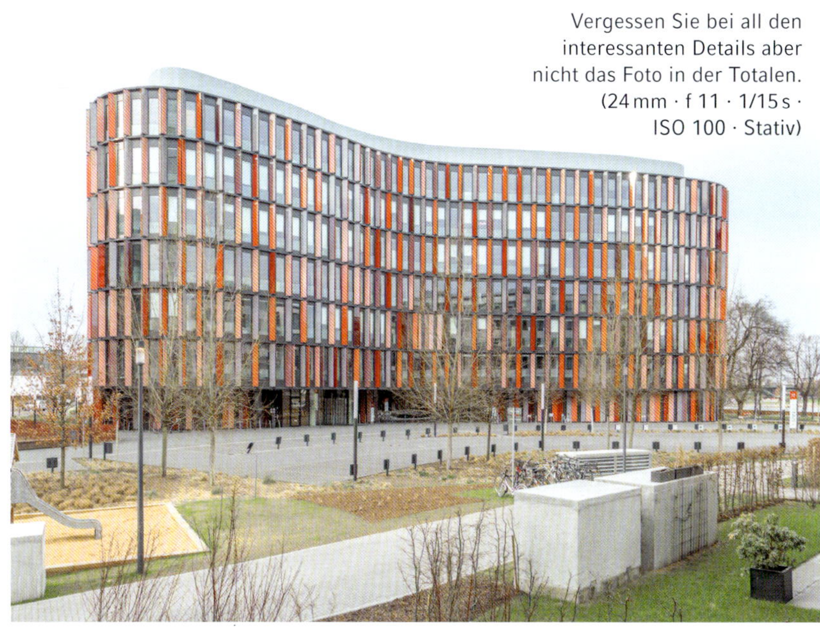

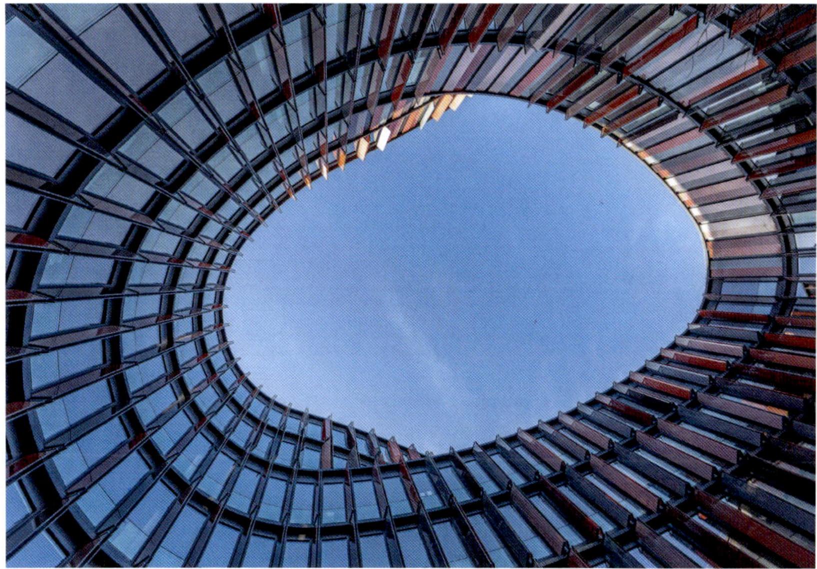

Mitten im Lichthof stehend, habe ich meine Kamera für diese Aufnahme senkrecht nach oben gerichtet. (14 mm · f 9 · 1/60 s · ISO 100 · Stativ)

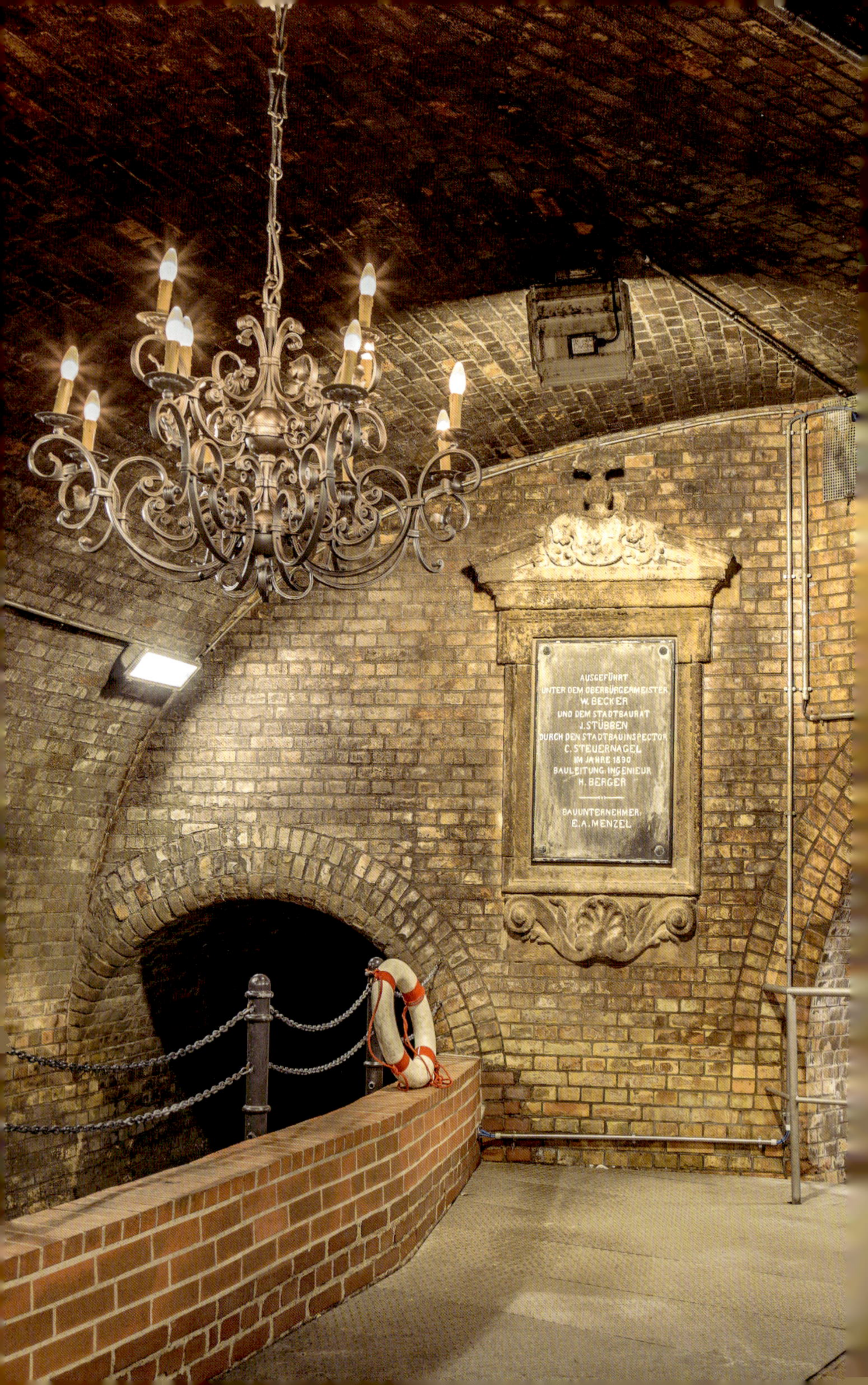
AUSGEFÜHRT
UNTER DEM OBERBÜRGERMEISTER
W. BECKER
UND DEM STADTBAURAT
J. STÜBBEN
DURCH DEN STADTBAUINSPECTOR
C. STEUERNAGEL
IM JAHRE 1890
BAULEITUNG: INGENIEUR
H. BERGER
BAUUNTERNEHMER:
E.A. MENZEL

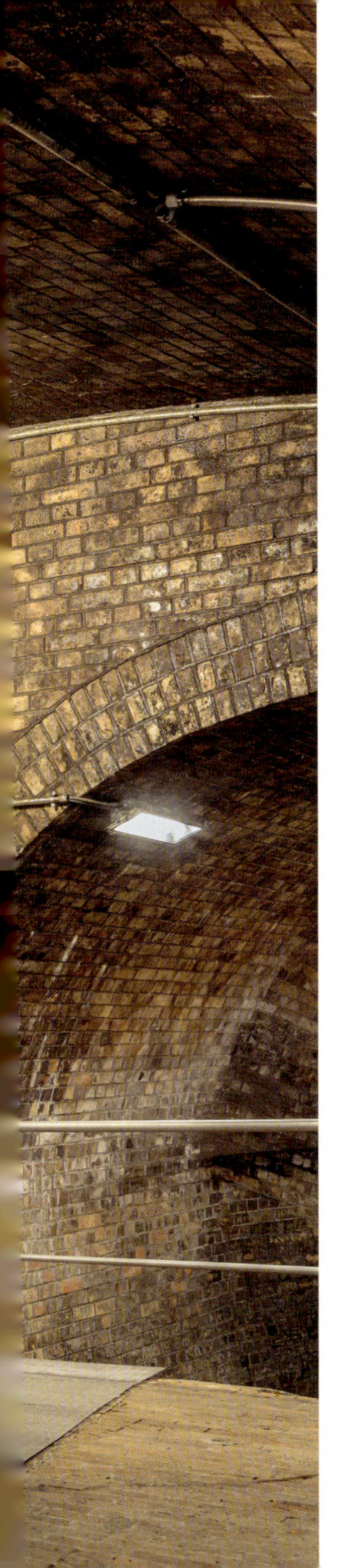

ÜBER DIE RINGE – RINGROUTE

TOUR 4

Die halbkreisförmige Ringstraße, die die Altstadt umgibt, ist bei den Kölnern einfach nur als »Der Ring« oder »Die Ringe« bekannt. Die heutigen Ringstraßen folgen im Übrigen der imposanten Stadtbefestigung aus dem Mittelalter. Parallel zum Ring, entlang der westlichen Neustadtgrenze der *Inneren Kanalstraße*, schmiegt sich halbkreisförmig ein etwa 4 km langer Wiesen- und Parkgürtel an.

Bei dieser Fototour bewegen wir uns entlang dieses Halbkreises immer zwischen der Inneren Kanalstraße und den Ringen.

28 mm · f 8 · 2,5 s · ISO 100 · Stativ

ÜBER DIE RINGE – RINGROUTE

TOUR 4

1. DIE BASTEI
2. KUNIBERTSTURM
3. DER KRONLEUCHTERSAAL
4. OBERLANDESGERICHT KÖLN
5. ST. AGNESKIRCHE
6. WASSERKINETISCHE PLASTIK
7. EBERTPLATZ 1
8. EIGELSTEINTORBURG
9. MAYBACHSTRASSE
10. MEDIAPARK
11. GEREONSMÜHLE
12. WASSERBECKEN KAISER-WILHELM-RING
13. CHRISTUSKIRCHE
14. FRIESENPLATZ
15. HAHNENTORBURG
16. STADTSPARKASSE AM RUDOLFPLATZ
17. UNIVERSITÄT ZU KÖLN
18. MUSEUM FÜR OSTASIATISCHE KUNST
19. ZENTRALMOSCHEE

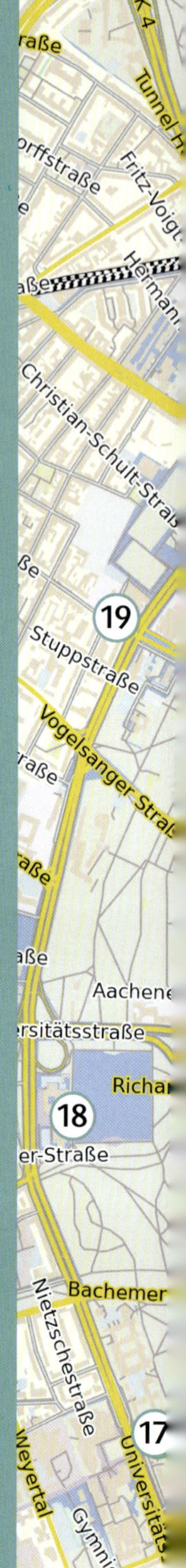

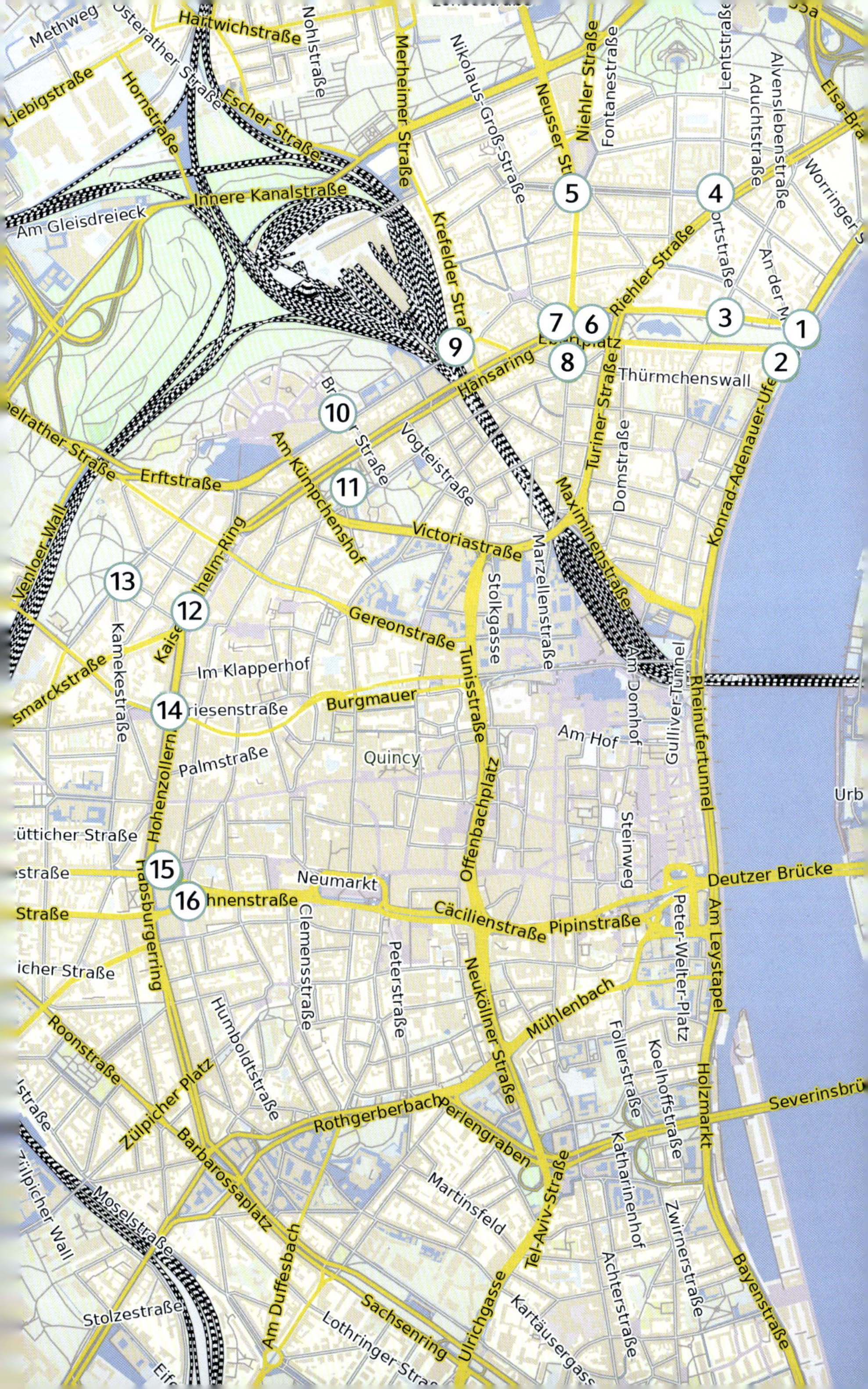
Methweg
Hartwichstraße
Nohlstraße
Merheimer Straße
Nikolaus-Groß-Straße
Neusser Str
Niehler Straße
Fontanestraße
Lentstraße
Alvenslebenstraße
Aduchtstraße
Elsa-Brä
Worringer S
Liebigstraße
Hornstraße
Escher Straße
Innere Kanalstraße
Am Gleisdreieck
Krefelder Stra
Riehler Straße
An der M
5
4
3
1
2
7
6
8
9
10
11
12
13
14
15
16
Ebertplatz
Hansaring
Thürmchenswall
Turiner Straße
Domstraße
Konrad-Adenauer-Ufer
Vogteistraße
Erftstraße
Am Kümpchenshof
Maximinenstraße
Victoriastraße
Marzellenstraße
Stolkgasse
Venloer Wall
Gereonstraße
Kamekestraße
Im Klapperhof
Tunisstraße
Am Domhof
Gulliver-Tunnel
Rheinufertunnel
Burgmauer
Am Hof
Quincy
Palmstraße
Hohenzollern
Offenbachplatz
Steinweg
Urb
Neumarkt
Deutzer Brücke
Habsburgerring
Cäcilienstraße
Pipinstraße
Peter-Welter-Platz
Am Leystapel
Clemensstraße
Peterstraße
Humboldtstraße
Roonstraße
Mühlenbach
Follerstraße
Koelhoffstraße
Holzmarkt
Neuköllner Straße
Zülpicher Platz
Rothgerberbach
Perlengraben
Severinsbrü
Barbarossaplatz
Katharinenhof
Martinsfeld
Tel-Aviv-Straße
Zwirnerstraße
Moselstraße
Zülpicher Wall
Am Duffesbach
Achterstraße
Bayenstraße
Stolzestraße
Sachsenring
Lothringer Stra
Ulrichgasse
Kartäusergass

1 DIE BASTEI

Beste Tageszeit: tagsüber, abends
Koordinaten: 50.950356, 6.966957
Adresse: Konrad-Adenauer-Ufer 80, 50668 Köln
Webseite: *www.bastei.koeln*

Die Bastei wurde vom Kölner Architekten Wilhelm Riphahn entworfen und 1924 eröffnet. Dabei wurde auf dem Fundament eines geschliffenen Turms, der die Zufahrt zu einem ehemaligen Hafen markierte, eine Aussichtsplattform mit Rundumsicht auf Stadt und Fluss errichtet. Das jahrelang als Aussichtsrestaurant betriebene Gebäude wurde 2019 wegen baulicher Mängel stillgelegt.

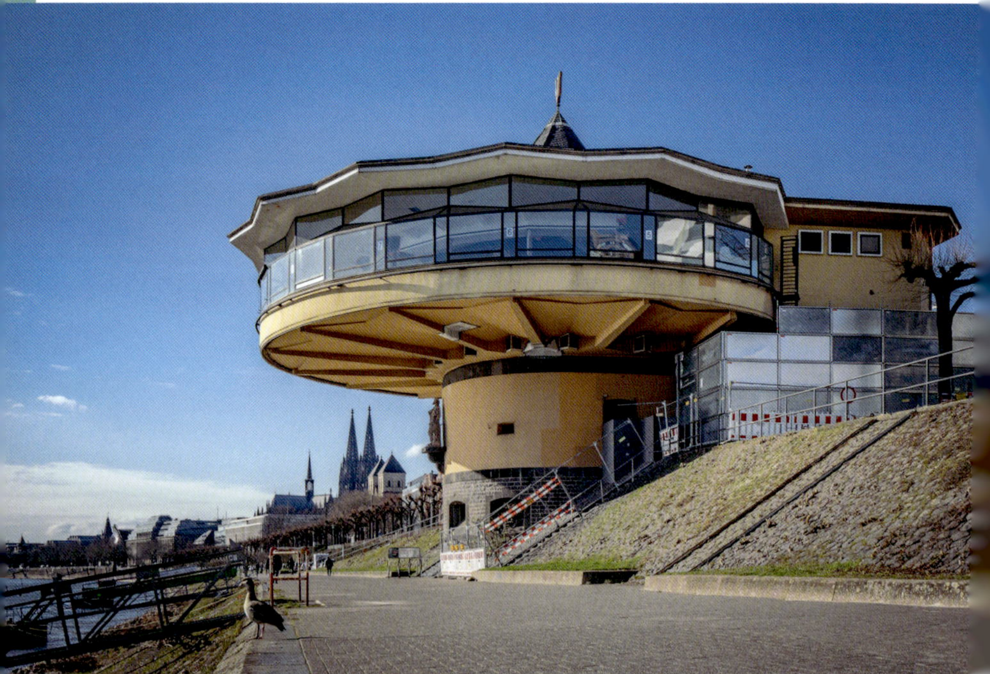

Für die Aufnahme habe ich bewusst eine tiefe Aufnahmeposition gewählt, um den Dom unter die Aussichtsplattform der Bastei im Bild zu platzieren.
(30 mm · f 14 · 1/80 s · ISO 100 · Stativ)

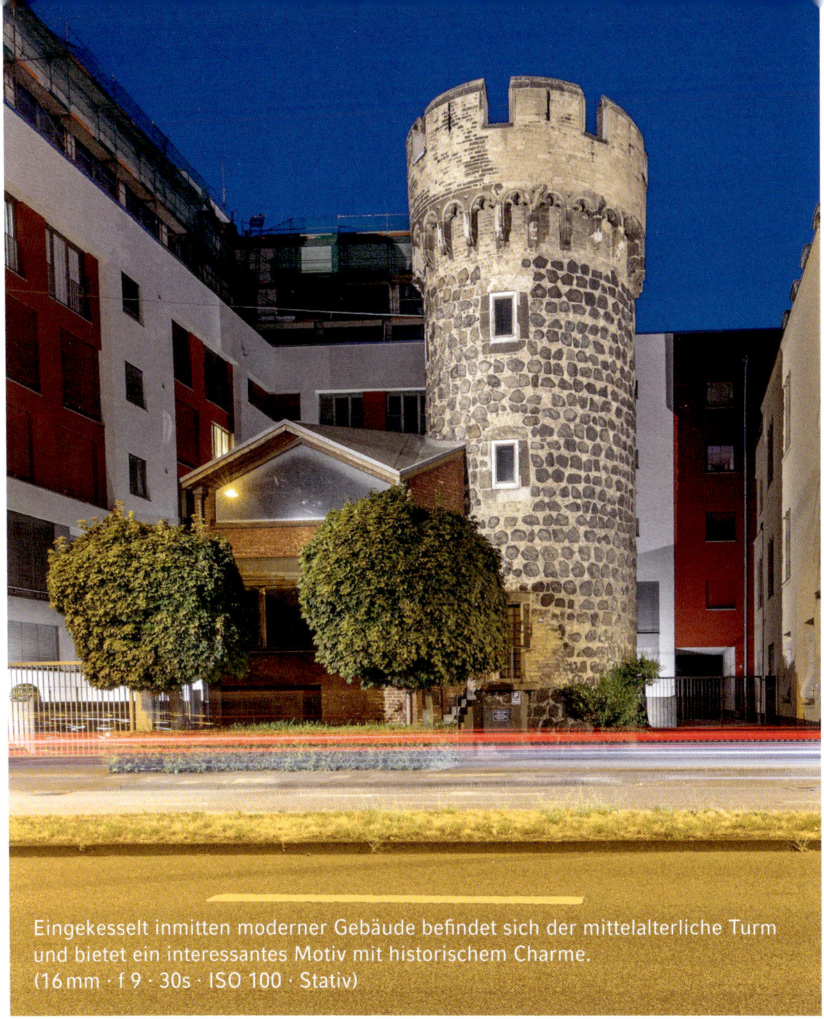

Eingekesselt inmitten moderner Gebäude befindet sich der mittelalterliche Turm und bietet ein interessantes Motiv mit historischem Charme.
(16 mm · f 9 · 30s · ISO 100 · Stativ)

2 KUNIBERTSTURM

Beste Tageszeit: tagsüber, abends
Koordinaten: 50.949510, 6.966057
Adresse: Konrad-Adenauer-Ufer 73, 50668 Köln

Der Kunibertsturm steht im Kontrast zur modernen Bebauung und den urbanen Elementen in seiner Umgebung. Dieser Kontrast zwischen Alt und Neu erzeugt eine interessante visuelle Dynamik und bietet Fotografen die Möglichkeit, den historischen Charme inmitten des städtischen Umfelds einzufangen.

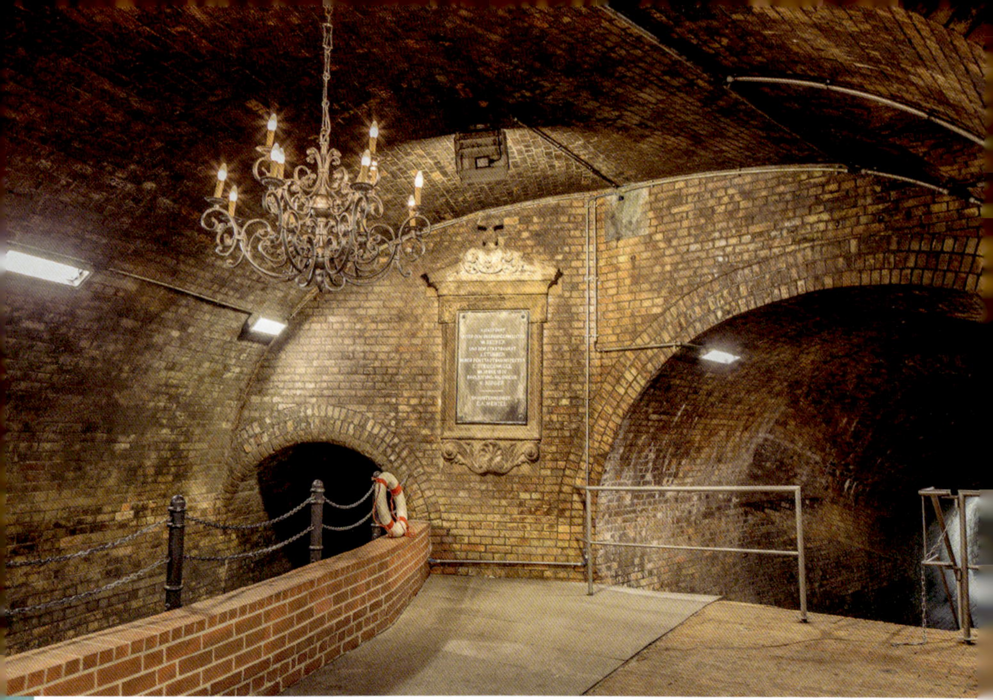

Ein Kronleuchter im Kölner Untergrund. Wo gibt es so ein Motiv außer in Köln? (28 mm · f 8 · 2,5 s · ISO 100 · Stativ)

3 DER KRONLEUCHTERSAAL

Beste Tageszeit: tagsüber, abends
Koordinaten: 50.950682, 6.96345
Adresse: Der Eingang befindet sich an der Ecke Clever Straße und Theodor-Heuss-Ring, 50668 Köln
Webseite: *www.steb-koeln.de/abwasser-und-entwaesserung/kronleuchtersaal/Kronleuchtersaal.jsp*

Der Kronleuchtersaal ist ein denkmalgeschützter Raum in der Kölner Kanalisation. Im Rahmen der Stadtentwicklung in den 1880er-Jahren ließen Stadtbaumeister Josef Stübben und Stadtbaurat Carl Steuernagel ein Abwassersystem für die Alt- und Neustadt errichten. Zur Einweihung, zu der auch Kaiser Wilhelm II. geladen war, wurde der Raum, in dem Hochsammler und Ringkanal zusammentreffen, mit zwei Kronleuchtern geschmückt.

Die beiden Kronleuchter sind mittlerweile durch einen elektrischen Kronleuchter ersetzt worden. Das Bauwerk befindet sich bis heute in einem hervorragenden Zustand. Aufgrund seiner besonderen Akustik werden seit dem Jahr 2000 im Kronleuchtersaal Konzerte veranstaltet. Die Konzerte sind in der Regel sehr schnell ausverkauft. Besucher sollten allerdings nicht empfindlich auf strengere Gerüche reagieren.

Die Kölner Stadtentwässerungsbetriebe (StEB) bieten ungefähr einmal im Monat kostenlose Führungen an, bei denen die Funktionsweise des Kanalsystems sowie die historische Bedeutung des Kronleuchtersaals erläutert werden. Die Anmeldung erfolgt auf der Webseite der StEB Köln.

Der Kronleuchtersaal ist mit seiner Historie und dem dort hängenden Kronleuchter eines dieser einmaligen Fotomotive, die es meines Wissens nur in Köln gibt.

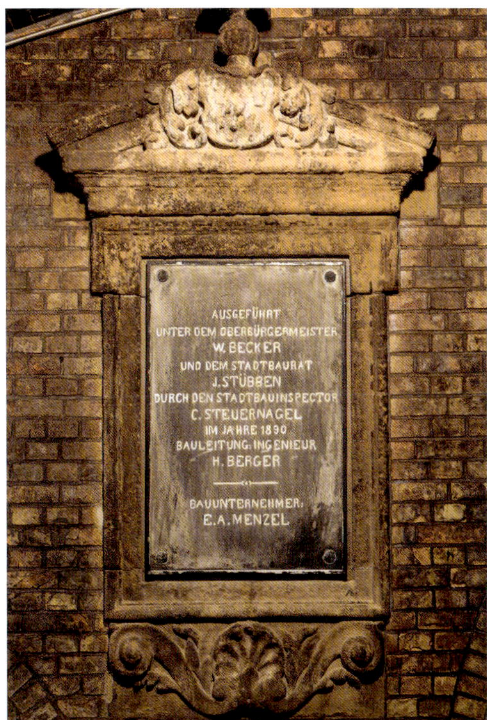

Die Gedenktafel erinnert an das historische Ereignis. (60 mm · f 8 · 2 s · ISO 100 · Stativ)

4 OBERLANDESGERICHT KÖLN

Beste Tageszeit: tagsüber, abends
Koordinaten: 50.953990, 6.963225
Adresse: Reichenspergerplatz 1, 50670 Köln

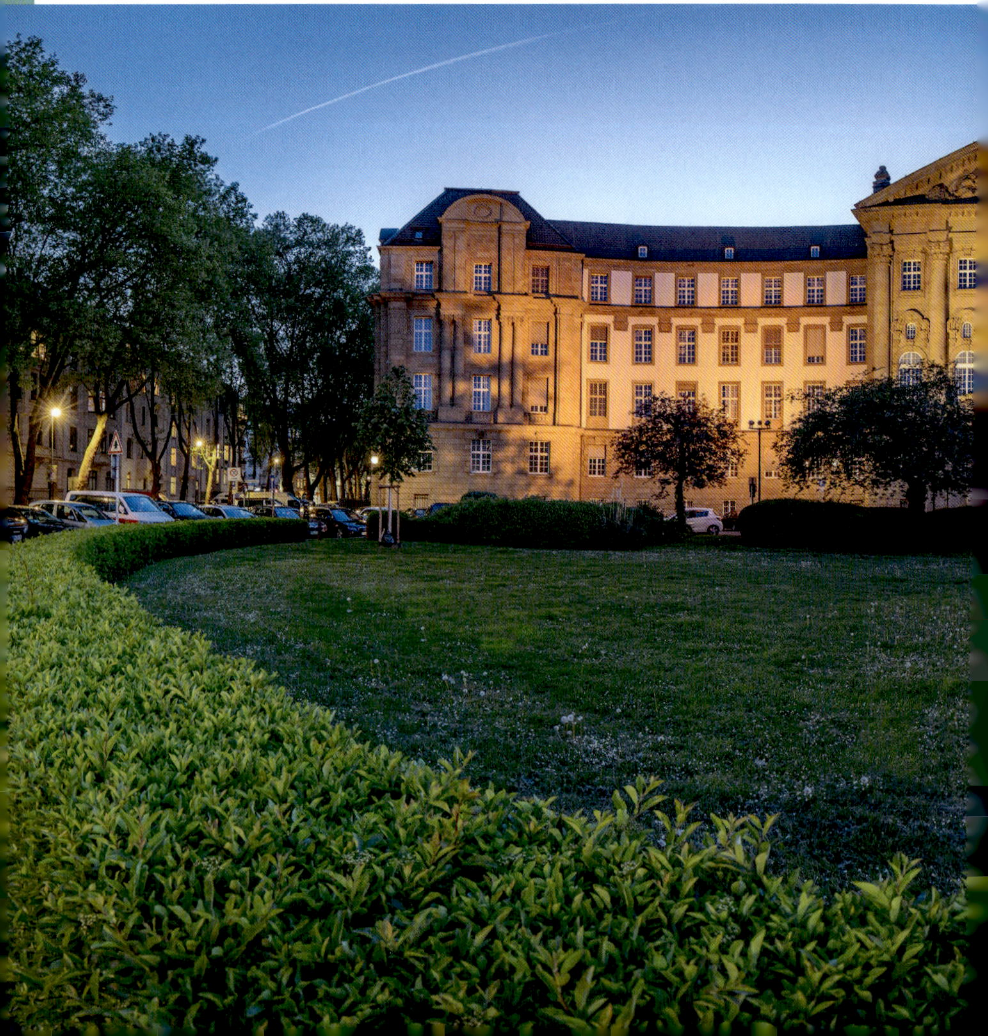

Das historische Gebäude umfasst einen ganzen Häuserblock und wird von fünf Straßen umgeben. Es beeindruckt durch seine imposante Fassade und seine detailreiche Gestaltung. Die symmetrische Anordnung und die präzise Verarbeitung des Gebäudes bieten visuell ansprechende Elemente für Fotografien.

Die enorme Größe der Hauptfassade gestaltet es sehr schwierig, das Gebäude auf eine einzelne Aufnahme zu bekommen. Ich empfehle hier eine Panorama-Aufnahme.

Panorama-Aufnahme aus 8 Einzelbildern im Hochformat (16 mm · f 71 · 2,5 s · ISO 100 · Stativ)

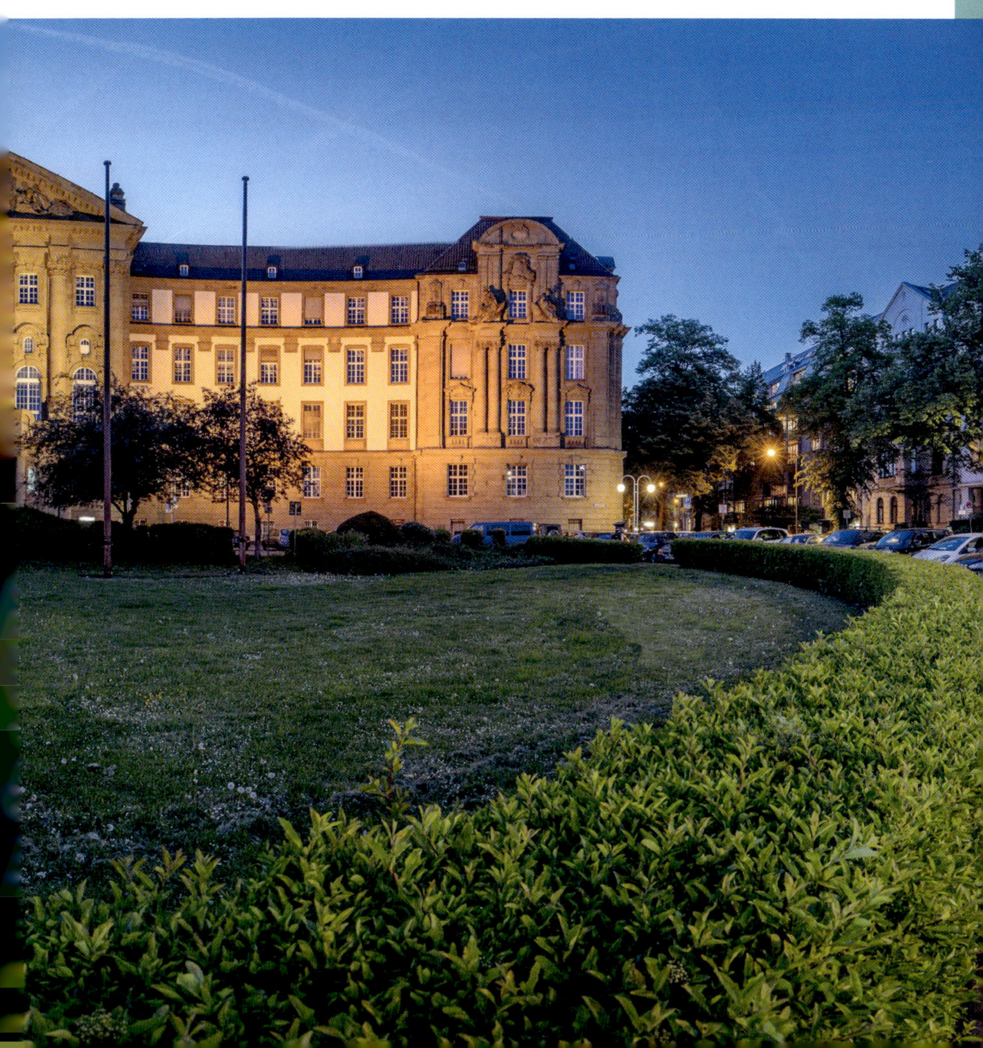

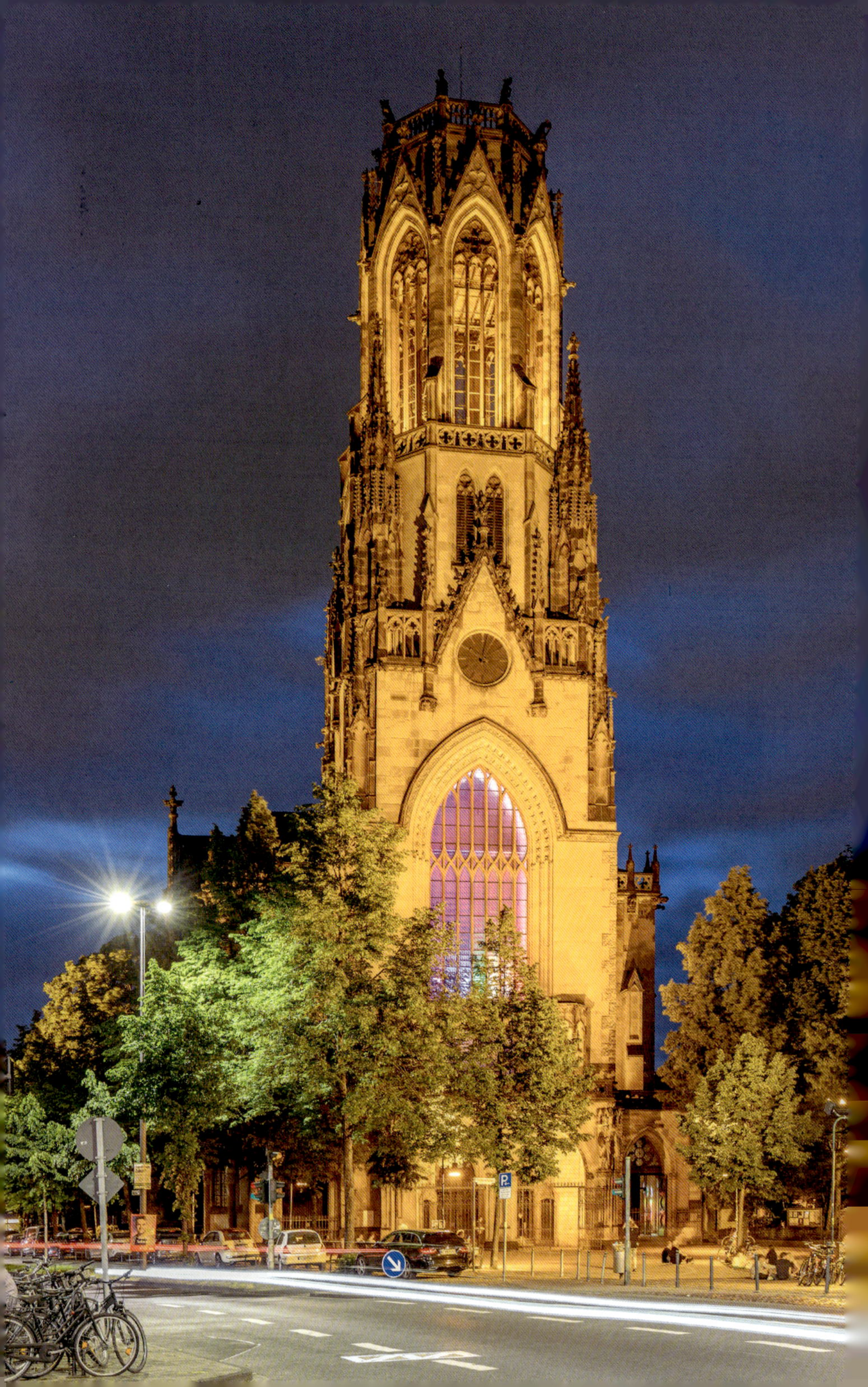

5 ST. AGNESKIRCHE

Beste Tageszeit: tagsüber, abends
Koordinaten: 50.953915, 6.957194
Adresse: Neusser Platz 18, 50670 Köln

Die St. Agneskirche gibt dem sie umgebenden Agnesviertel den Namen. Nach dem Kölner Dom ist sie die zweitgrößte Kirche Kölns.

Sie müssen hier Ihren Standort sehr sorgfältig wählen, da sich die Kirche an der Kreuzung der Weißenburgstraße mit der viel befahrenen Neusser Straße befindet. Je nach Positionierung ragt möglicherweise eine störende Ampel ins Motiv oder eine Straßenlaterne. Ich habe hier die Positionierung gleich vor der Apotheke an der Kreuzung gewählt.

Durch die längere Belichtungszeit sind die Passanten verschwunden, die die Kreuzung überquerten, und ich konnte die für mich interessanten Lichtspuren der Fahrzeuge festhalten. (35 mm · f 9 · 25 s · ISO 100 · Stativ)

6 WASSERKINETISCHE PLASTIK

Beste Tageszeit: tagsüber, abends
Koordinaten: 50.950530, 6.957900
Adresse: Ebertplatz, 50668 Köln

Die Wasserkinetische Plastik finden Sie auf dem Ebertplatz. Sie stammt von dem Künstler und Metallbildhauer Wolfgang Göddertz. Sie ist ein großer begehbarer Brunnen aus Edelstahl und wurde 1977 eingeweiht.

Zwischenzeitlich wurde die Plastik nicht als Brunnen genutzt, nachdem ihre Pumpen zweimal eingefroren waren. Erst im Sommer 2018 ist sie wieder so zu sehen, wie ursprünglich von Wolfgang Göddertz geplant.

Seitdem ist die Wasserkinetische Plastik ein beliebtes Fotomotiv, insbesondere am Abend wegen ihrer Lichtinstallation mit wechselnden Farben. Eine längere Belichtungszeit ermöglicht Ihnen die Darstellung einer ästhetisch ansprechenden Bewegungsunschärfe des Wassers.

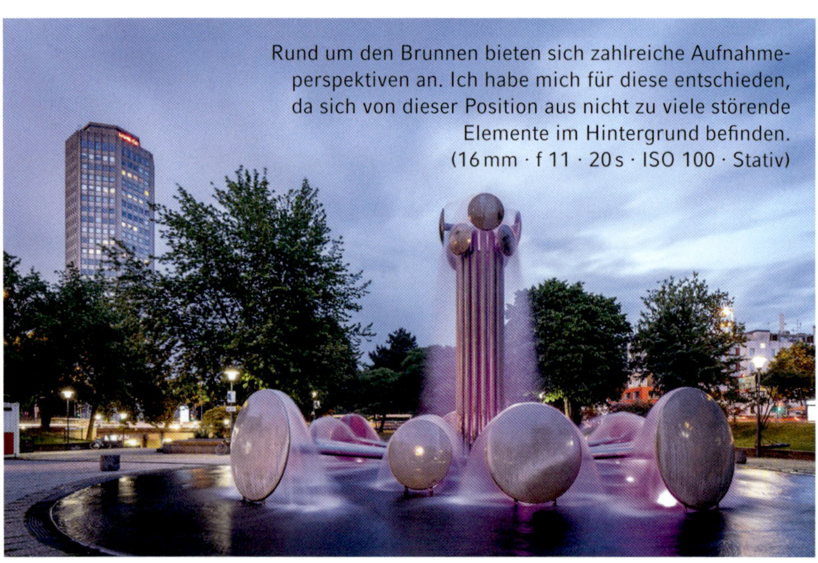

Rund um den Brunnen bieten sich zahlreiche Aufnahmeperspektiven an. Ich habe mich für diese entschieden, da sich von dieser Position aus nicht zu viele störende Elemente im Hintergrund befinden. (16 mm · f 11 · 20 s · ISO 100 · Stativ)

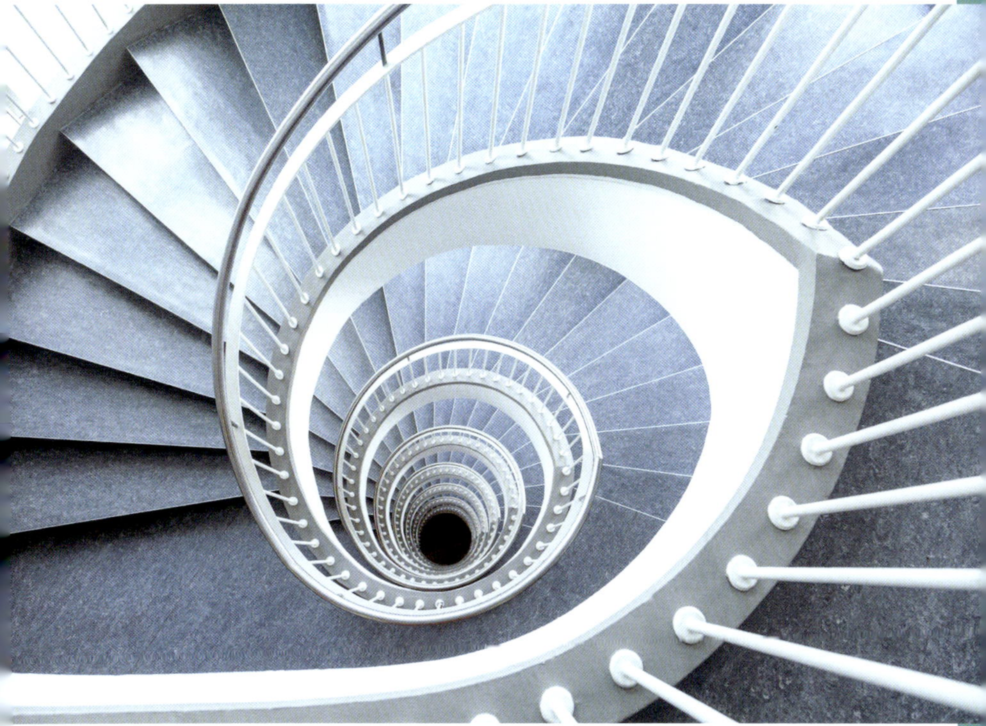

Eine Aufnahme aus der obersten Etage. Probieren Sie unbedingt unterschiedliche Perspektiven aus. (24 mm · f 6,3 · 1/100 s · ISO 800)

7 EBERTPLATZ 1

Beste Tageszeit: tagsüber
Koordinaten: 50.950595, 6.956505
Adresse: Ebertplatz 1, 50668 Köln (Privatgrundstück, das Fotografieren kann u. U. eingeschränkt werden)

Im Haus am Ebertplatz 1 befinden sich eine Sparkassenfiliale und in den oberen Etagen zahlreiche Praxen. Interessant an diesem Gebäude und besonders fotogen ist das aus den 50er-Jahren stammende spiralförmige Treppenhaus.

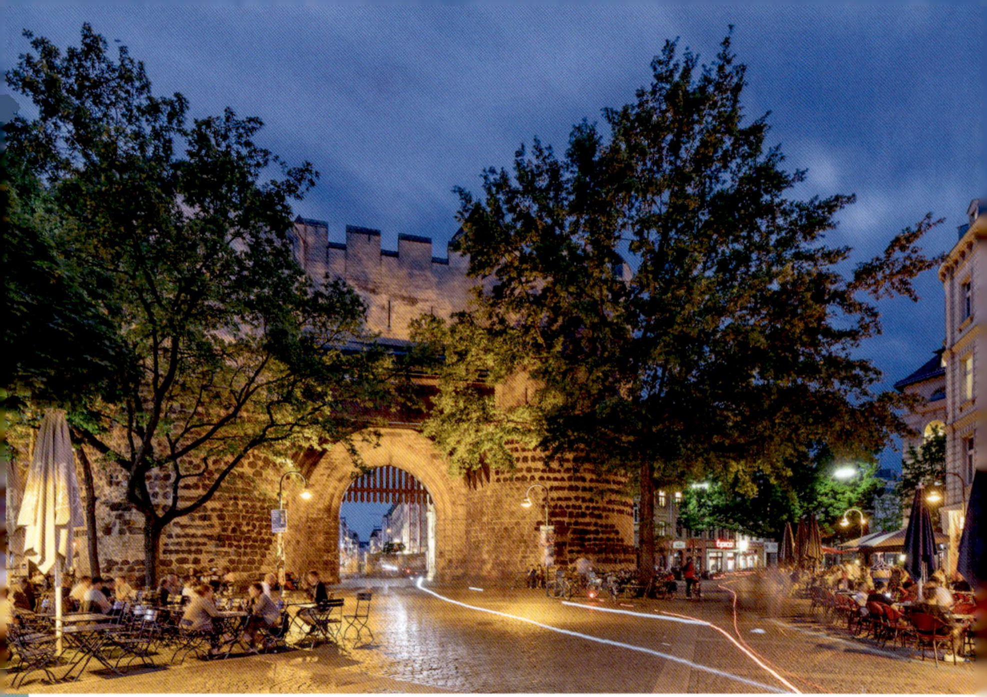

Ich habe mich für eine Aufnahme am Abend im Sommer entschieden. Der Platz vor der Torburg ist ein beliebter Treffpunkt mit zahlreichen Cafés. Die Beleuchtung der Burg und der Umgebung zusammen mit den Lichtstreifen der vorbeifahrenden Fahrräder machen das Bild besonders stimmungsvoll. (17 mm · f 9 · 20 s · ISO 100 · Stativ)

8 EIGELSTEINTORBURG

Beste Tageszeit: tagsüber, abends
Koordinaten: 50.949500, 6.956901
Adresse: Eigelstein 135, 50668 Köln

Die Eigelsteintorburg am Rande des Kölner Eigelstein-Viertels ist eine von vier erhalten gebliebenen Stadttorburgen der mittelalterlichen Stadtmauer. Sie befindet sich in einem belebten Stadtviertel von Köln und bildet einen fotogenen Kontrast zur modernen Umgebung.

Die Burg kann zu verschiedenen Tageszeiten und unter verschiedenen Lichtbedingungen fotografiert werden, was zu vielfältigen und ansprechenden Bildern führt.

9 MAYBACHSTRASSE

Beste Tageszeit: tagsüber, abends
Koordinaten: 50.949931, 6.952198
Adresse: Maybachstraße 149, 50670 Köln

Ähnlich wie in den Eisenbahnunterführungen in der Marzellenstraße und in der Trankgasse sorgen seitlich angebrachte Strahler und oben an den Pfeilern montierte LED-Leuchten für eine türkisfarbene Ausleuchtung der stählernen Bögen, Streben und Nieten.

Die Architektur wird dadurch attraktiv für Fotoaufnahmen hervorgehoben. Je nach Aufnahmewinkel

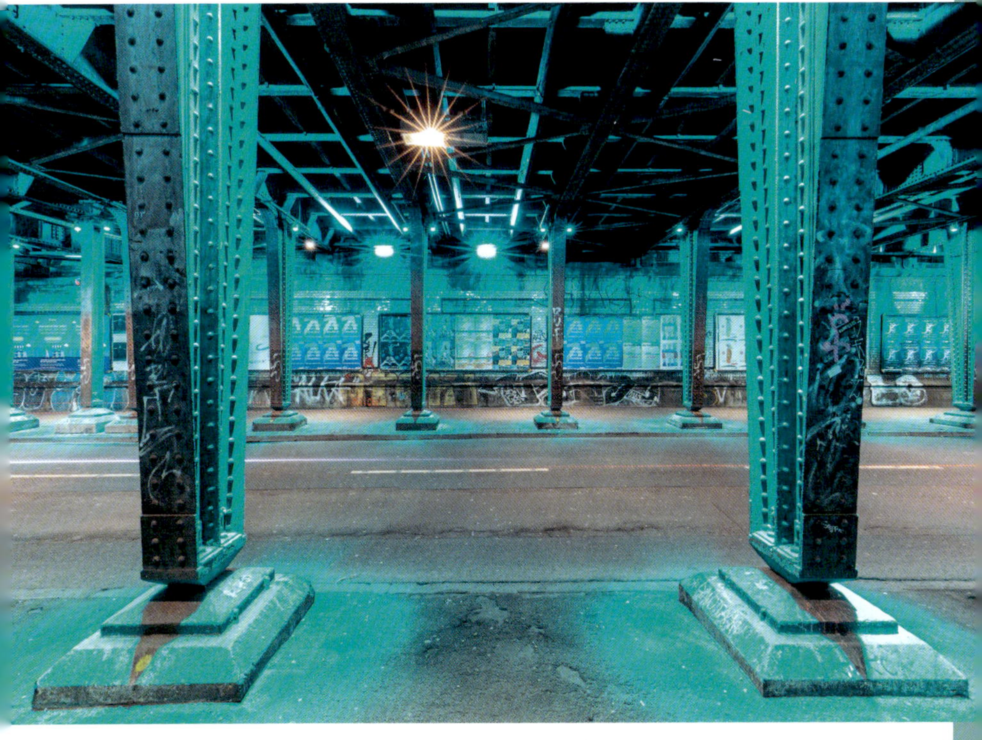

Die geraden Linien des Tunnels und die Perspektive führen zu einer starken Komposition.
(16 mm · f 18 · 30 s · ISO 100 · Stativ)

kann der Tunnel eine geheimnisvolle oder auch futuristische Atmosphäre vermitteln. So können Sie eine zusätzliche Dimension in den fotografischen Ausdruck bringen und Ihre Aufnahmen interessant gestalten.

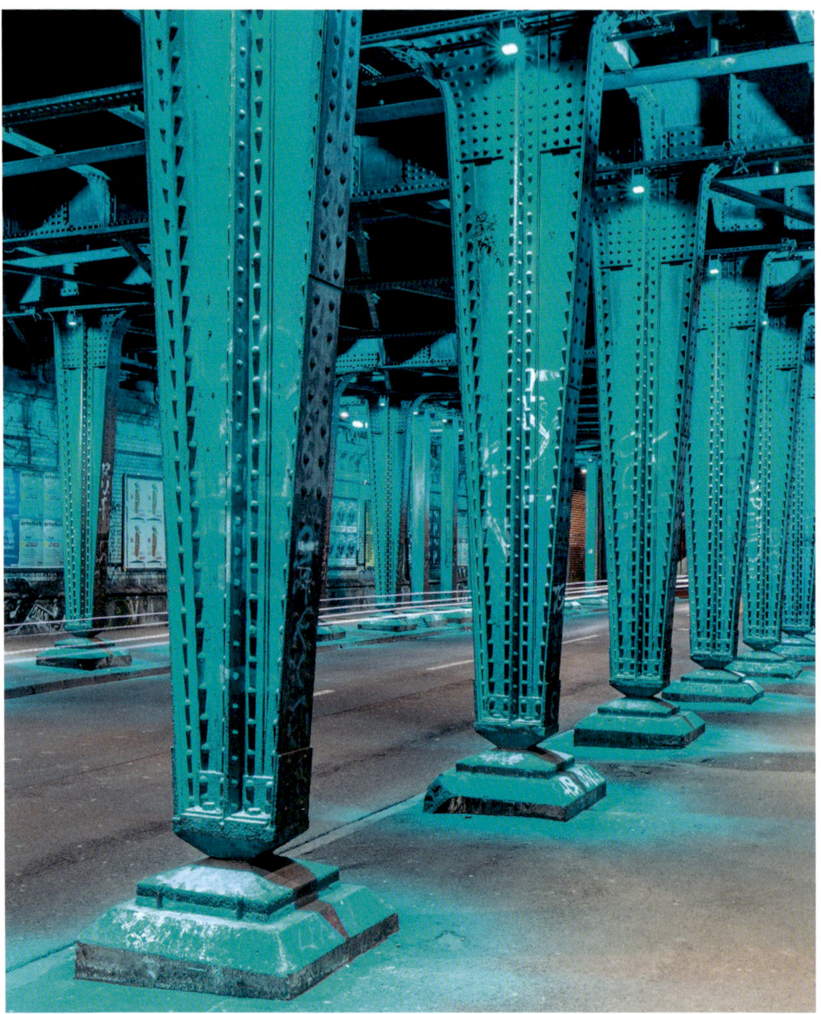

Der grün beleuchtete Tunnel in der Maybachstraße ist in der Fotografie-Community bekannt und beliebt. Besuchen Sie unbedingt diesen Fotospot und leben Sie hier Ihre Kreativität aus.
(35 mm · f 18 · 30 s · ISO 100 · Stativ)

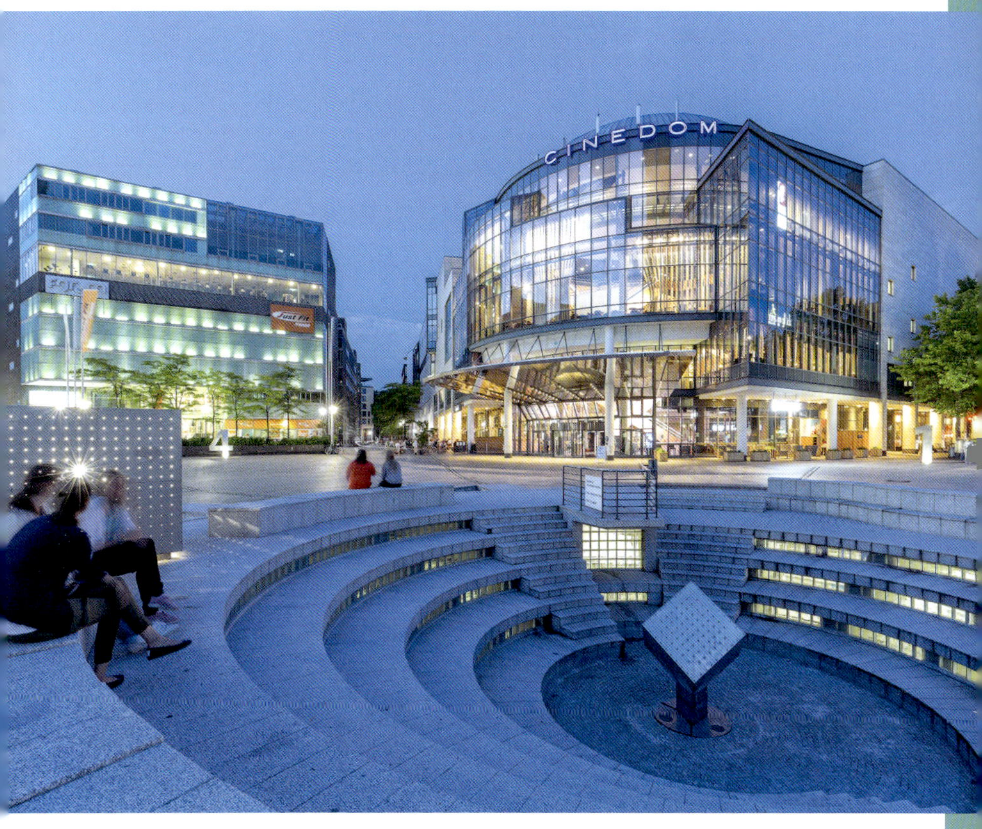

Der Mediapark ist ein beliebter Treffpunkt, sei es für Spaziergänge, Cafés, Veranstaltungen oder kreative Aktivitäten. Dies eröffnet Ihnen die Möglichkeit, das geschäftige Treiben, die Interaktionen und das alltägliche Leben im Mediapark festzuhalten und emotionale Geschichten zu erzählen. (16 mm · f 9 · 25 s · ISO 100 · Stativ) 50.948110, 6.943977

10 MEDIAPARK

Beste Tageszeit: tagsüber, abends
Koordinaten: 50.948209, 6.947022
Adresse: Im Mediapark, 50670 Köln

Der Mediapark bietet eine unglaubliche Fülle an Fotomotiven, sodass Sie hier locker den ganzen Tag verbringen können. Er beherbergt eine Vielzahl von modernen Gebäuden mit unterschiedlichen architektonischen Stilen. Gläserne Hochhäuser, geschwungene Fassaden, futuristische Strukturen – der Mediapark wartet mit einer breiten Palette architektonischer Vielfalt auf. Diese ermöglicht es Ihnen, interessante Kompositionen und Gegensätze in Ihren Fotos darzustellen.

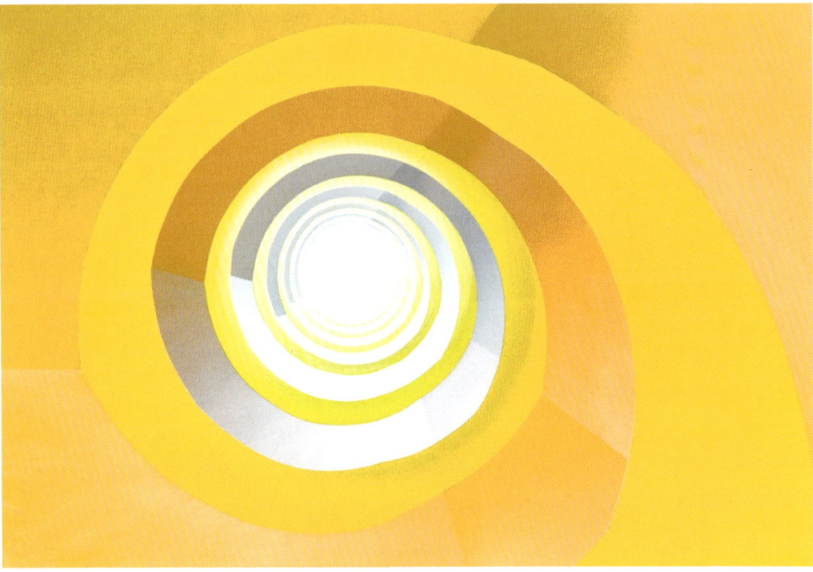

Das Treppenhaus Im Mediapark 6b (gelb) bzw. 6a (rot). Je nach gewählter Brennweite verändert sich die Breite der geschwungenen Linien, wie auf diesen beiden Aufnahmen gut zu erkennen ist. (Da es sich um Privatgrundstücke handelt, kann das Fotografieren u. U. eingeschränkt werden.)
(Oben: 45 mm · f 6,3 · 1/25 s · ISO 1600, unten: 24 mm · f 9 · 4 s · ISO 100 · Stativ)

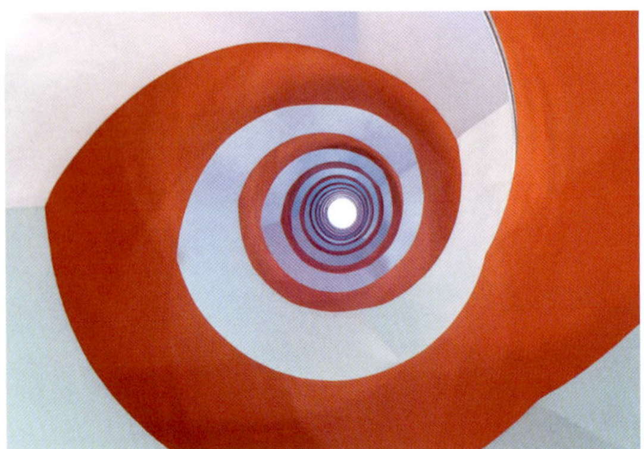

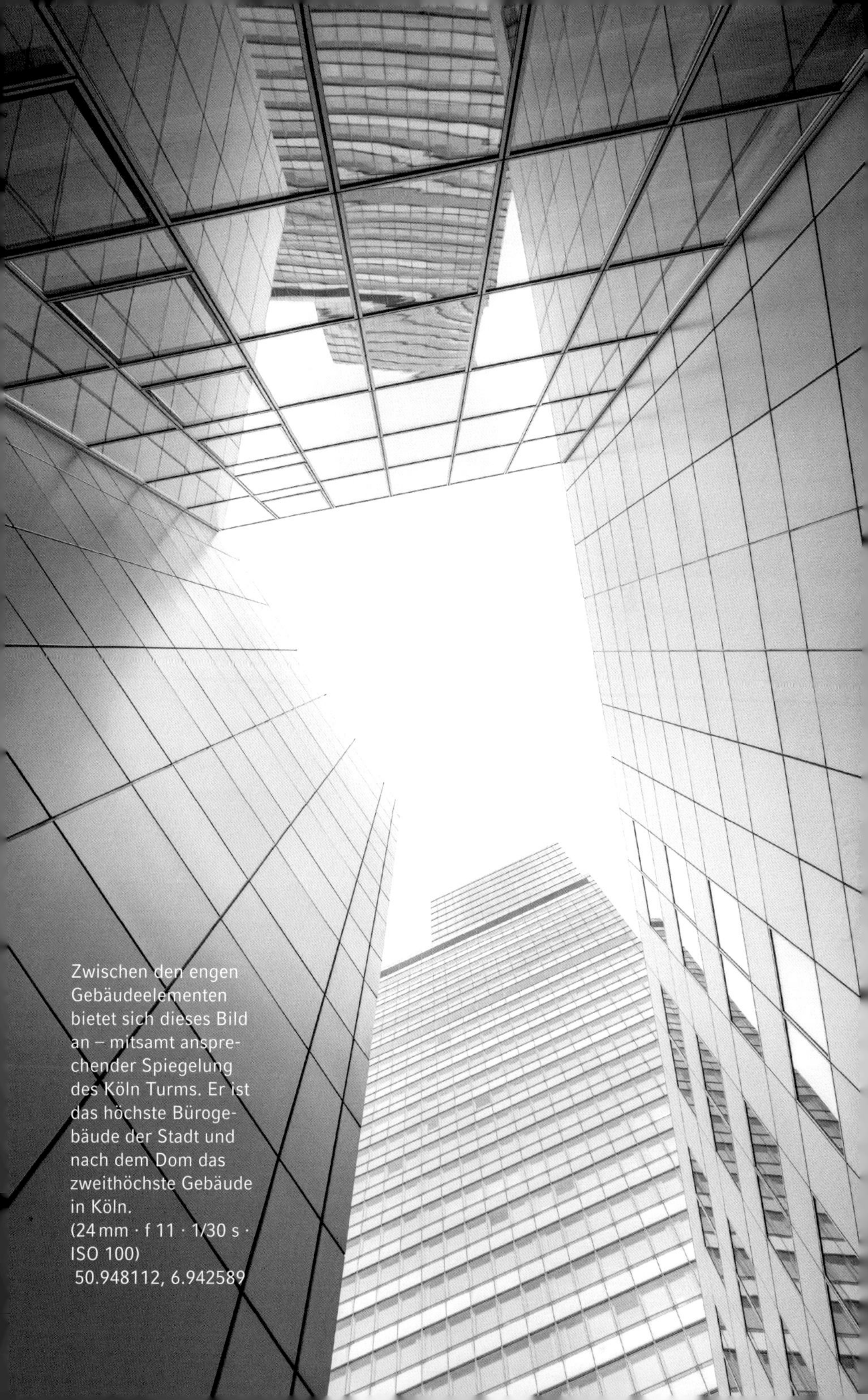

Zwischen den engen Gebäudeelementen bietet sich dieses Bild an – mitsamt ansprechender Spiegelung des Köln Turms. Er ist das höchste Bürogebäude der Stadt und nach dem Dom das zweithöchste Gebäude in Köln.
(24 mm · f 11 · 1/30 s · ISO 100)
50.948112, 6.942589

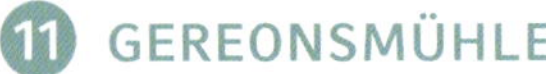

11 GEREONSMÜHLE

Beste Tageszeit: tagsüber, abends
Koordinaten: 50.946276, 6.947616
Adresse: Gereonswall 110, 50670 Köln

Die Gereonsmühle ist wie die Eigelsteintorburg ein Teil der mittelalterlichen Stadtmauer, von der an dieser Stelle 113 Meter erhalten sind. Sie finden sie zwischen Gereonswall und Hansaring. In früherer Zeit wurde der Turm als Windmühle genutzt, daher der Name.

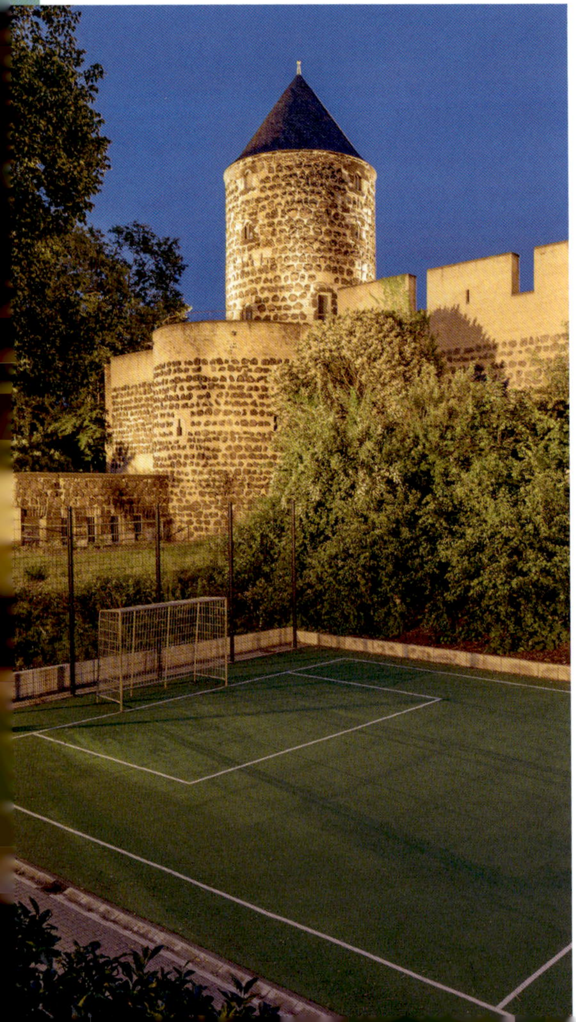

Die Kombination aus der historischen Gereonsmühle und dem modernen Fußballplatz im Vordergrund schafft einen interessanten Kontrast zwischen Vergangenheit und Gegenwart, zwischen traditioneller Architektur und zeitgenössischer Nutzung. Dieser Kontrast gefällt mir ausgesprochen gut. Er erzeugt ein visuell besonders ansprechendes Bild und erzählt eine Geschichte über den Wandel der Umgebung.

Die Gereonsmühle und der Fußballplatz bieten eine Vielzahl von Perspektiven und Möglichkeiten für die Komposition von Bildern. (25 mm · f 9 · 30 s · ISO 100 · Stativ)

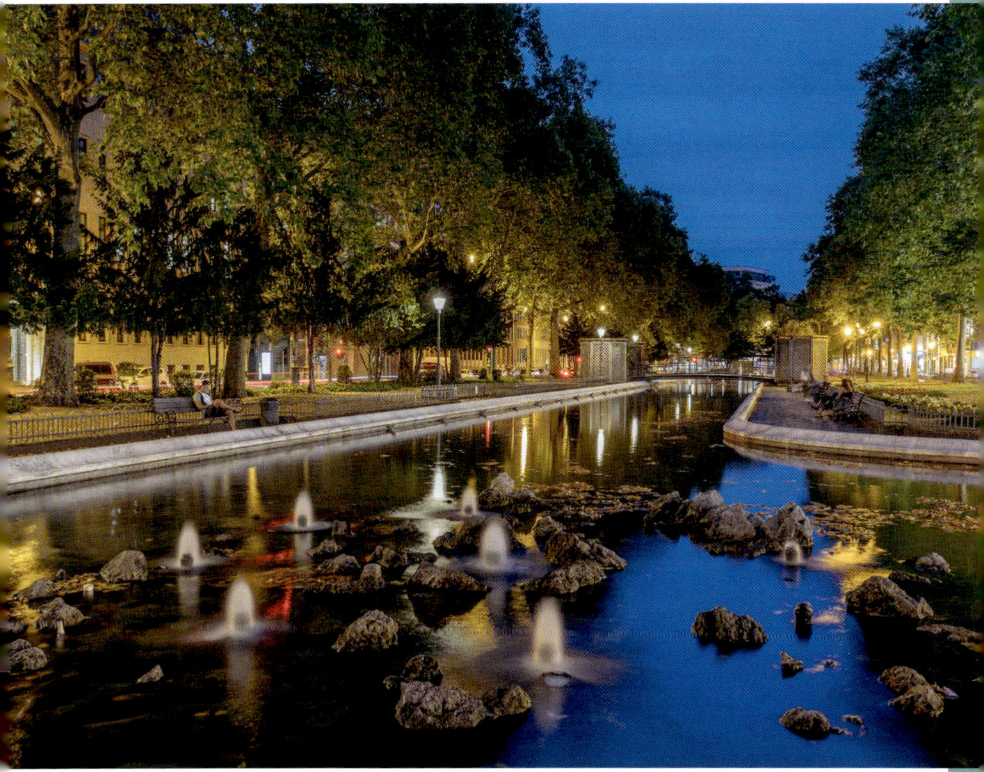

An dieser Stelle des Wasserbeckens gibt es in der Regel weitere und auch höhere Fontänen. Leider hatte ich auch bei mehrmaligen Besuchen nicht das Glück, alle Fontänen im Einsatz fotografieren zu können.
(30 mm · f 8 · 25 s · ISO 100 · Stativ)

12 WASSERBECKEN KAISER-WILHELM-RING

Beste Tageszeit: tagsüber, abends
Koordinaten: 50.943170, 6.940923
Adresse: Kaiser-Wilhelm-Ring 26–28, 50672 Köln

Das Wasserbecken in einer Grünfläche am Kaiser-Wilhelm-Ring ist 150 Meter lang und 9 Meter breit und unterhält das Auge mit Fontänen, Brunnen und Wegsternen. Die gesamte Neugestaltung am

Kaiser-Wilhelm-Ring schafft eine beruhigende und entspannende Atmosphäre und lädt zum Verweilen ein. Es ist ein Ort, an dem Menschen sich treffen, sich ausruhen oder die Natur genießen. Diese Atmosphäre und Stimmung können Sie durch die Fotografie gut einfangen und in Bildern wiedergeben.

Das Wasser im Becken ist durch Fontänen häufig in Bewegung, was eine lebendige Atmosphäre schafft und eine zusätzliche Dimension von Dynamik und Energie in das Bild bringt.

KÖLNER BRUNNEN

In Köln gibt es 65 städtische Brunnen, und Sie könnten sich auch von diesen Brunnen zu einer Fotoserie inspirieren lassen. Die Brunnensaison geht von Frühjahr bis Herbst, üblicherweise vom 1. April bis zum 30. Oktober eines jeden Jahres, von ca. 10 Uhr bis 22 Uhr täglich. Bedenken Sie, dass es im Sommer erst nach 22 Uhr wirklich dunkel wird.

Für diese Aufnahme ist ein starkes Weitwinkelobjektiv oder, wie in meinem Fall, ein 15-mm-Shift-Objektiv erforderlich. (15 mm · f 11 · 0,6 s · ISO 200 · Stativ · Shift-Objektiv)

13 CHRISTUSKIRCHE

Beste Tageszeit: tagsüber, abends
Koordinaten: 50.943890, 6.937864
Adresse: Dorothee-Sölle-Platz 1, 50672 Köln

Die Christuskirche ist eine evangelische Kirche im Belgischen Viertel, die ursprünglich im Stil der Neugotik erbaut worden war. Im Februar 2014 wurde das Kirchenschiff auf Beschluss der Evangelischen Gemeinde Köln abgerissen, um auf dem Gelände ein kleineres Kirchenschiff sowie eine Wohn- und Gewerbe-Immobilie mit Gemeinderäumen zu errichten.

Insbesondere die Rückseite, von der Spichernstraße aus gesehen, macht diesen Neubaukomplex zu einem ungewöhnlichen Motiv. Die beiden skulptural gestalteten Gebäudeflügel mit ihren leicht geneigten Fassaden öffnen sich zum Himmel hin. Für mich sieht das beinahe wie ein Schmetterling aus.

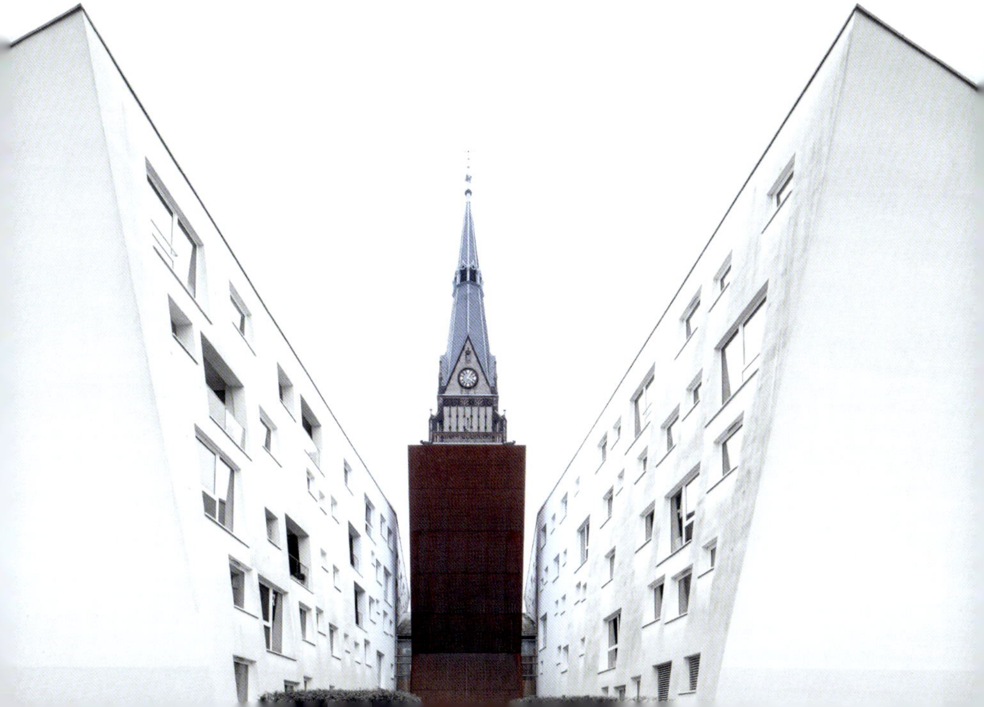

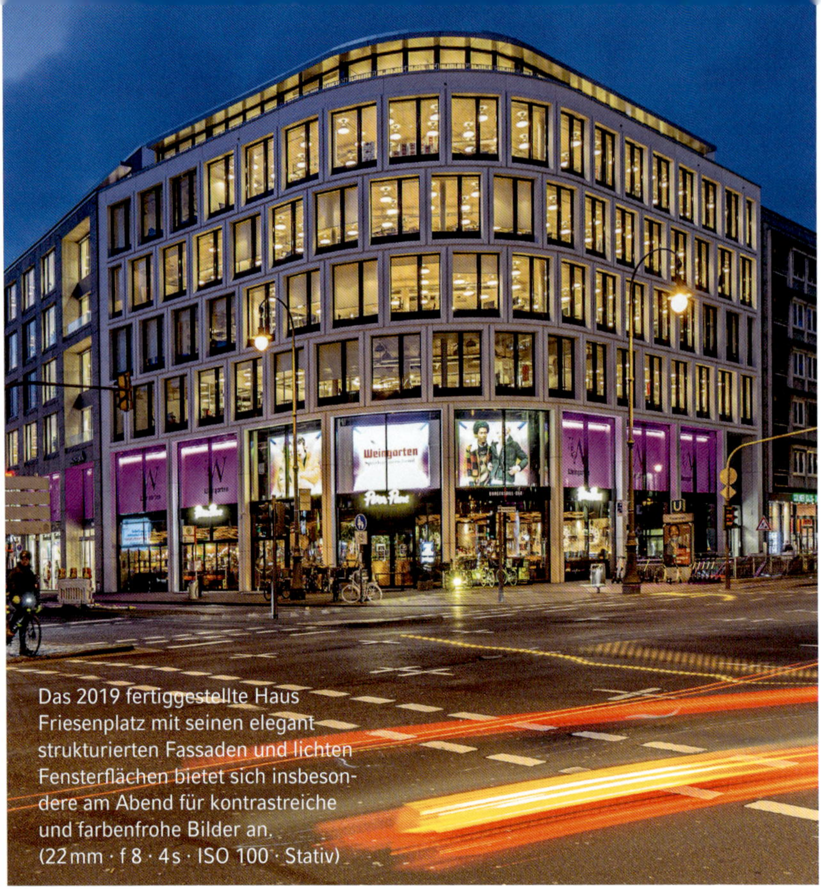

Das 2019 fertiggestellte Haus Friesenplatz mit seinen elegant strukturierten Fassaden und lichten Fensterflächen bietet sich insbesondere am Abend für kontrastreiche und farbenfrohe Bilder an.
(22 mm · f 8 · 4 s · ISO 100 · Stativ)

14 FRIESENPLATZ

Beste Tageszeit: tagsüber, abends
Koordinaten: 50.940531, 6.939938
Adresse: Friesenplatz, 50670 Köln

Der Friesenplatz bietet eine Mischung aus Architektur, Stadtleben und Veranstaltungen, was eine Vielzahl von fotografischen Möglichkeiten und Motiven eröffnet. Er ist ein belebter Verkehrsknotenpunkt und ein Ort des Stadtlebens. Hier treffen sich Menschen, nutzen öffentliche Verkehrsmittel und gehen ihren täglichen Aktivitäten nach. Diese dynamische Umgebung bietet zahlreiche Möglichkeiten für die Streetfotografie, um das urbane Treiben einzufangen.

15 HAHNENTORBURG

Beste Tageszeit: abends
Koordinaten: 50.936441, 6.939820
Adresse: Rudolfplatz 1, 50674 Köln

Die Hahnentorburg ist ein bekanntes Wahrzeichen von Köln und wird oft mit der Stadt identifiziert. Sie ist ein Symbol für die Geschichte und den stolzen Charakter der Stadt. Sie dient auch als Orientierungs- und Treffpunkt für Einheimische und Besucher.

Jeden Donnerstag findet auf dem Rudolfplatz gleich hinter der Hahnentorburg ein Street-Food-Markt mit zahlreichen Food-Trucks statt. Je nachdem, ob Sie wenige Menschen auf Ihren Bildern haben möchten oder das fröhliche Getümmel festhalten möchten, sollten Sie die Donnerstage und Wochenenden meiden oder gerade an diesen Tagen den Rudolfplatz für gute Streetfotografie aufsuchen.

Unter der Woche und spät am Abend ist auf dem Rudolfplatz nur noch wenig los und Sie können sich auf die Architekturfotografie konzentrieren. (20 mm · f 8 · 13 s · ISO 100 · Stativ)

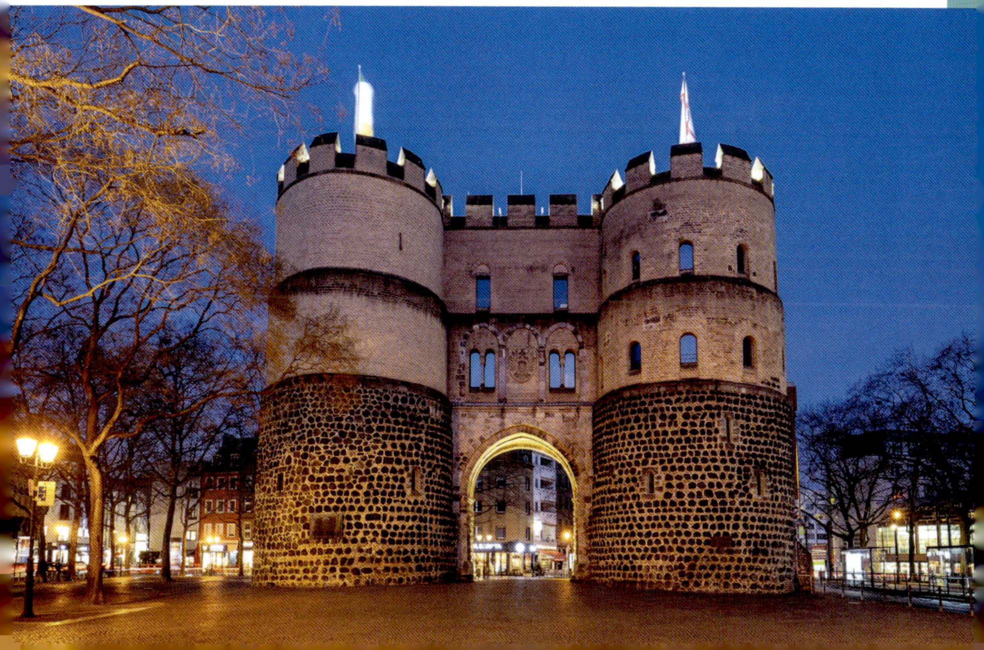

⑯ STADTSPARKASSE AM RUDOLFPLATZ

Beste Tageszeit: abends
Koordinaten: 50.935663, 6.940715
Adresse: Hahnenstraße 57, 50667 Köln

Die Kölner Stadtsparkasse hat hier ihre Hauptgeschäftsstelle. Die verglaste Rotunde fällt sofort ins Auge. Sie dient als zentrale und repräsentative Eingangs- und Verteilerhalle. Insbesondere am Abend mit voller Beleuchtung bietet der Bau ein besonders interessantes Motiv.

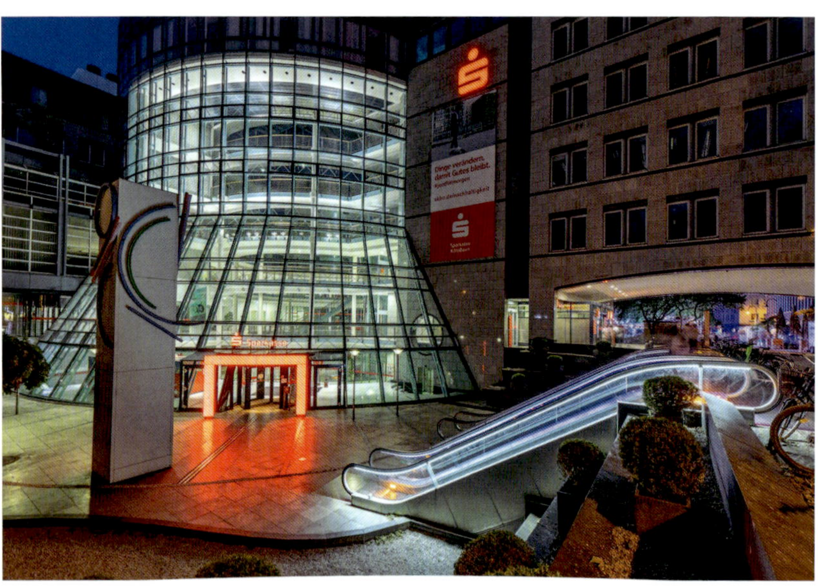

HDR-Bild aus 5 Aufnahmen. Mittlere Aufnahmeeinstellung:
16mm · f 9 · 5s · ISO 100 · Stativ

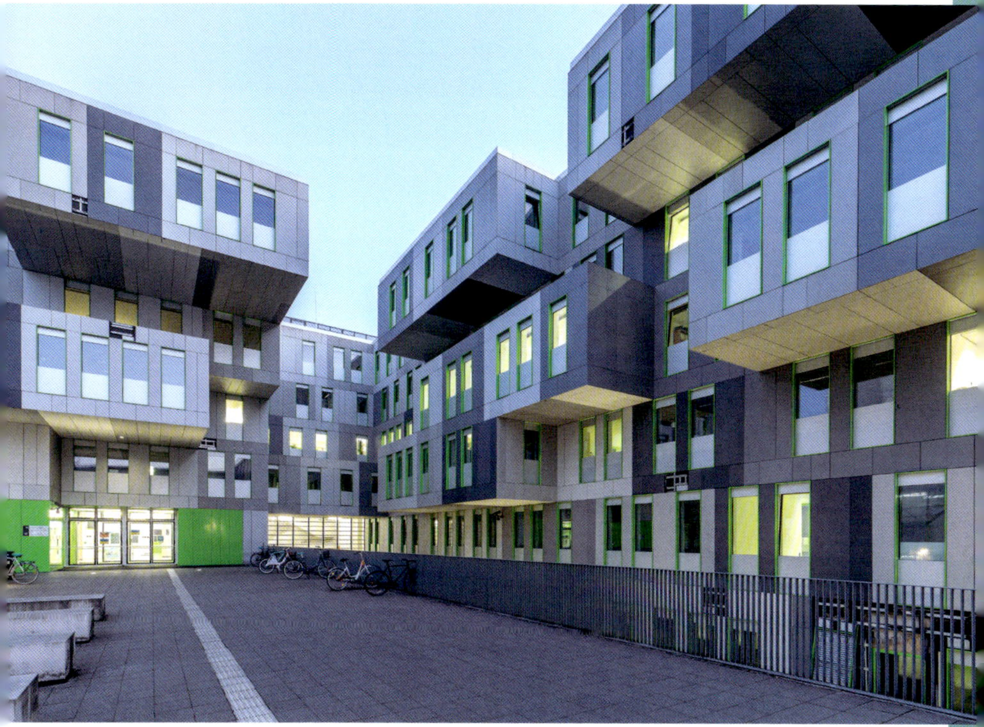

Das Studierenden Service Center: Die ungewöhnlichen Quader befinden sich auf der Rückseite des Gebäudes.
(16 mm · f 11 · 8 s · ISO 100 · Stativ)

17 UNIVERSITÄT ZU KÖLN

Beste Tageszeit: tagsüber, abends
Koordinaten: 50.928010, 6.929266
Adresse: Albertus-Magnus-Platz, 50923 Köln

Die Universität zu Köln gehört zu den ältesten Universitäten in Europa und ist zahlenmäßig die größte Präsenzuniversität in Deutschland. Im Frühjahr 2014 wurde der Neubau des *Studierenden Service Centers* neben dem Hauptgebäude der Universität fertiggestellt.

Der kubische Neubau lässt den Betrachter an unregelmäßig gestapelte Quader oder an ein riesiges 3-D-Tetris denken. Nehmen Sie sich viel Zeit, um für die für Sie besten Aufnahmeperspektiven zu finden.

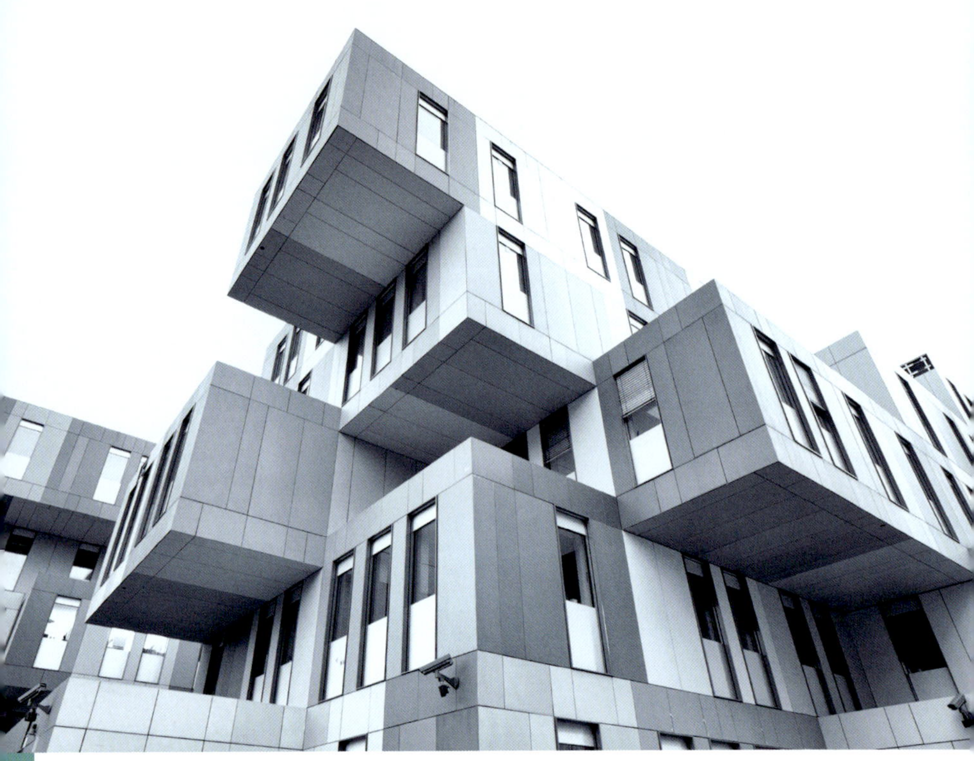

Die hier gewählte Perspektive und die Umwandlung in Schwarzweiß verstärken den Eindruck dieser ungewöhnlichen Konstruktion.
(20 mm · f 11 · 3,2 s · ISO 100 · Stativ)

18 MUSEUM FÜR OSTASIATISCHE KUNST

Beste Tageszeit: tagsüber, abends
Koordinaten: 50.934739, 6.926216
Adresse: Universitätsstraße 100, 50674 Köln

Das Museum für Ostasiatische Kunst ist ein modernes Museum mit Gemälden und Skulpturen aus China, Japan und Korea, die vor allem aus dem 10. bis 14. Jahrhundert stammen.

Die horizontale Architektur des Flachbaus und die spiegelnde und glatte Wasseroberfläche des Teichs strahlen eine gewisse Ruhe und Gelassenheit aus. Deswegen habe ich bewusst eine Langzeitbelichtung von 2 Minuten gewählt, um diesen Eindruck zu verstärken.

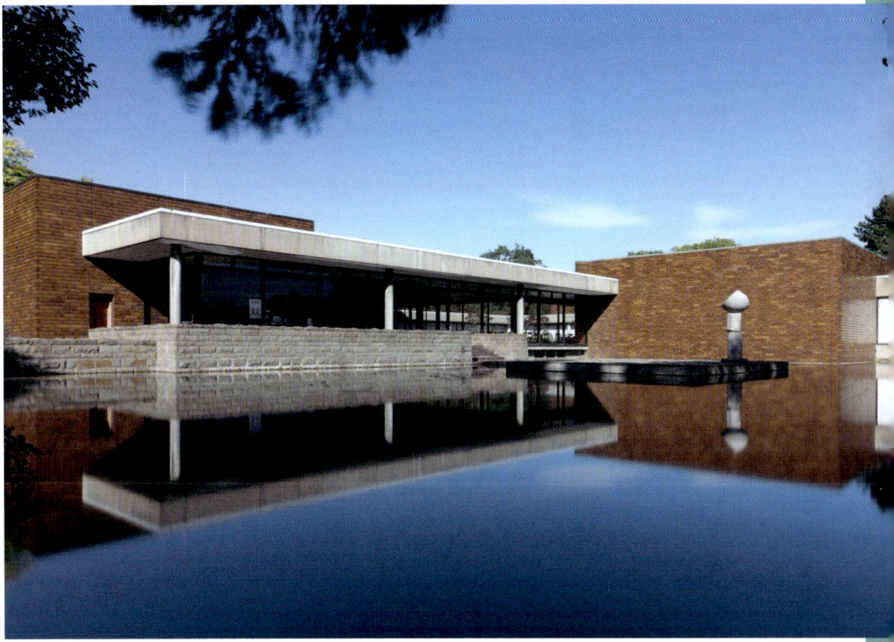

Ein starker Graufilter hat mir tagsüber eine Belichtungszeit von zwei Minuten ermöglicht. (24 mm · f 16 · 120 s · ISO 100 · Stativ · ND 3.0)

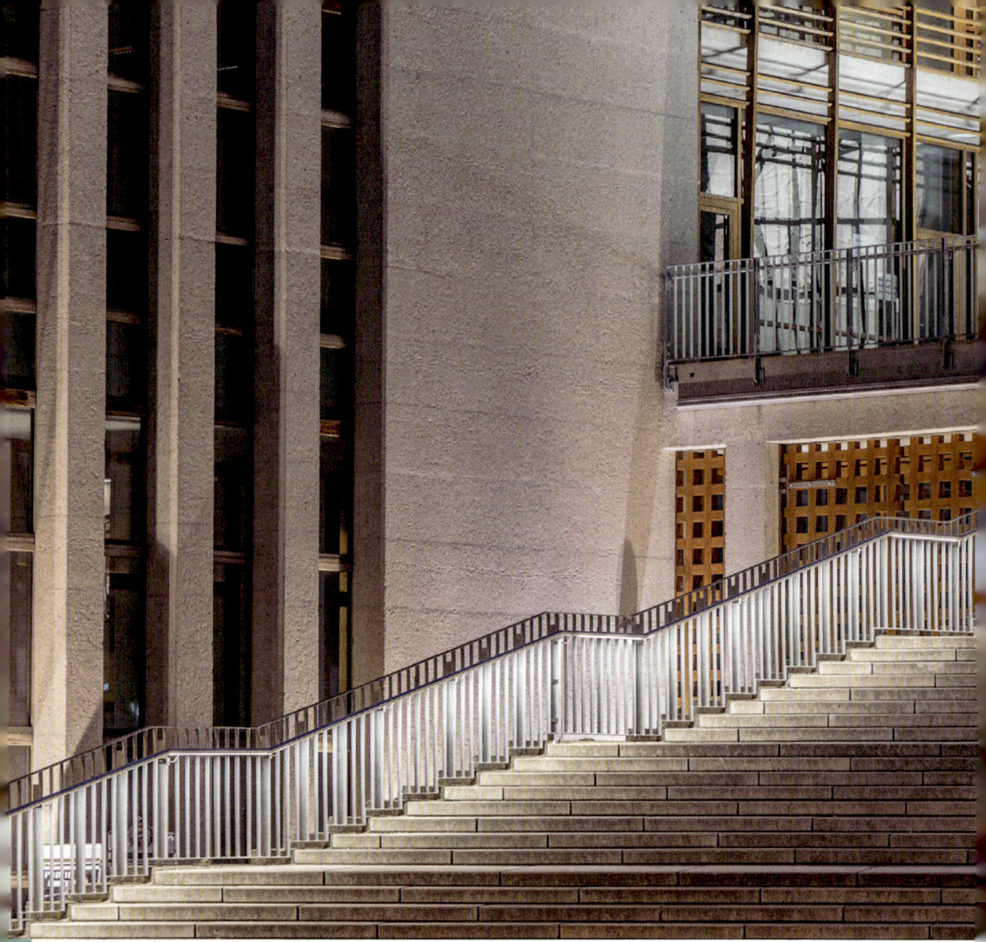

19 ZENTRALMOSCHEE

Beste Tageszeit: tagsüber, abends
Koordinaten: 50.945306, 6.927718
Adresse: Venloer Straße 160, 50823 Köln

Die Zentralmoschee wurde im Jahr 2018 eröffnet und zeichnet sich durch ihr modernes und zeitgemäßes Design aus. Sie kombiniert traditionelle Elemente der islamischen Architektur mit einer zeitgenössischen Interpretation. Das Ergebnis ist ein architektonisches Meisterwerk, das sowohl kulturell als auch fotografisch enorm ansprechend ist.

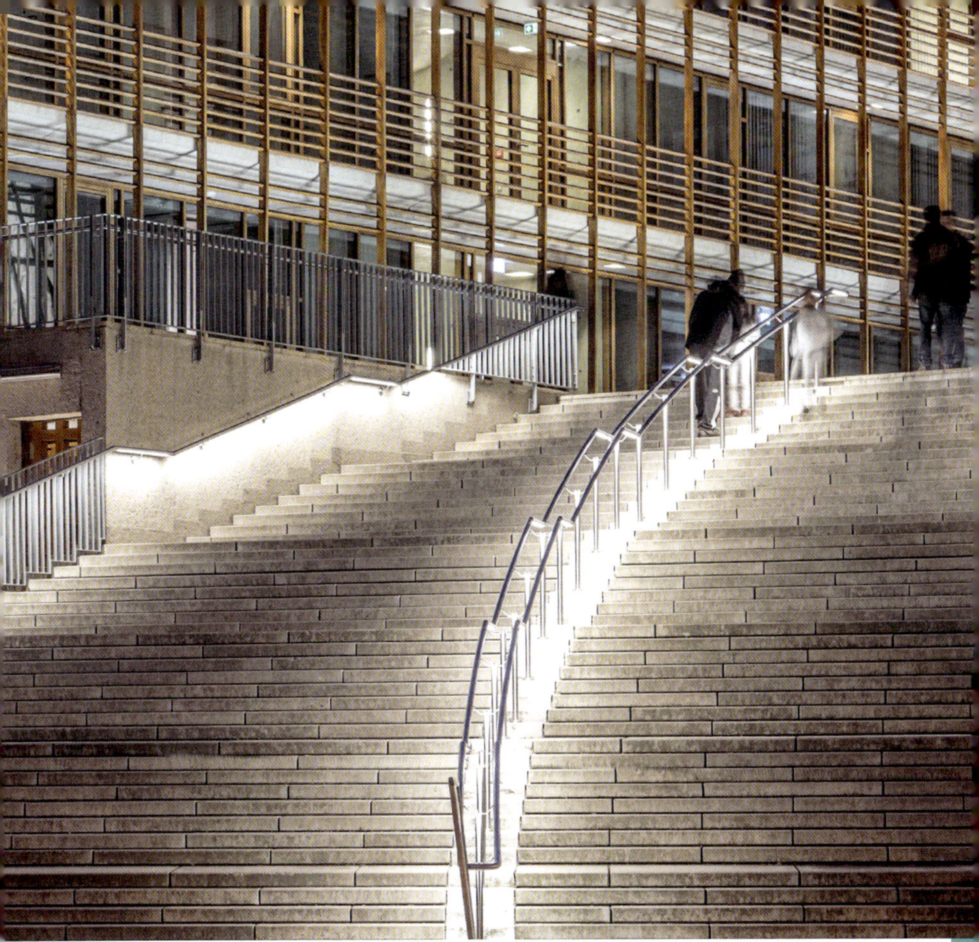

Eine prächtige Treppe führt zum Haupteingang der Moschee. (80 mm · f 8 · 4 s · ISO 100 · Stativ)

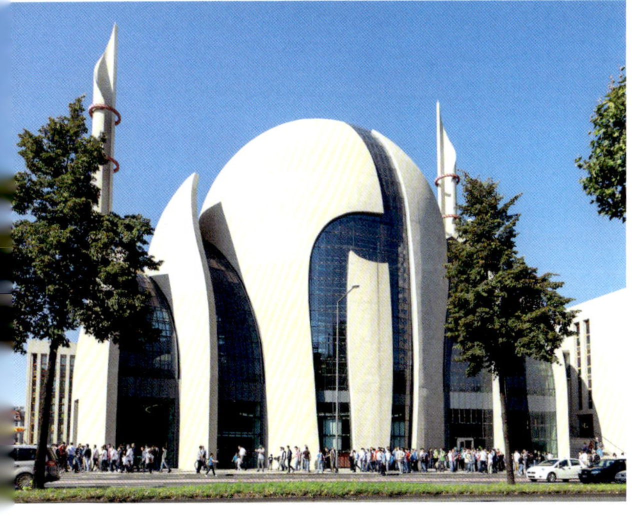

Nicht nur am Abend, sondern auch tagsüber lässt sich die zeitgenössische Interpretation der Moschee besonders gut fotografieren. (24 mm · f 8 · 1/125 s · ISO 100)
50.945469, 6.929127

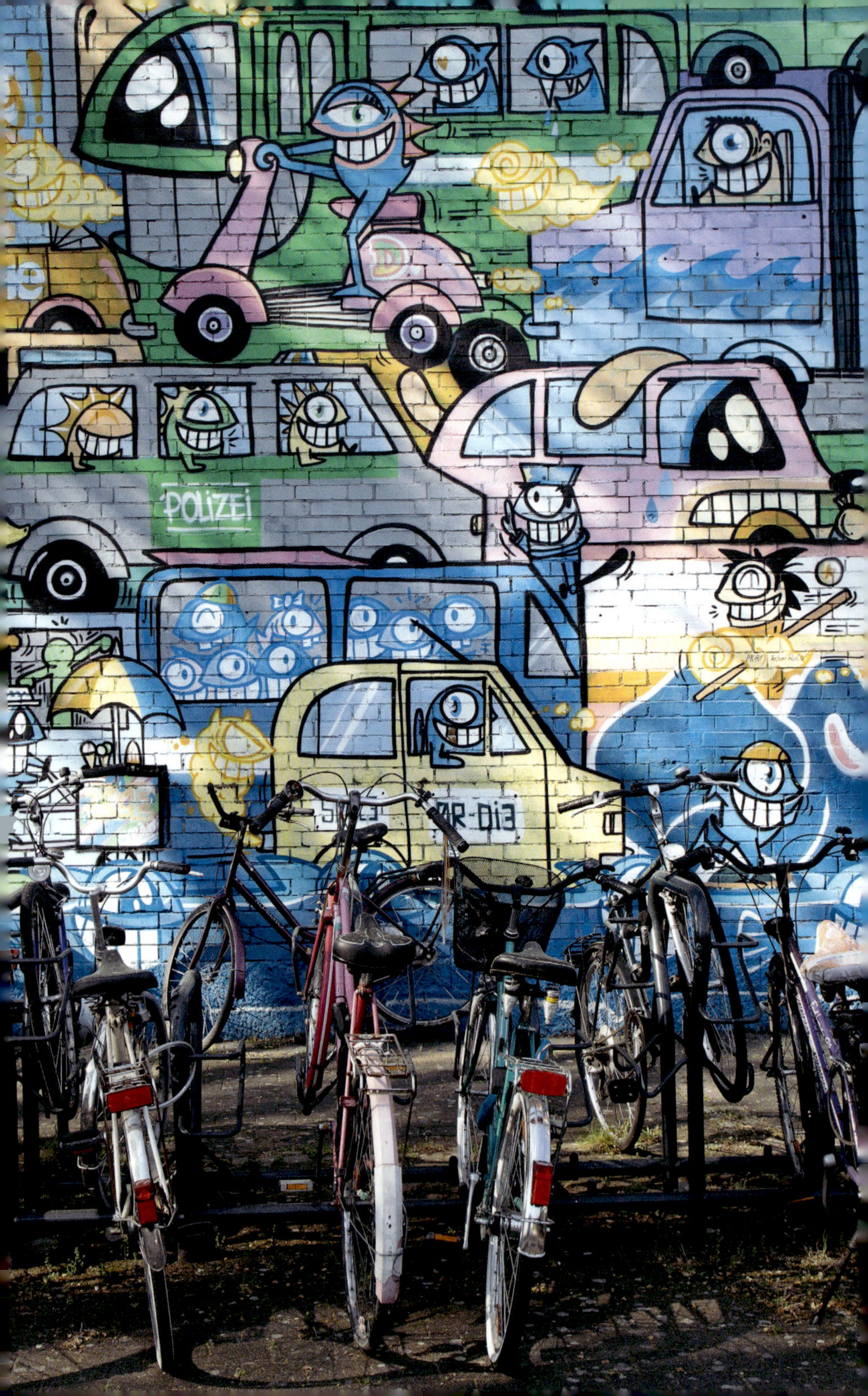
POLIZEI

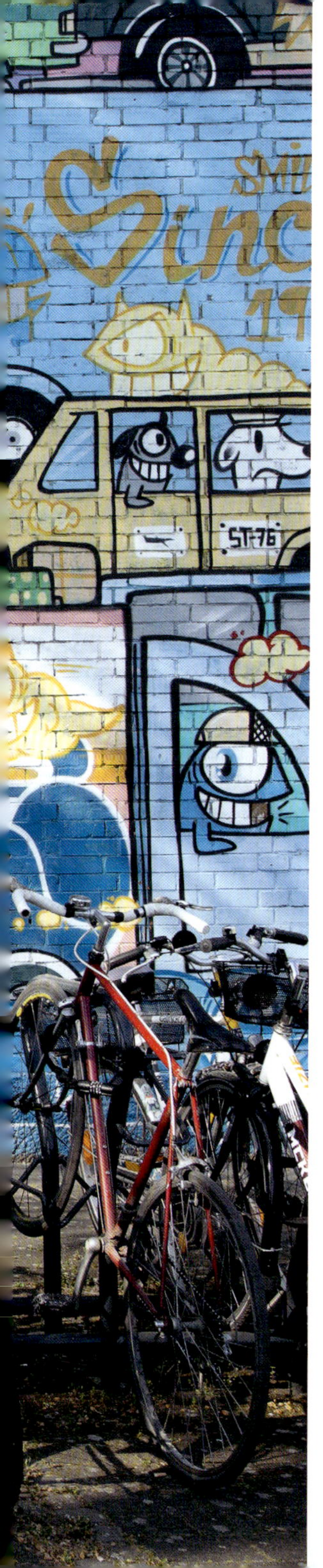

IM WESTEN
TOUR 5

Im Zuge der Industrialisierung wuchs die Bevölkerung auf das Dreifache an. Die Stadtmauer mit ihren Befestigungsanlagen wurde immer mehr als beengend empfunden. Erst nachdem die Stadt den Festungsring vom Preußischen Militär erworben hatte, konnte die Stadtmauer bis auf einige wenige Torburgen abgerissen und das bis dahin freie Schussfeld von einem Kilometer Breite bebaut werden. So entstand ausreichend Platz für die Ansiedlung neuer Unternehmen und den Bau von Wohngebäuden.

35 mm · f 7,1 · 1/400 s · ISO 400

IM WESTEN
TOUR 5

1. ZOOBRÜCKE
2. ZOOLOGISCHER GARTEN
3. FLORA – DER BOTANISCHE GARTEN
4. HALTESTELLE ZOO/FLORA
5. WELTKUGEL VON HA SCHULT
6. ST. ENGELBERT
7. STREET ART EHRENFELD
8. MELATEN-FRIEDHOF
9. CHRISTI AUFERSTEHUNG
10. KIRCHE JOHANNES XXIII.
11. BUTZWEILERHOF UND MOTORWORLD
12. AUSSICHTSPLATTFORMEN IM LANDSCHAFTSPARK BELVEDERE
13. BELVEDEREBRÜCKE
14. RHEINENERGIESTADION
15. STADIONTOR
16. TOYOTA COLLECTION

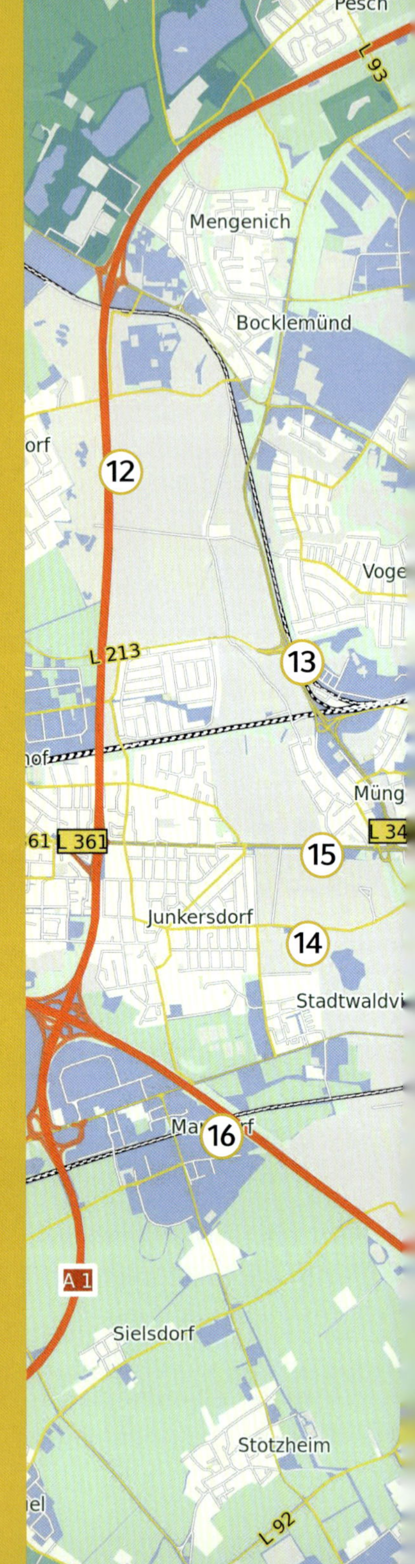

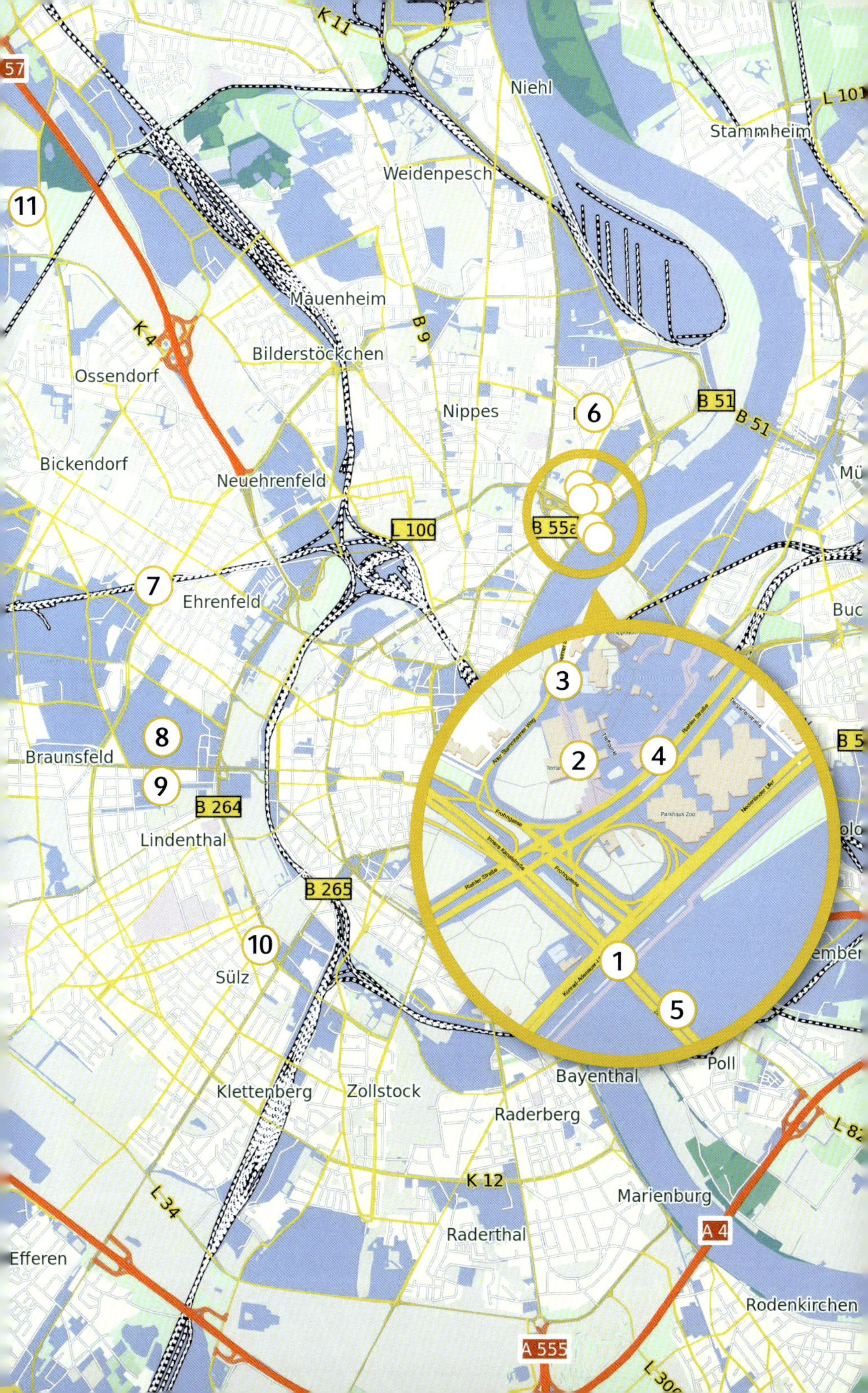
K 11
57
Niehl
L 101
Stammheim
Weidenpesch
11
Mauenheim
B 9
K 4
Bilderstöckchen
Ossendorf
Nippes
6
B 51
B 51
Bickendorf
Neuehrenfeld
L 100
B 55a
7
Ehrenfeld
3
8
2
4
Braunsfeld
9
B 264
Lindenthal
Parkhaus Zoo
B 265
10
1
Sülz
5
Bayenthal
Poll
Klettenberg
Zollstock
Raderberg
K 12
Marienburg
L 34
A 4
Raderthal
Efferen
Rodenkirchen
A 555

1 ZOOBRÜCKE

Beste Tageszeit: tagsüber, abends
Koordinaten: 50.955639, 6.973548
Adresse: Konrad-Adenauer-Ufer, 50668 Köln

Die Zoobrücke bietet verschiedene Standorte, um in Richtung Innenstadt zu fotografieren. Gleich über dem Konrad-Adenauer-Ufer bietet es sich an, zum Einbruch der Dämmerung den fließenden Verkehr mit den leuchtenden Lichtstreifen der Autos in Richtung Dom zu fotografieren.

Durch den rollenden Verkehr auf der Brücke vibriert diese leicht. Produzieren Sie daher ausreichend Aufnahmen, damit mindestens eine scharfe Aufnahme dabei ist.

Das Hochformat betont die Lichtspuren, die den Blick in Richtung Dom führen. (70 mm · f 14 · 62 s · ISO 100 · Stativ)

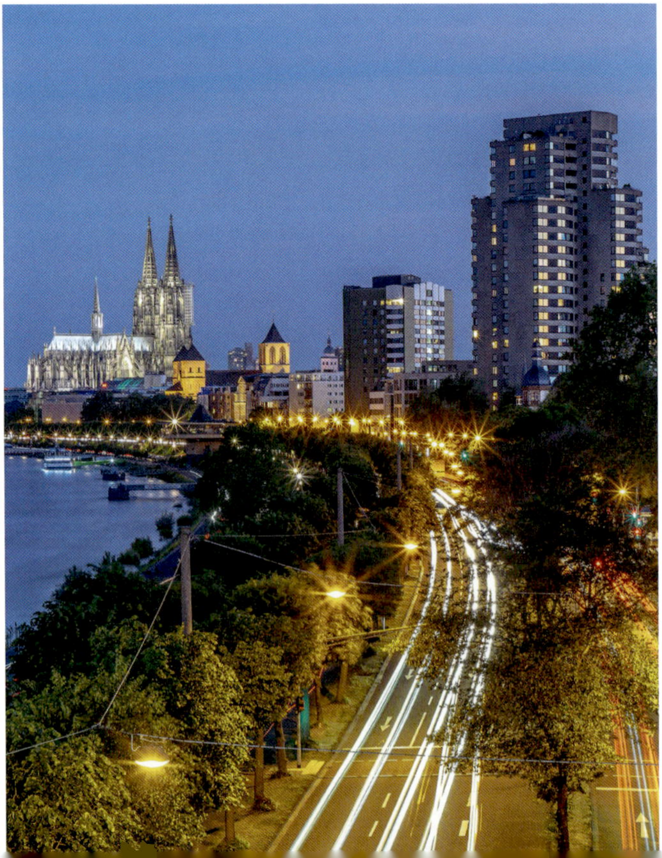

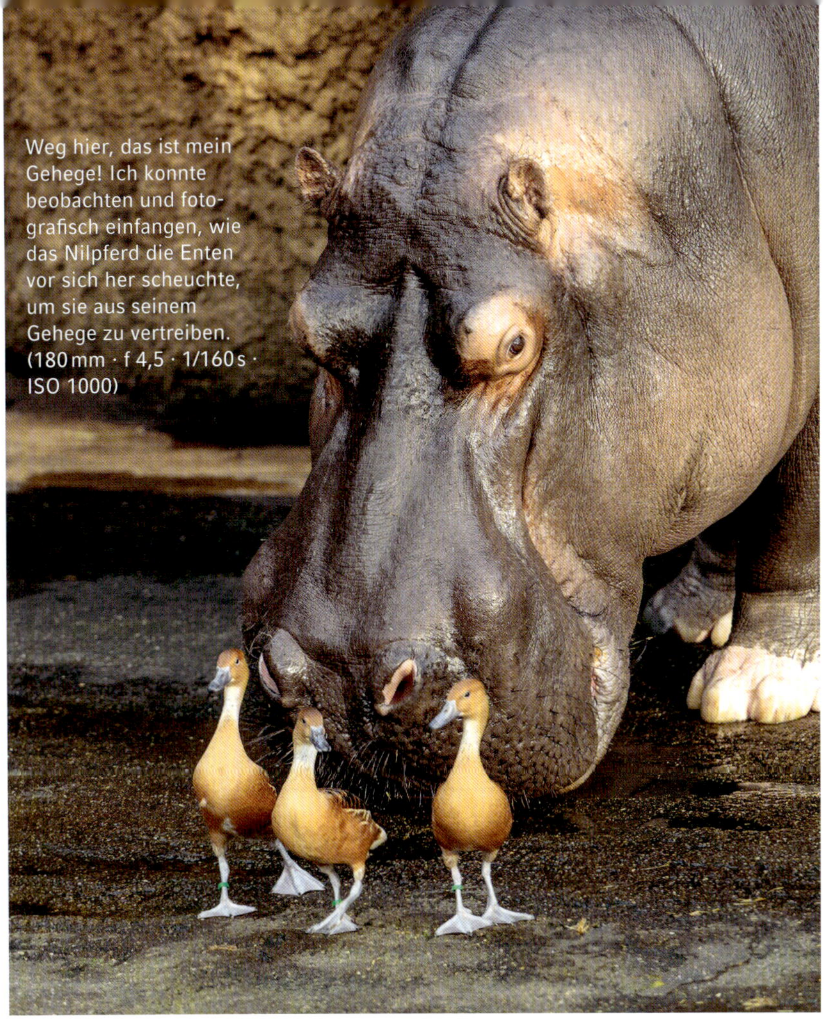

Weg hier, das ist mein Gehege! Ich konnte beobachten und fotografisch einfangen, wie das Nilpferd die Enten vor sich her scheuchte, um sie aus seinem Gehege zu vertreiben. (180 mm · f 4,5 · 1/160 s · ISO 1000)

2 ZOOLOGISCHER GARTEN

Beste Tageszeit: tagsüber
Koordinaten: 50.958132, 6.972842
Adresse: Riehler Straße 173, 50735 Köln
Öffnungszeiten: im Sommer: 9:00 bis 18:00 Uhr, im Winter: 9:00 bis 17:00 Uhr
Webseite: *www.koelnerzoo.de*

Im Zoologischen Garten Köln haben Sie die Chance, interessante Interaktionen zwischen den Tieren, wie Spiel, Fütterung oder Ruhephasen, einzufangen. Sol-

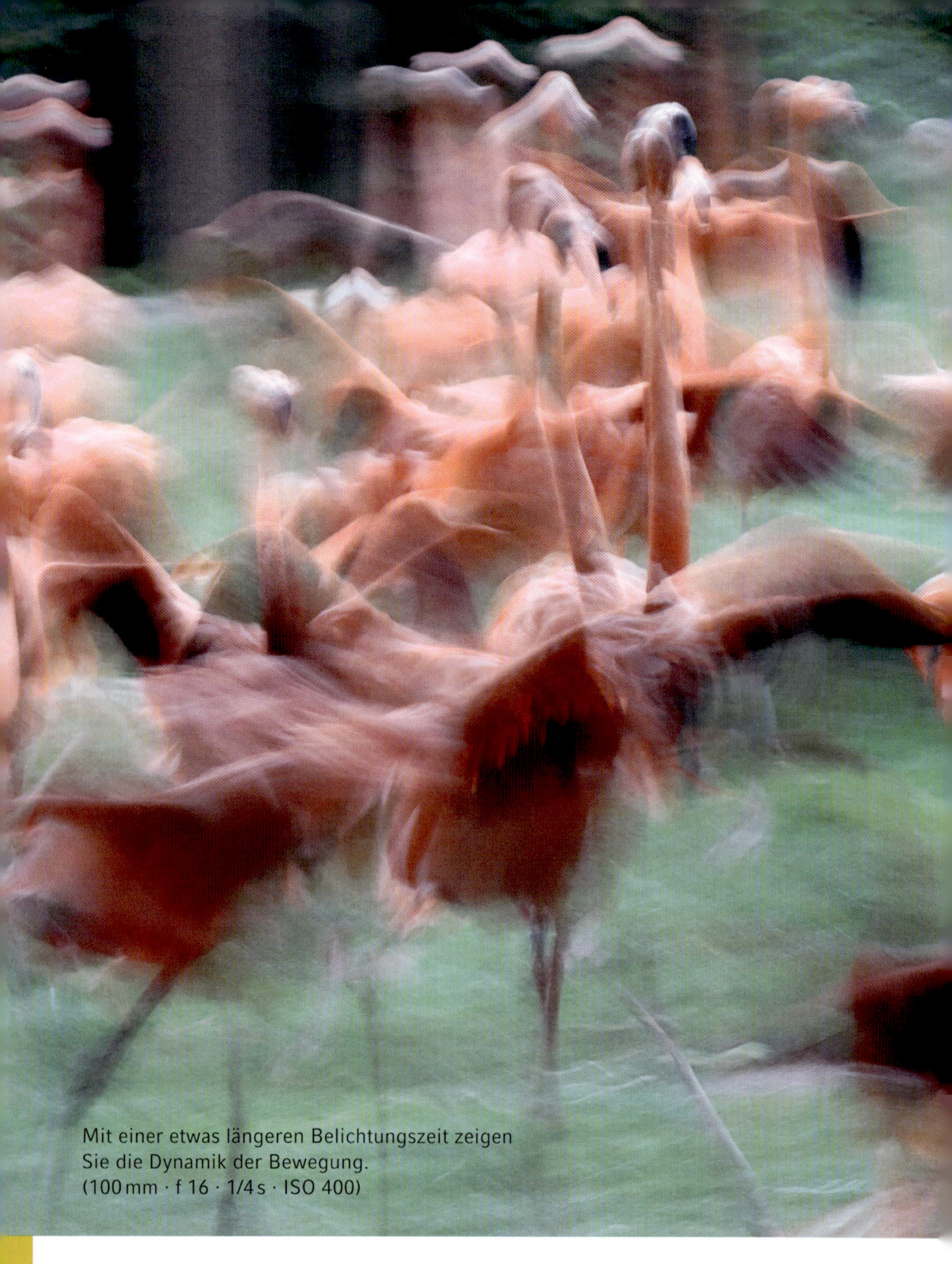
Mit einer etwas längeren Belichtungszeit zeigen Sie die Dynamik der Bewegung.
(100 mm · f 16 · 1/4 s · ISO 400)

che Aufnahmen können emotionale Geschichten erzählen oder das Verhalten der Tiere in ihrer Umgebung dokumentieren. Der Kölner

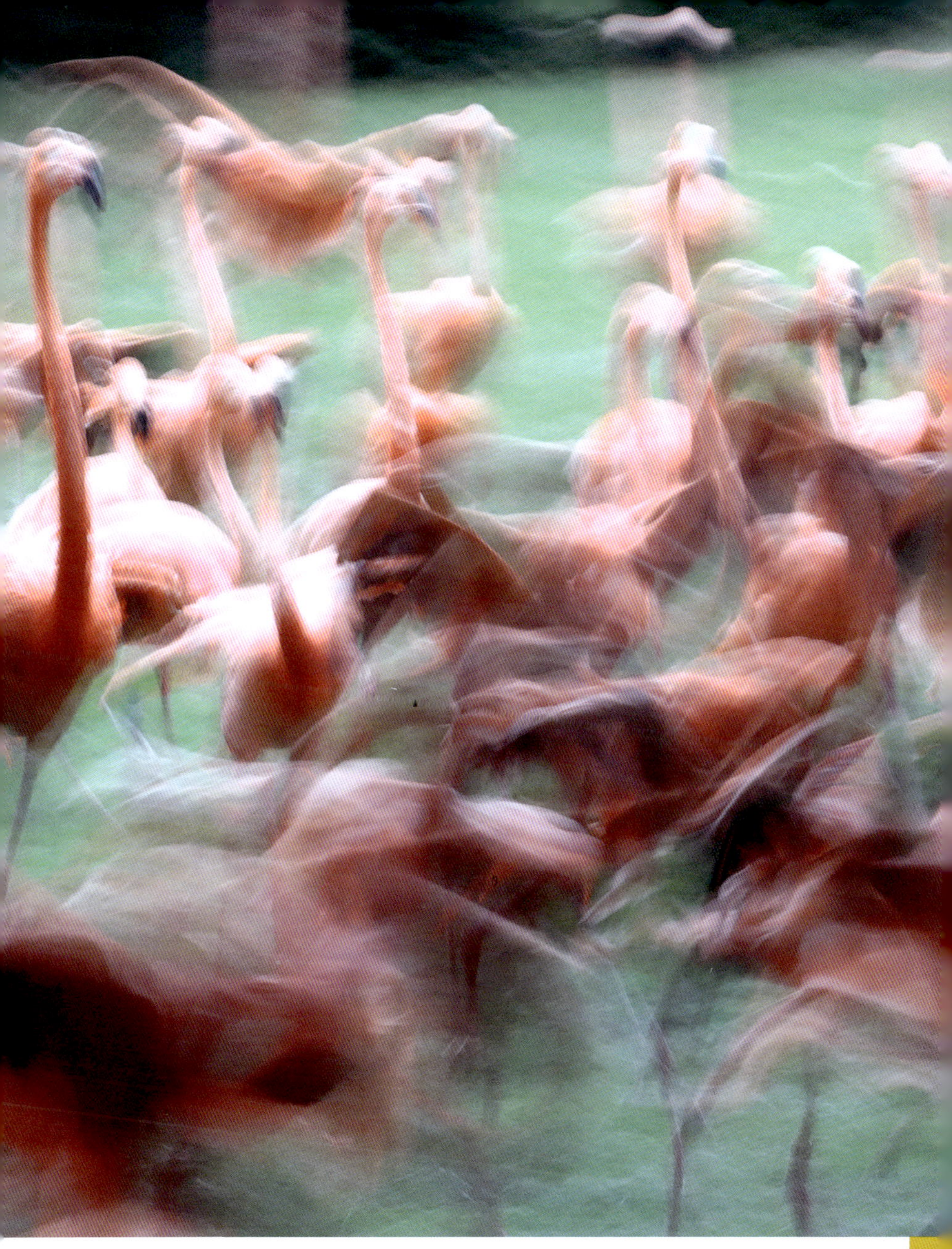

Zoo liegt innerhalb der Stadt, sodass sich an einigen Stellen kuriose Kontraste zwischen exotischen Tieren und der umgebenden Bebauung ergeben.

3 FLORA – DER BOTANISCHE GARTEN

Beste Tageszeit: tagsüber
Koordinaten: 50.959115, 6.972404
Adresse: Alter Stammheimer Weg, 50735 Köln
Öffnungszeiten: täglich von 8:00 Uhr bis Sonnenuntergang, spätestens jedoch bis 21:00 Uhr

Neben dem Zoo liegt die Flora, Kölns botanischer Garten. Dort finden an Naturmotiven interessierte Fotografinnen und Fotografen ein reichhaltiges Angebot an heimischen und exotischen Pflanzen, kleinen Teichen, Gärten und eine außergewöhnliche Architektur.

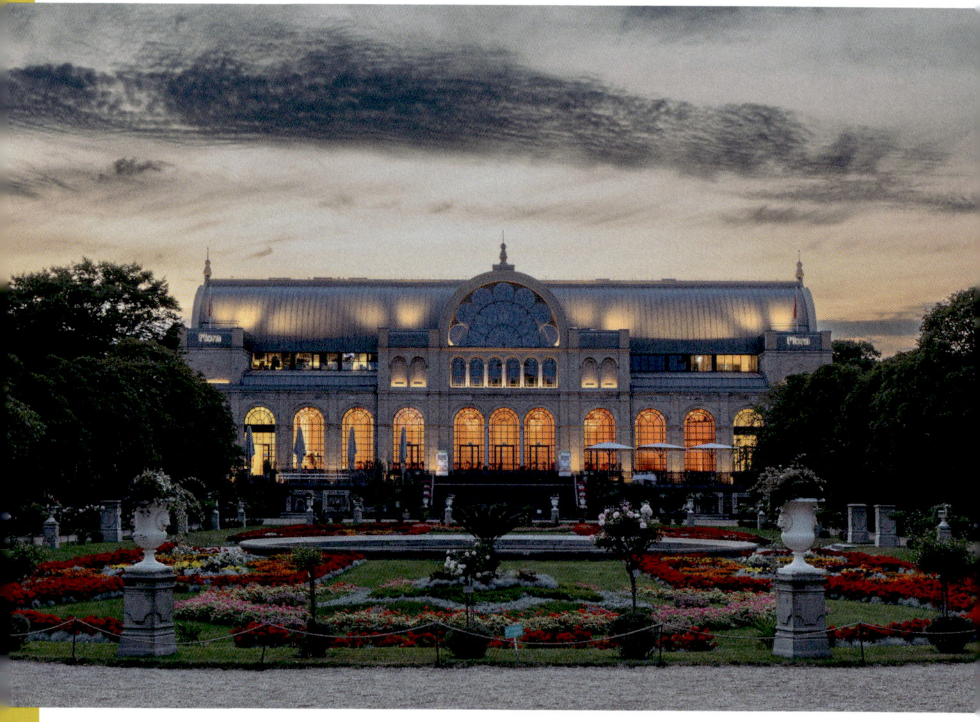

Das Hauptgebäude, ein historisches Glashaus im Jugendstil, ist ein markantes Merkmal des Gartens und bietet eine fotogene Kulisse. Da die Flora zum Sonnenuntergang schließt, ist dieses Foto nur durch die Gitterstäbe des Eingangstores möglich.
(50 mm · f 9 · 1,6 s · ISO 100 · Stativ)

In der Flora blühen je nach Jahreszeit unterschiedliche Pflanzen. Schon ab Ende Januar (bis in den April hinein) können Sie dort in einem großen Schaugewächshaus die größte Kameliensammlung Deutschlands beim Blühen bestaunen – prima gegen den Winterblues. Von blühenden Frühlingsblumen über farbenfrohe Bäume im Herbstlaub bis hin zu winterlichen Gartenlandschaften gibt es immer wieder neue fotografische Möglichkeiten, um die Veränderungen der Natur festzuhalten. Die Schönheit der Flora bietet Ihnen zahlreiche Motive für beeindruckende Naturfotografie.

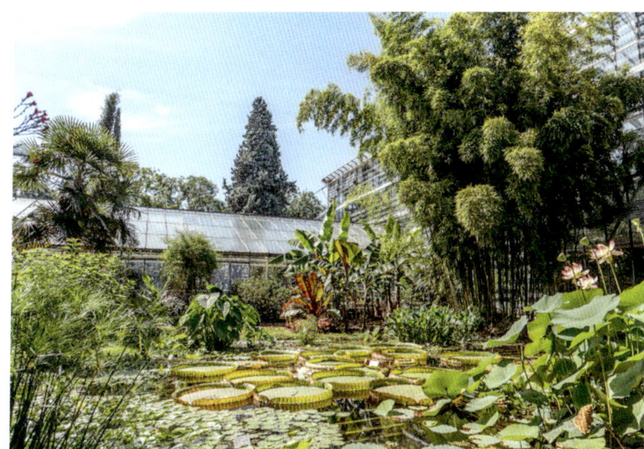

Die Schaugewächshäuser sollen erst Mitte 2024 eröffnet werden. Dann bekommen Sie wieder zahlreiche Gewächse aus tropischen und heißen Gegenden vors Objektiv. (24 mm · f 9 · 1/250 s · ISO 250)

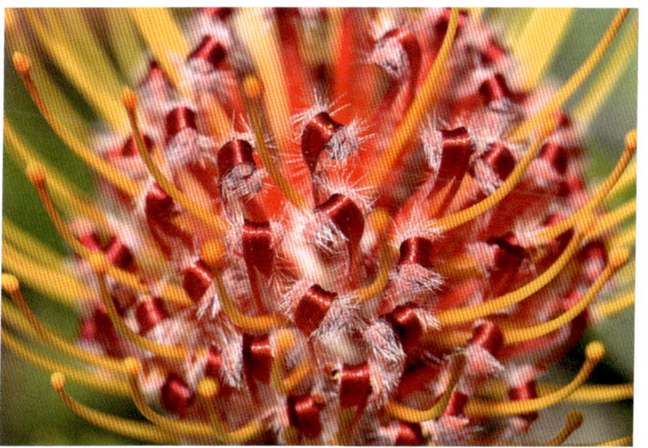

(100 mm · f 5 · 1/800 s · ISO 250)

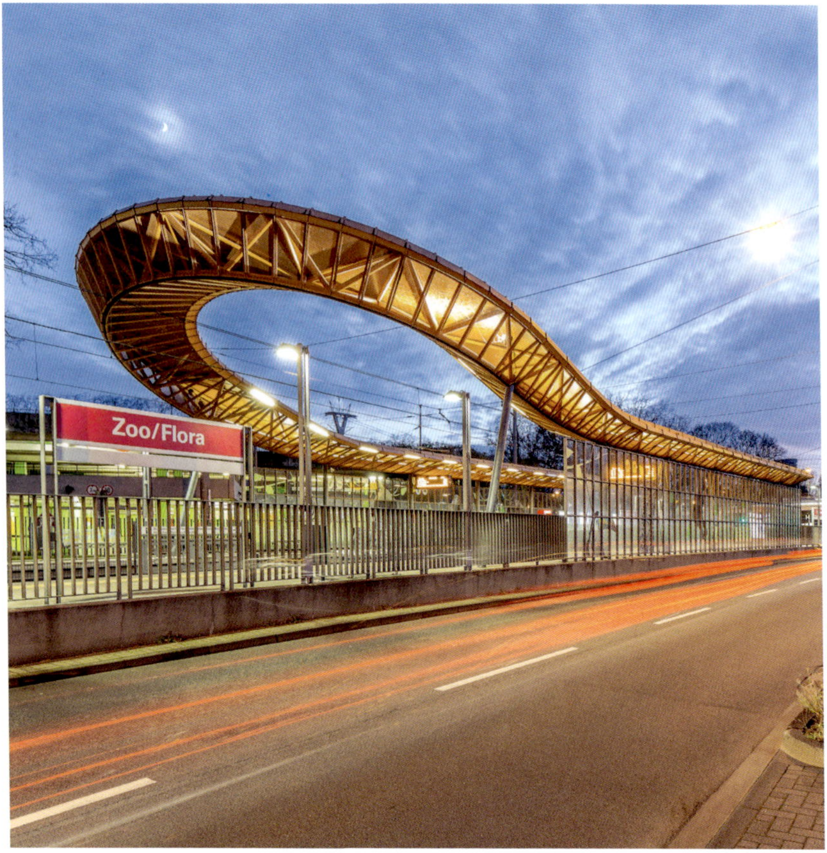

Die halbkreisförmige Verbindung befindet sich am nordöstlichen Ende der Haltestelle. (20 mm · f 8 · 8 s · ISO 100 · Stativ)

4 HALTESTELLE ZOO/FLORA

Beste Tageszeit: tagsüber, abends
Koordinaten: 50.958200, 6.974574
Adresse: Riehler Straße, 50735 Köln

Die Straßenbahnhaltestelle Zoo/Flora verfügt über ein markantes Dach, das mit einer halbkreisförmigen Verbindung beide Bahnsteige überspannt. Das ist, soweit mir bekannt ist, in Köln einmalig und deswegen ein außergewöhnliches Fotomotiv.

5 WELTKUGEL VON HA SCHULT

Beste Tageszeit: tagsüber, abends
Koordinaten: 50.955046, 6.974792
Adresse: Riehler Straße 190, 50735 Köln

Zu den bekanntesten Werken von HA Schult gehören das Flügelauto *Goldener Vogel* in Köln (siehe auch den Fotospot *Zeughaus* auf Seite 98) und die weltweit ausgestellten *Trash People*.

Seit dem 15. Oktober 2000 befindet sich die Weltkugel von HA Schult auf dem Dach der DEVK-Zentrale in Köln Niehl. Mit acht Meter Durchmesser, tonnenschweren Metallstreben und einem Geflecht aus Neonröhren, die die Kontinente symbolisieren, ist sie ein fester Bestandteil des Rheinpanoramas. Am Rand der Kugel leuchtet ein überdimensionierter Erdbewohner.

Am besten lässt sich die Weltkugel von der Zoobrücke aus fotografieren. Wegen dem Verkehr und der damit verbundenen Vibration der Brücke müssen Sie Ihre Bilder unbedingt nach der Aufnahme auf Schärfe kontrollieren.

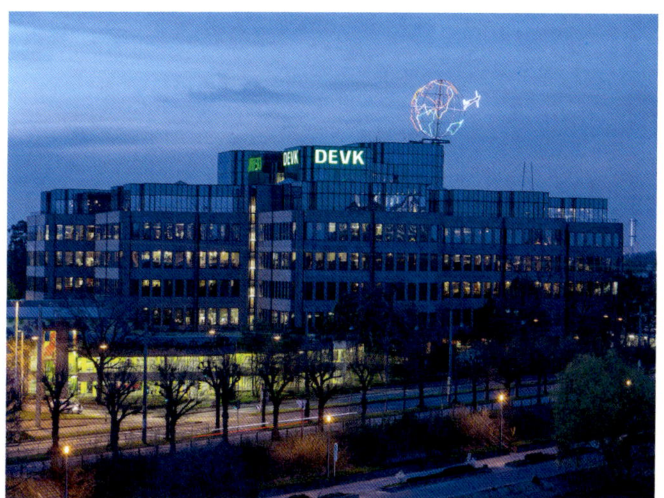

Von der Zoobrücke aus funktioniert das Foto am besten. (90 mm · f 7,1 · 4 s · ISO 200 · Stativ)

6 ST. ENGELBERT

Beste Tageszeit: tagsüber
Koordinaten: 50.965208, 6.973958
Adresse: Garthestraße 15, 50735 Köln
Webseite: *www.sankt-engelbert-und-sankt-bonifatius.de*

Aufsehen und Widerstand erregte dieser Kirchenbau schon in seiner Planungsphase 1930. Die Kölner Bevölkerung gab dem interessanten Bauwerk den Spitznamen »Die Zitronenpresse«, der die Form der Kirche wohl am treffendsten beschreibt. Eine Luftaufnahme wäre ideal, um die acht Deckenwölbungen am besten zu sehen und sofort den Spitznamen zu verstehen. Aber auch von der Straße lässt sich die Kirche mit dem freistehenden Campanile gut fotografieren.

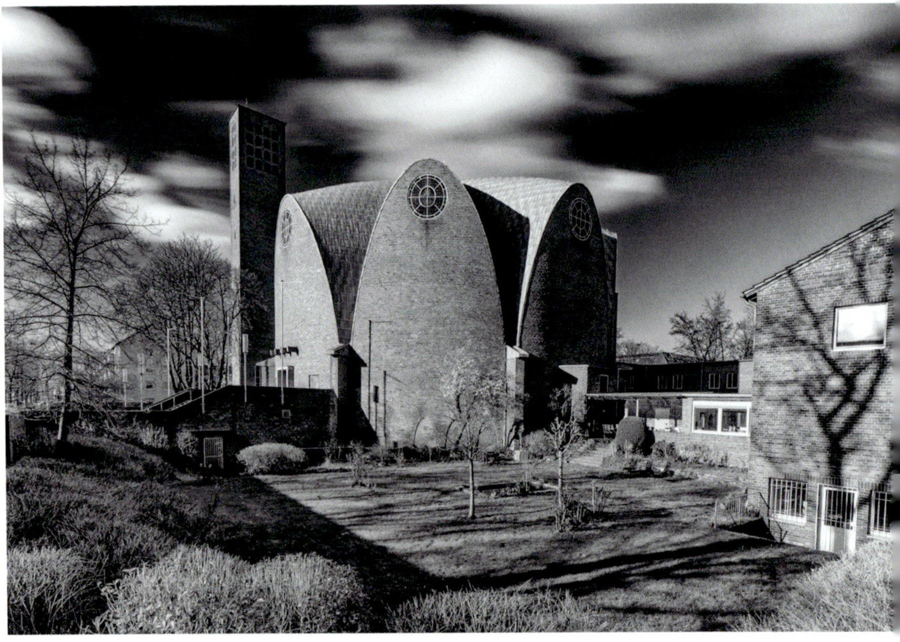

Ziehen interessante Wolkengebilde über den Himmel, bietet sich eine Langzeitbelichtung an.
(16 mm · f 13 · 60 s · ISO 100 · Stativ · ND 3.0 und ND 8)

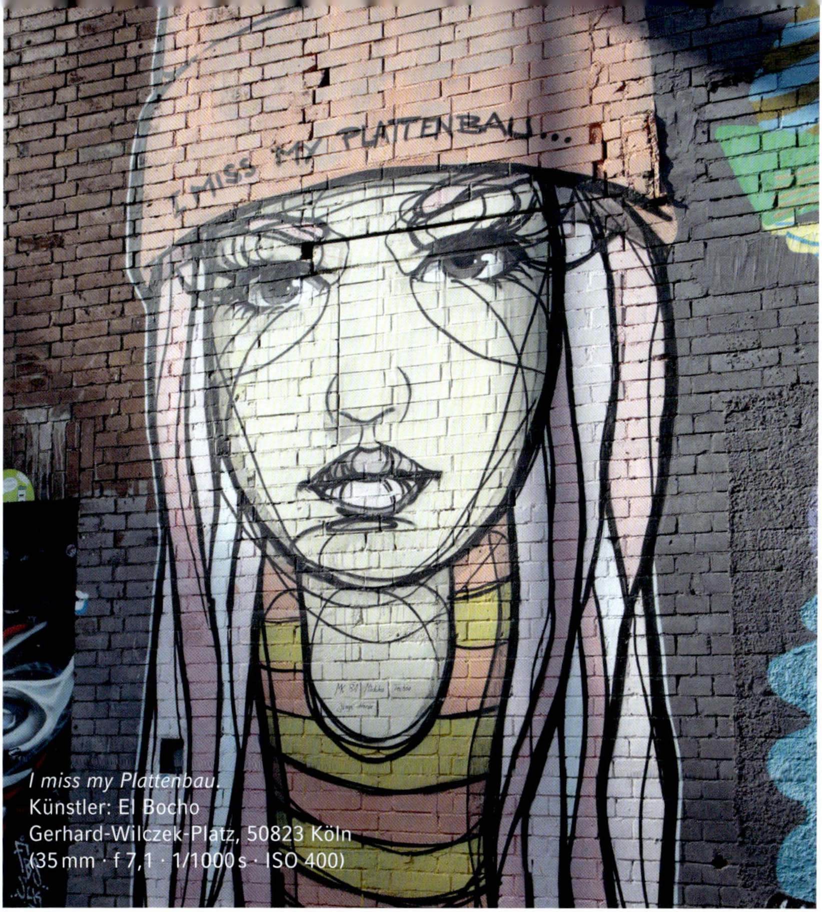

I miss my Plattenbau.
Künstler: El Bocho
Gerhard-Wilczek-Platz, 50823 Köln
(35 mm · f 7,1 · 1/1000 s · ISO 400)

7 STREET ART EHRENFELD

Beste Tageszeit: tagsüber
Koordinaten: 50.951247, 6.916188
Adresse: Ehrenfeld, Köln
Website: *www.cityleaks-festival.de/de*

Durch das erste *CityLeaks Urban Art Festival*, das 2011 in Ehrenfeld ausgetragen wurde, rückte der Kölner Stadtteil schlagartig mit seinen zahlreichen hochkarätigen Wandgestaltungen in den Fokus der Szene. Ich möchte Ehrenfeld hier exemplarisch auch für die anderen Stadtteile nennen, da es im Viertel rund um Helios-, Vogelsanger und Lichtstraße beinahe täglich etwas Neues zu entdecken gibt.

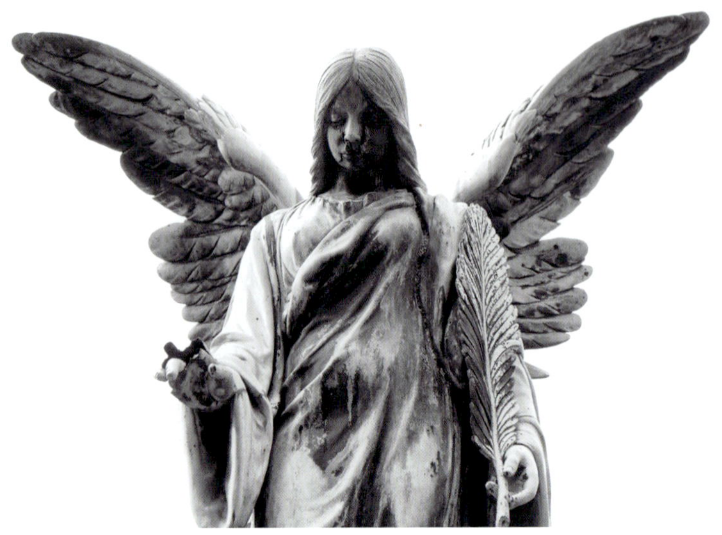

Bei Bewölkung und nach oben gerichteter Aufnahmeperspektive lässt sich der Engel vor dem Himmel freistellen. Eine Schwarzweiß-Umwandlung macht das Foto besonders stimmungsvoll.
(70 mm · f 6,3 · 1/250 s · ISO 800)

8 MELATEN-FRIEDHOF

Beste Tageszeit: tagsüber
Koordinaten: 50.939115, 6.917111
Adresse: Aachener Straße 204, 50931 Köln

Der Melaten-Friedhof zählt zu den bekanntesten und größten Friedhöfen, die Köln zu bieten hat. Der Name »Melaten« rührt von dem bereits im 12. Jahrhundert an dieser Stelle nachgewiesenen Heim für Kranke und Aussätzige her, dem Hof Melaten.

Auf dem Friedhof gibt es eine große Anzahl von Details und interessanten Grabmälern zu fotografieren. Mit einem gezielten Einsatz von Blende, Blickwinkel und Lichtverhältnissen lässt sich eine bestimmte Atmosphäre in den Aufnahmen kreieren.

9 CHRISTI AUFERSTEHUNG

Beste Tageszeit: tagsüber
Koordinaten: 50.935229, 6.917064
Adresse: Brucknerstraße, 50931 Köln

Die 1971 geweihte katholische Kirche Christi Auferstehung ist aufgrund ihrer modernen Architekturelemente und futuristischen Atmosphäre ein interessantes Fotomotiv.

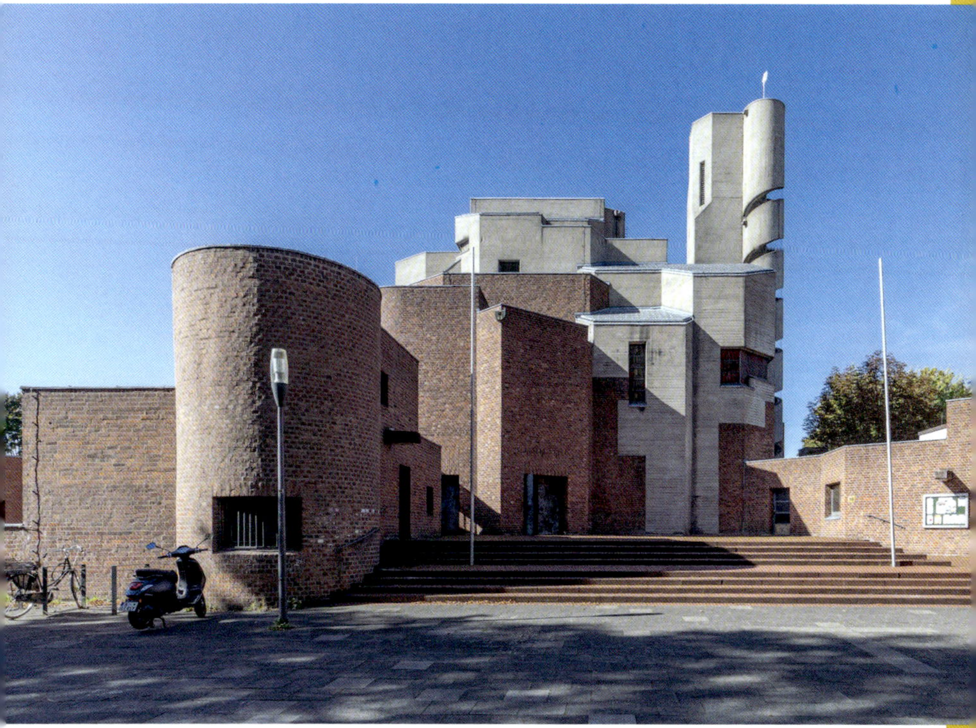

Die modernen Architekturelemente bieten nicht nur außen, sondern auch im Inneren interessante Motive.
(16 mm · f 8 · 1/160 s · ISO 100)

10 KIRCHE JOHANNES XXIII.

Beste Tageszeit: tagsüber
Koordinaten: 50.922322, 6.930241
Adresse: Berrenrather Str. 127, 50937 Köln

Die Kirche der katholischen Hochschulgemeinde Köln St. Johannes XXIII. zählt aufgrund ihrer ungewöhnlichen skulpturalen Architektur zu den bedeutenden modernen Sakralbauten Kölns.

Lassen Sie sich Zeit, um die für Sie beste Aufnahmeposition zu finden, denn die ungewöhnliche Konstruktion der Kirche ermöglicht zahlreiche Perspektiven.

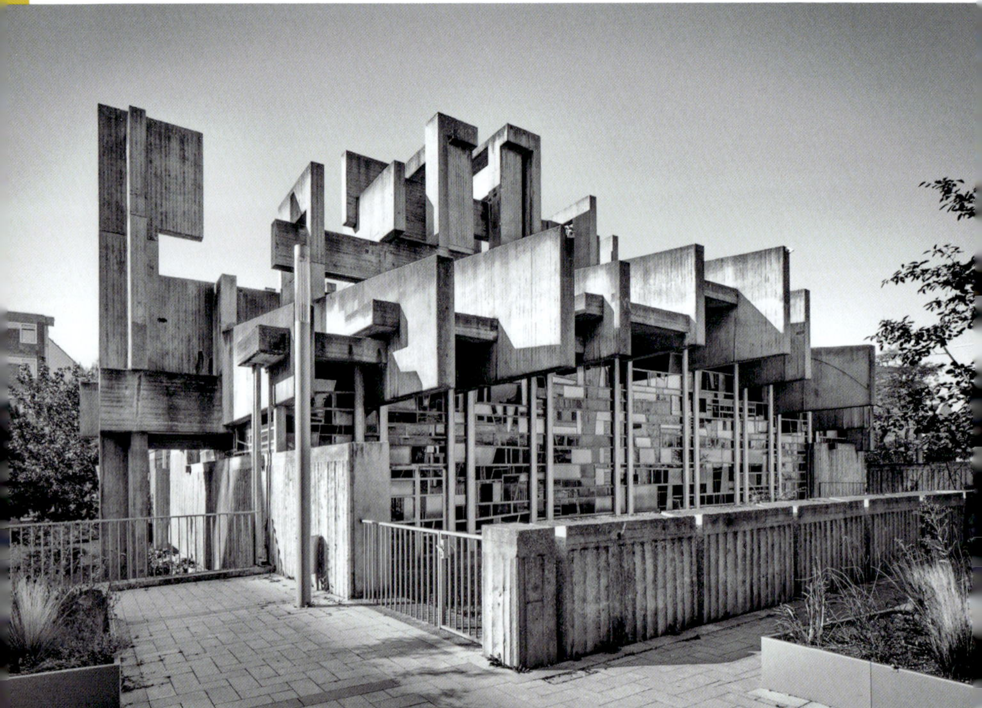

Die Dachkonstruktion besteht aus zahlreichen Betonpfeilern. Über Eck fotografiert, kommen sie meiner Meinung nach gut zur Geltung.
(16 mm · f 8 · 1/800 s · ISO 400)

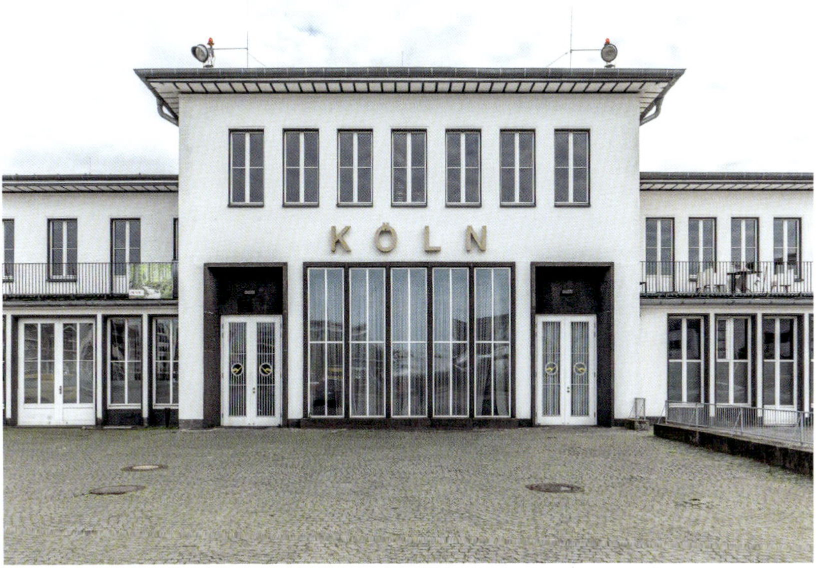

Einzigartige Kulisse für Fotoaufnahmen
(24 mm · f 9 · 1/500 s · ISO 400)

11 BUTZWEILERHOF UND MOTORWORLD

Beste Tageszeit: tagsüber
Koordinaten: 50.981334, 6.899165
Adresse: Butzweilerstraße 35–39, 50829 Köln
Website: *www.motorworld.de/koeln-rheinland/*

Der Flughafenkomplex Butzweilerhof aus den 1930er-Jahren ist heute denkmalgeschützt. Wesentliche Teile sind erhalten und zum Teil restauriert. Die verbliebene Empfangshalle stellt ein faszinierendes Beispiel für die Architektur der frühen Luftfahrt dar. Ihre industrielle Ästhetik bietet eine einzigartige Kulisse für fotografische Aufnahmen.

Seit Juni 2018 wird auf dem Gelände des historischen Flughafens ein automobiles Dienstleistungszentrum, die *MOTORWORLD Köln|Rheinland*, betrieben. Sie bietet für Liebhaber der Automobil- und Oldtimerfotografie wahre Schätze und eine Fülle an Motiven.

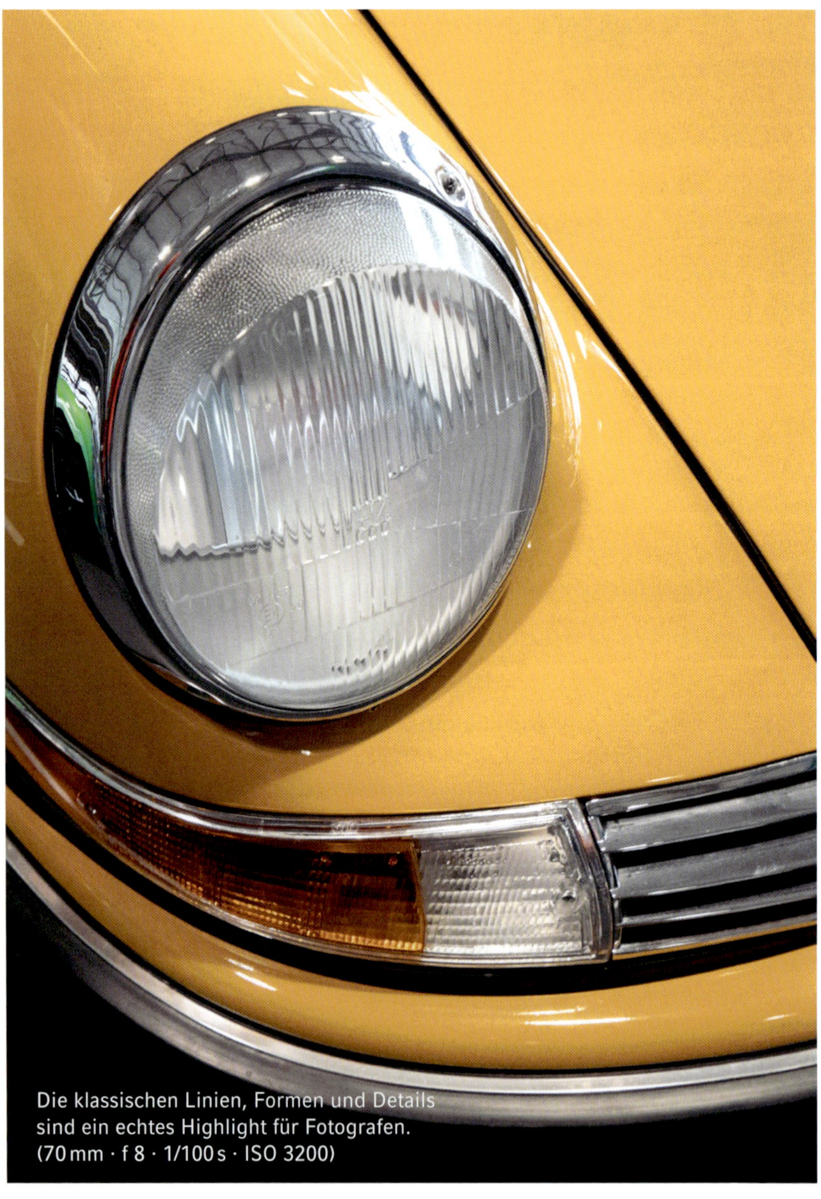

Die klassischen Linien, Formen und Details sind ein echtes Highlight für Fotografen. (70 mm · f 8 · 1/100 s · ISO 3200)

⑫ AUSSICHTSPLATTFORMEN IM LANDSCHAFTSPARK BELVEDERE

Beste Tageszeit: tagsüber
Koordinaten: 50.964152, 6.852052
Adresse: Freimersdorfer Weg, 50859 Köln

Im *Landschaftspark Belvedere* gibt es die Aussichtsplattformen »Domblick« (9 m), »Ausblick« (5,6 m), »Blickfang« (3 m) und »Feldblick« (0,8 m).

Die Aussichtsplattformen erlangten durch die Satiresendung »extra 3« des NDR bundesweit Bekanntheit, da sich eine 80 cm hohe Plattform kaum als Aussichtsplattform bezeichnen lässt (*www.ndr.de/fernsehen/sendungen/extra_3/Aussichtsplattform-in-Koeln,extra8364.html*). Von dieser wie auch von den anderen Plattformen haben Sie Ausblicke über endlos weite Felder und auf die Autobahn A1. Auch der Steuerzahlerbund kritisierte wegen der mangelnden »Weitsicht« die Ausgaben: Allein für die Plattform »Feldblick« wurden 13.500 Euro ausgegeben.

Die Plattform »Domblick« eignet sich als einzige Plattform, um mit einem sehr langen Teleobjektiv die Skyline von Köln aufzunehmen.

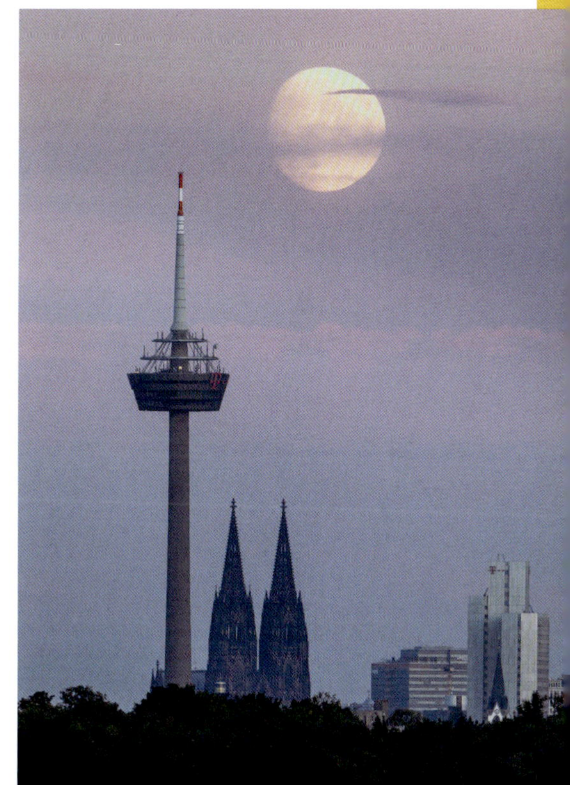

Von der Plattform »Domblick« lässt sich bei guter Planung der hinter dem Kölner Dom aufgehende Vollmond mit einem sehr langen Teleobjektiv fotografieren. (560 mm · f 9 · 1/50 s · ISO 400 · Stativ)

13 BELVEDEREBRÜCKE

Beste Tageszeit: tagsüber, abends
Koordinaten: 50.950690, 6.873651
Adresse: Am Wassermann 23, 50829 Köln

Die im Jahr 2010 als Fuß- und Radwegebrücke fertiggestellte Konstruktion verbindet die Stadtteile Müngersdorf und Vogelsang. Das Rampenbauwerk ist offen konstruiert und sein filigranes Erscheinungsbild wurde von dem Architekten Reinhard Angelis entworfen.

Die Belvederebrücke ist eine interessante Fotolocation, und mich hat das knallige Orange gleich angesprochen. Insbesondere für sehr geometrische Fotoaufnahmen ist die Konstruktion ein echtes Highlight.

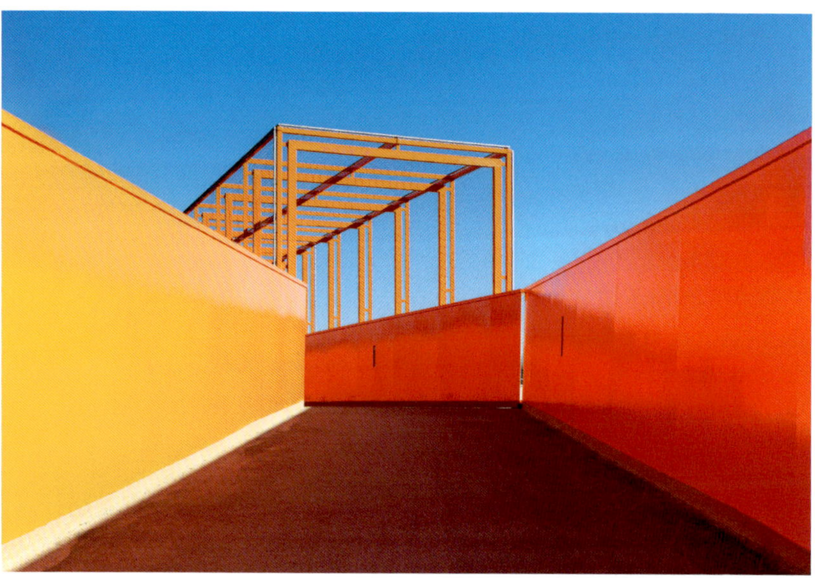

Blau, Rot und Orange. Das Foto ist reduziert auf Farben und Geometrie, wobei die klaren, präzisen und symmetrischen Elemente eine ästhetische Harmonie schaffen. (42 mm · f 9 · 1/400 s · ISO 200)

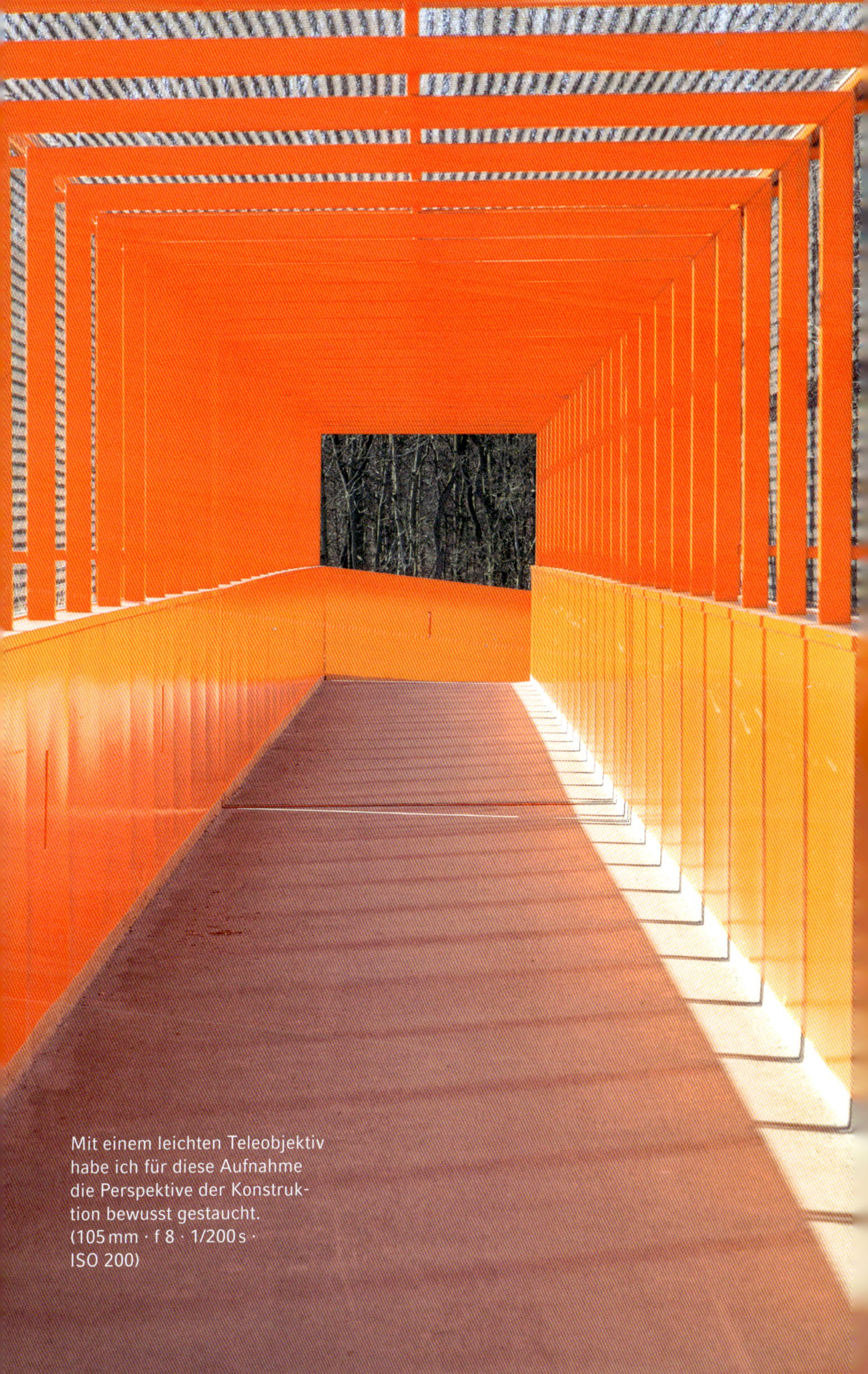

Mit einem leichten Teleobjektiv habe ich für diese Aufnahme die Perspektive der Konstruktion bewusst gestaucht. (105 mm · f 8 · 1/200 s · ISO 200)

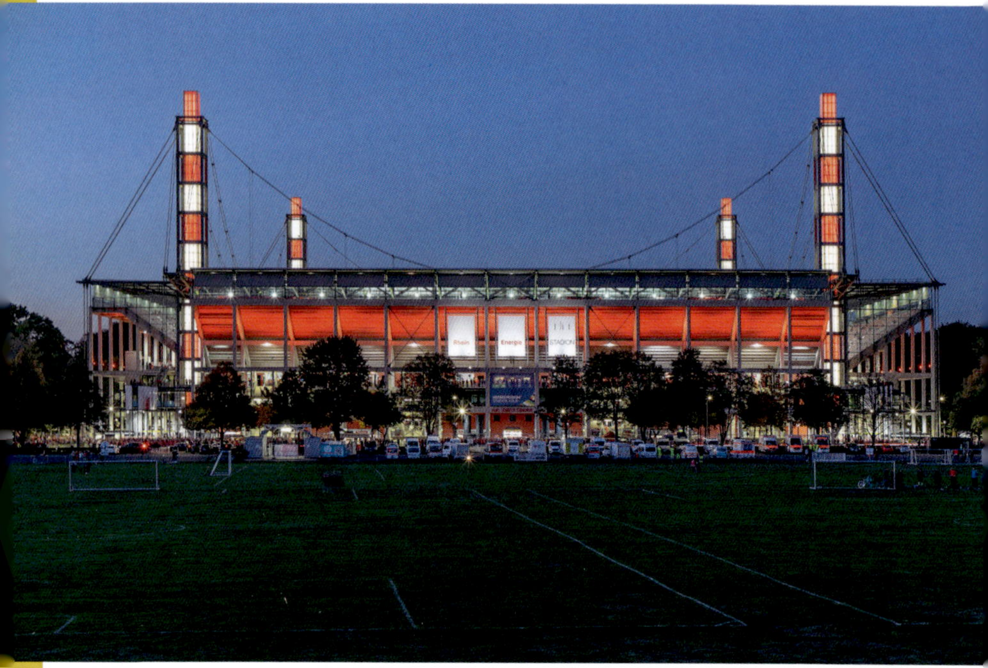

Rot und Weiß sind die Farben des 1. FC Köln. Wird die Beleuchtung während der Blauen Stunde eingeschaltet, ist das Stadion besonders fotogen. (50 mm · f 9 · 4 s · ISO 100 · Stativ)

14 RHEINENERGIESTADION

Beste Tageszeit: tagsüber, abends
Koordinaten: 50.930703, 6.874210
Adresse: Aachener Straße 999, 50933 Köln

Das Rheinenergiestadion, das die meisten Kölnerinnen und Kölner weiterhin »Müngersdorfer Stadion« nennen, ist die Spielstätte des 1. FC Köln.

Besonders schön beleuchtet ist das Stadion während eines Spiels. Informieren Sie sich über die Anstoßzeit im Voraus, und prüfen Sie, ob diese in den Zeitraum der Blauen Stunde fällt. Als Aufnahmestandort eignet sich vor allem der kleine Hügel auf der Jahnwiese.

15 STADIONTOR

Beste Tageszeit: tagsüber, abends
Koordinaten: 50.937101, 6.875882
Adresse: Oskar-Rehfeldt-Weg, 50933 Köln

Dieses Tor steht nördlich vom Stadion auf dem Oskar-Rehfeldt-Weg und ist nur wenige Meter von der Aachener Straße entfernt. Während das Stadion selbst bei einem Spiel besonders schön beleuchtet wird, sollten Sie dieses Stadiontor am besten unter der Woche fotografieren, wenn nicht zu viele Menschen unterwegs sind.

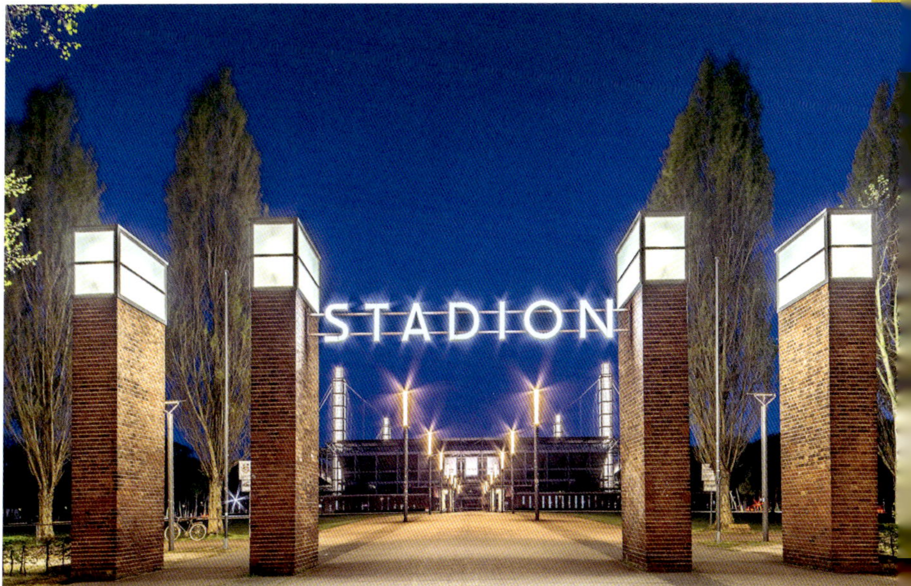

Um alle vier Säulen auf das Bild zu bekommen, benötigen Sie ein Weitwinkelobjektiv. HDR-Bild aus 5 Aufnahmen. Mittlere Aufnahmeeinstellung: 24 mm · f 11 · 10 s · ISO 100 · Stativ · Tilt/Shift-Objektiv

16 TOYOTA COLLECTION

Beste Tageszeit: tagsüber
Koordinaten: 50.917323, 6.864105
Adresse: Toyota-Allee 2, 50858 Köln
Öffnungszeiten: jeden ersten Samstag im Monat, 10:00 bis 14:00 Uhr
Webseite: *www.toyota-collection.de*

Die unkonventionelle und einzigartige Toyota Collection bietet auf mehr als 1.800 Quadratmetern zahlreiche Kultmodelle – ohne Absperrung und zum Anfassen.

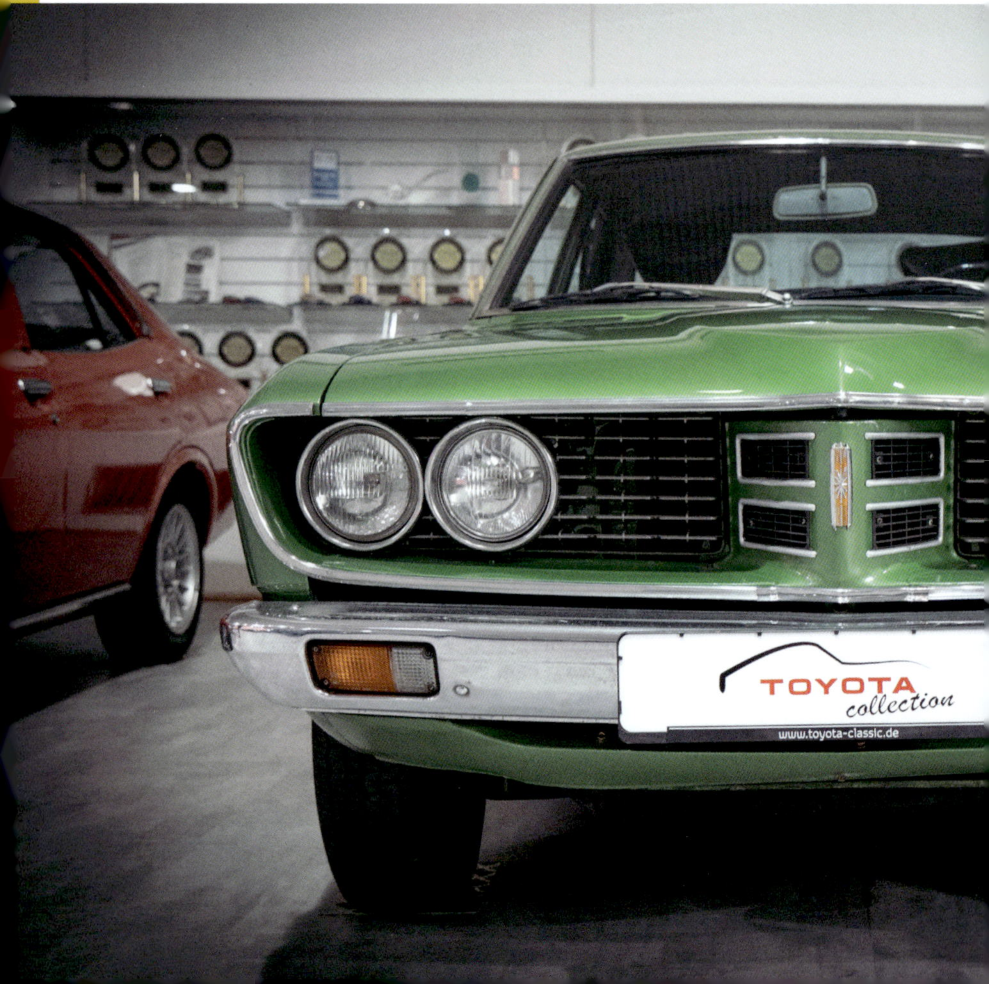

Und in die meisten Fahrzeuge dürfen Sie sich auch hineinsetzen.

Zahlreiche Toyota-Fans nehmen den Öffnungstag zum Anlass, mit ihren eigenen Modellen nach Köln zu kommen, und so finden Sie nicht nur in der Halle, sondern auch auf dem Parkplatz davor zahlreiche Autos zum Fotografieren. Diese Treffen bieten die Möglichkeit, eine Vielzahl von Fahrzeugen in einer dynamischen Umgebung zu fotografieren.

Die Ausstellung ist eine ideale Möglichkeit für Automobilfans, Fahrzeuge von ganz aus der Nähe zu fotografieren.

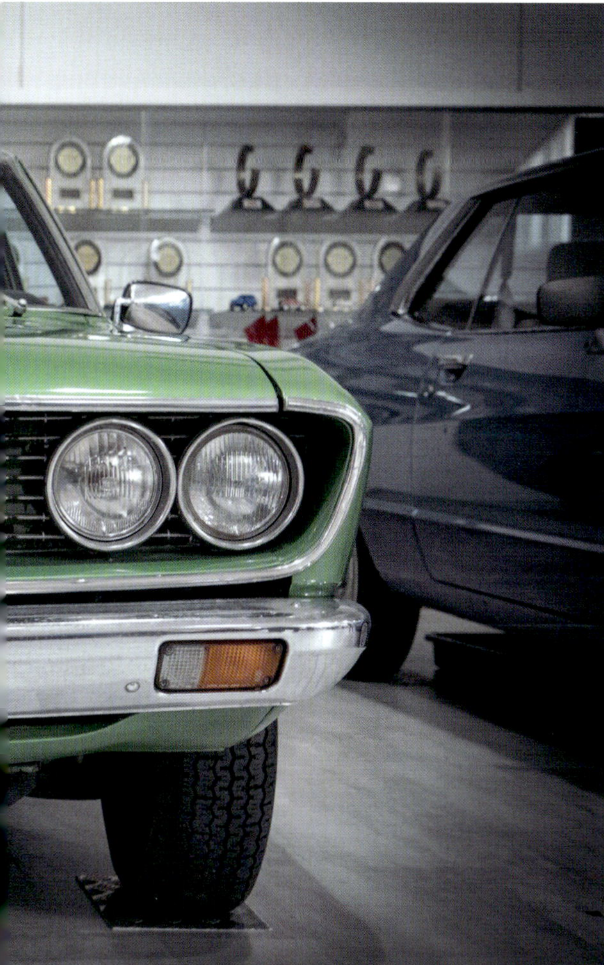

Die klassischen Wagen sind eine Augenweide für Fotografen und Fotografinnen mit einem Hang zu alten Automobilen. (38 mm · f 5 · 1/50 s · ISO 3200)

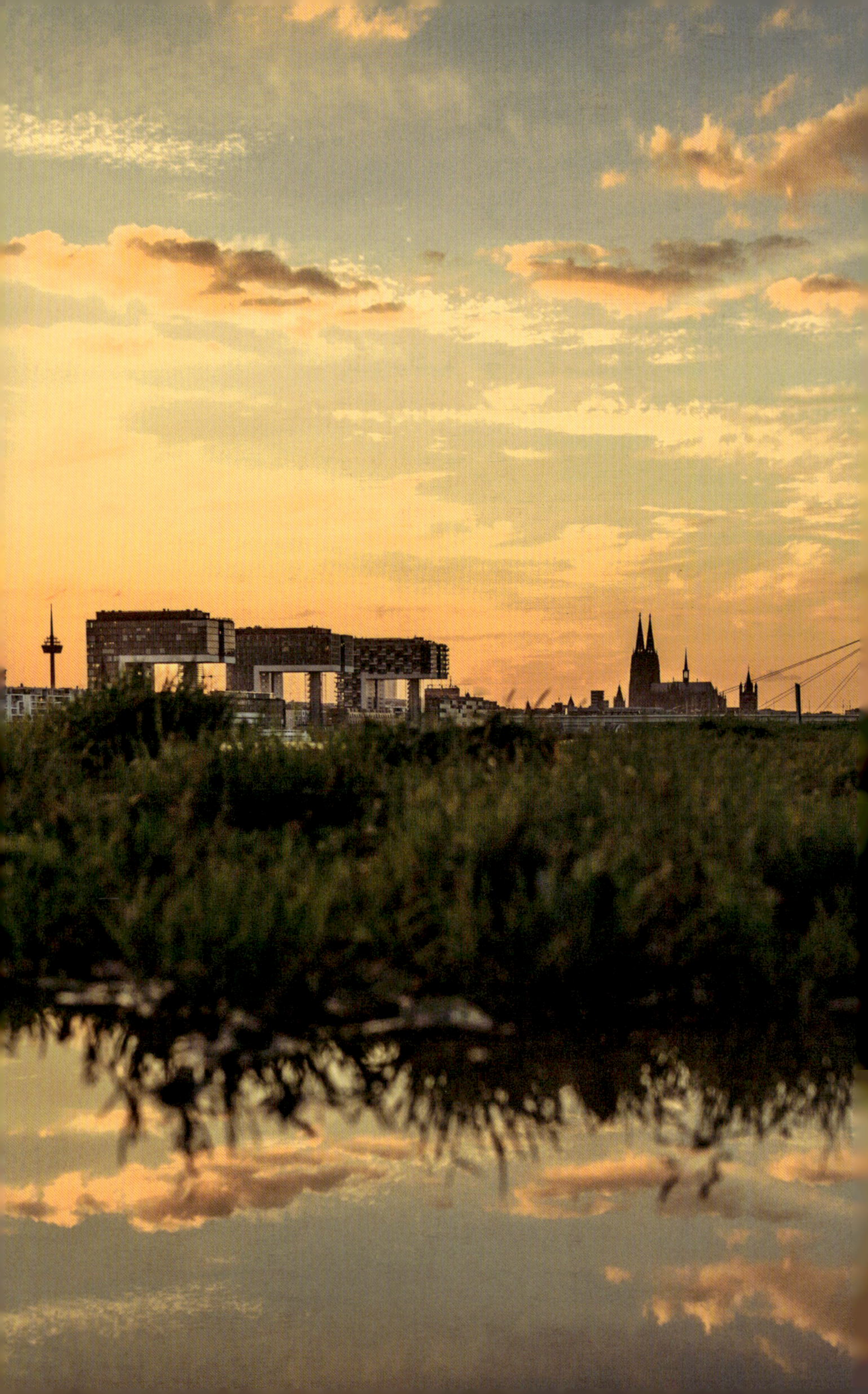

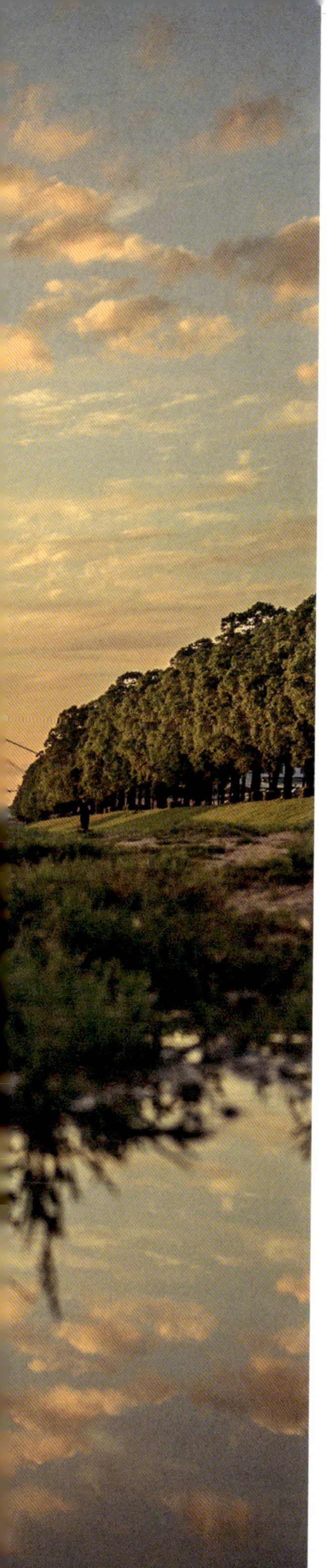

DEUTZ UND DIE ÖSTLICHE RHEINROUTE

TOUR 6

Vom rechtsrheinischen Ufer, der »Schäl Sick«, aus hat man einen wunderschönen Blick auf die Kölner Altstadt mit dem Kölner Dom und anderen markanten Gebäuden. Gerade bei Sonnenuntergang ist diese Aussicht besonders beeindruckend und bietet die besten Aufnahmestandpunkte für die Altstadt und den Kölner Dom.

28 mm · f 5,6 · 1/320 s · ISO 320

DEUTZ UND DIE ÖSTLICHE RHEINROUTE

TOUR 6

1. RHEINPARK
2. FERNWÄRMETUNNEL
3. RHEINBOULEVARD
4. ALT ST. HERIBERT
5. KÖLNTRIANGLE
6. BAHNHOF KÖLN MESSE/DEUTZ
7. HALTESTELLE DEUTZER FREIHEIT
8. BLICK AUF RHEINBOULEVARD UND KÖLNTRIANGLE
9. VOLKSFEST
10. DEUTZER WERFT
11. UNTER DER SEVERINSBRÜCKE
12. DEUTZER DREHBRÜCKE
13. PYLON DER SEVERINSBRÜCKE
14. POLLER WIESEN
15. SÜDBRÜCKE

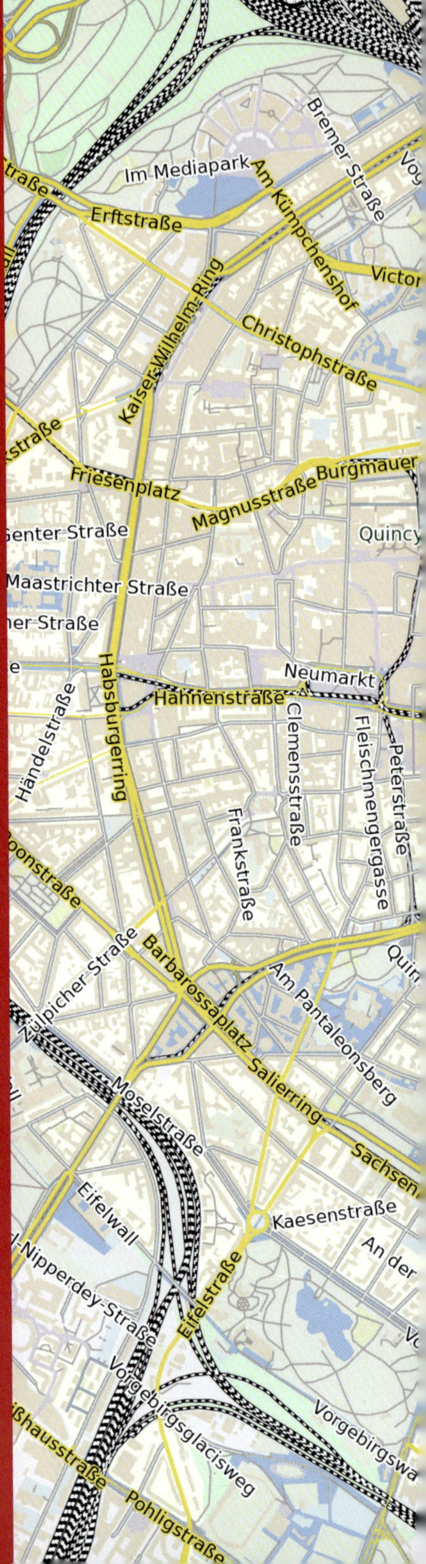

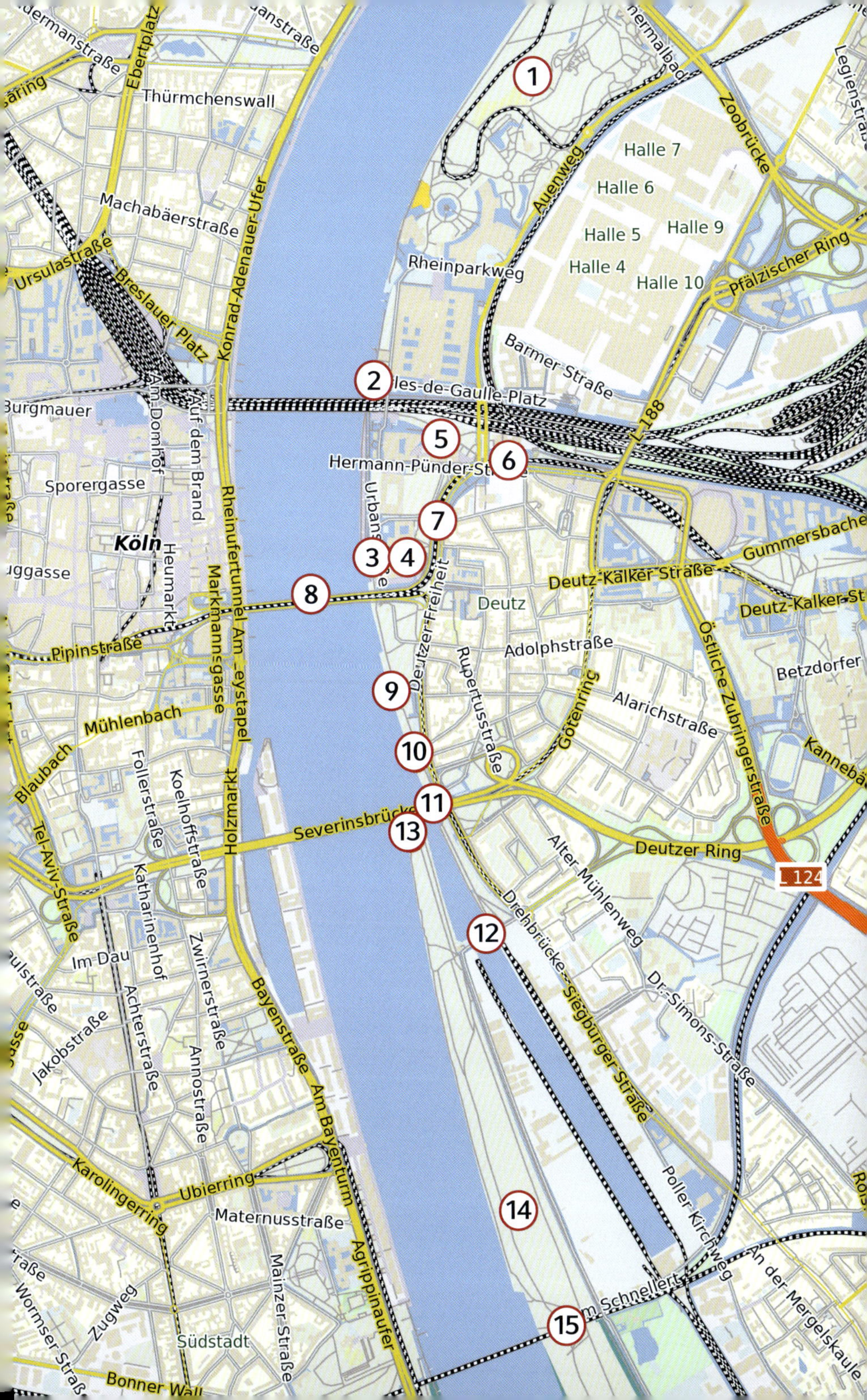
1
2
3
4
5
6
7
8
9
10
11
12
13
14
15
Thürmchenswall
Ebertplatz
Machabäerstraße
Ursulastraße
Breslauer Platz
Konrad-Adenauer-Ufer
Burgmauer
Am Domhof
Auf dem Brand
Sporergasse
Köln
Heumarkt
Rheinufertunnel
Markmannsgasse
Am Leystapel
Pipinstraße
Mühlenbach
Blaubach
Follerstraße
Koelhoffstraße
Holzmarkt
Severinsbrücke
Tel-Aviv-Straße
Katharinenhof
Im Dau
Zwirnerstraße
Jakobstraße
Achterstraße
Annostraße
Bayenstraße
Am Bayenturm
Karolingerring
Ubierring
Maternusstraße
Agrippinaufer
Mainzer Straße
Zugweg
Südstadt
Wormser Straße
Bonner Wall
Auenweg
Zoobrücke
Halle 7
Halle 6
Halle 5
Halle 9
Halle 4
Halle 10
Rheinparkweg
Pfälzischer Ring
Barmer Straße
Hermann-Pünder-Straße
Urbanstraße
L 188
Deutz-Kalker Straße
Gummersbacher
Deutz
Deutzer Freiheit
Rupertusstraße
Adolphstraße
Alarichstraße
Gotenring
Östliche Zubringerstraße
Betzdorfer
Deutzer Ring
L 124
Alter Mühlenweg
Drehbrücke
Siegburger Straße
Dr.-Simons-Straße
Poller Kirchweg
An der Mergelskaule
Im Schnellert
Legienstraße

1 RHEINPARK

Beste Tageszeit: tagsüber, abends
Koordinaten: 50.949732, 6.975479
Adresse: Auenweg, 50679 Köln

Der Rheinpark liegt direkt am Rheinufer und bietet eine eindrucksvolle Aussicht auf den Fluss. Die malerische Kulisse mit dem fließenden Wasser, den vorbeifahrenden Schiffen und der Kölner Altstadt im Hintergrund ist schlichtweg atemberaubend.

Vom Ufer lassen sich großartige Aufnahmen in Richtung Dom produzieren.

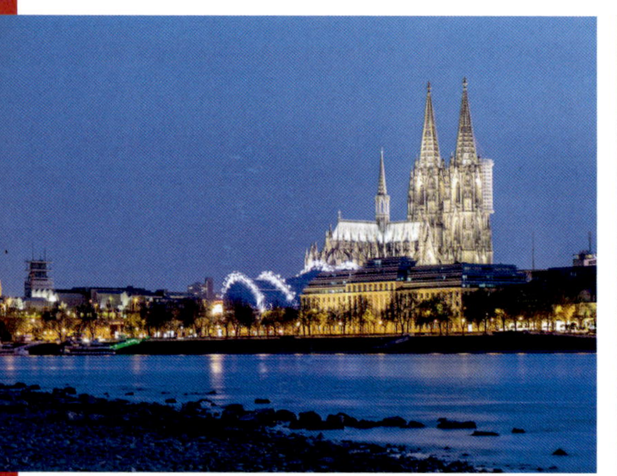

Vom Rheinpark aus lassen sich großartige Panoramen in Richtung Westen und zum Dom hin aufnehmen.
(105 mm · f 10 · 30 s · ISO 100 · Stativ)

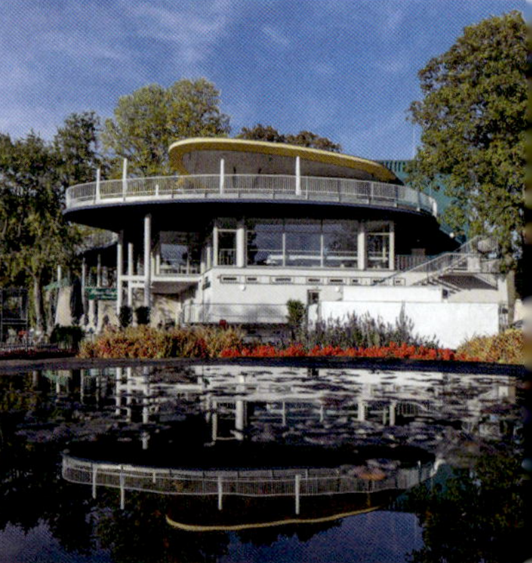

Das Rheinpark-Café war rund 40 Jahre geschlossen. Nach fünfjähriger Renovierung ist es seit 2022 endlich wieder geöffnet.
(23 mm · f 9 · 1/320 s · ISO 200)

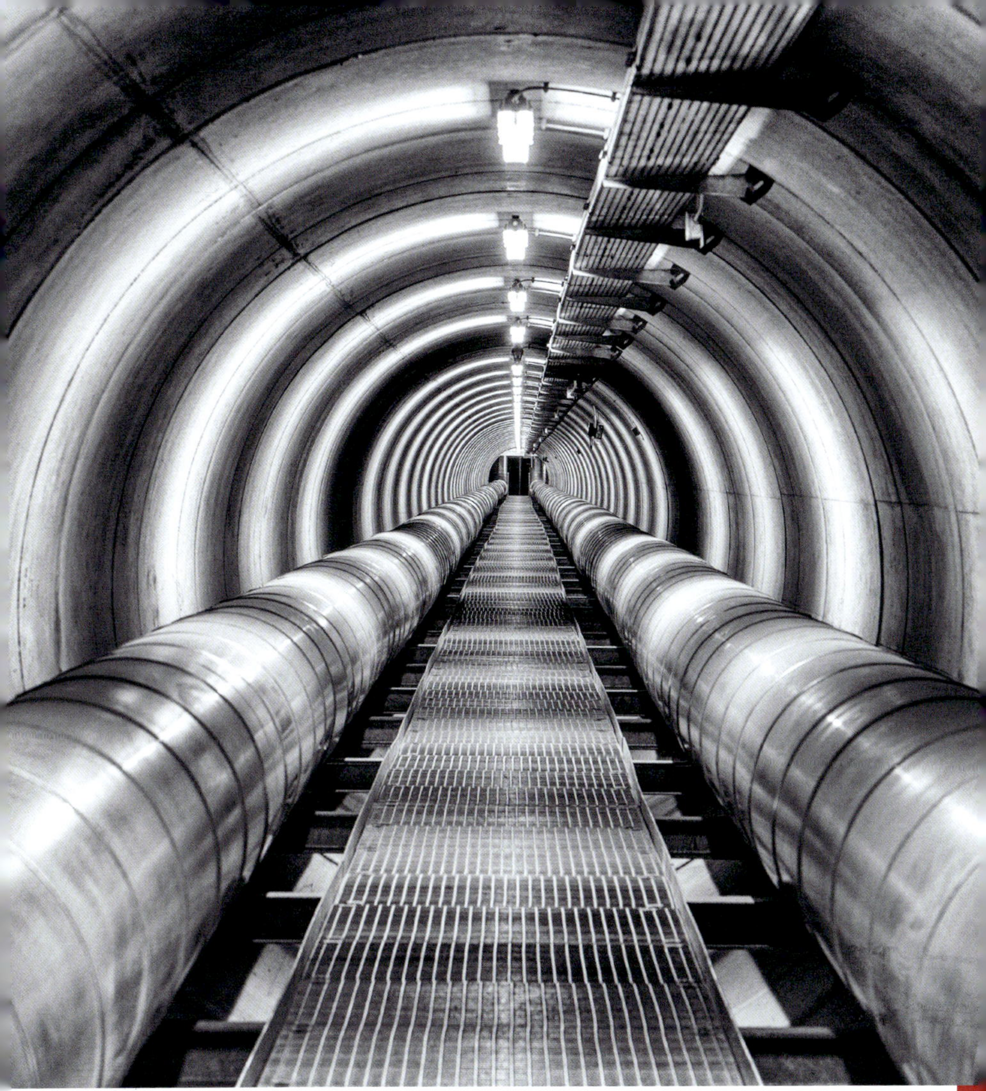

Wenn Sie die Besichtigung mit einer nur kleinen Gruppe unternehmen, ist eventuell auch die Nutzung eines Stativs möglich.
(105 mm · f 9 · 0,5 s · ISO 400 · Stativ a. A.)

2 FERNWÄRMETUNNEL

Beste Tageszeit: tagsüber
Koordinaten: 50.94201, 6.96878
Adresse: Kennedy-Ufer, 50679 Köln
Anmeldung: *www.rheinenergie.com/de/unternehmen/engagement/besichtigungen/besichtigung_fernwaermetunnel_unter_dem_rhein/fernwaermetunnel_unter_dem_rhein.html*

Sie haben die Möglichkeit, den Fernwärmetunnel der RheinEnergie im Rahmen einer geführten Besichtigung zu besuchen und zu fotografieren. Die Anmeldung erfolgt über die Webseite der RheinEnergie AG.

Der Einstieg befindet sich in Deutz auf der Rheinpromenade und der Ausstieg auf der linken Rheinseite unter dem Musical Dome: Sie wandern also unter dem Rhein entlang!

Der Fernwärmetunnel verfügt über eine einzigartige architektonische Gestaltung. Das moderne und industrielle Erscheinungsbild des Tunnels mit seinen klaren Linien, Strukturen und Farben bietet Möglichkeiten für Aufnahmen, die Sie mit ihren Fluchtlinien förmlich ins Bild hineinziehen.

3 RHEINBOULEVARD

Beste Tageszeit: tagsüber, abends
Koordinaten: 50.937499, 6.968766
Adresse: Hermann-Pünder-Straße 2, 50679 Köln

Der Rheinboulevard ist die Kölner Promenade mit einer 500 Meter langen Freitreppe, von deren Stufen sich Ihnen Ausblicke auf Rhein, Altstadt und Dom bieten – sie ist mit Abstand der beste Fotospot in Köln. Der Boulevard hat sich gerade bei schönem Wetter und am Wochenende zu einem echten Publikumsmagneten entwickelt.

Vom östlichen Ende der Hohenzollernbrücke, beim Reiterstandbild Kaiser Wilhelms I. lassen sich der Dom und die Brücke fotografieren. Vor allem zum Sonnenuntergang und kurz danach ist es hier

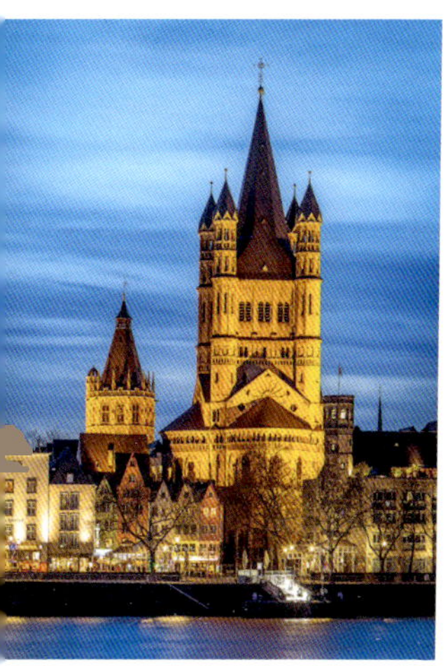

Auch für Groß St. Martin und den Rathausturm bietet der Rheinboulevard eine ideale Aufnahmeposition.
(97 mm · f 9 · 15 s · ISO 100 · Stativ)
50.939296, 6.968359

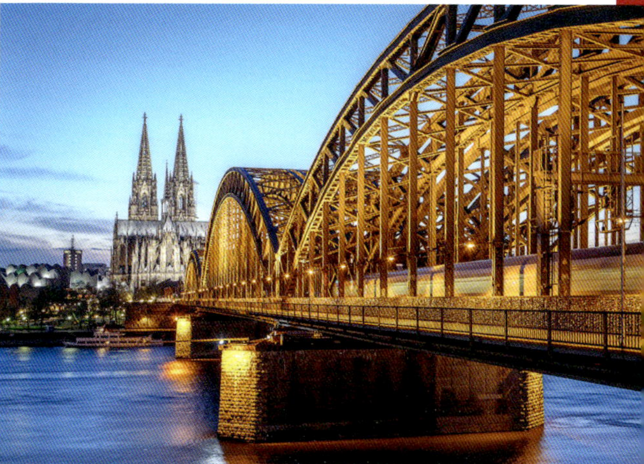

Dies ist mit Abstand die bekannteste und ikonischste Aufnahme der Stadt Köln. Sie finden dieses Bild in jedem Reiseführer, auf zahlreichen Postkarten oder jeder Webseite. Jeden Abend finden Sie an diesem Standpunkt Fotobegeisterte mit Kamera und Stativ, mit denen Sie sich austauschen können. Diese Location funktioniert das ganze Jahr über. Gehen Sie auch die Stufen zum Fluss hinunter, um verschiedene Blickwinkel und Perspektiven auszuprobieren.
(40 mm · f 5,6 · 5 s · ISO 200 · Stativ)
50.941123, 6.968688

besonders stimmungsvoll, da dann die Beleuchtung des Kölner Doms eingeschaltet wird. Sie sollten jedoch rechtzeitig vor Ort sein, da dieser Fotospot bei zahlreichen Fotografinnen und Fotografen beliebt ist und Sie dort nicht allein fotografieren werden.

Eine andere Perspektive auf den Dom erhalten Sie von der Rheinpromenade aus direkt am Ufer. Mit einer etwas längeren Brennweite lässt sich die Kathedrale formatfüllend ablichten.

KREATIVITÄT IST GEFRAGT

Dies sind die bekannten Motive, die an dieser Stelle möglich sind und die Sie auch unbedingt fotografieren sollten. Probieren Sie aber, diese bekannten Motive etwas kreativer in Szene zu setzen. Schauen Sie sich um, und versuchen Sie, neue Perspektiven und Kombinationen zu fotografieren. Hier sind einige Beispiele als Anregung:

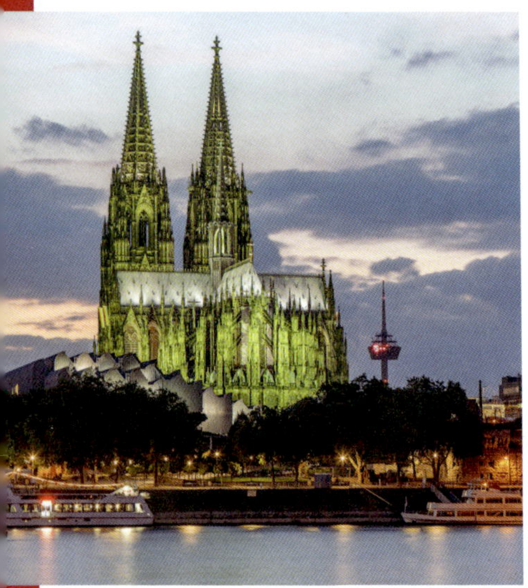

Der Dom in Grün: Die Beleuchtung der Kathedrale beginnt etwa 30 Minuten nach Sonnenuntergang. Die Lichter der Brücke leuchten zuerst auf, und dann dauert es einige Minuten, bis die Lichter der Kathedrale eingeschaltet werden. Verpassen Sie diesen Moment nicht, denn die ersten 30 bis 40 Sekunden nach dem Einschalten erstrahlt der Dom in einem grünen Licht. So lange benötigt die Halogen-Beleuchtung, um auf Betriebstemperatur zu kommen und dann in dem bekannten warmen Farbton zu strahlen.

Die Beleuchtung des Kölner Doms soll in Zukunft auf energiesparende LED-Technik umgestellt werden. Es bleibt also abzuwarten, ob es den »grünen Dom« in Zukunft noch zu sehen gibt.
(85 mm · f 8 · 13 s · ISO 100 · Stativ)
50.939941, 6.968376

Das Reiterstandbild Kaiser Wilhelms I. und der Dom
(20 mm · f 8 · 25 s · ISO 100 · Stativ)
50.941021, 6.969030

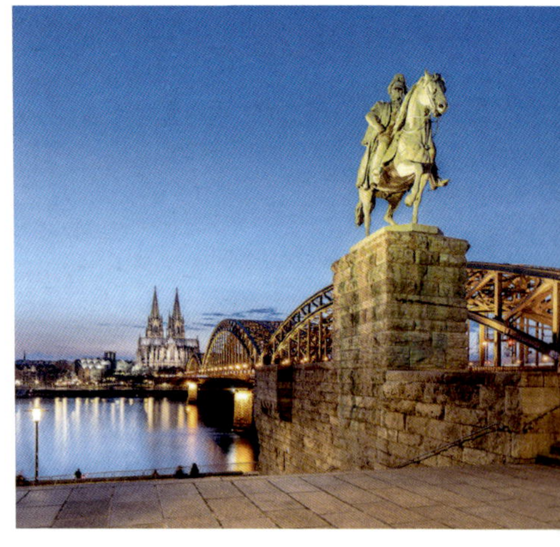

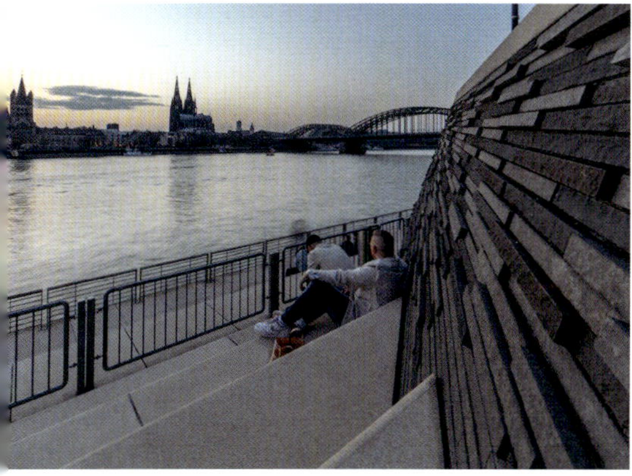

Stufen, Besucher und viel Textur im Vordergrund (16 mm · f 16 · 0,6 s · ISO 100 · Stativ) 50.938503, 6.968346

Kölner Dom mit untergehender Sonne: Auch hier habe ich die Blende geschlossen, um den Sterneffekt zu verstärken. (90 mm · f 22 · 1/13 s · ISO 100 · Stativ) 50.939718, 6.968383

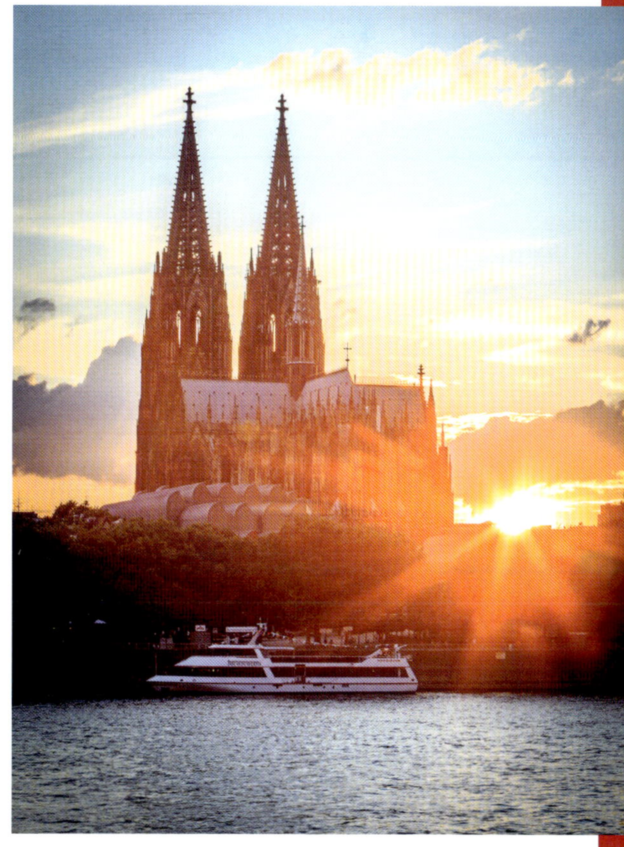

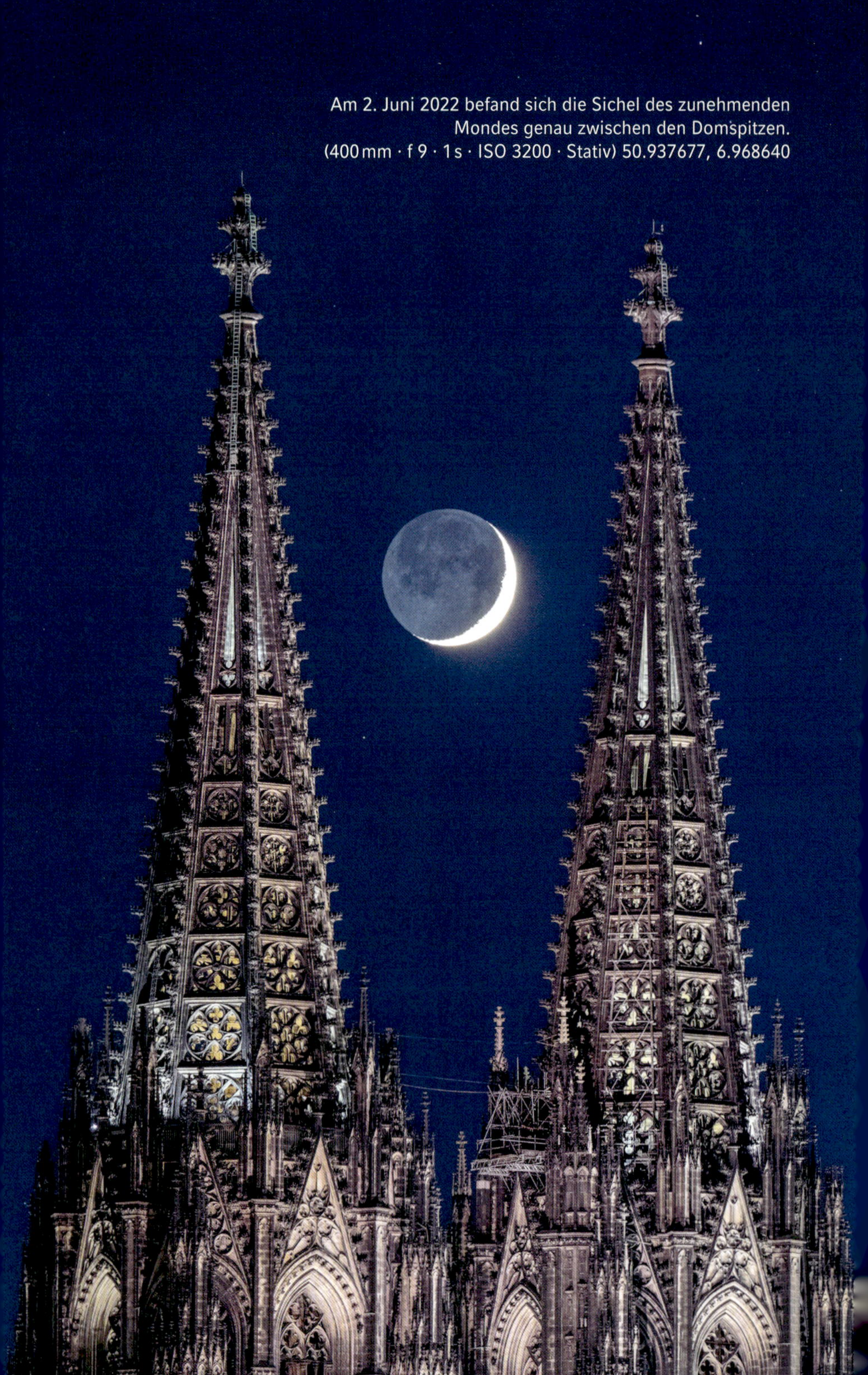

Am 2. Juni 2022 befand sich die Sichel des zunehmenden Mondes genau zwischen den Domspitzen. (400 mm · f 9 · 1 s · ISO 3200 · Stativ) 50.937677, 6.968640

WEITERE MOTIVE AUF DEM RHEINBOULEVARD

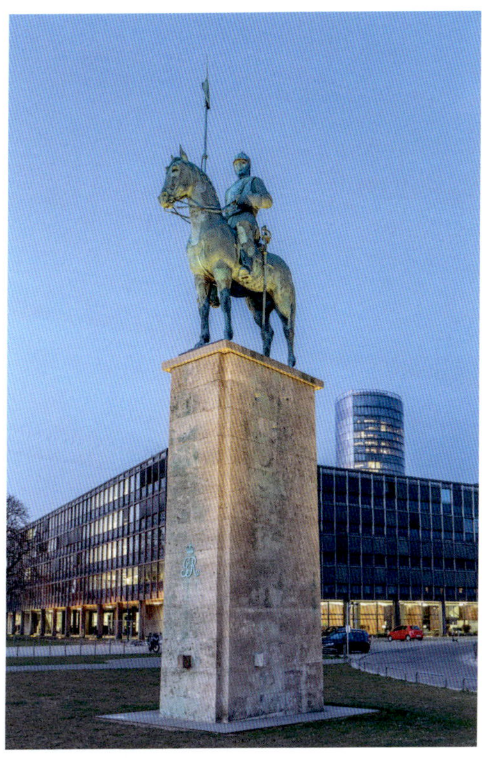

Das Denkmal für das preußische Kürassier-Regiment Nr. 8, auch »Rheinisches« und später »Graf Gessler« genannt, in Kombination mit dem LVR-Gebäude und dem KölnTriangle (35 mm · f 8 · 2 s · ISO 100 · Stativ)

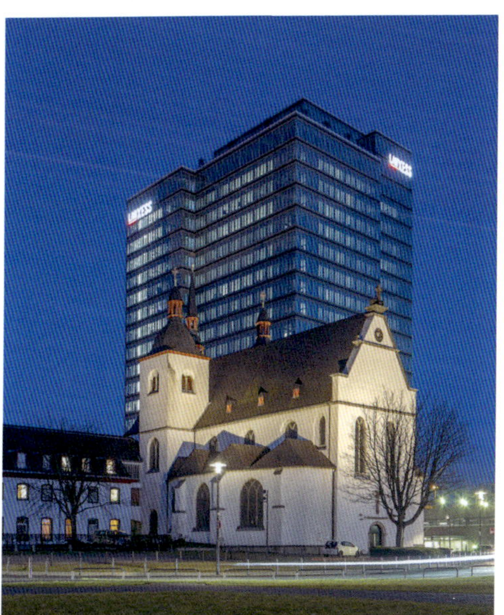

Alt und neu: das Lanxess-Hochhaus in Kombination mit Alt St. Heribert (28 mm · f 8 · 10 s · ISO 200 · Stativ) 50.938626, 6.968537

4 ALT ST. HERIBERT

Beste Tageszeit: tagsüber, abends
Koordinaten: 50.937564, 6.970163
Adresse: Urbanstraße 1, 50679 Köln

Zur Abtei Deutz gehört die Klosterkirche Alt St. Heribert. Seit den 1990er-Jahren ist die Klosterkirche Gottesdienststätte der griechisch-orthodoxen Gemeinde Kölns.

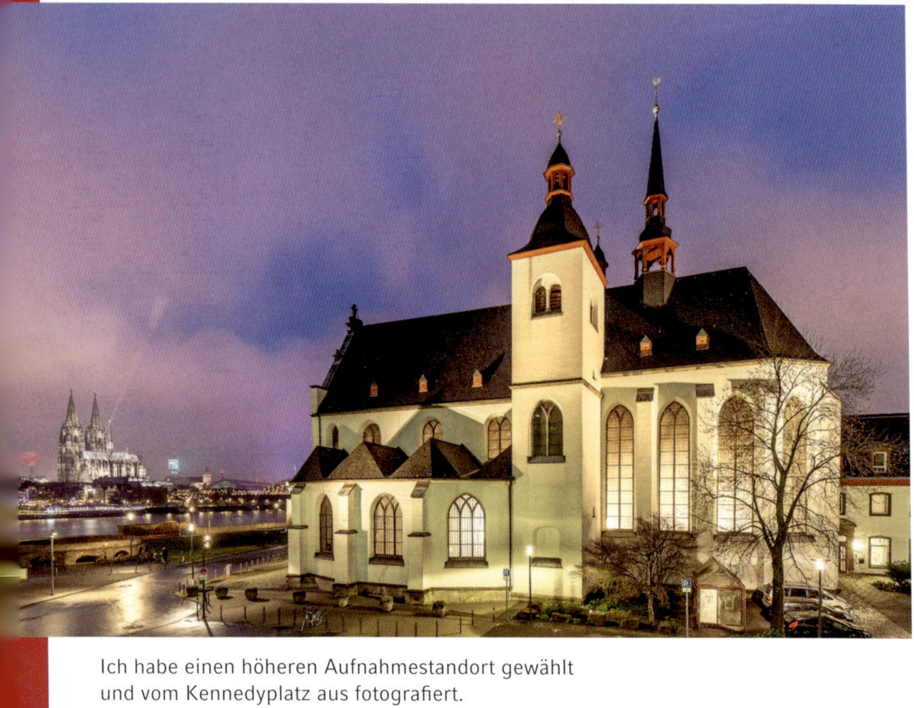

Ich habe einen höheren Aufnahmestandort gewählt und vom Kennedyplatz aus fotografiert. (16 mm · f 8 · 5 s · ISO 100 · Stativ)

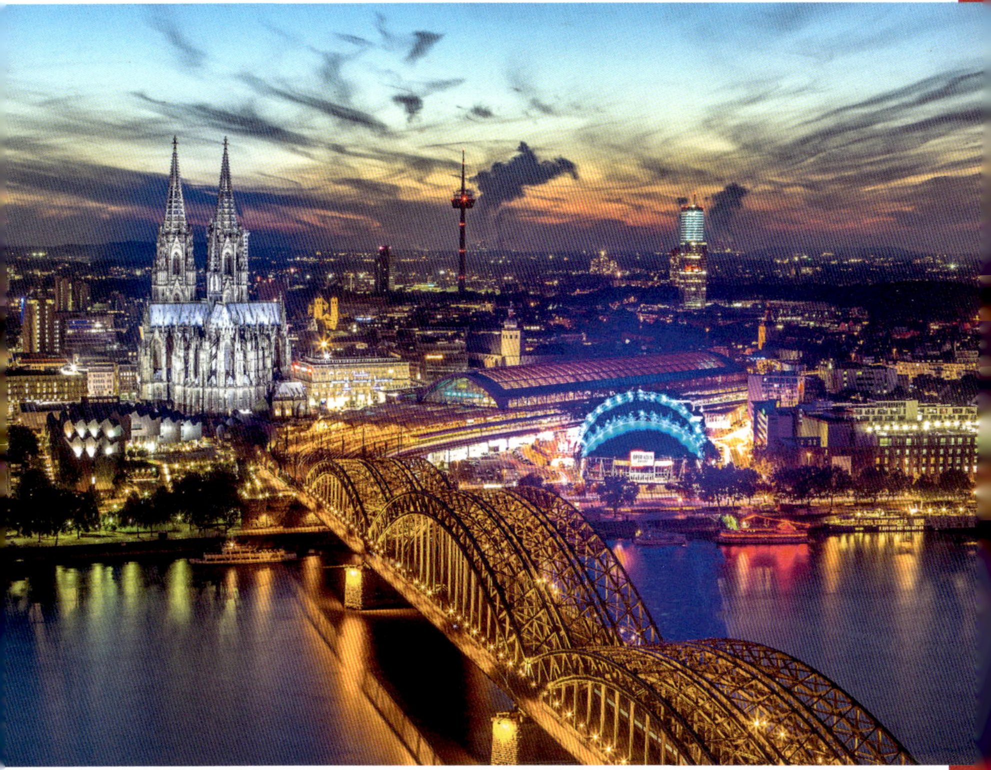

Von der Aussichtsplattform ergeben sich grandiose Fotos, die eine Aussicht bis ins Kölner Hinterland ermöglichen. (32 mm · f 8 · 30 s · ISO 100 · Stativ)

5 KÖLNTRIANGLE

Beste Tageszeit: tagsüber, abends
Koordinaten: 50.940506, 6.971608
Adresse: Ottoplatz 1, 50679 Köln
Webseite: *www.koelntrianglepanorama.de/besucherinfo.php*

Von der Rheinpromenade ist es nicht weit zu diesem 103 Meter hohen Turm in Köln-Deutz. Das Dach des Hochhauses ist eine 360°-Aussichtsplattform, von der aus man einen fantastischen Blick auf Köln und das Umland hat.

Da die Besucher der Plattform rundherum durch Glasscheiben geschützt sind, entstehen möglicherweise Reflexionen in Ihren Bildern. Um diese zu vermeiden, empfehle ich Folgendes: Gehen Sie mit der Kamera so nah wie möglich an die Scheibe heran und setzen Sie die Gegenlichtblende des Objektivs gegen die Glasscheibe. Am besten funktioniert dies mit einer Gegenlichtblende aus Gummi, da diese flexibel ist. Alternativ können Sie auch ein Loch in ein schwarzes Tuch schneiden und dieses an die Scheibe kleben. Wenn Sie jetzt durch das Loch fotografieren, sollten keine Reflexionen mehr im Foto zu sehen sein. Achten Sie aber darauf, dass Objektiv und Tuch lichtundurchlässig miteinander verbunden sind.

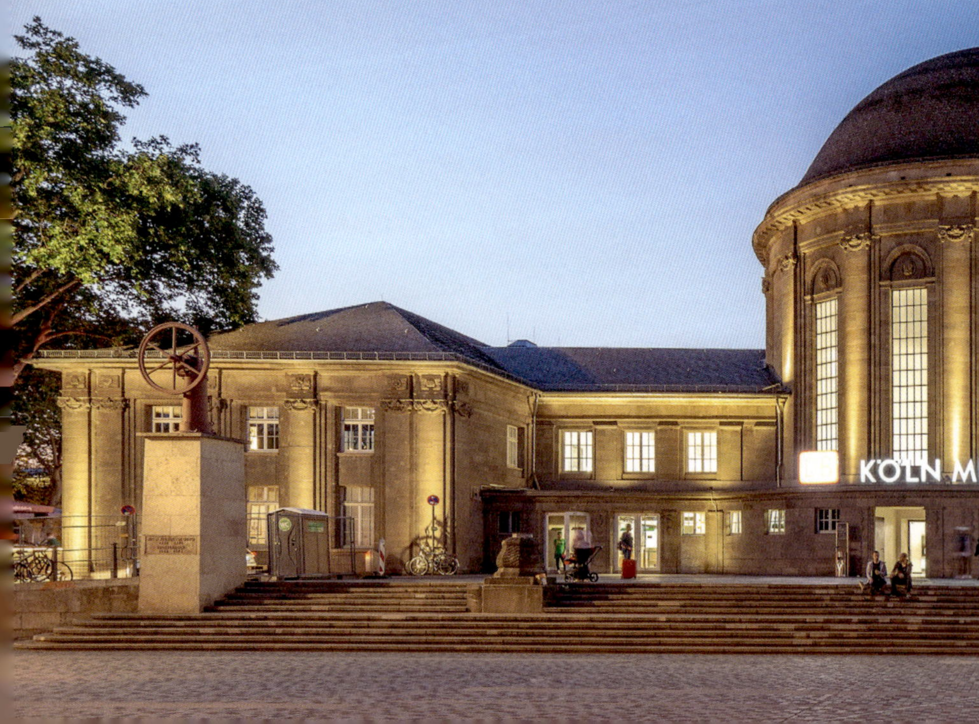

6 BAHNHOF KÖLN MESSE/DEUTZ

Beste Tageszeit: tagsüber, abends
Koordinaten: 50.940012, 6.974444
Adresse: Ottoplatz, 50679 Köln

Dieser verglichen mit dem Hauptbahnhof recht kleine Bahnhof ist ein wichtiger Verkehrsknotenpunkt, auch für den Fernverkehr, und daher gibt es oft viele Menschen, die sich dort aufhalten. Dies bietet eine gute Gelegenheit, um Streetfotografie zu betreiben und das geschäftige Treiben oder interessante Charaktere festzuhalten.

Es kann aber auch hilfreich sein, den richtigen Moment abzuwarten, um Menschenmengen zu vermeiden und bestimmte fotografische Vorstellungen umzusetzen. Die markante Form des Gebäudes eignet sich gut für architektonische Aufnahmen. Hier lassen sich interessante Linien, Formen und Strukturen einfangen.

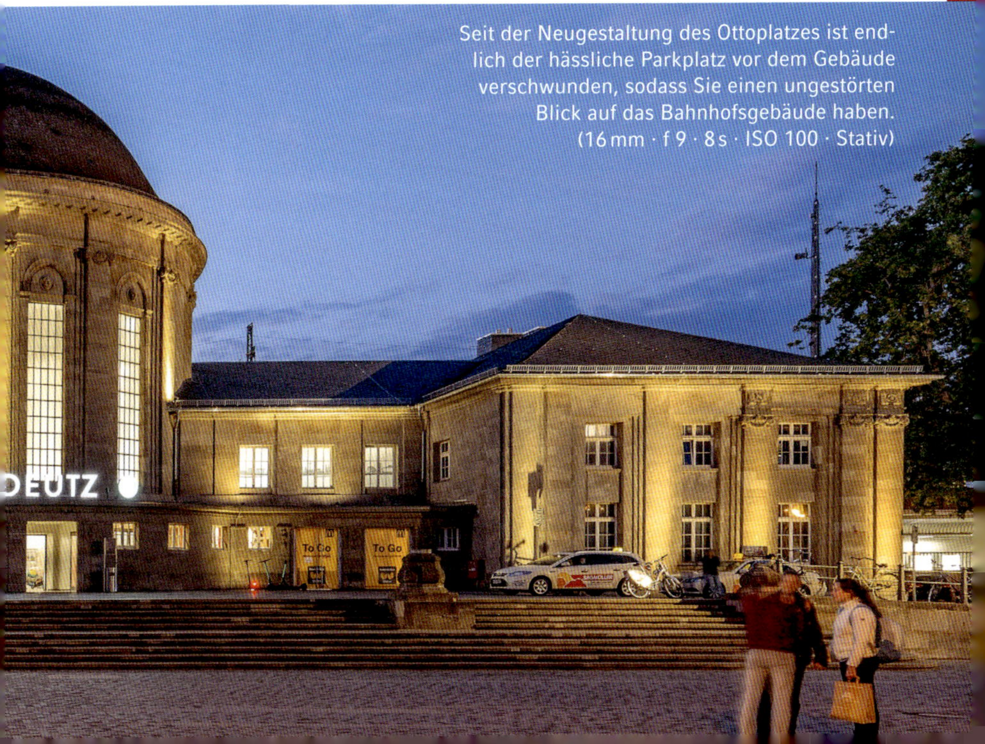

Seit der Neugestaltung des Ottoplatzes ist endlich der hässliche Parkplatz vor dem Gebäude verschwunden, sodass Sie einen ungestörten Blick auf das Bahnhofsgebäude haben. (16 mm · f 9 · 8 s · ISO 100 · Stativ)

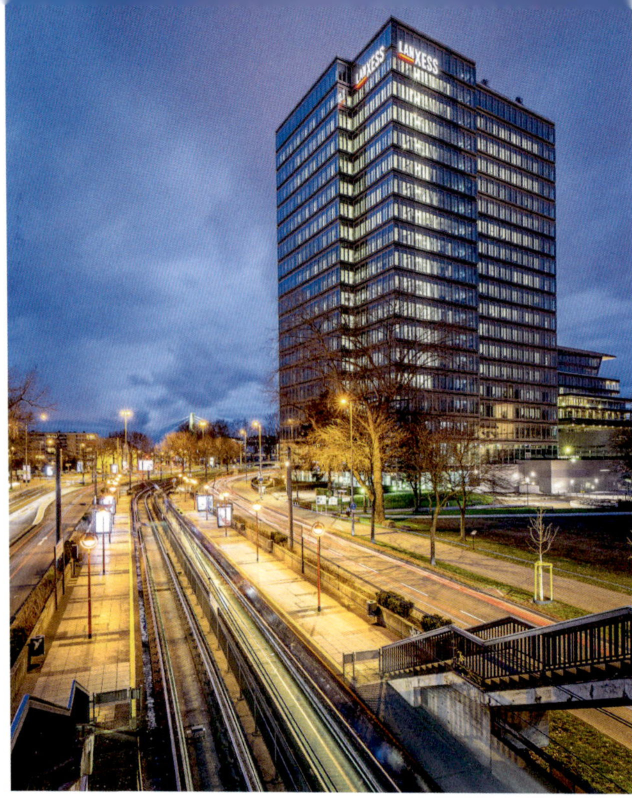

Bei dieser Aufnahme habe ich darauf geachtet, nicht nur die Lichtstreifen der Autos, sondern auch die der ein- und abfahrenden Straßenbahnen aufs Bild zu bannen. (16 mm · f 14 · 25 s · ISO 100 · Stativ)

7 HALTESTELLE DEUTZER FREIHEIT

Beste Tageszeit: tagsüber, abends
Koordinaten: 50.938414, 6.971449
Adresse: Straßenbahnhaltestelle Deutzer Freiheit, 50679 Köln

Vom nördlichen Zugang der Straßenbahnhaltestelle Deutzer Freiheit lässt sich eine interessante Aufnahme des Lanxess-Gebäude mit der Straßenbahnhaltestelle im Vordergrund bewerkstelligen. Der Aufnahmestandort befindet sich auf dem Fußgängerweg über der Mindener Straße, die den nördlichen Zugang ermöglicht.

Bei der Aufnahme habe ich absichtlich gewartet, bis Straßenbahnen in die Haltestelle einfuhren und wieder aus ihr hinausfuhren, um zusätzliche Lichtstreifen auf der Aufnahme zu haben.

8 BLICK AUF RHEINBOULEVARD UND KÖLNTRIANGLE

Beste Tageszeit: tagsüber, abends
Koordinaten: 50.936569, 6.966258
Adresse: Deutzer Brücke, 50679 Köln

Das KölnTriangle ist eines der wenigen Hochhäuser in Köln. Dieser Turm ist deshalb von besonderem Interesse, da er einen 360°-Panoramablick über die Stadt aus etwa 100 Metern Höhe bietet (siehe Seite 201).

Bei diesem Foto ist er jedoch Motiv und nicht Aufnahmestandort. Das Bild habe ich nach Sonnenuntergang während der Blauen Stunde von der Deutzer Brücke aus aufgenommen. Es ist wichtig, rechtzeitig vor Ort zu sein, um die beste Lichtstimmung nicht zu verpassen. Das größte Problem hier ist wieder die Vibration der Brücke, insbesondere wenn ein Lastwagen oder eine Straßenbahn die Brücke überquert. Warten Sie, bis der Verkehr nachlässt, und drücken Sie dann den Auslöser. Wichtig ist, viele Bilder aufzunehmen, damit mindestens ein Bild auf jeden Fall scharf ist.

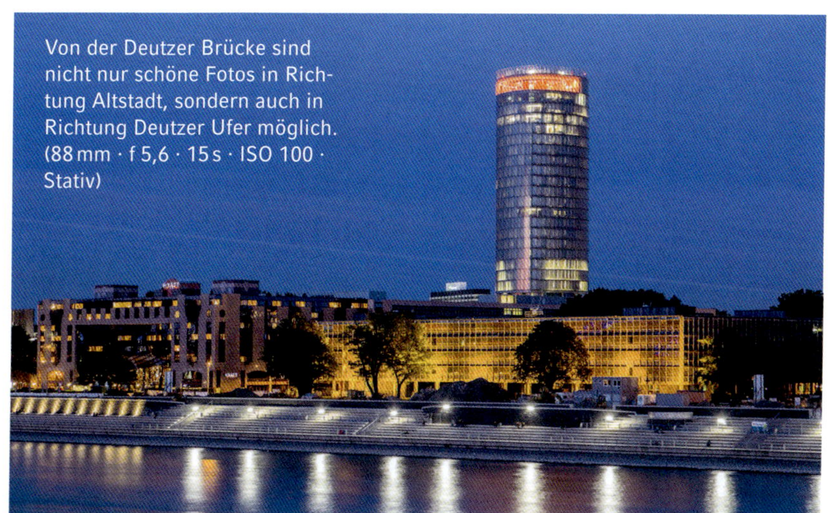

Von der Deutzer Brücke sind nicht nur schöne Fotos in Richtung Altstadt, sondern auch in Richtung Deutzer Ufer möglich. (88 mm · f 5,6 · 15 s · ISO 100 · Stativ)

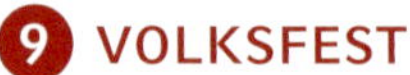

9 VOLKSFEST

Beste Tageszeit: tagsüber, abends
Koordinaten: 50.934099, 6.969587
Adresse: Siegburger Str. 66, 50679 Köln
Webseite: *www.volksfest-koeln.de*

Zweimal im Jahr findet auf der *Deutzer Werft* das Volksfest mit zahlreichen Fahrgeschäften statt: im Frühjahr um die Osterzeit herum und im Herbst.

Der Rummelplatz bietet sich förmlich an, um bunte Lichter in Bewegung zu fotografieren. Ziehen Sie mit Kamera, Stativ und Fernauslöser los, um grandios leuchtende Fotos zu produzieren. Viele Menschen besuchen das farbenfrohe Spektakel und vergnügen sich auf den Fahrgeschäften. Und wenn es Abend wird, eröffnen sich Ihnen zahlreiche Möglichkeiten, die bunten Lichter zu fotografieren.

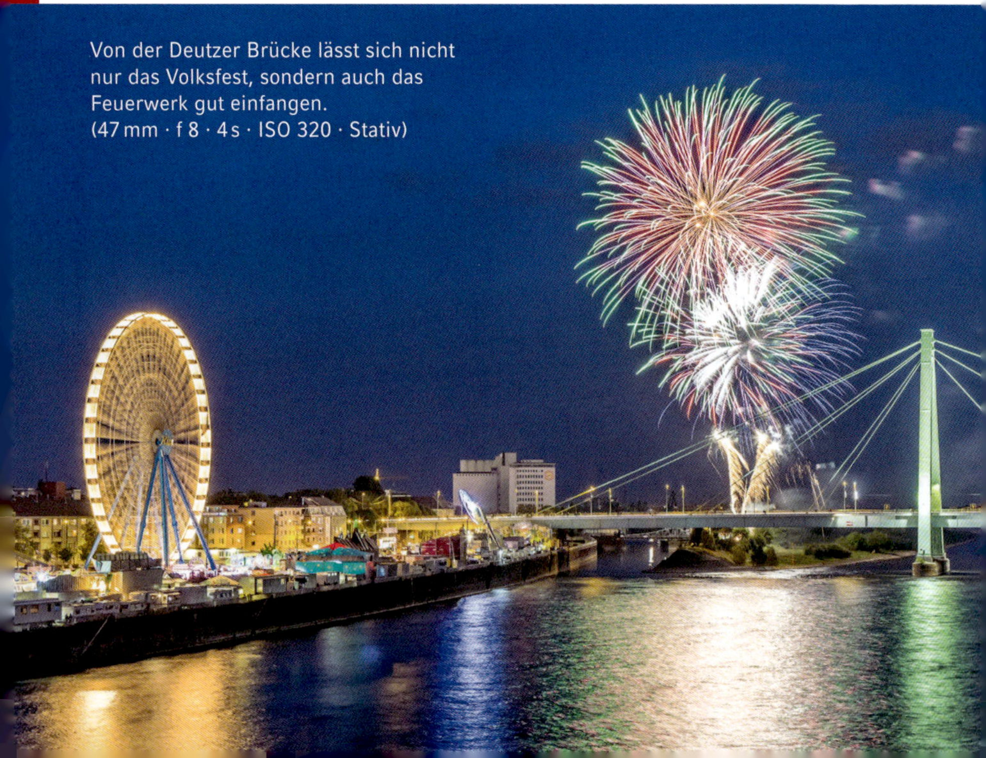

Von der Deutzer Brücke lässt sich nicht nur das Volksfest, sondern auch das Feuerwerk gut einfangen.
(47 mm · f 8 · 4 s · ISO 320 · Stativ)

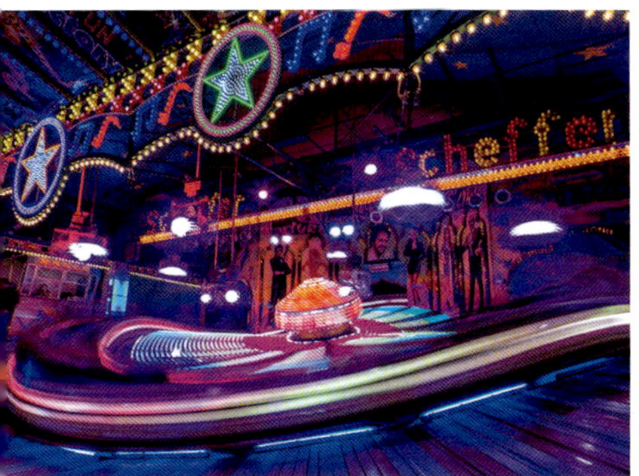

Probieren Sie unterschiedliche Belichtungszeiten aus und vergleichen Sie die Ergebnisse. Orientieren Sie sich dann für die folgenden Aufnahmen an den optimalen Belichtungszeiten.
(24 mm · f 22 · 2,5 s · ISO 50 · Stativ)

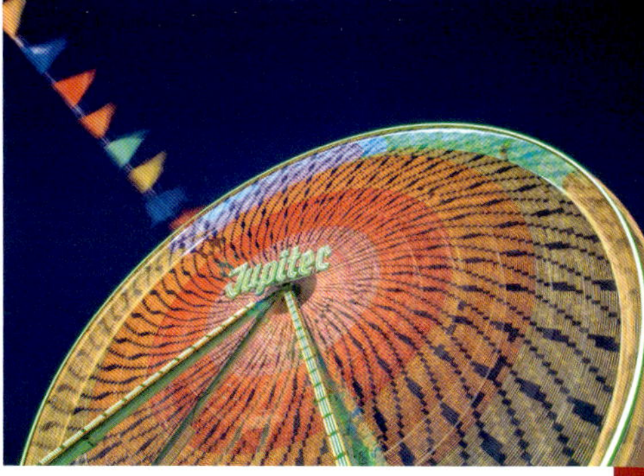

Eine der faszinierendsten Eigenschaften von Volksfesten am Abend sind die leuchtenden Lichter der Fahrgeschäfte, Buden und Attraktionen. Die bunten Lichter erzeugen eine magische Atmosphäre.
(24 mm · f 11 · 3,2 s · ISO 100 · Stativ)

In der Regel wird auch bei jedem Volksfest ein Feuerwerk veranstaltet. Dafür sollten Sie sich schon im Vorfeld einen geeigneten Standpunkt suchen.

Damit Ihre abendliche Fotosession auf dem Rummelplatz auch gelingt, sollten Sie auf folgende Punkte achten:

- Passen Sie mit Ihrem Stativ gut auf, denn je nachdem, wohin Sie sich stellen, kann es bei Dunkelheit sehr leicht zur Stolperfalle für Personen werden.
- Probieren Sie unterschiedliche Perspektiven aus und schauen Sie auch einmal hinter den Fahrgeschäften nach. Auch dort tun sich oft ungewöhnliche Perspektiven auf.
- Testen Sie unterschiedliche Belichtungszeiten und produzieren Sie eine ausreichende Anzahl von Aufnahmen, denn der Ausschuss an misslungenen Bildern ist meist relativ groß.
- Fotografien Sie im manuellen Modus (M) und stellen Sie Blende, Belichtungszeit und ISO selbst ein, um die besten Ergebnisse zu erzielen.

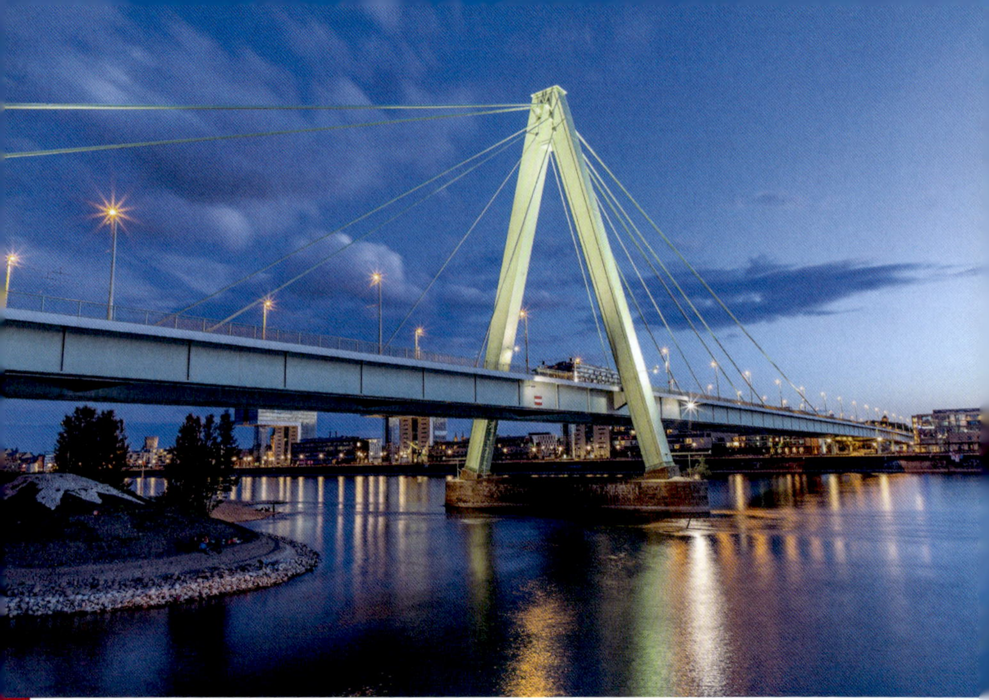

Ein Weitwinkelobjektiv ist oft die erste Wahl für meine Architekturfotos, da es einen weiten Bildwinkel erfasst und mir ermöglicht, mehr von der Architektur in einem Bild einzufangen. Dabei verzichte ich oftmals auch darauf, perspektivische Verzerrungen zu korrigieren, wenn mir das Ergebnis, wie bei dieser Aufnahme der Severinsbrücke, mehr Dynamik vermittelt. (24 mm · f 10 · 13 s · ISO 100 · Stativ)

10 DEUTZER WERFT

Beste Tageszeit: tagsüber, abends
Koordinaten: 50.932495, 6.970457
Adresse: Deutzer Werft, 50679 Köln

Die Deutzer Werft ist der Teil des Deutzer Ufers zwischen Deutzer Brücke und Drehbrücke. Zweimal im Jahr findet hier das Volksfest statt, und sonst wird der Platz zum Flanieren, Skateboarden und Inlineskaten genutzt. Von hier aus bieten sich Ihnen Ausblicke auf die linke Rheinseite wie die beiden Fotos zur Blauen Stunde auf den Dom oder auf die Severinsbrücke.

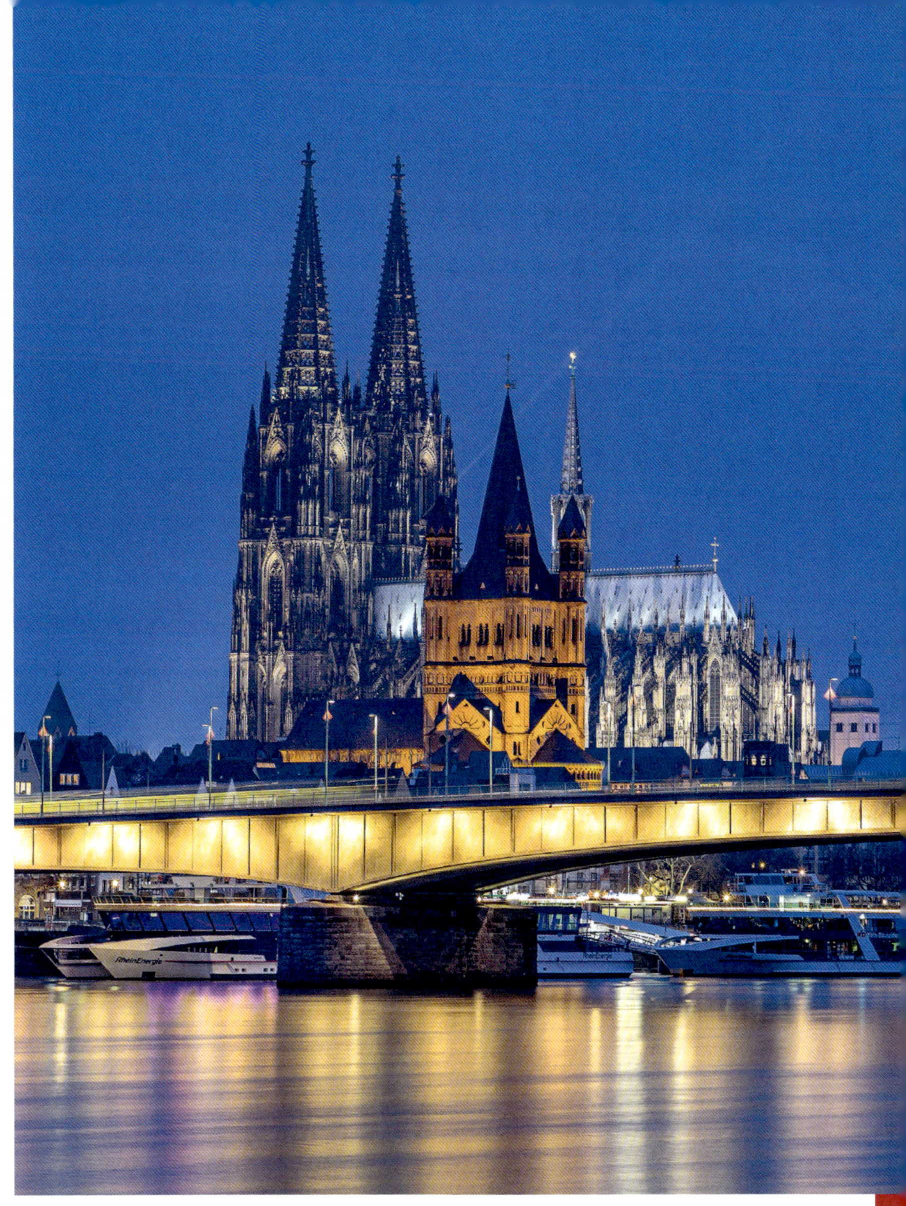

Kölner Dom, Groß St. Martin und die Deutzer Brücke von der Deutzer Werft aus fotografiert. Die Kombination aus den angestrahlten Gebäuden und dem dunkelblauen Himmel erzeugt eine Palette von kräftigen Farben und starken Kontrasten. Dies bietet eine großartige Möglichkeit, lebendige und visuell ansprechende Fotos zu machen. (105 mm · f 8 · 13 s · ISO 100 · Stativ)

11 UNTER DER SEVERINSBRÜCKE

Beste Tageszeit: tagsüber, abends
Koordinaten: 50.931203, 6.971254
Adresse: Deutzer Werft, 50679 Köln

Direkt unter der Severinsbrücke bietet sich diese tolle, symmetrische Aufnahme an. Gerade zum Abend hin, während des Sonnenuntergangs, lassen sich mit etwas Glück sehr schöne Farben im Himmel einfangen.

Da es unter der Brücke im Gegensatz zur Umgebung sehr dunkel ist, ist hier eine Belichtungsreihe für eine HDR-Aufnahme angebracht, um die Details der Brückenkonstruktion herauszuarbeiten.

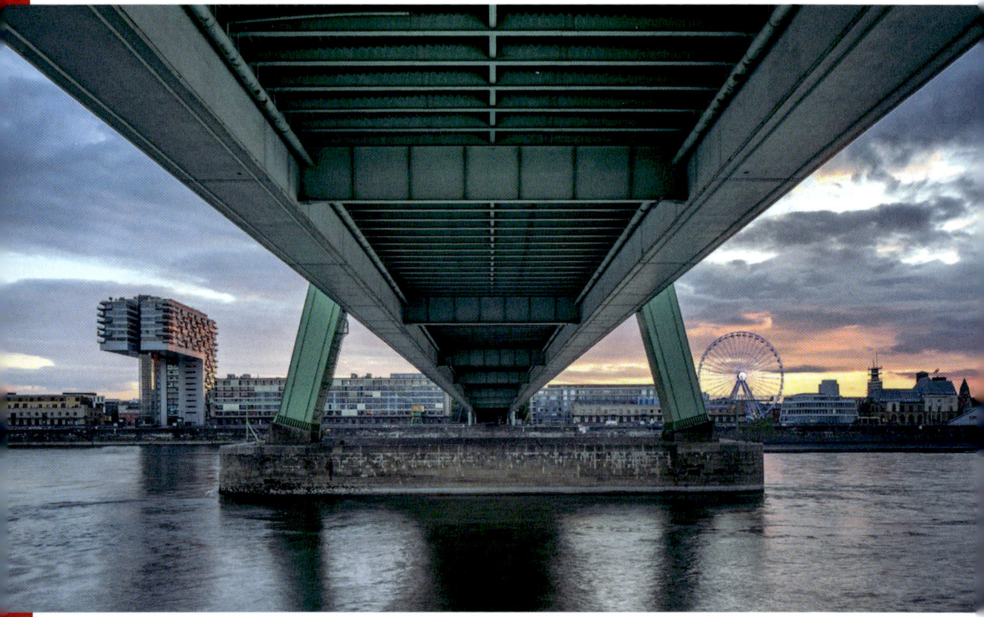

Experimentieren Sie mit verschiedenen Perspektiven, Brennweiten und Techniken, um einzigartige und fesselnde Bilder zu erstellen.
HDR-Bild aus 5 Aufnahmen. Mittlere Aufnahmeeinstellung: 24 mm · f 11 · 1/30 s · ISO 100 · Stativ · Tilt/Shift-Objektiv

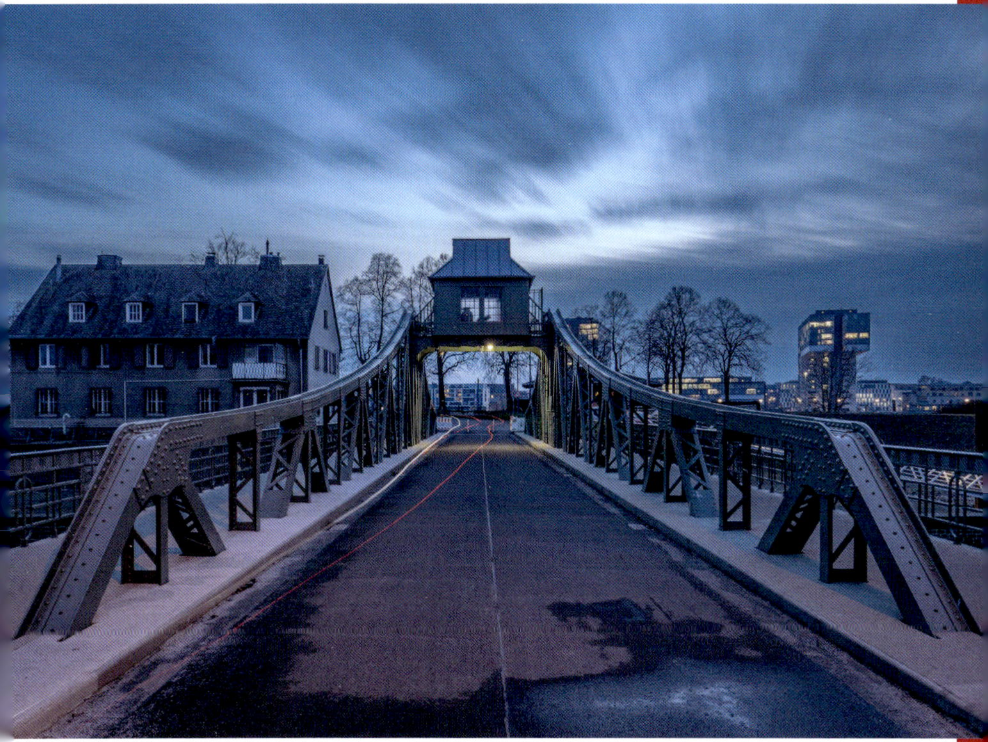

Ein stabiles Stativ ist unerlässlich, um scharfe Bilder mit langer Belichtungszeit, in diesem Fall 2 Minuten, und niedriger ISO-Empfindlichkeit zu erzeugen. Es ermöglicht auch eine präzise Ausrichtung und Komposition der Aufnahme.
(23 mm · f 14 · 120 s · ISO 100 · Stativ · ND64 · GND0.9)

12 DEUTZER DREHBRÜCKE

Beste Tageszeit: tagsüber, abends
Koordinaten: 50.927891, 6.973517
Adresse: Alfred-Schütte-Allee, 50679 Köln

Die Deutzer Drehbrücke wurde 2021 und 2022 aufwendig generalsaniert und erstrahlt aktuell in neuem Glanz.

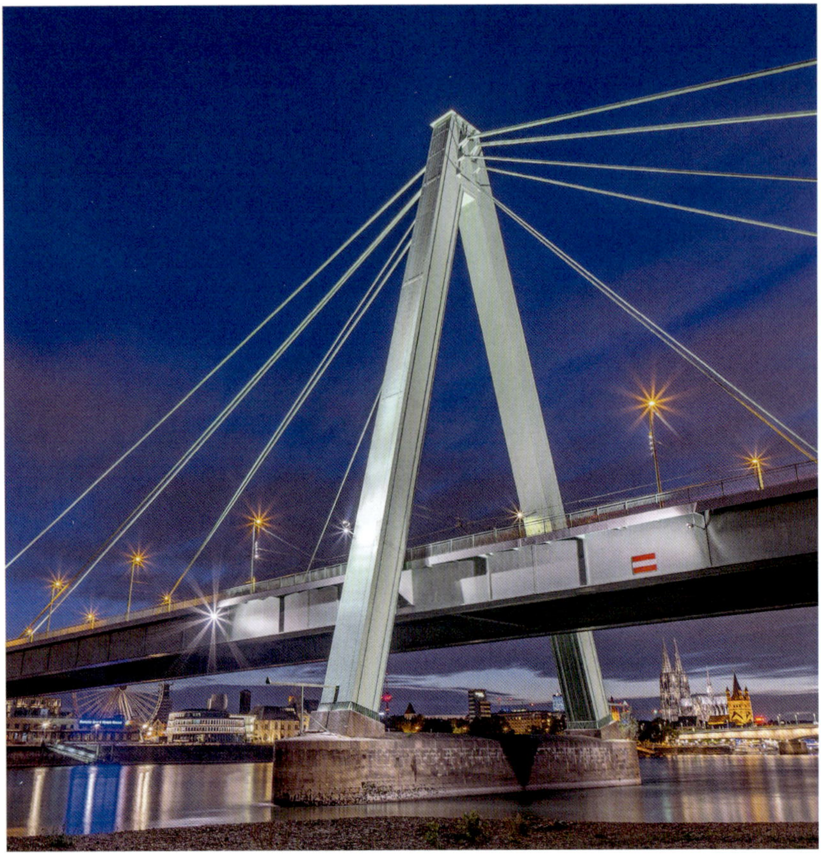

Achten Sie auf eine sorgfältige Komposition und den Aufbau des Bildes. Der Dom darf nicht vom Pylon oder der Brücke verdeckt werden. (24 mm · f 8 · 3,2 s · ISO 100 · Stativ)

13 PYLON DER SEVERINSBRÜCKE

Beste Tageszeit: tagsüber, abends
Koordinaten: 50.930462, 6.970307
Adresse: Deutzer Werft, 50679 Köln

Von der Landzunge des Deutzer Hafens, direkt auf dem Kies der Rheinseite stehend, können Sie den Pylon der Severinsbrücke aus einer tiefen Perspektive fotografieren. Achten Sie bei der Wahl des Bildausschnitts darauf, dass die Altstadt mit Kölner Dom und Groß St. Martin gut zu erkennen ist.

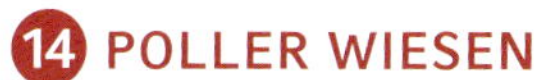

14 POLLER WIESEN

Beste Tageszeit: tagsüber, abends
Koordinaten: 50.920873, 6.974961
Adresse: Alfred-Schütte-Allee, 50679 Köln

Von den Poller Wiesen aus haben Sie eine schöne Sicht auf die Kranhäuser, in Richtung Dom oder die Südbrücke. Insbesondere mit Langzeitbelichtungen am Tage können Sie dem Rhein einen seidigen Effekt verleihen. Dieser Fotospot ist besonders beliebt für

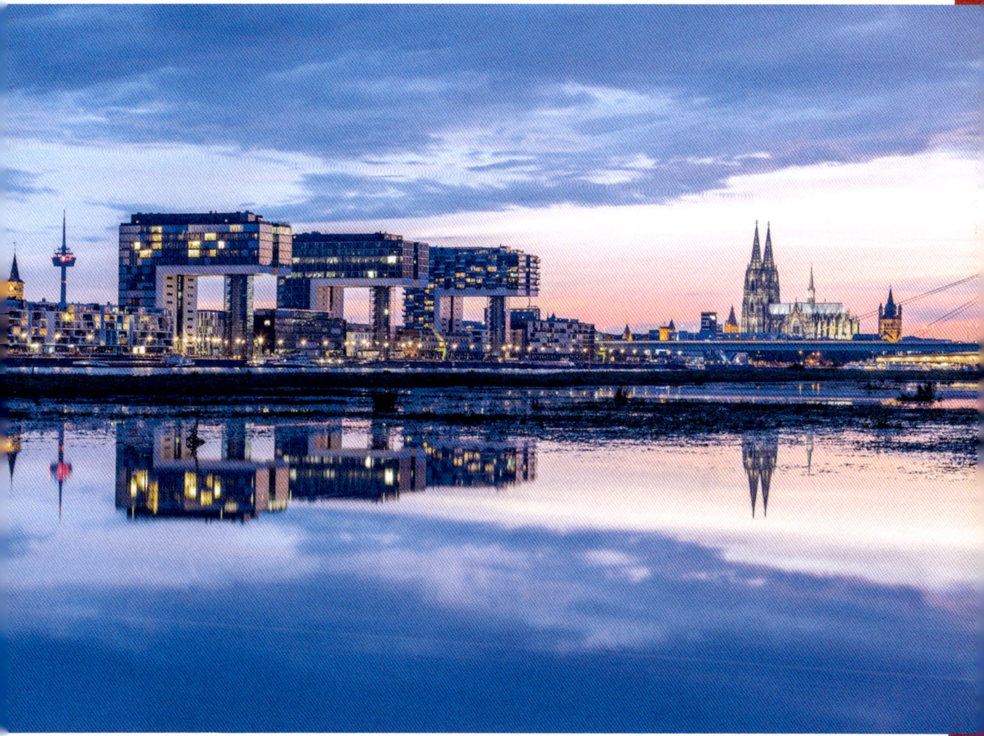

Bei Hochwasser werden die Wiesen vom Wasser bedeckt. Um eine perfekte Spiegelung hinzubekommen, habe ich mich mit dem Stativ ins Wasser gestellt. Die Kameraposition habe ich dabei relativ niedrig gehalten, da die Spiegelung umso besser funktioniert, je dichter sich die Kamera über der Wasseroberfläche befindet. Vergessen Sie für solche Aktionen Ihre Gummistiefel nicht!
(58 mm · f 9 · 8 s · ISO 100 · Stativ) 50.918522, 6.977021

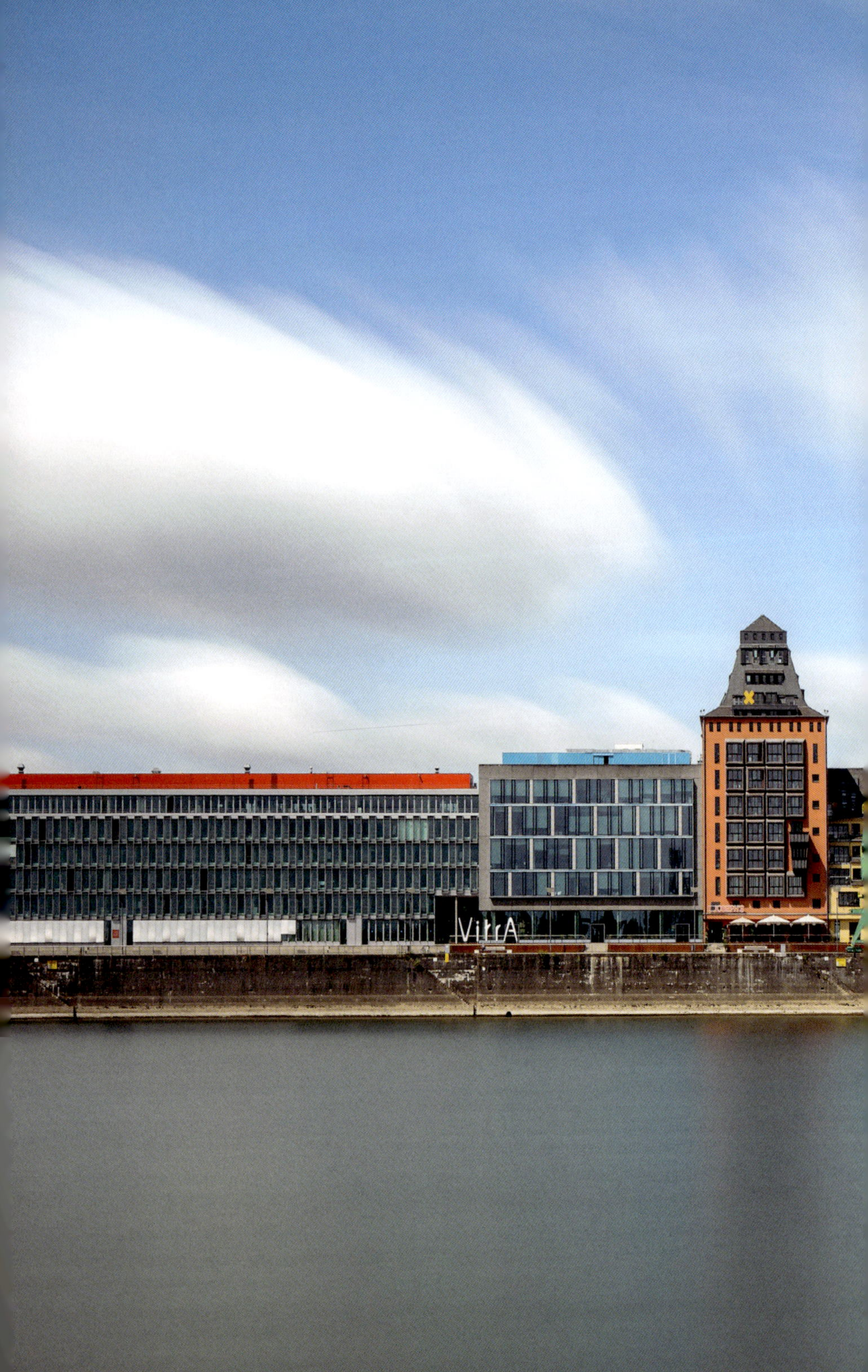
VitrA

Das »Kölner Siebengebirge«: Damit ist ein Wohn- und Geschäftshaus im Rheinauhafen gemeint. (32 mm · f 18 · 123 s · ISO 50 · Stativ · ND3.6)

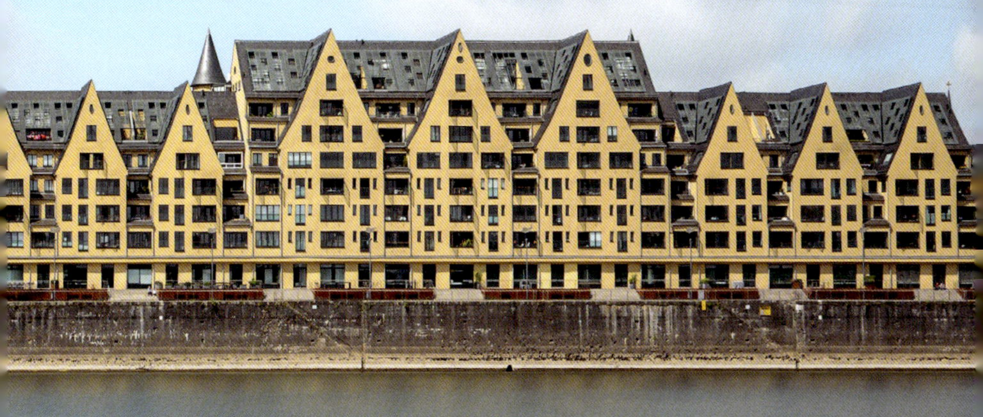

Panorama-Aufnahmen über den Rhein in Richtung der berühmtesten Wahrzeichen Kölns. Während der Sommermonate ist die Wiese am Wochenende sehr voll mit Leuten, die grillen, sich sonnen oder mit Frisbees und Ähnlichem spielen.

Unter der Woche ist es hier aber relativ ruhig, bis auf Spaziergänger, die ihre Hunde ausführen.

Eine sehr symmetrische Aufnahme der genau gegenüberliegenden Kranbauten. Ich habe darauf geachtet, stürzende Linien zu vermeiden, indem ich die Kameraebene parallel zur Gebäudefassade ausgerichtet habe. (50mm · f 7,1 · 1/640s · ISO 100)

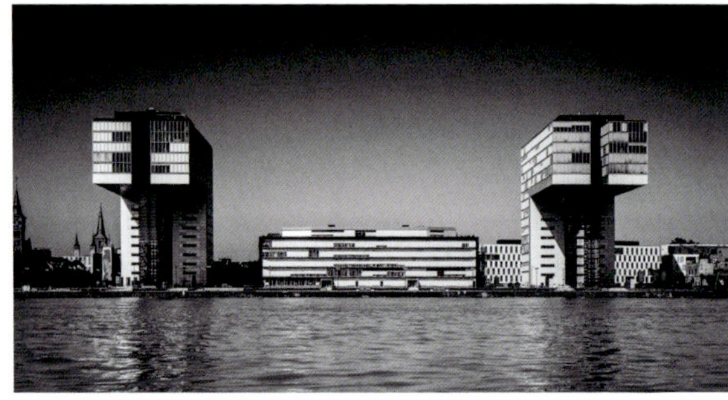

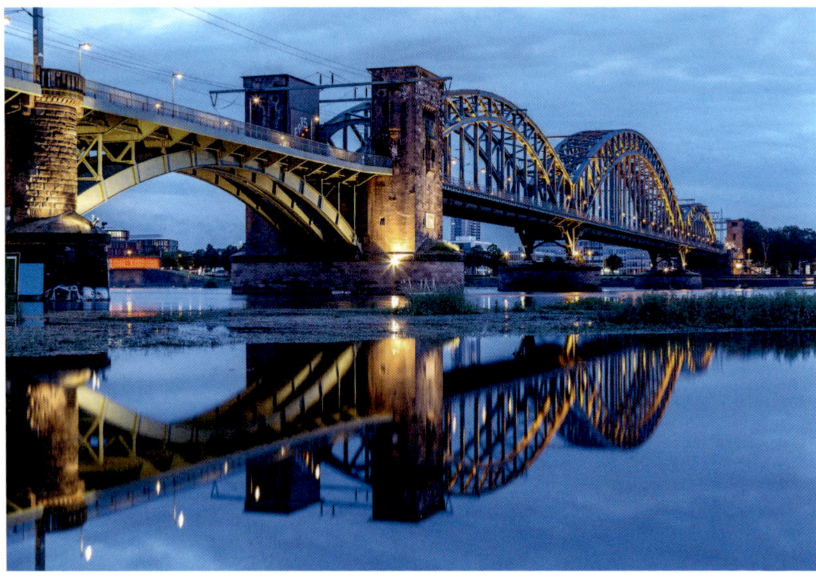

Spiegelung der Südbrücke bei Hochwasser (55mm · f 9 · 13s · ISO 100 · Stativ)

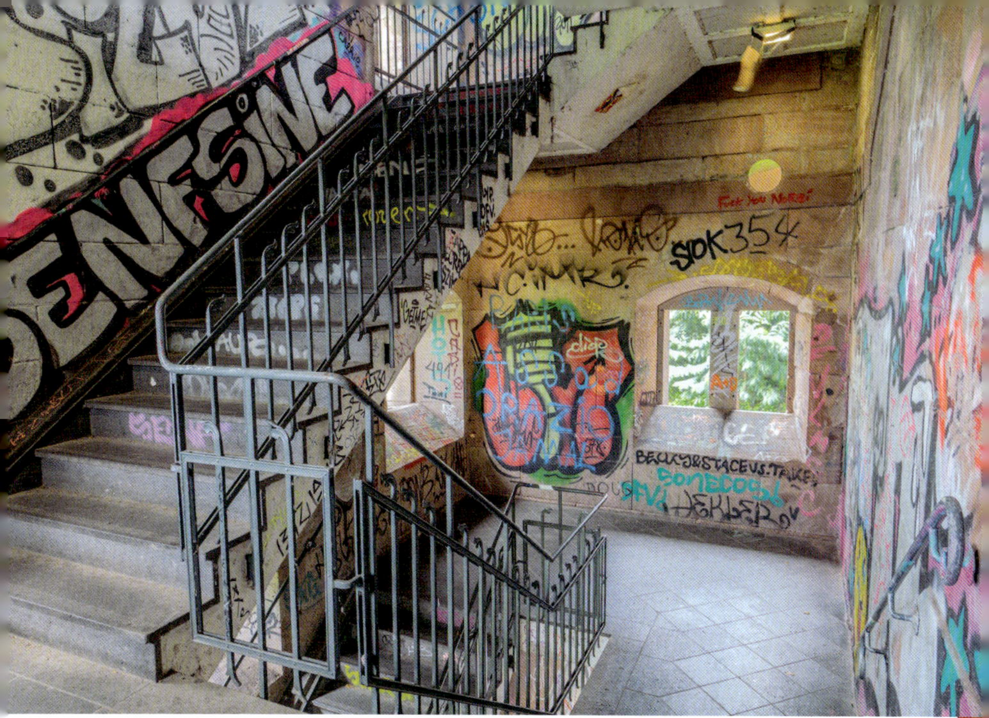

Auch der Treppenaufgang zur Südbrücke ist ein interessantes Fotomotiv. HDR-Bild aus 3 Aufnahmen. Mittlere Aufnahmeeinstellung: 24 mm · f 9 · 1,3 s · ISO 100 · Stativ

15 SÜDBRÜCKE

Beste Tageszeit: tagsüber, abends
Koordinaten: 50.917931, 6.976903
Adresse: Alfred-Schütte-Allee 34, 51105 Köln

Die Südbrücke hat auf beiden Seiten Fußwege. Insbesondere auf der nördlichen Seite finden Sie zahlreiche Aufnahmemöglichkeiten in Richtung Kranhäuser und Altstadt.

Das Fotografieren mit längeren Belichtungszeiten und Stativ gestaltet sich von der Brücke aber recht schwierig, da auf dieser Brücke Güterzüge fahren. Entsprechend heftig ist die Vibration der Brücke. Hier scharfe Aufnahmen hinzubekommen ist eine Kunst für sich.

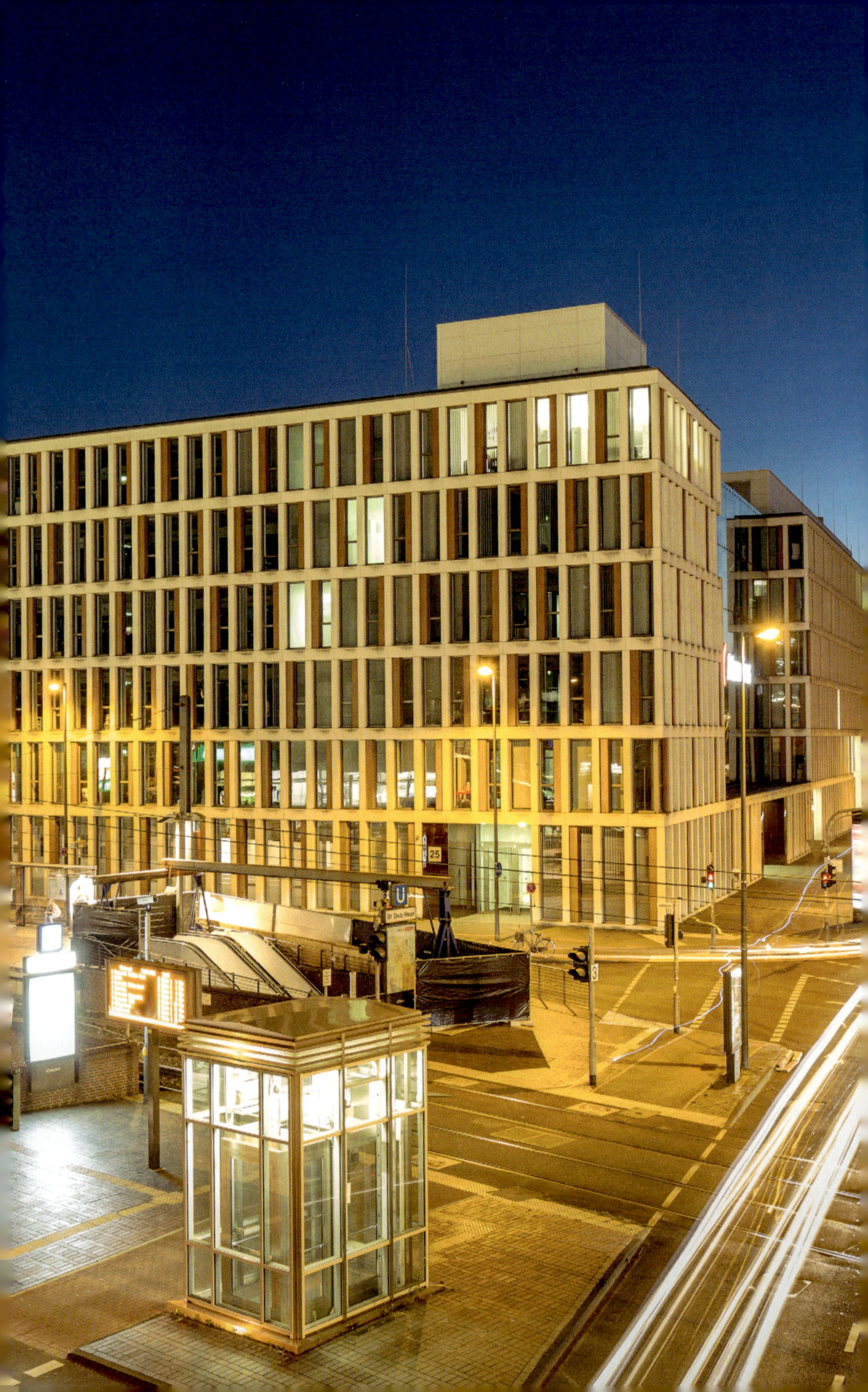
25
U
Bf Deutz Messe

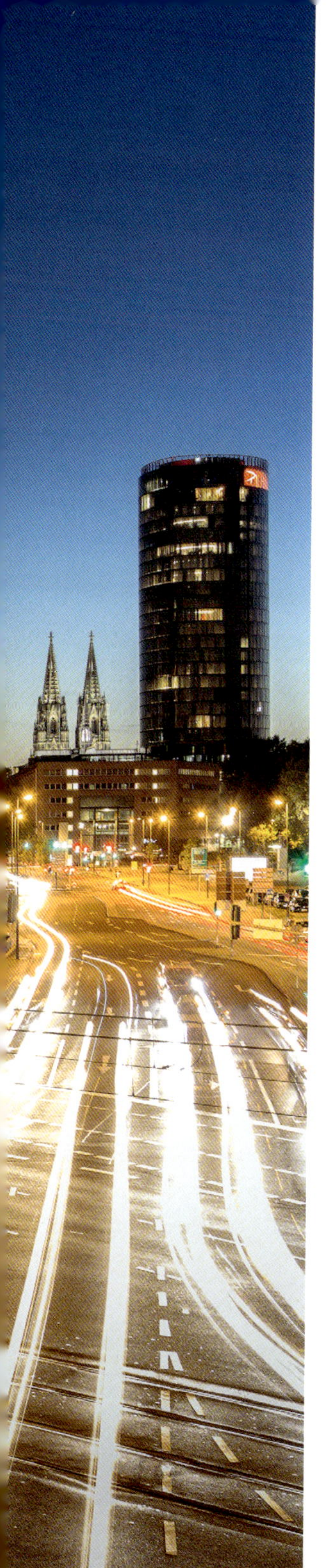

IM OSTEN – DIE SCHÄL SICK

TOUR 7

Auf der »Schäl Sick« (der »schielenden« bzw. der »verkehrten Seite«) beginnt nach urkölnischer Meinung »Asien« bzw. »der Bolschewismus«, wie Konrad Adenauer es einmal augenzwinkernd genannt haben soll. Das rechtsrheinische Köln bietet allerdings einige interessante Fotomotive, die auch eine längere Anfahrt lohnenswert machen.

28 mm · f 8 · 30 s · ISO 50 · Stativ

IM OSTEN – DIE SCHÄLSICK

TOUR 7

1. JAPANISCHER GARTEN
2. DOMSPITZEN MIT RHEINSEILKABINE
3. KUNSTWERK E.V. PARKPLATZ
4. LANXESS ARENA
5. PARKHAUS LANXESS ARENA
6. FEUER- UND RETTUNGSWACHE 10
7. ST. THEODOR
8. ABC TOWER COLOGNE
9. FLUGHAFEN KÖLN/BONN

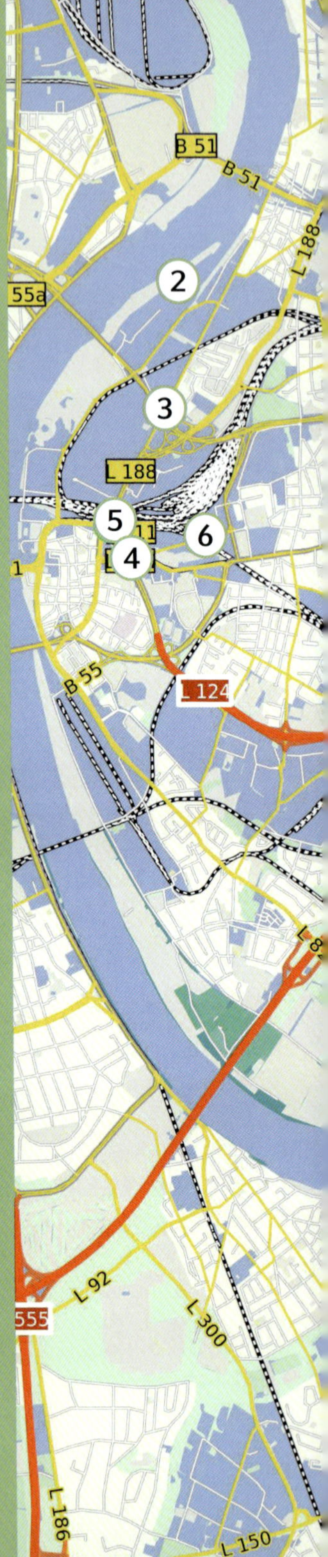

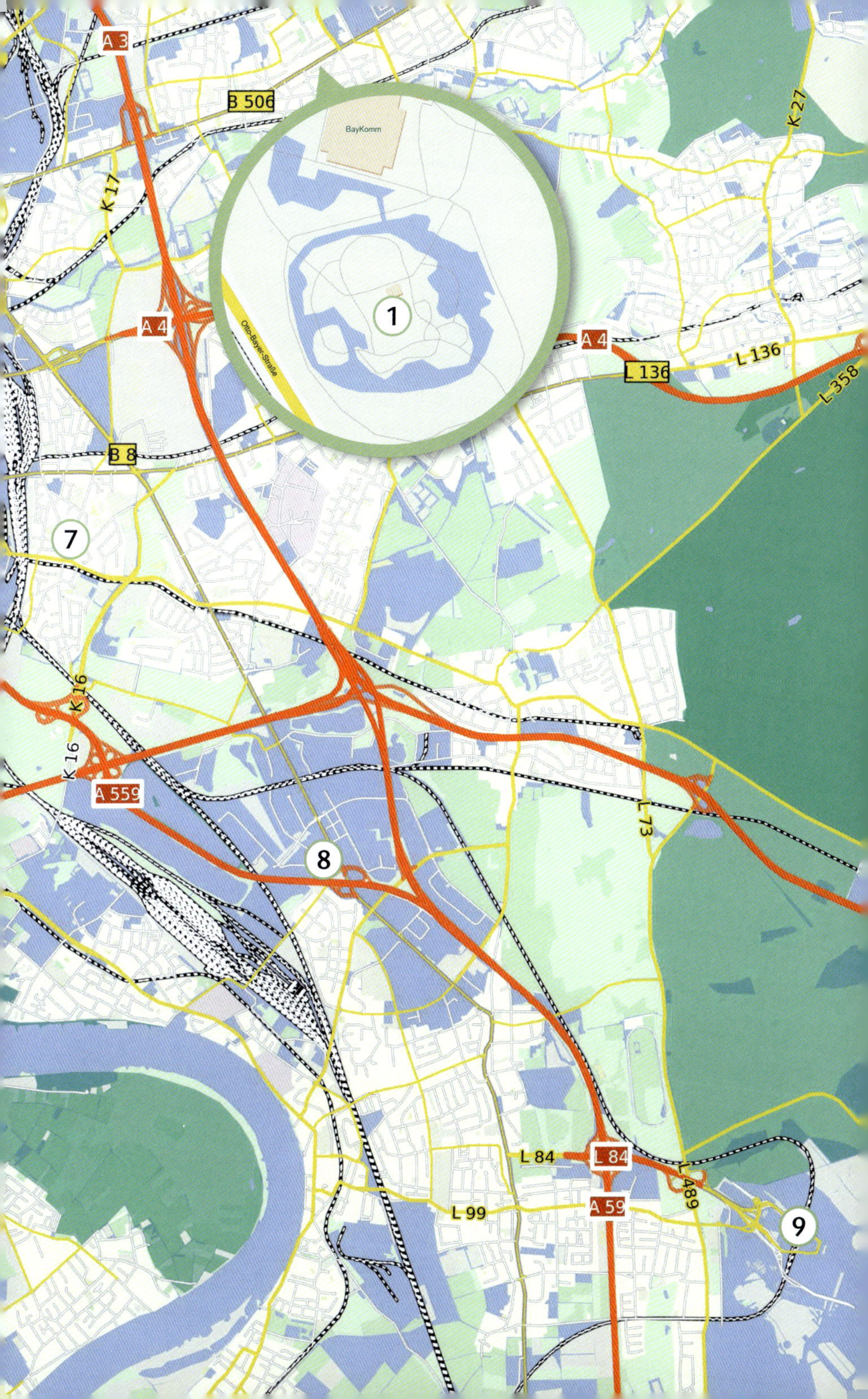
A 3
B 506
BayKomm
K 27
K 17
1
A 4
Otto-Bayer-Straße
A 4
L 136
L 136
L 358
B 8
7
K 16
K 16
A 559
L 73
8
L 84
L 84
L 489
A 59
L 99
9

1 JAPANISCHER GARTEN

Beste Tageszeit: tagsüber
Koordinaten: 51.011412, 6.981473
Adresse: Kaiser-Wilhelm-Allee, 51373 Leverkusen
Öffnungszeiten: Mai bis September: täglich 9:00 bis 20:00 Uhr
Webseite: *www.bayer.com/de/de/japanischer-garten-leverkusen*

Gleich hinter Köln-Flittard – und eigentlich schon zu Leverkusen gehörend – befindet sich der Japanische Garten, der 1912 auf Initiative des damaligen Generaldirektors der Farbenfabrik Friedrich Bayer & Co., Carl Duisberg, entstanden ist. Unter professioneller Anleitung wurde eine Gartenlandschaft angelegt, die seit den 1950er-Jahren auch für die Öffentlichkeit zugänglich ist. Heute verbringen hier viele Mitarbeiter aus dem Chempark regelmäßig ihre Mittagspause.

Fotografisch reizvoll ist das ganzjährige Farbenspiel der Pflanzen. Darüber hinaus liefern kleine Teiche und Wasserfälle mit japanischen Kois und Schildkröten fotogene Motive.

Man könnte wirklich meinen, dass dieses Foto in Japan entstanden ist. (28 mm · f 9 · 1/50 s · ISO 100 · Stativ)

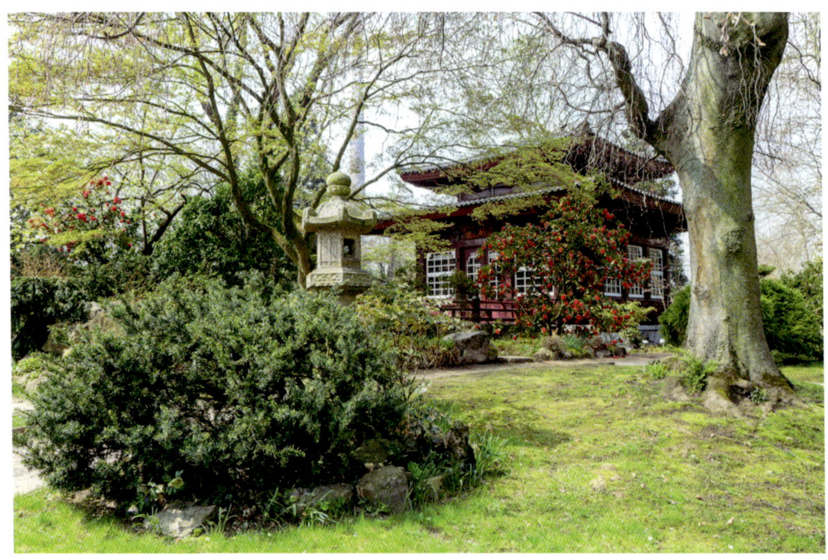

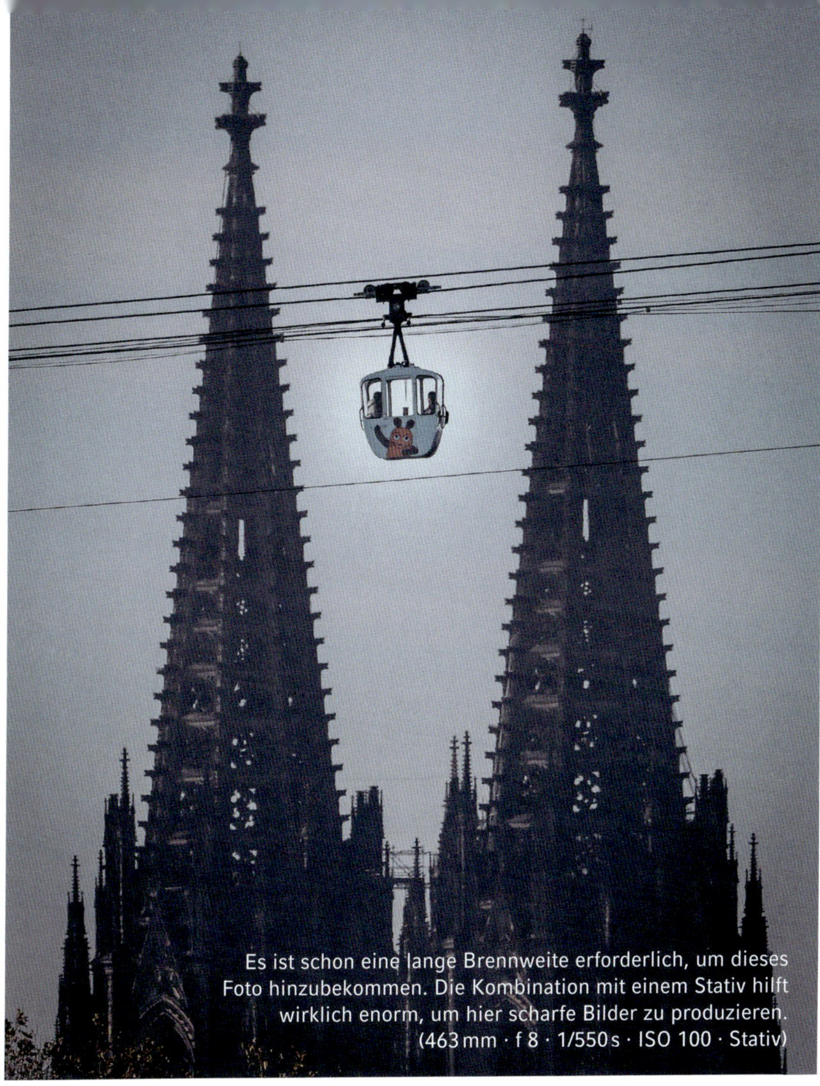

Es ist schon eine lange Brennweite erforderlich, um dieses Foto hinzubekommen. Die Kombination mit einem Stativ hilft wirklich enorm, um hier scharfe Bilder zu produzieren. (463 mm · f 8 · 1/550 s · ISO 100 · Stativ)

2 DOMSPITZEN MIT RHEINSEILKABINE

Beste Tageszeit: morgens
Koordinaten: 50.956744, 6.987362
Adresse: Hafenstraße 10, 51063 Köln

Eine kleine Fußgängerbrücke verbindet den Mühlheimer Hafen mit einer schmalen, spitz nach Nordosten zulaufenden Rheinhalbinsel. Ihren volkstümlichen

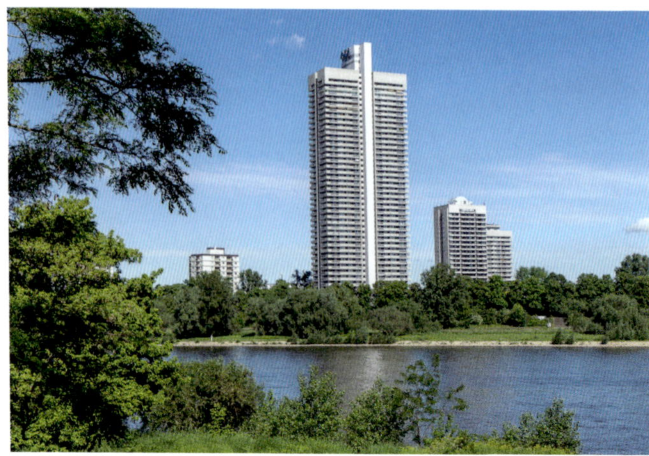

Von der Rheinhalbinsel ist an dieser Stelle vermutlich auch die beste Fotoaufnahme vom Colonia-Haus möglich. (46 mm · f 7,1 · 1/500 s · ISO 100)

Namen »Katzenbuckel« trägt die Fußgängerbrücke ganz zu Recht, denn sie steigt wie ein Katzenbuckel extrem steil über das Wasser.

Von der Brücke aus sind schöne Panorama-Aufnahmen in südlicher und nördlicher Richtung entlang des Rheins möglich. Und als einziger Aufnahmestandort in ganz Köln bietet der schmale Streifen der Halbinsel die Gelegenheit, die Domspitzen mit einer Kabine der Rheinseilbahn in einem Bild zu kombinieren.

3 KUNSTWERK E.V. PARKPLATZ

Beste Tageszeit: tagsüber
Koordinaten: 50.948030, 6.985630
Adresse: Deutz-Mülheimer Straße 129, 50679 Köln

Täglich fahren Tausende von Fahrzeugen auf der Zoobrücke stadteinwärts, aber die wenigsten Autofahrer haben den vertikalen Parkplatz vermutlich jemals gesehen. Sie müssten schon im richtigen Moment den Kopf nach rechts drehen, um ihn zu erblicken.

Das Kölner Architekturprojekt »plan« nahm sich 2006 dieses Parkplatzes an. Gemeinsam mit dem Kooperationspartner »office for subversive architecture«, der ebenfalls an der Schnittstelle von Kunst, Architektur und Stadtplanung arbeitet, wurde im September 2006 das gemeinsame Ergebnis präsentiert.

Der spitz zulaufende reale Parkplatz findet seine Fortsetzung auf der gut 1000 Quadratmeter großen Backsteinwand des KunstWerks e.V.

Am besten lässt sich der Parkplatz von der Zoobrücke aus fotografieren. Dort gelangen Sie nur zu Fuß oder mit dem Fahrrad hin, denn mit dem Auto dürfen Sie auf der Brücke nicht anhalten. Nehmen Sie den Fußgängerweg neben der Auffahrt auf die Zoobrücke vom Pfälzischer Ring aus. Dann befinden Sie sich auf der richtigen Seite der Brücke.

Der Standpunkt für diese Perspektive befindet sich auf der Zoobrücke. (75 mm · f 9 · 1/400 s · ISO 250)

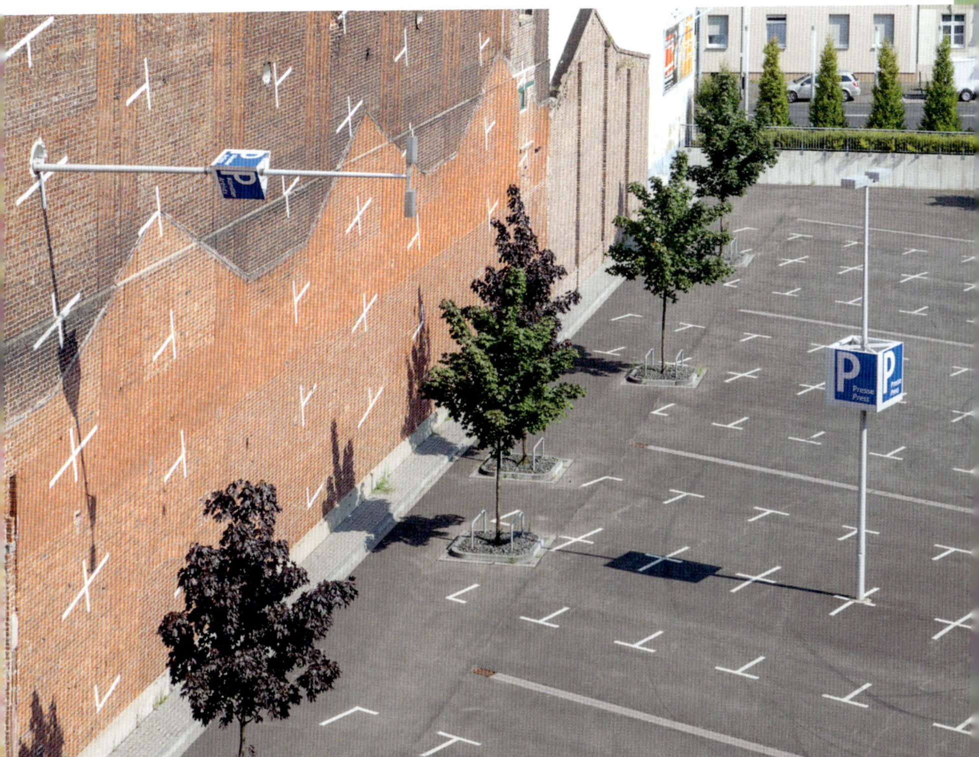

4 LANXESS ARENA

Beste Tageszeit: tagsüber, abends
Koordinaten: 50.937138, 6.981260
Adresse: Willy-Brandt-Platz 3, 50679 Köln
Webseite: *www.lanxess-arena.de*

Schon von Weitem ist die Veranstaltungshalle mit ihrem 65 Meter hohen Stahlbügel zu erkennen. Die markante Silhouette brachte der Arena in Köln schnell den Spitznamen »Henkelmännchen« ein.

Bei Veranstaltungen erstrahlt die Arena in einer faszinierenden Beleuchtung, die zum Fotografieren einlädt. Schauen Sie unbedingt im Vorfeld eines Besuchs auf die Website der Arena, ob für den Abend eine Veranstaltung geplant ist.

Nur an Veranstaltungsabenden erstrahlt die Arena in voller Beleuchtung. Mit einer längeren Belichtungszeit habe ich versucht, so viele Lichtspuren vorbeifahrender Fahrzeuge wie möglich auf das Foto zu bekommen. (40 mm · f 13 · 30 s · ISO 50 · Stativ)

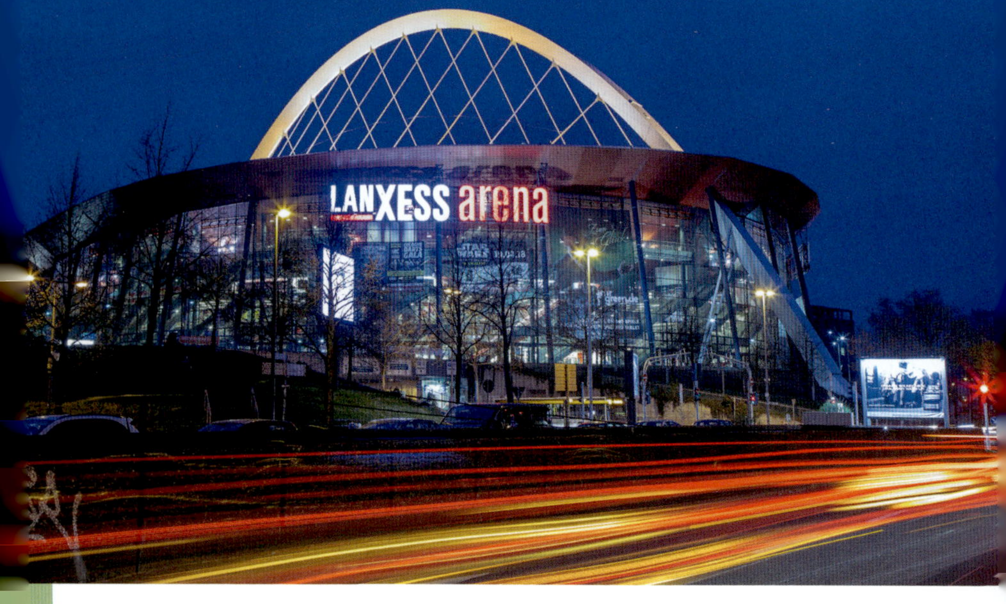

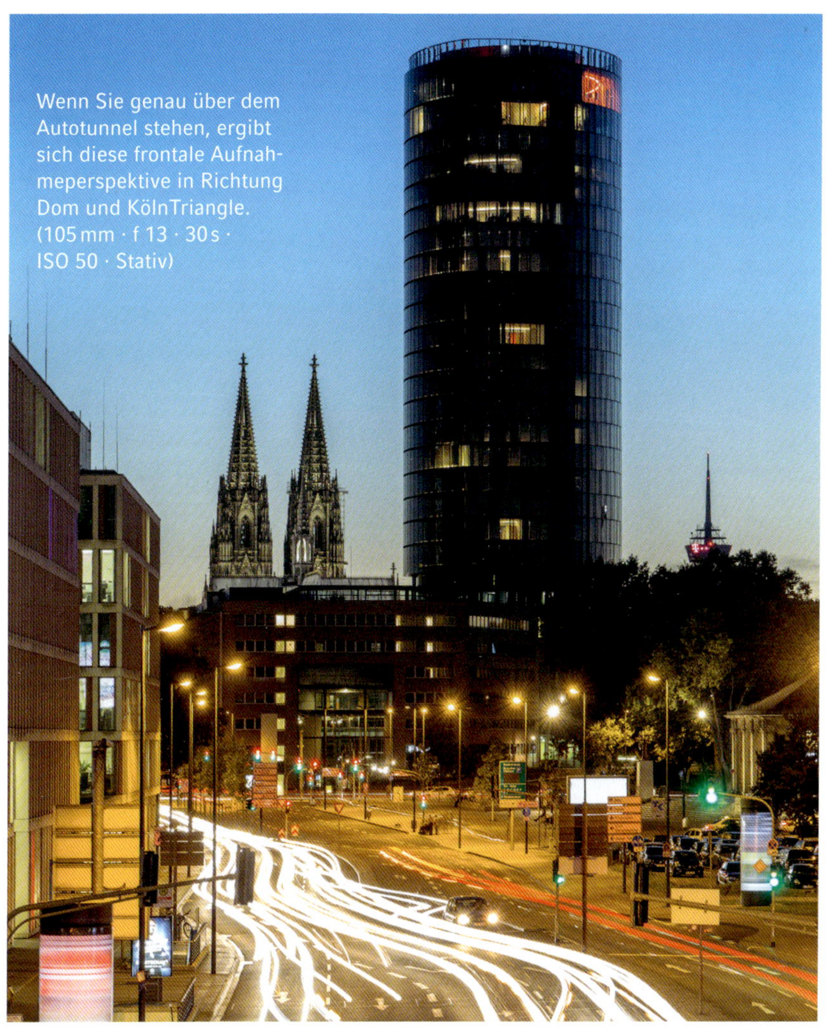

Wenn Sie genau über dem Autotunnel stehen, ergibt sich diese frontale Aufnahmeperspektive in Richtung Dom und KölnTriangle. (105 mm · f 13 · 30 s · ISO 50 · Stativ)

5 PARKHAUS LANXESS ARENA

Beste Tageszeit: tagsüber, abends
Koordinaten: 50.939642, 6.979218
Adresse: Opladener Straße, 50679 Köln (Privatgrundstück, das Fotografieren kann u. U. eingeschränkt werden)

Zwischen dem Parkhaus und dem Stadthaus befindet sich ein Geh- und Radweg, genau über dem Tunnel Opladener Straße und gleich neben dem Parkhaus

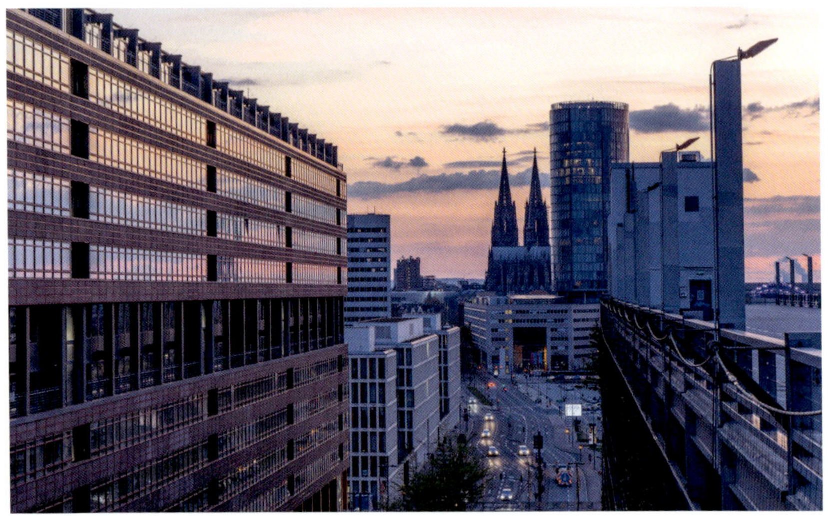

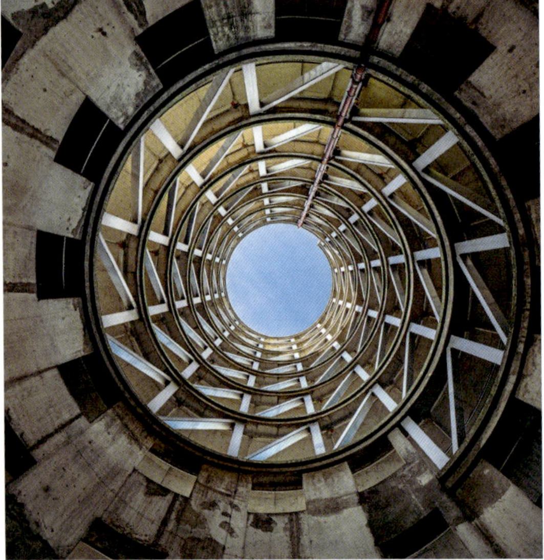

Mit der Tageszeit und dem Bildausschnitt ändert sich die Anmutung der Stadtlandschaft. (76 mm · f 11 · 1/40 s · ISO 100)

Genau in der Mitte der Auffahrtsspirale des Parkhauses ist dieses Foto mit senkrecht nach oben gerichteter Kamera möglich. Am besten benutzen Sie ein starkes Weitwinkelobjektiv. (14 mm · f 9 · 1/200 s · ISO 100)

Lanxess Arena. Vom westlichen Ende, kurz bevor es über die Brücke über die Justinianstraße geht, ergeben sich zahlreiche Aufnahmemöglichkeiten in Richtung Köln Triangle und der Kreuzung Opladener Straße und Justinianstraße.

6 FEUER- UND RETTUNGSWACHE 10

Beste Tageszeit: tagsüber
Koordinaten: 50.938803, 6.990562
Adresse: Gummersbacher Straße 33, 50679 Köln

Nach fünfjähriger Bauzeit wurde 2020 die neue Feuer- und Rettungswache in Kalk eröffnet. Die Fassaden aus verzinktem Stahlblech, gegliedert durch senkrechte Verstärkungen aus Aluminium, prägen das Aussehen des neuen Feuerwehrzentrums in Kalk.

Die kühle, silberfarbene Fassade macht das Gebäude für jeden Architekturfotografen zu einem lohnenswerten Fotomotiv.

Das gesamte Areal rund um die Rettungswache ist auf dem ehemaligen Gelände der Chemischen Fabrik Kalk (CFK) neu entstanden. Hier lassen sich zahlreiche neu errichtete Gebäude für die Architekturfotografie entdecken. Am besten kommen Sie sonntags, dann haben Sie die Gegend fasst für sich allein.

In dieser kühlen silberfarbenen Fassadenlandschaft gefällt mir der orangefarbene Rettungswagen, der einen schönen Blickfang im Bild bietet. (24 mm · f 11 · 1/50 s · ISO 100 · Stativ · Tilt/Shift-Objektiv)

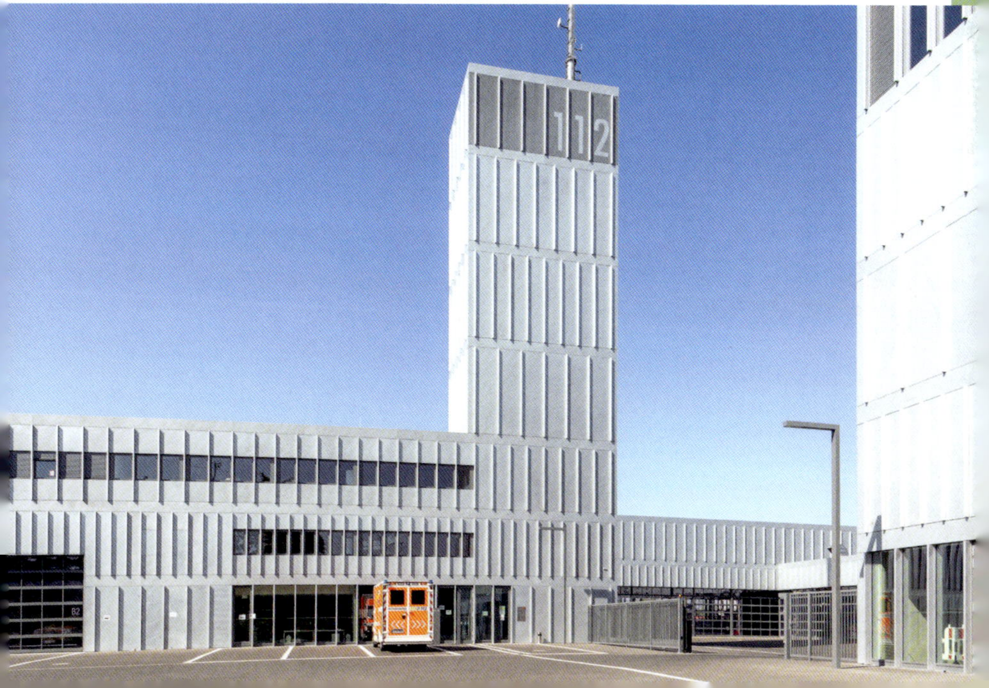

7 ST. THEODOR

Beste Tageszeit: tagsüber
Koordinaten: 50.934864, 7.022614
Adresse: Burgstraße 42, 51103 Köln

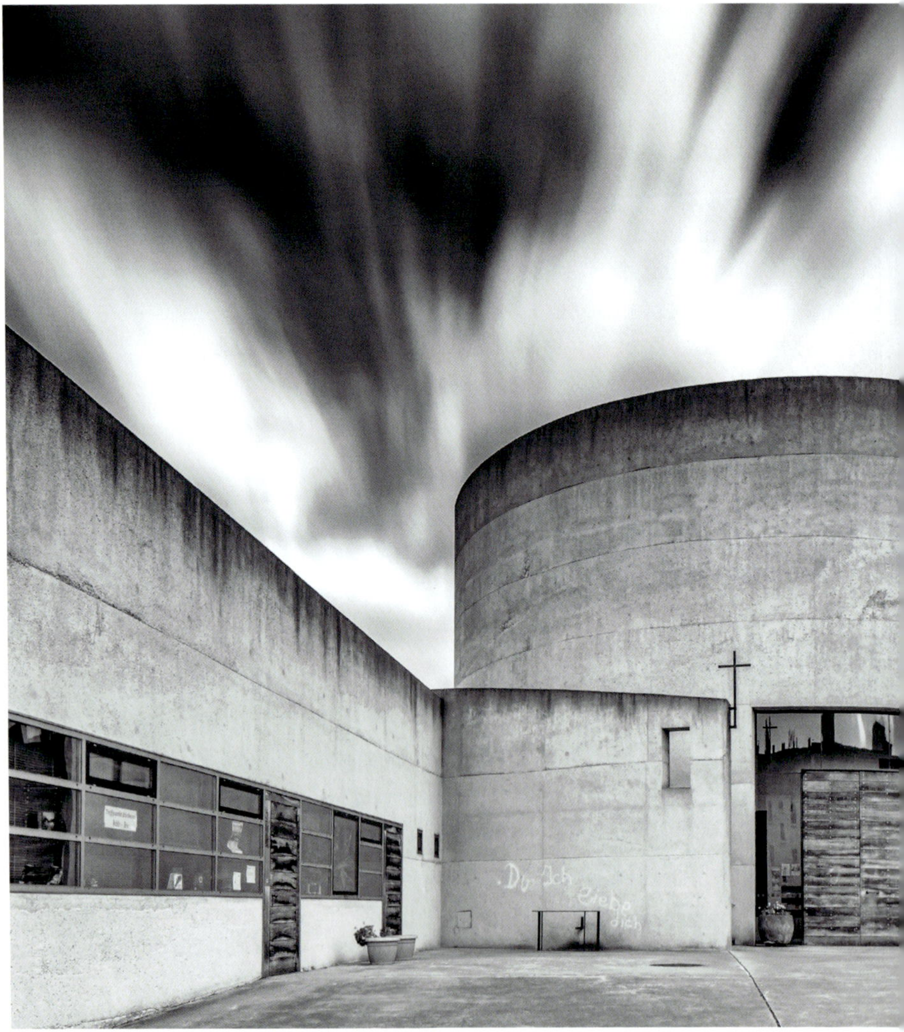

Am 13. April 1992 erschütterte nachts ein Erdbeben das Rheinland. Es beschädigte die Kirche St. Theodor,

die nach der Zerstörung durch Luftangriffe der Alliierten in den Jahren 1943/44 nur notdürftig neu errichtet und mittlerweile wieder marode war, so schwer, dass sie bis auf den Turm abgerissen werden musste. Sie wurde dann durch einen modernen Rundbau aus ockerfarbenem Beton ersetzt. Der alte, dunklere Kirchturm, der auf eigenen Fundamenten ruht, wurde in den Neubau integriert.

Ich habe mich bei dieser Aufnahme für eine Langzeitbelichtung entschieden, um mit den ziehenden Wolken die markante Architektur der Katholischen Pfarrkirche St. Theodor zu betonen.

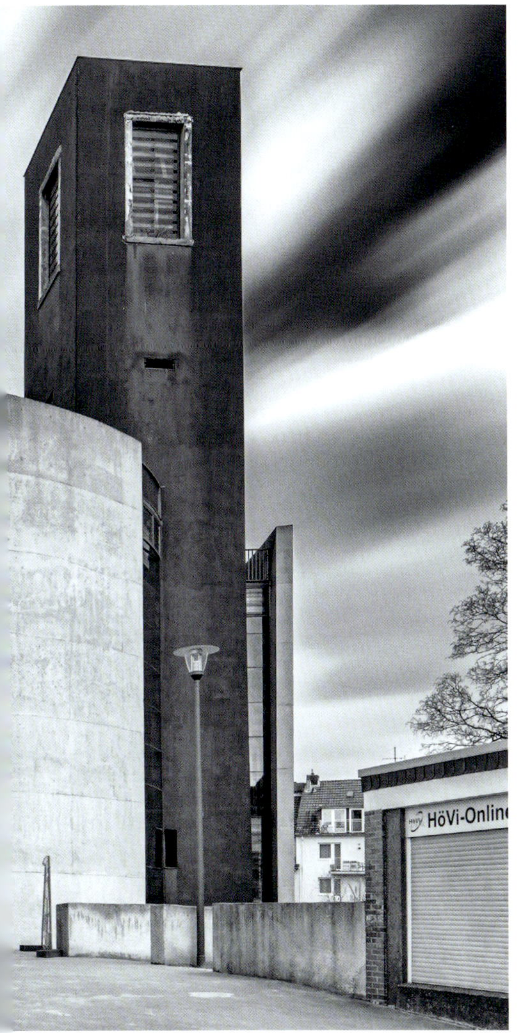

Mir gefällt die Anordnung der unterschiedlichen geometrischen Körper von Seitenbau, Rundbau und Turm in diesem Foto. Ich habe versucht, die starke visuelle Struktur durch eine Langzeitbelichtung und anschließende Schwarzweiß-Umwandlung zu verstärken. (24 mm · f 11 · 122 s · ISO 100 · Stativ · ND3.0 · Tilt/Shift-Objektiv)

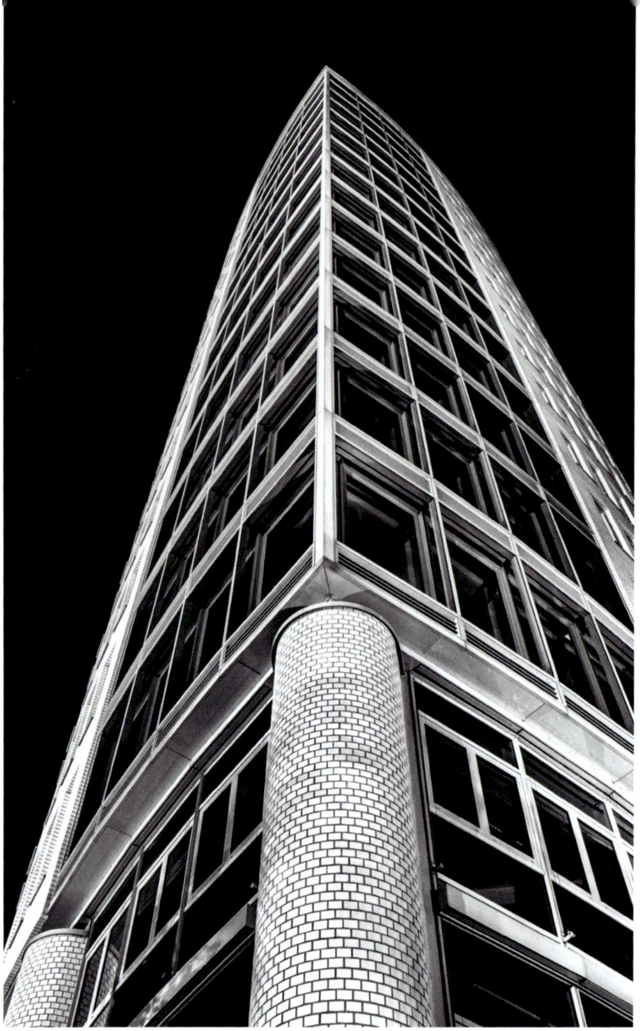

Die Ellipsenform lässt sich von einem seitlichen Standpunkt am besten fotografieren. Auch hier hat mir der steil nach oben gerichtete Blick am besten gefallen. (32 mm · f 9 · 20 s · ISO 100 · Stativ)

8 ABC TOWER COLOGNE

Beste Tageszeit: tagsüber, abends
Koordinaten: 50.909073, 7.055881
Adresse: Ettore-Bugatti-Straße 6-14, 51149 Köln
Webseite: *www.abc-tower.de*

Der 65 Meter hohe ABC Tower ist ein Blickfang im Airport Businesspark in Köln-Porz. Wie der Name andeutet, besteht der Komplex aus drei architektonisch aufeinander abgestimmten Gebäudeteilen.

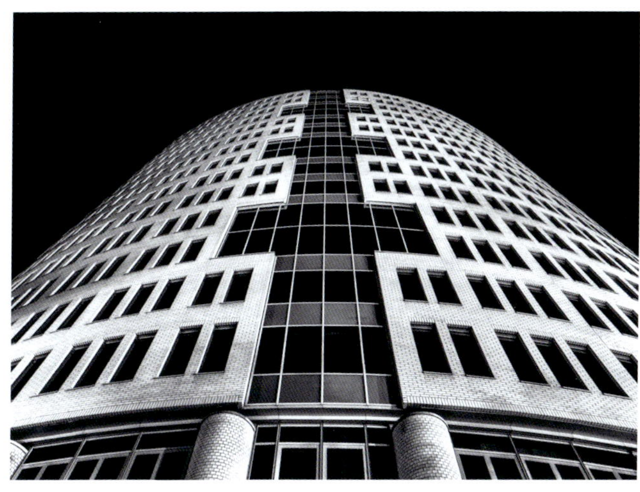

Die verklinkerte Fassade wird durch die interessante Gestaltung der voll verglasten Elemente aufgelockert und bildet so ein prägnantes Muster. Mithilfe der nach oben gerichteten Kamera habe ich versucht, diesen Eindruck zu verstärken. (24 mm · f 16 · 30 s · ISO 100 · Stativ)

Fotografisch am interessanten ist für mich der Tower selbst. Neben seiner Ellipsenform, die sich von einer seitlichen Aufnahmeposition gut ins rechte Bild rücken lässt, ist die frontale Ansicht am fotogensten.

9 FLUGHAFEN KÖLN/BONN

Beste Tageszeit: tagsüber, abends
Koordinaten: 50.880100, 7.119418
Adresse: Kennedystraße, 51147 Köln
Webseite: *www.koeln-bonn-airport.de*

Für Planespotter ist der Flughafen natürlich kein Geheimtipp. Aber auch für alle anderen Fotobegeisterten ist die Besucherterrasse eine gute Möglichkeit, die Kamera auf die große Start- und Landebahn, auf Vorfelder, Frachtbereiche und den militärischen Bereich zu richten. Die Terrassen befinden sich auf dem Terminal 1 am Stern C. Sie sind täglich von 6:30 bis 22:00 Uhr geöffnet und der Eintritt ist frei.

Der eigentliche Fotospot befindet sich aber nicht im Terminal, sondern einmal quer über die Start- und Landebahn in ca. 3.400 Meter Luftlinie entfernt.

Fahren Sie entlang der Alten Kölner Straße bis zu einem kleinen Schotterparkplatz (GPS 50.866270, 7.159535). Zu Fuß folgen Sie dem kleinen Trampelpfad entlang des Zauns, der den Flughafen absperrt.

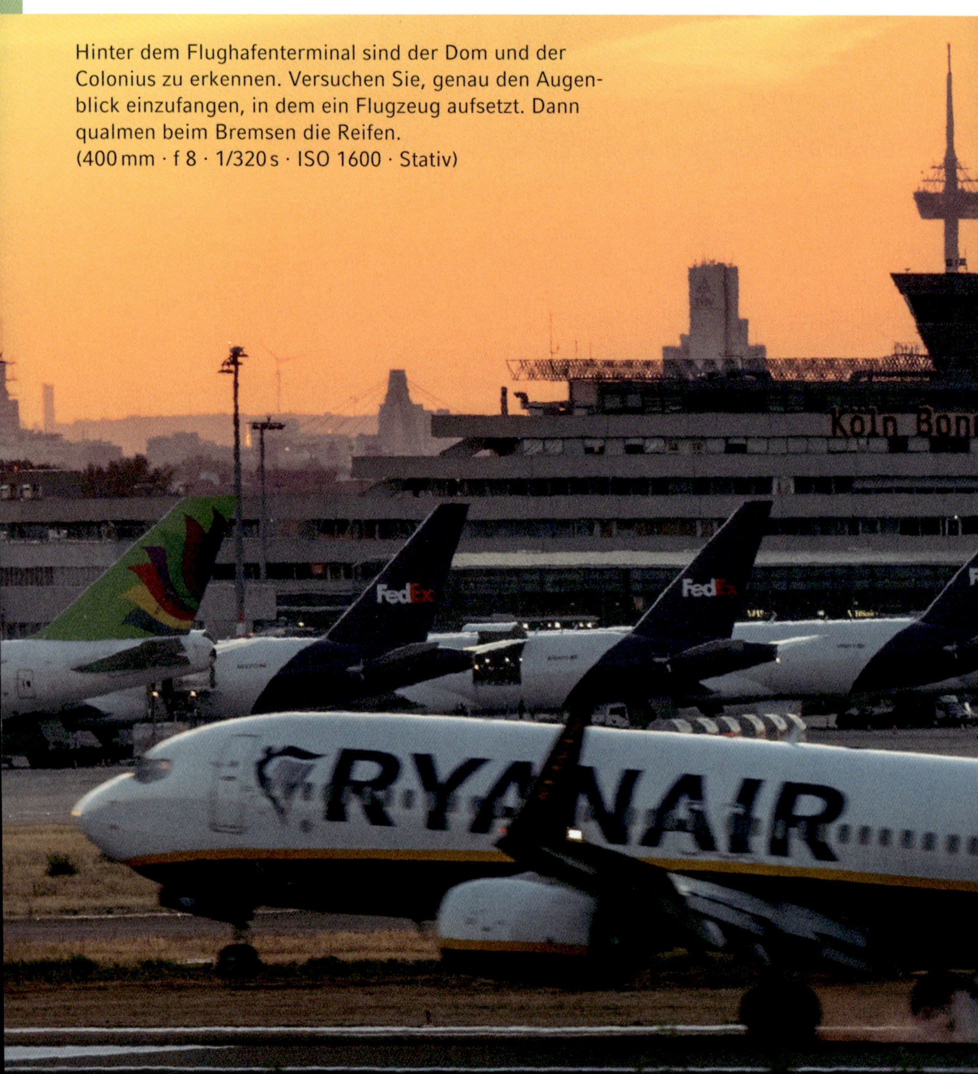

Hinter dem Flughafenterminal sind der Dom und der Colonius zu erkennen. Versuchen Sie, genau den Augenblick einzufangen, in dem ein Flugzeug aufsetzt. Dann qualmen beim Bremsen die Reifen.
(400 mm · f 8 · 1/320 s · ISO 1600 · Stativ)

Nach 180 Metern macht der Zaun einen Bogen in Richtung Südosten, und hier ist der eigentliche Aufnahmestandort.

Insbesondere kurz vor bis nach Sonnenuntergang können Sie hier stimmungsvolle Fotos von startenden und landenden Flugzeugen machen. Wenn Sie von dort in Richtung Terminal blicken, können Sie bei klarer Sicht die Spitzen des Kölner Doms in der Ferne erkennen.

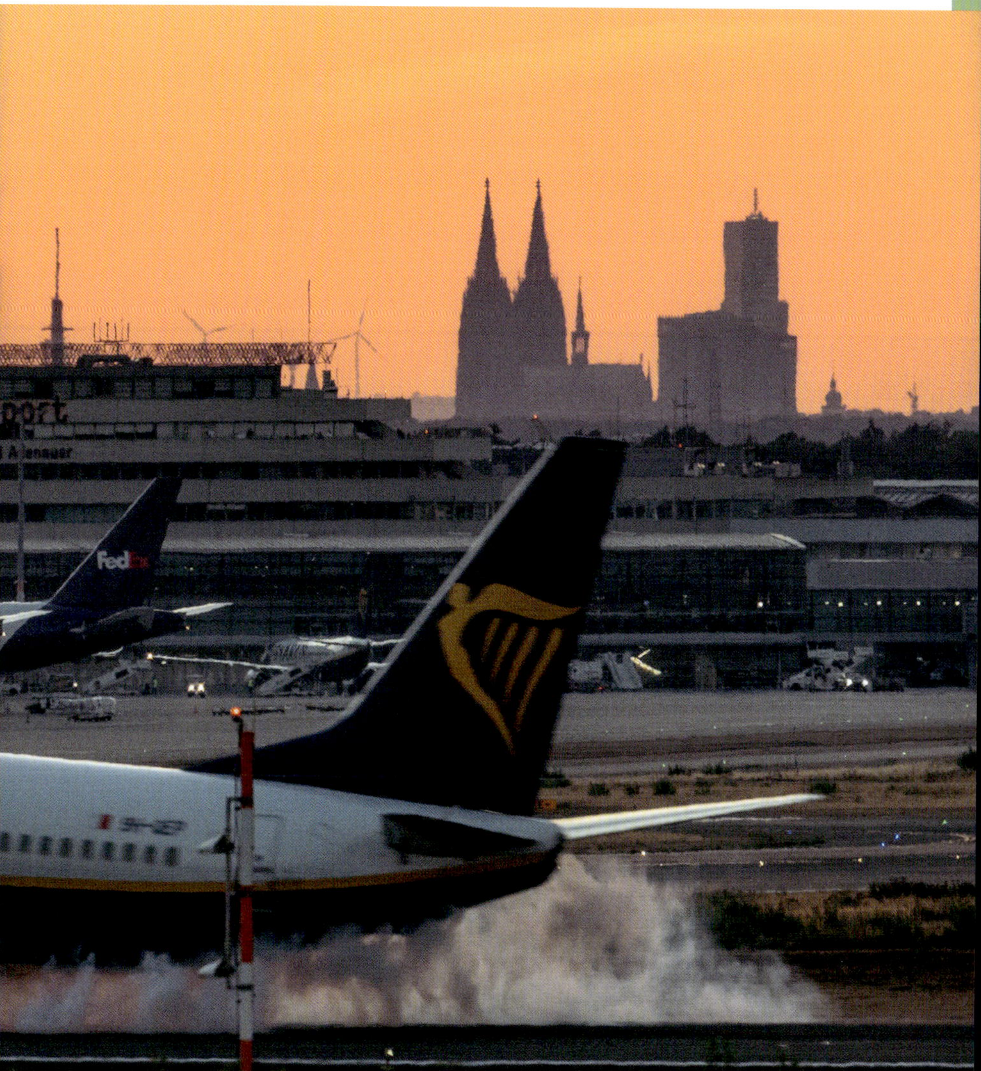

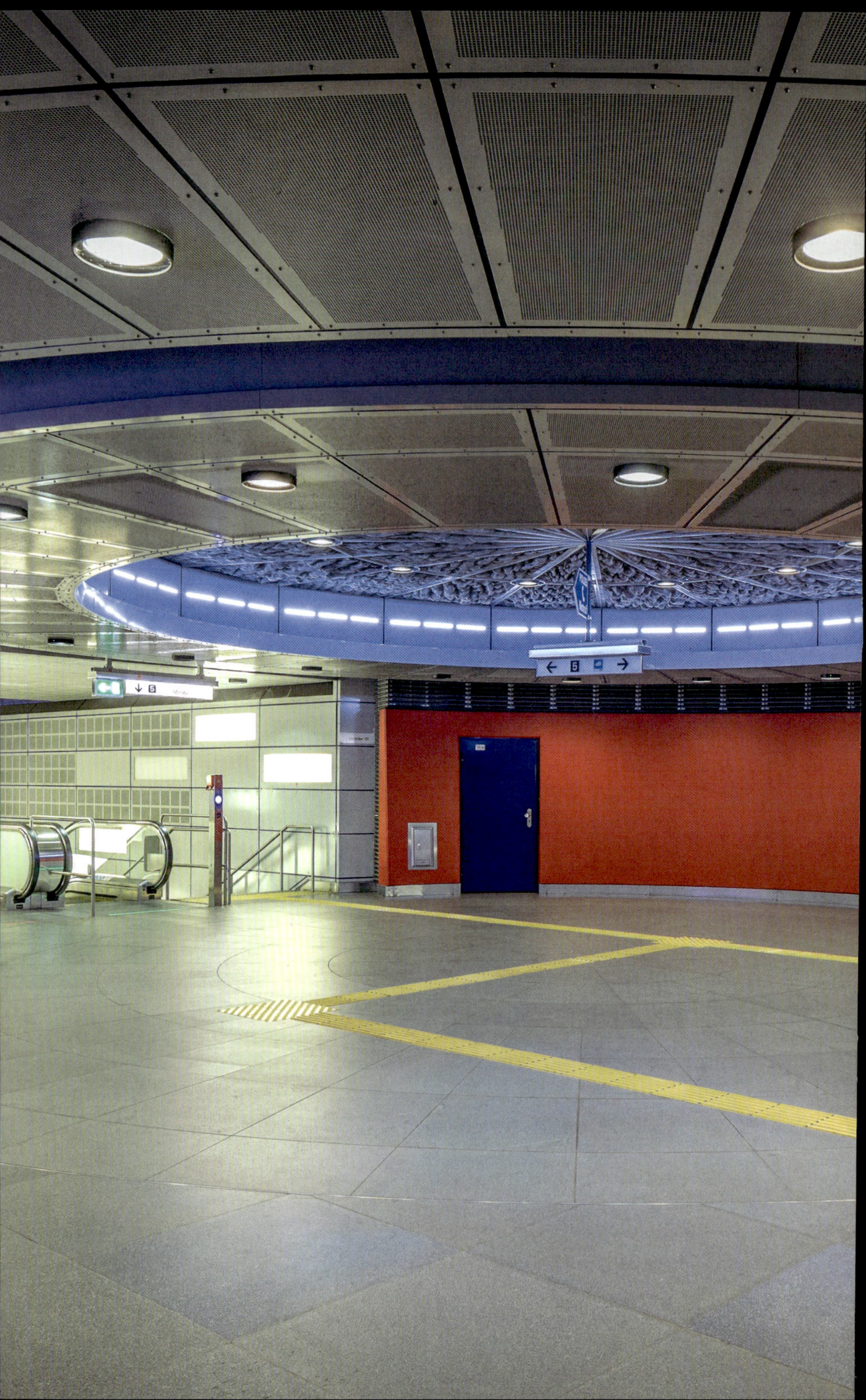

KÖLNER U-BAHN-STATIONEN

TOUR 8

Nachdem der Rat der Stadt Köln den Bau der U-Bahn in Köln beschlossen hatte, wurde in den 1960er-Jahren eine Gruppe von freischaffenden Architekten beauftragt, die Haltestellen zu gestalten. Jede Haltestelle sollte ein individuelles Erscheinungsbild erhalten, sodass der Fahrgast schon beim Einfahren in den U-Bahnhof erkennt, an welcher Haltestelle er sich befindet.

Während die Architekten damals noch stark von den Vorgaben der Techniker und der Auswahl der Materialien eingeschränkt waren, wurde in den 1980er-Jahren begonnen, Kunst und die künstlerische Gestaltung in den U-Bahn-Bau mit einzubeziehen.

Die Bahnhöfe unter der Venloer Straße stellen Highlights dieser Gestaltung dar, auch wenn Graffiti und Vandalismus, aber auch die

16 mm · f 9 · 1,3 s · ISO 100 · Stativ

Vernachlässigung notwendiger Instandhaltungsarbeiten dafür gesorgt haben, dass sie an Glanz verloren haben.

Für den Bau der Nord-Süd-Bahn wurden wieder für jede Haltestelle ein Architekt gemeinsam mit einem Künstler mit der Gestaltung beauftragt. Dabei entstanden allerding völlig anders gestaltete U-Bahn-Stationen als unter der Venloer Straße, da das Budget für die künstlerische Gestaltung nur für fünf Haltestellen reichte.

Die hier vorgestellten Fotospots sind nur einige der vielen fotogenen U-Bahn-Stationen. Insbesondere die Haltestellen unter der Venloer Straße (z. B. Piusstraße, Körnerstraße, Leyendeckerstraße und Rochusplatz) sind einen Besuch wert.

Ich empfehle Ihnen den Besuch sehr spät unter der Woche oder sehr früh am Sonntagvormittag. Dann haben Sie die Gelegenheit, die Haltestellen beinahe menschenleer vorzufinden. Natürlich müssen Sie auch die notwendige Geduld aufbringen, um Personen auf Ihren Aufnahmen zu vermeiden. Das ist im Übrigen auch eine der Vorgaben der Kölner Verkehrs Betriebe (KVB): Das Fotografieren von KVB-Kunden und KVB-Mitarbeitern ist nicht gestattet.

Das Fotografieren für private Zwecke ist ohne Probleme erlaubt, und auch die Benutzung eines Stativs wird in der Regel toleriert. Für die kommerzielle Nutzung der Aufnahmen benötigen Sie jedoch einen Nutzungsvertrag, der mit Kosten (mindestens 100 Euro) verbunden ist.

HINWEISE UND BUCHTIPP

Alle **Informationen** zu den Dreh- und Fotogenehmigungen finden Sie auf der Seite *www.kvb.koeln/unternehmen/presse/genehmigungen.html.* Ansprechpartnerin bei der KVB ist Frau Beate Dehmel (beate.dehmel@kvb.koeln, Telefon 0221 547-3818).

Und eine Buchempfehlung habe ich auch für Sie: Barbara Schock-Werner, *Linienführung – Die Kölner U-Bahn-Stationen*, Greven Verlag Köln, 2018

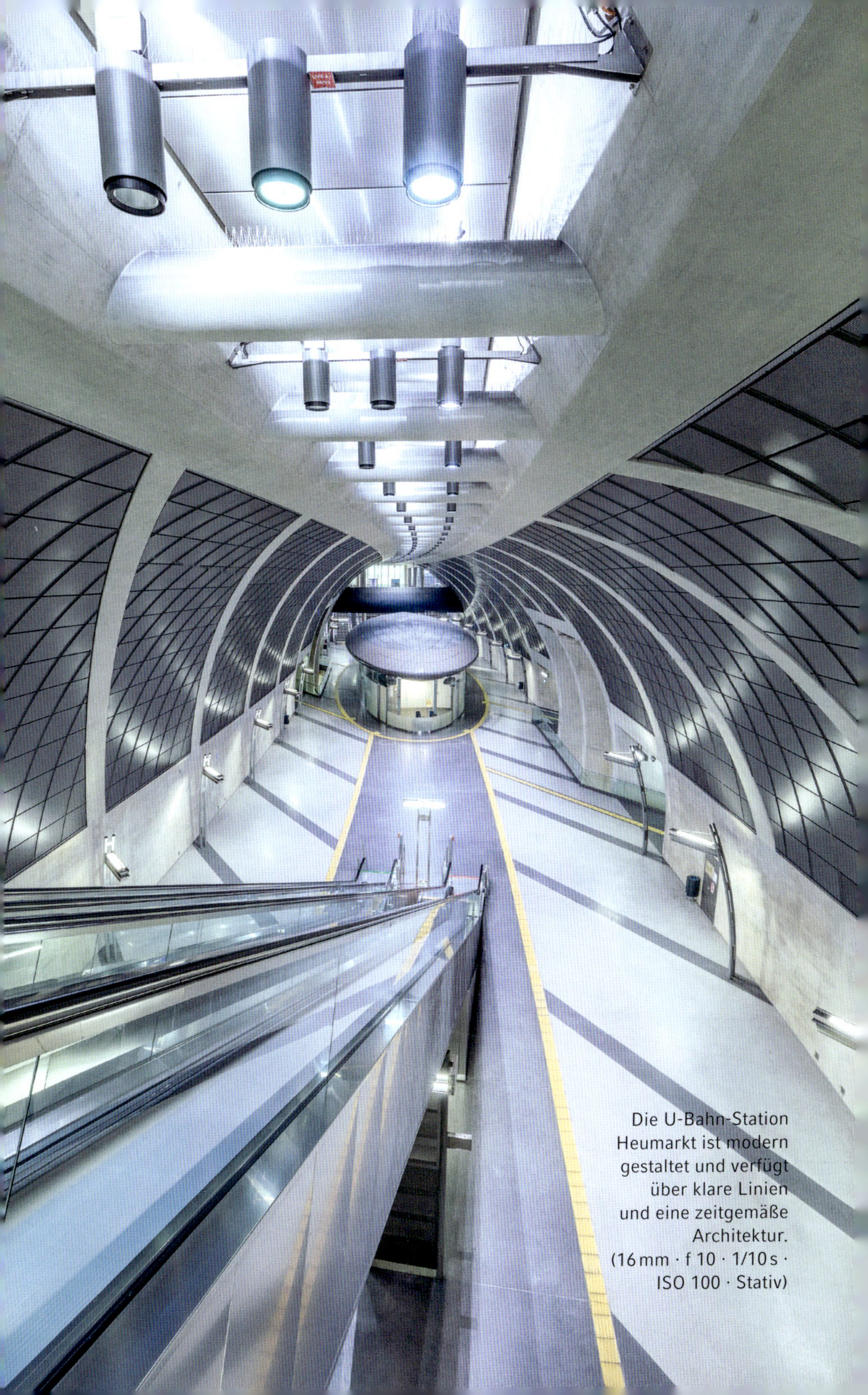

Die U-Bahn-Station Heumarkt ist modern gestaltet und verfügt über klare Linien und eine zeitgemäße Architektur. (16 mm · f 10 · 1/10 s · ISO 100 · Stativ)

KÖLNER U-BAHN-STATIONEN
TOUR 8

1. HALTESTELLE CHLODWIGPLATZ
2. HALTESTELLE KARTÄUSERHOF
3. HALTESTELLE SEVERINSTRASSE
4. HALTESTELLE HEUMARKT
5. HALTESTELLE RATHAUS

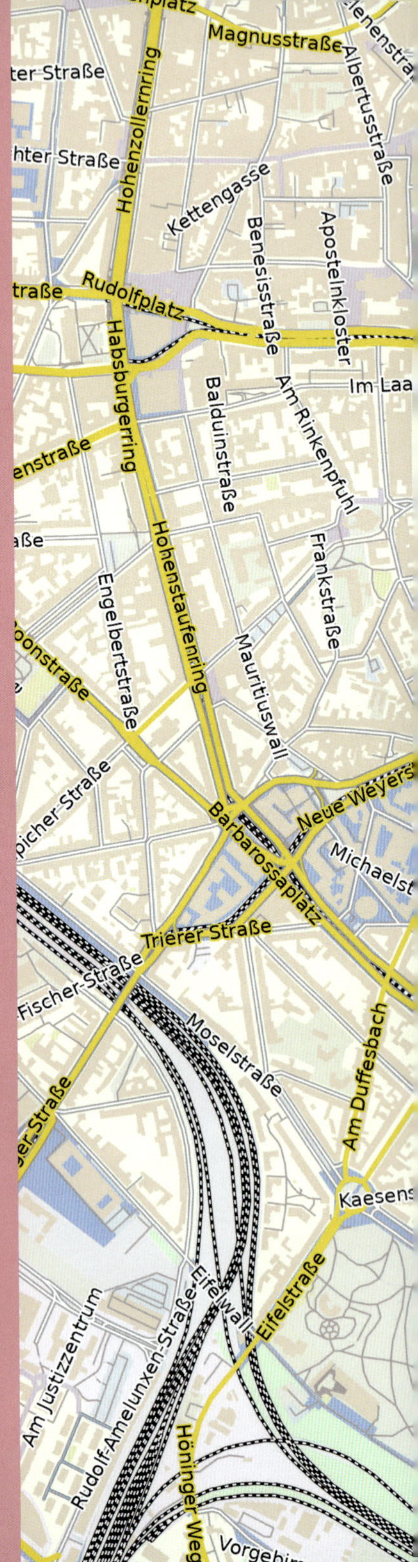

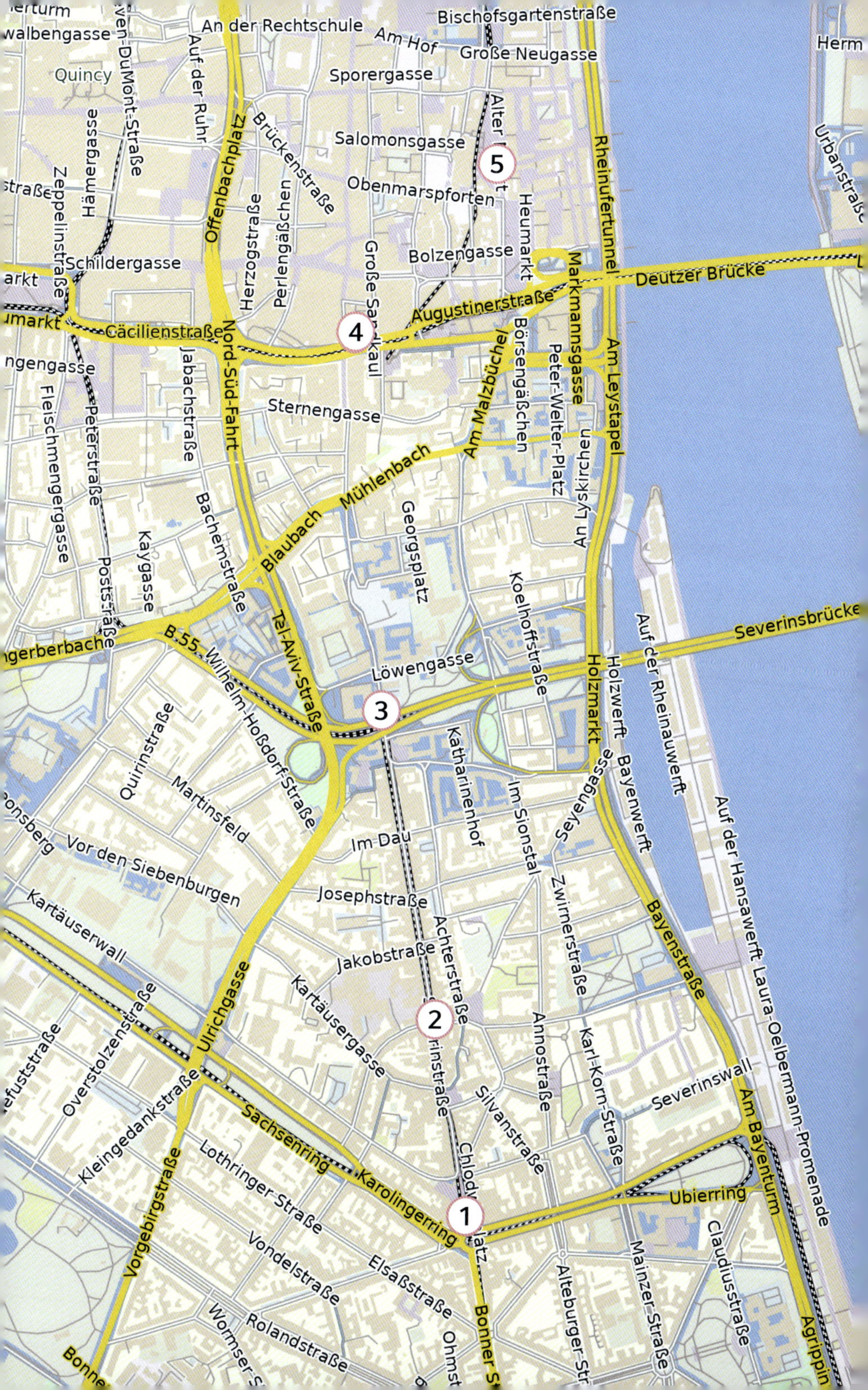

Bischofsgartenstraße
An der Rechtschule
Am Hof
Große Neugasse
Quincy
Sporergasse
Auf der Ruhr
Hämergasse
Zeppelinstraße
Brückenstraße
Salomonsgasse
Alter
5
Obenmarspforten
Offenbachplatz
Herzogstraße
Perlengäßchen
Große Sandkaul
Heumarkt
Bolzengasse
Rheinufertunnel
Markmannsgasse
Deutzer Brücke
Schildergasse
Augustinerstraße
4
Cäcilienstraße
Nord-Süd-Fahrt
Jabachstraße
Börsengäßchen
Peter-Welter-Platz
Am Malzbüchel
Am Leystapel
Sternengasse
Fleischmengergasse
Peterstraße
Mühlenbach
Georgsplatz
An Lyskirchen
Bachemstraße
Blaubach
Kaygasse
Poststraße
Koelhoffstraße
Tal-Aviv-Straße
Auf der Rheinauwerft
B 55
Wilhelm-Hoßdorf-Straße
Severinsbrücke
Holzwerft
Holzmarkt
Löwengasse
3
Quirinstraße
Martinsfeld
Katharinenhof
Im Sionstal
Seyengasse
Bayenwerft
Vor den Siebenburgen
Im Dau
Josephstraße
Zwirnerstraße
Auf der Hansawerft Laura-Oelbermann-Promenade
Kartäuserwall
Jakobstraße
Achterstraße
Kartäusergasse
Bayenstraße
Ulrichgasse
2
Annostraße
Karl-Korn-Straße
Overstolzenstraße
Severinswall
Kleingedankstraße
Sachsenring
Silvanstraße
Am Bayenturm
Lothringer Straße
Karolingerring
Ubierring
1
Vorgebirgstraße
Vondelstraße
Elsaßstraße
Claudiusstraße
Mainzer Straße
Wormser
Rolandstraße
Bonner

1 HALTESTELLE CHLODWIGPLATZ

Koordinaten: 50.921374, 6.959522
Adresse: Chlodwigplatz, 50678 Köln

Die Verteilerebene der Haltestelle Chlodwigplatz wirkt wie eine Säulenhalle und wird durch leuchtende Mattglaswände begrenzt. Ein großartiges Wandbild der Künstlerin Katharina Grosse begleitet den Fahrgast auf seinem Weg auf die Bahnsteigebene.

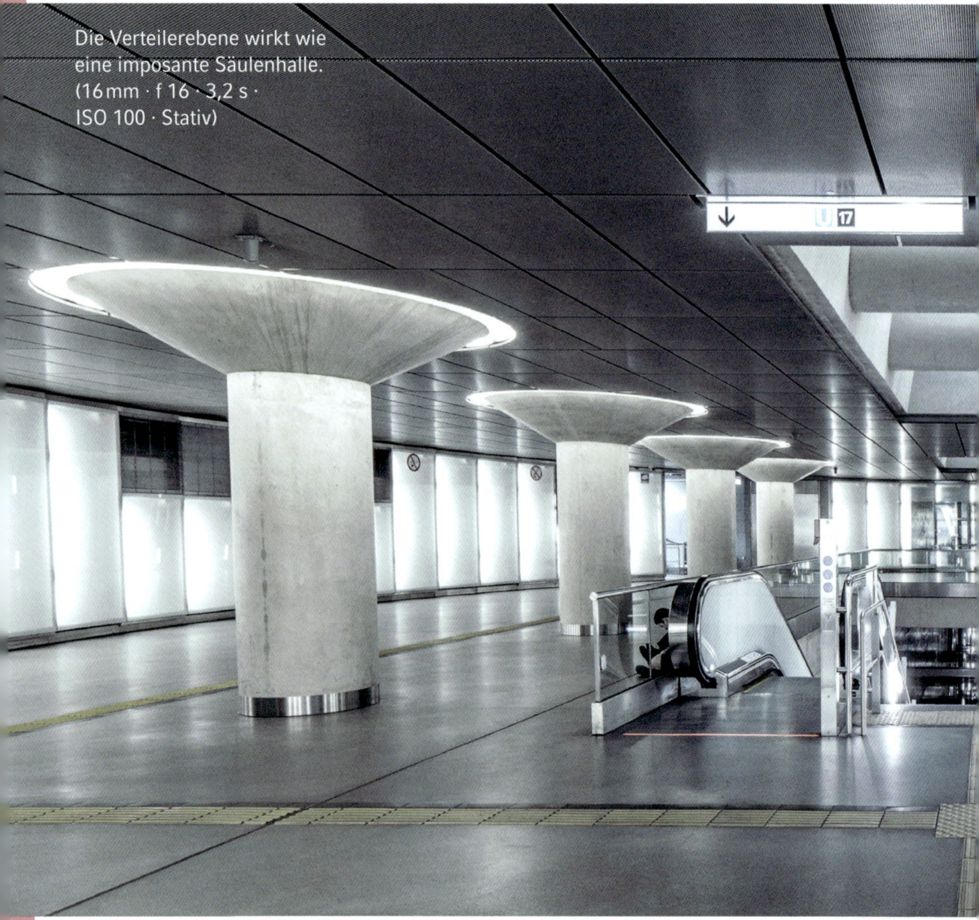

Die Verteilerebene wirkt wie eine imposante Säulenhalle. (16 mm · f 16 · 3,2 s · ISO 100 · Stativ)

Die Kombination von Rolltreppe und Säulen lässt die Halle noch gewaltiger wirken. (16 mm · f 16 · 1,3 s · ISO 100 · Stativ)

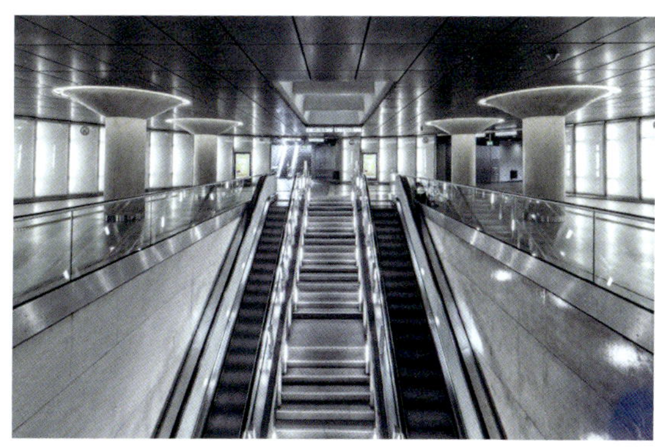

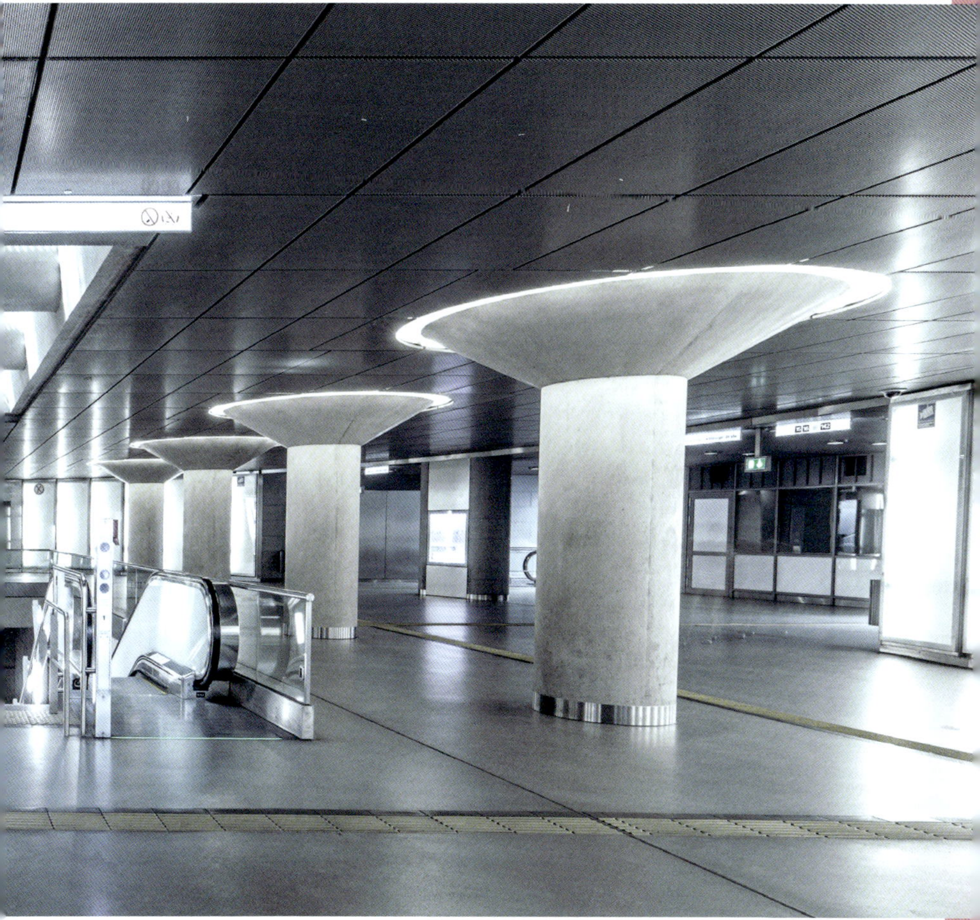

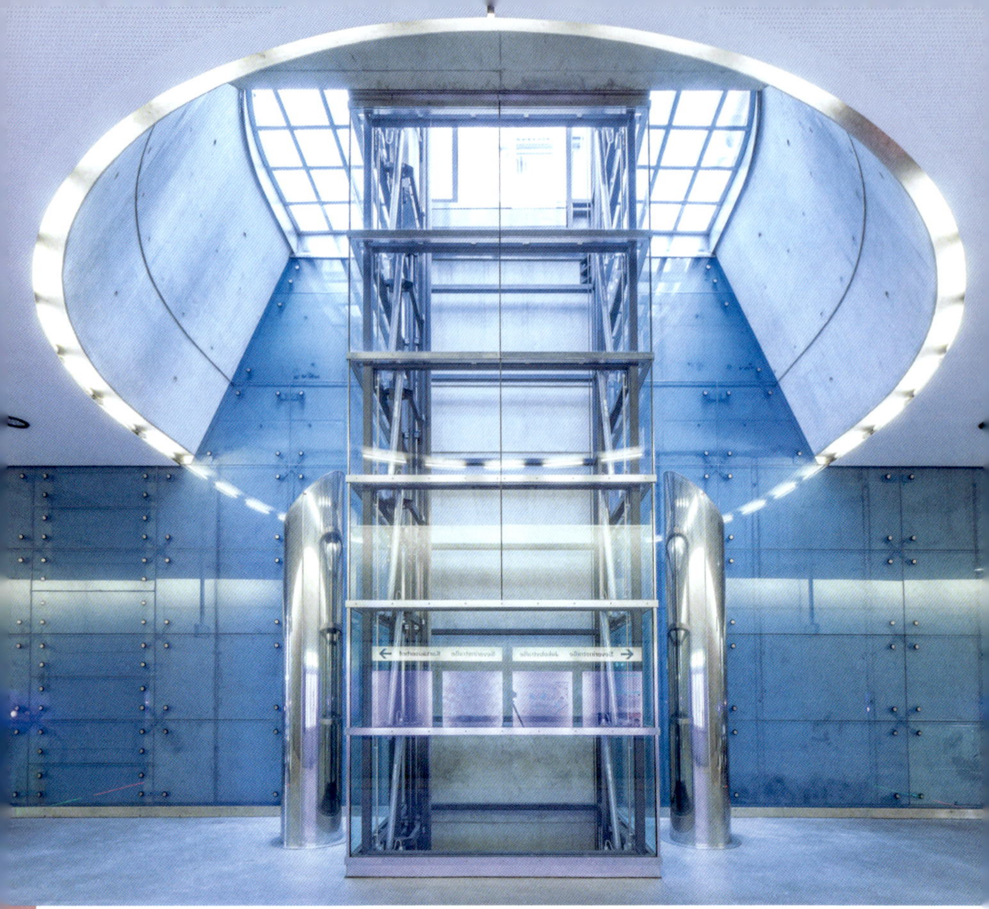

UFO in Blau
(16 mm · f 16 · 5 s · ISO 100 · Stativ)

2 HALTESTELLE KARTÄUSERHOF

Koordinaten: 50.924606, 6.958633
Adresse: Severinstraße 54, 50678 Köln

Die Haltestelle Kartäuserhof ist in einem klaren Blau gehalten. Auf der Verteilerebene gehen von dem zentral gelegenen Aufzug die Treppen und Rolltreppen ab.

3 HALTESTELLE SEVERINSTRASSE

Koordinaten: 50.929487, 6.957197
Adresse: Severinstraße 188, 50676 Köln

Der Architekt Johannes Kister hat die Wand- und Deckenverkleidung der Haltestelle Severinstraße in einem Achteckraster angeordnet. Die Wände sind mit kleinen und großen mattgrauen Platten verkleidet, die teilweise gelocht sind und teilweise eine geschlossene Oberfläche aufweisen. Die Haltestelle liegt 20 Meter unter dem Straßenniveau und der lange Treppenabstieg bietet zahlreiche fotografische Perspektiven.

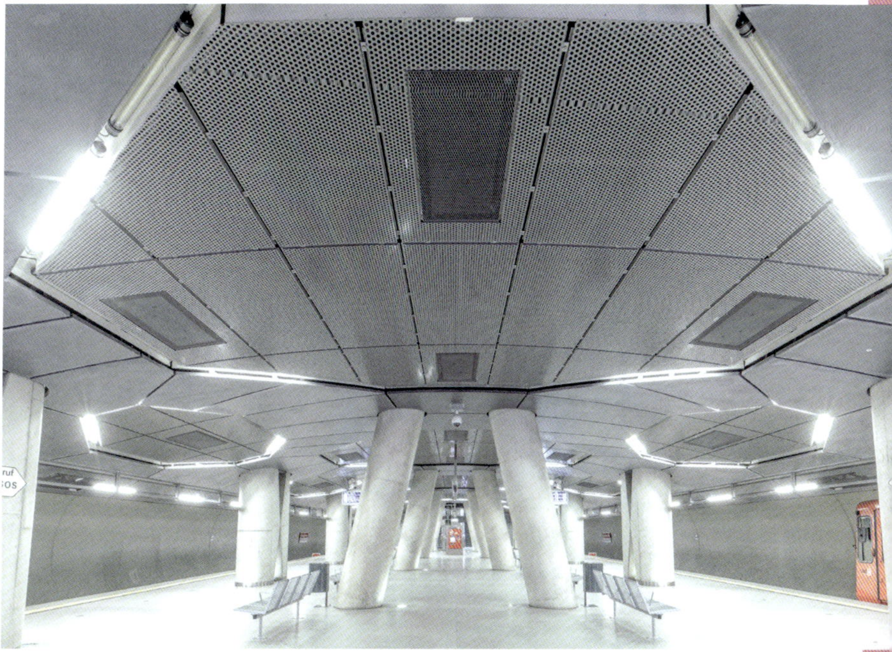

Zahlreiche Achtecke bilden die Deckenkonstruktion.
(16 mm · f 16 · 15 s · ISO 100 · Stativ)

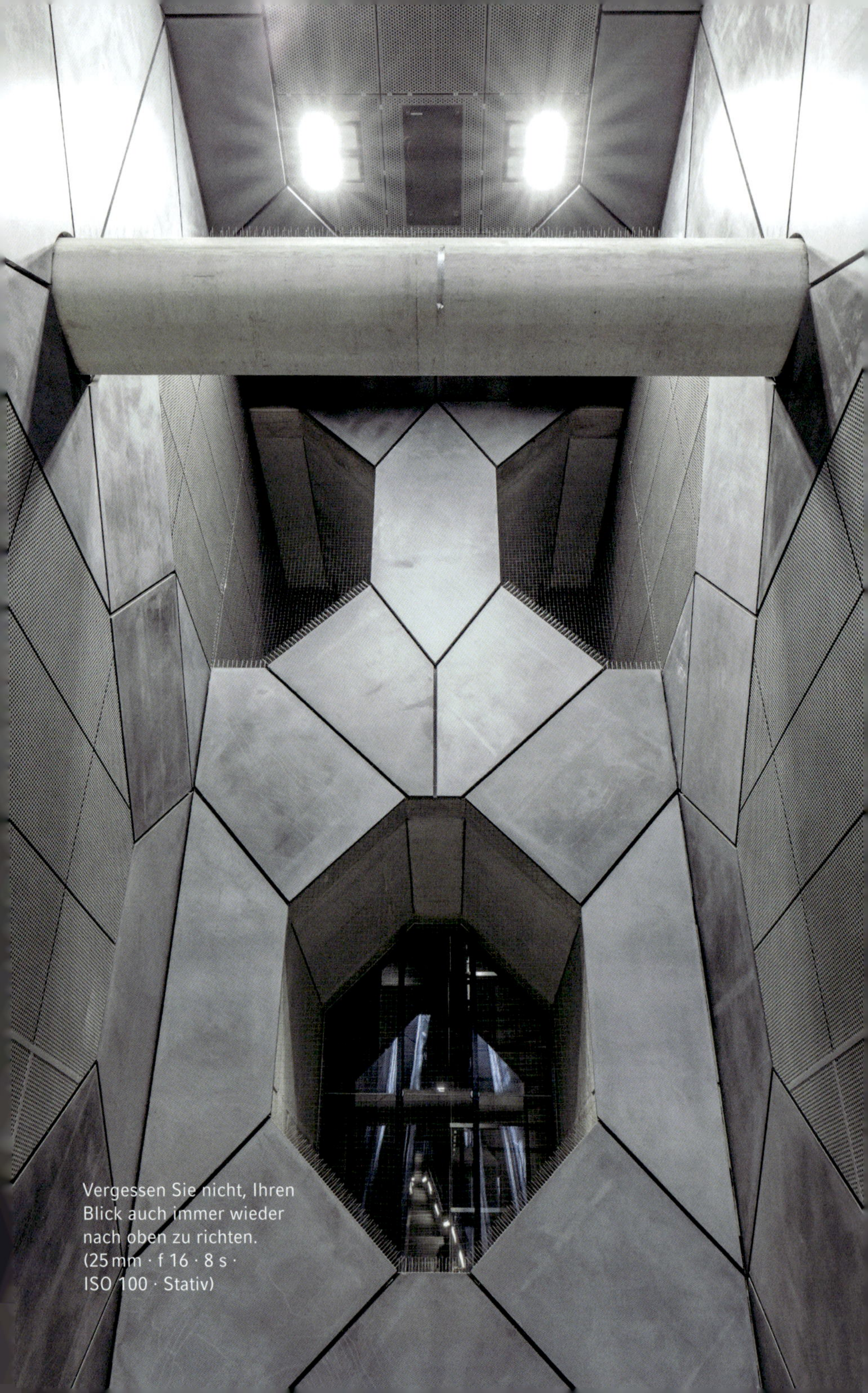

Vergessen Sie nicht, Ihren Blick auch immer wieder nach oben zu richten. (25 mm · f 16 · 8 s · ISO 100 · Stativ)

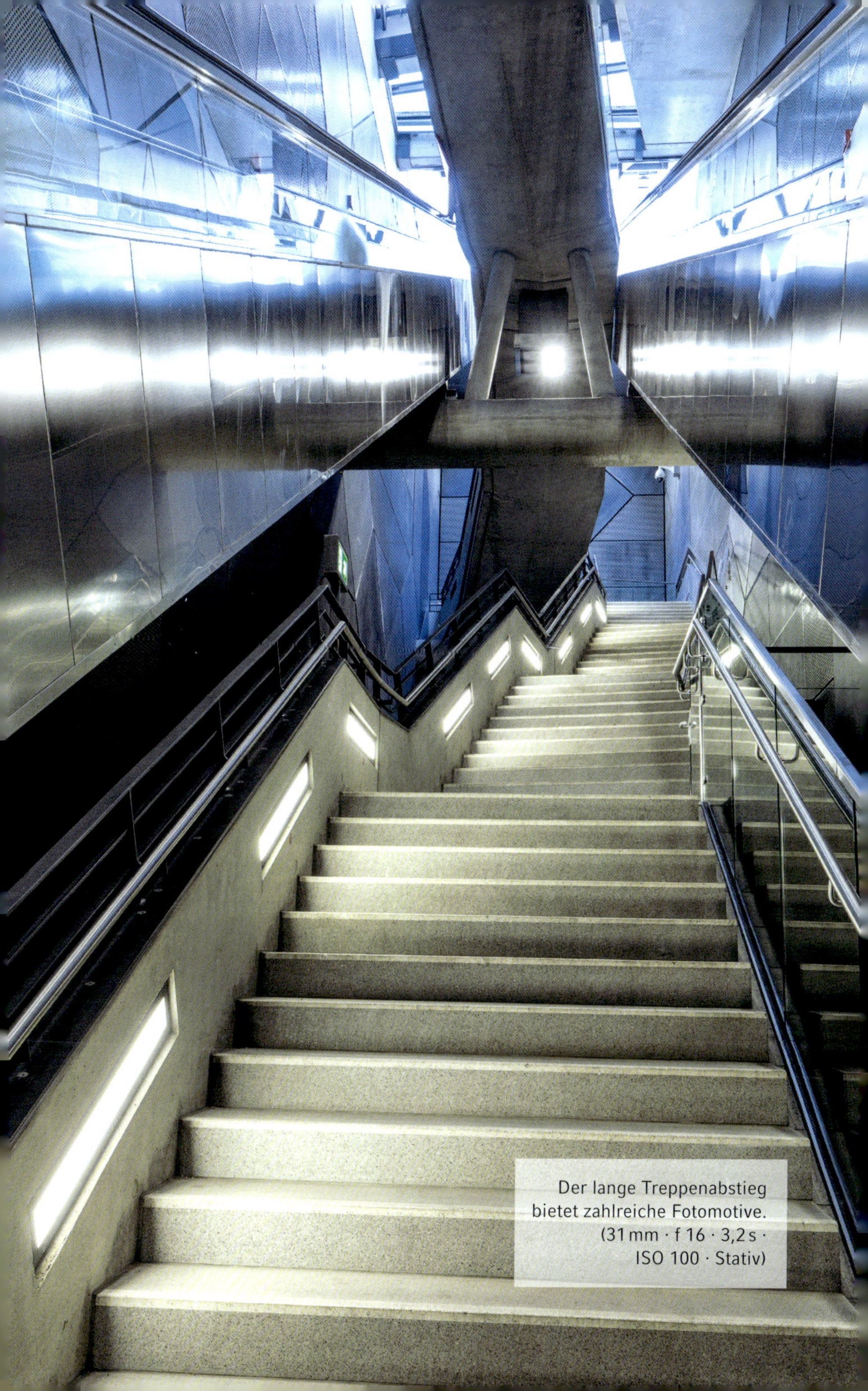

Der lange Treppenabstieg bietet zahlreiche Fotomotive. (31 mm · f 16 · 3,2 s · ISO 100 · Stativ)

④ HALTESTELLE HEUMARKT

Koordinaten: 50.935304, 6.956388
Adresse: Pipinstraße 1, 50667 Köln

Die Haltestelle Heumarkt wird von den Kölnern gerne auch »Kathedrale« genannt. Die große Halle erscheint überdimensioniert, da hier im Moment nur die Linie der Nord-Süd-Stadtbahn fährt. Aber tatsächlich soll in Zukunft auch die noch auf Straßenebene verlaufende Ost-West-Stadtbahn unterirdisch verlaufen.

Damit die Fläche in der Halle nicht leer ist, befindet sich ein Pavillon in der Mitte, wo später einmal das Gleisbett der Ost-West-Stadtbahn sein wird. Der Künstler Werner Reiterer schuf hier ein akustisches Kunstwerk, den *Geisterzug*: Plötzlich und unvermittelt hören die auf dem Bahnsteig wartenden Menschen einen Zug einfahren. Er wird angesagt, fährt ein, bremst und verschwindet wieder, ohne dass er zu sehen ist, (täglich zwischen 20 und 0 Uhr).

Die Haltestelle Heumarkt bietet zahlreiche Motive, und Sie sollten hier mindestens eine Stunde zum Fotografieren einplanen.

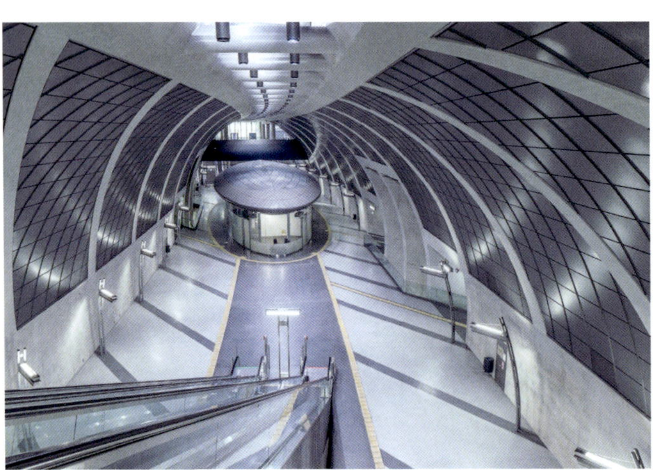

In Zukunft soll eine zurzeit noch oberirdisch fahrende Bahn auf dieser Ebene unterwegs sein. (18 mm · f 10 · 1/20 s · ISO 100 · Stativ)

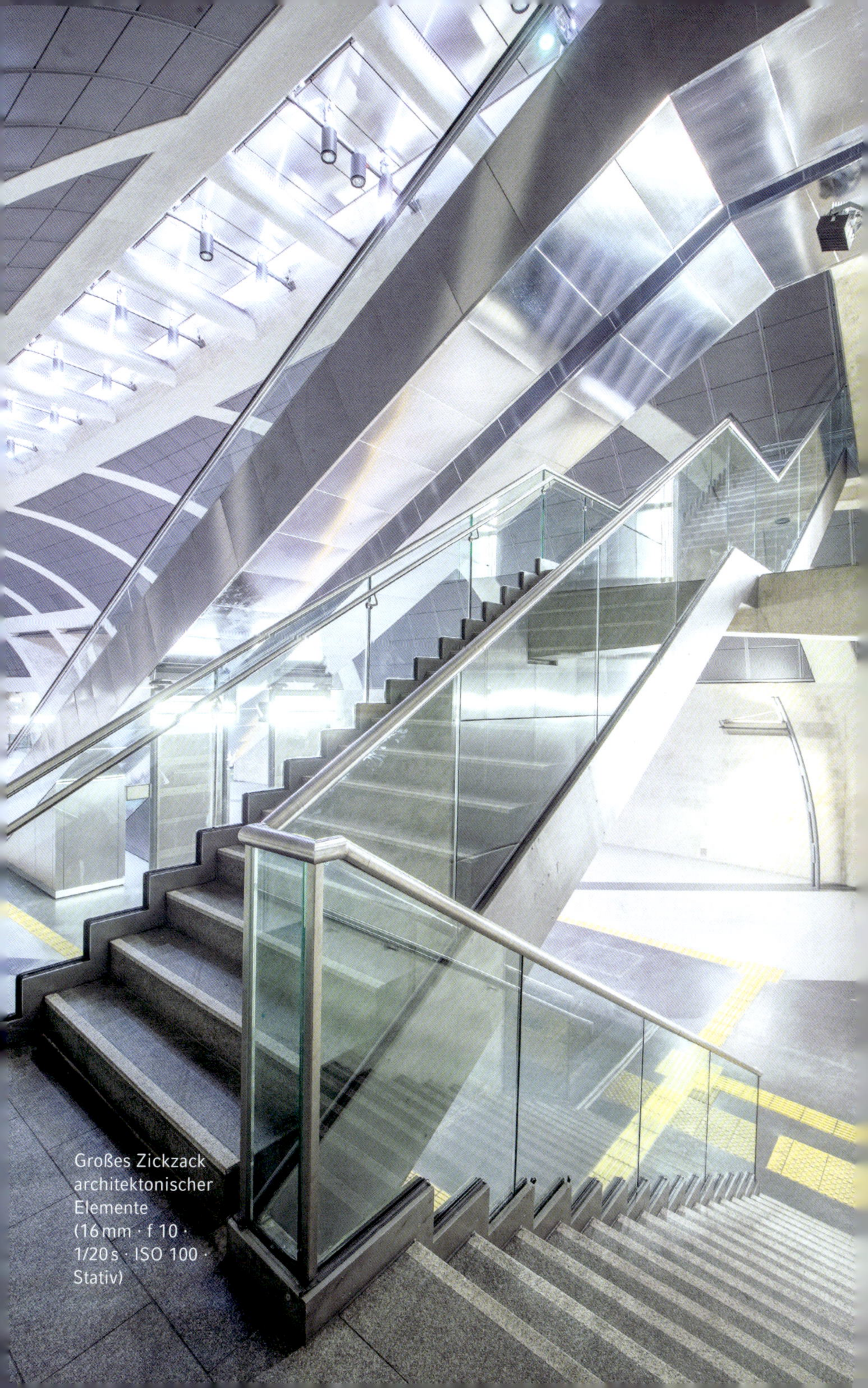

Großes Zickzack architektonischer Elemente (16 mm · f 10 · 1/20 s · ISO 100 · Stativ)

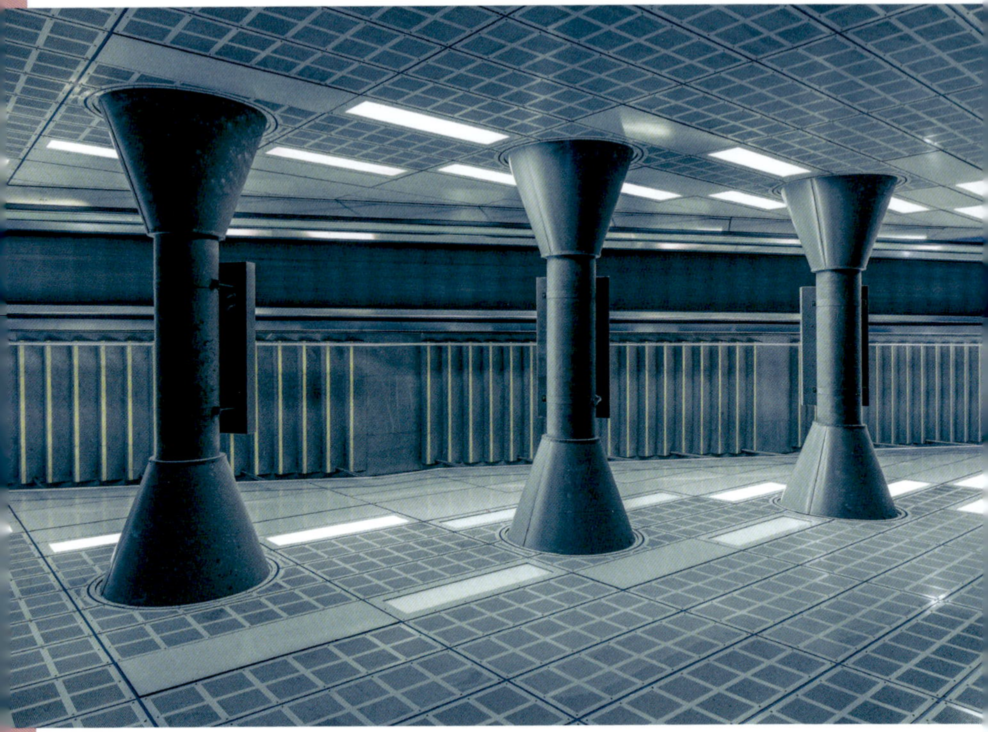

Versuchen Sie durch ungewohnte Perspektiven, wie hier mit steil nach unten gerichteter Kamera, außergewöhnliche Kompositionen zu kreieren. (24 mm · f 9 · 1,6 s · ISO 100 · Stativ)

5 HALTESTELLE RATHAUS

Koordinaten: 50.937995, 6.960134
Adresse: Alter Markt 6–14, 50667 Köln

Die kreisrunde Verteilerebene der Haltestelle Rathaus erscheint beinahe wie ein Ufo. Die Mitte der blauen Decke wird durch eine radial unterteilte Fläche betont, und die Anordnung der Lichtelemente verstärkt diesen Eindruck.

Die Lüftungselemente setzen die entscheidenden Akzente bei dieser Aufnahme. (16 mm · f 9 · 0,6 s · ISO 100 · Stativ)

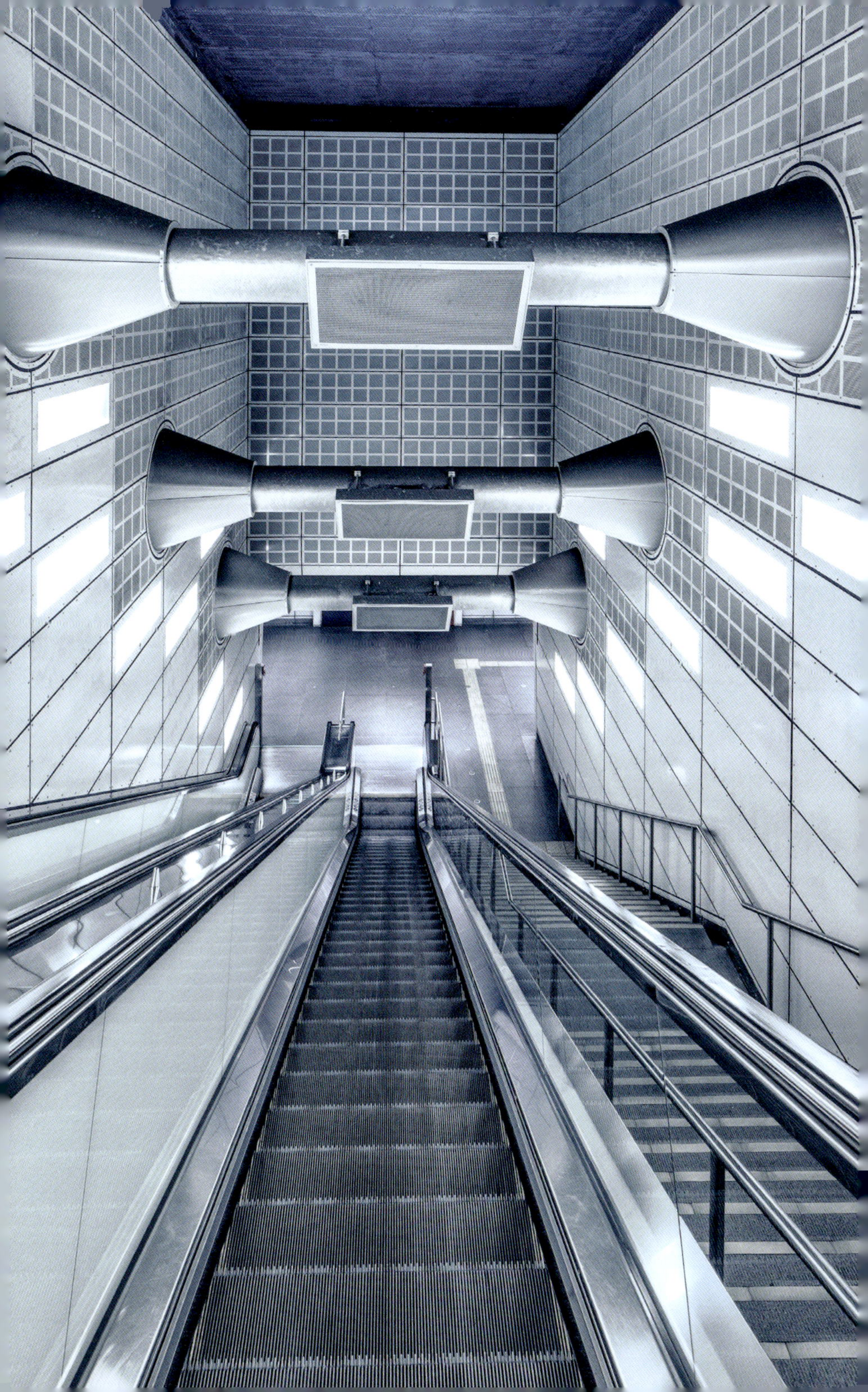

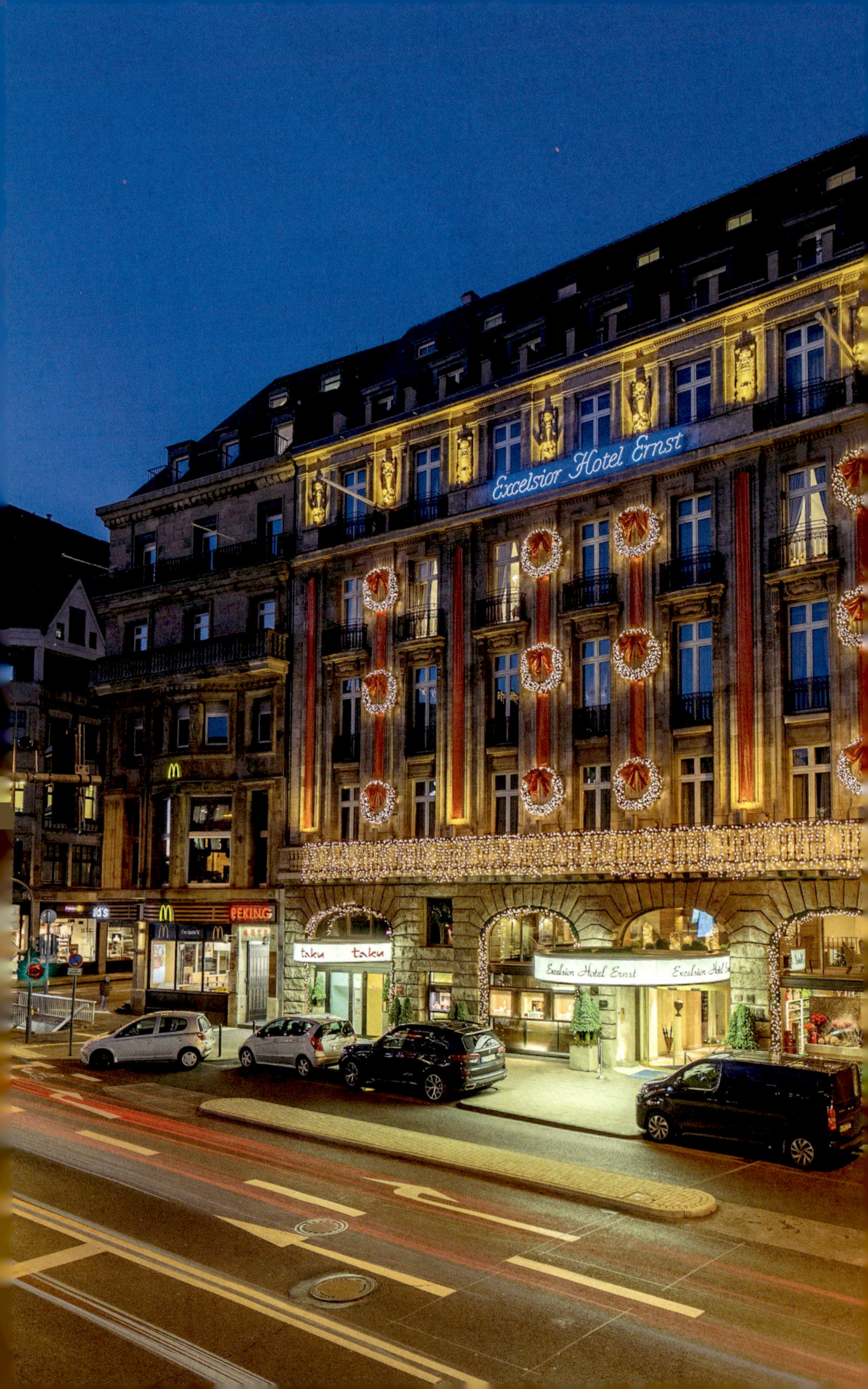
Excelsior Hotel Ernst
PEKING
taku
taku
Excelsior Hotel Ernst

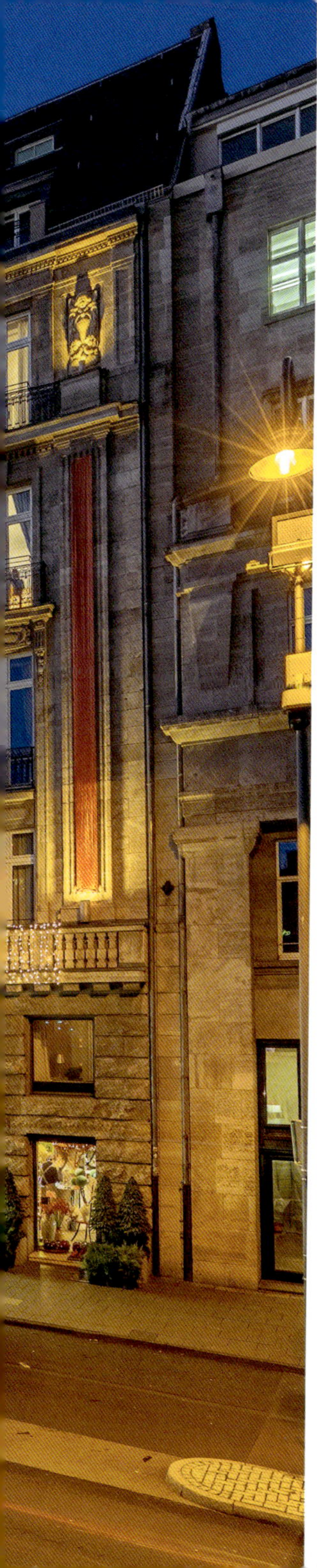

WEIHNACHT-LICHES KÖLN

TOUR 9

Zur Weihnachtszeit erstrahlt Köln an vielen Ecken und Enden festlich geschmückt und präsentiert dadurch unzählige großartige Fotomotive. Nicht nur Weihnachtsmärkte, sondern auch zahlreiche Gebäude erstrahlen in einem wahren Lichtermeer, für das es sich auch bei niedrigen Temperaturen lohnt, mit Kamera und Stativ loszuziehen.

HDR-Bild aus 5 Aufnahmen.
Mittlere Aufnahmeeinstellung:
16 mm · f 8 · 1/15 s · ISO 100 · Stativ

WEIHNACHTLICHES KÖLN

TOUR 9

1. HAUPTBAHNHOF
2. EXCELSIOR HOTEL ERNST
3. WEIHNACHTSMARKT AM DOM
4. HEINZELS WINTERMÄRCHEN
5. EISLAUFBAHN HEUMARKT
6. GÜRZENICH
7. FARINA 1709
8. DUFTHAUS 4711
9. WEIHNACHTSMARKT AUF DEM RUDOLFPLATZ
10. WOLKENBURG

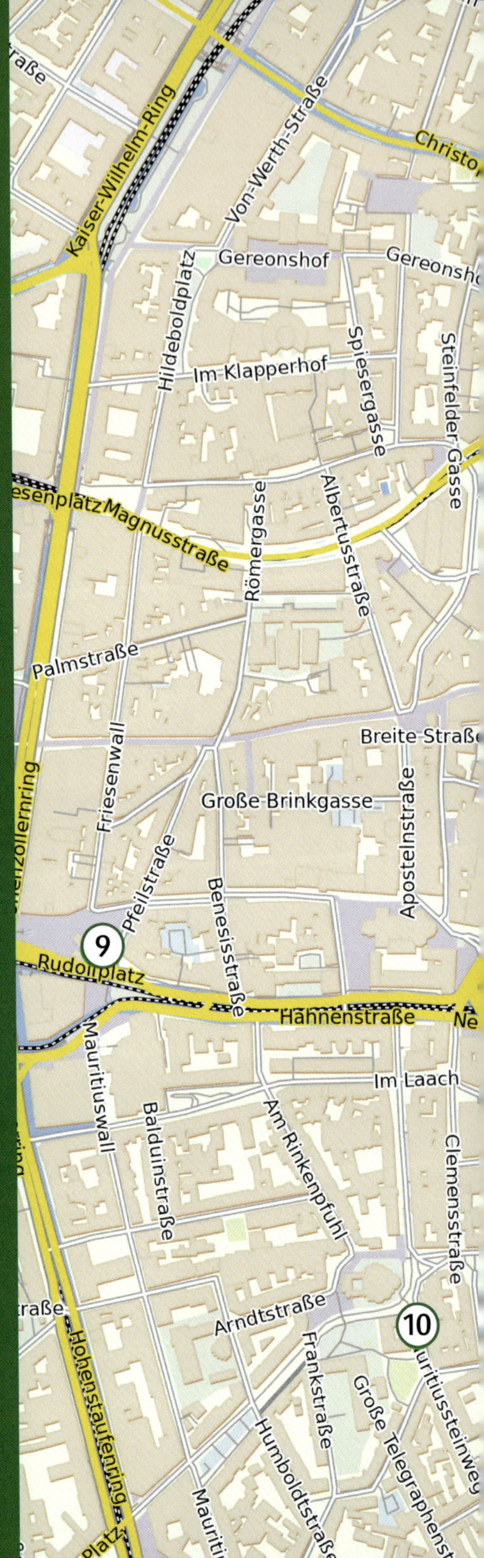

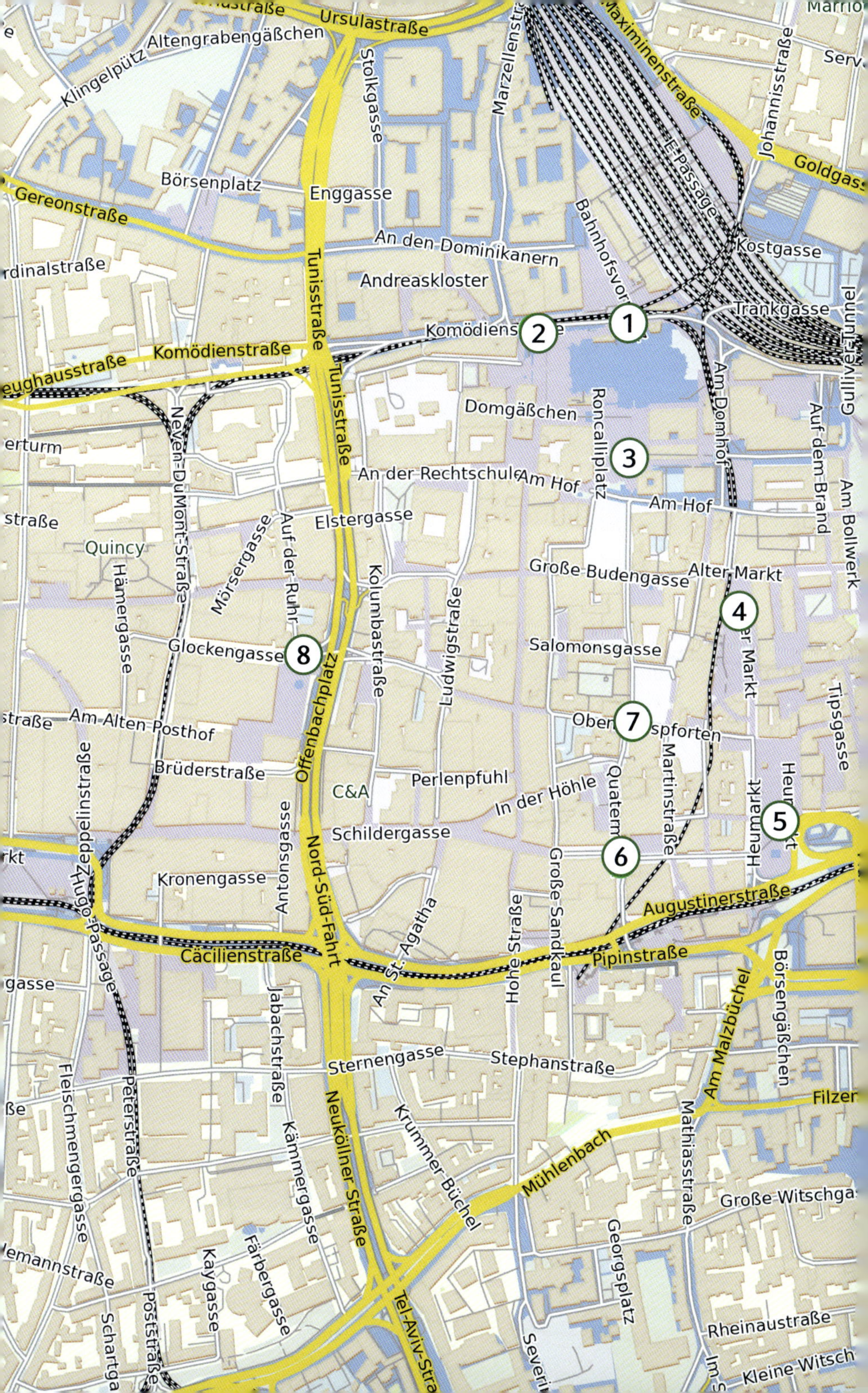

Ursulastraße
Altengrabengäßchen
Klingelpütz
Stolkgasse
Marzellenstraße
Maximinenstraße
Johannisstraße
Goldgasse
Börsenplatz
Enggasse
Gereonstraße
An den Dominikanern
E-Passage
Bahnhofsvorplatz
Kostgasse
Andreaskloster
Trankgasse
Gulliver-Tunnel
Komödienstraße
Tunisstraße
Zeughausstraße
Domgäßchen
Roncalliplatz
Am Domhof
Auf dem Brand
Am Bollwerk
Neven-DuMont-Straße
An der Rechtschule
Am Hof
Elstergasse
Auf der Ruhr
Mörsergasse
Quincy
Hämergasse
Kolumbastraße
Ludwigstraße
Große Budengasse
Alter Markt
Glockengasse
Salomonsgasse
Offenbachplatz
Tipsgasse
Am Alten Posthof
Obenmarspforten
Martinstraße
Brüderstraße
C&A
Perlenpfuhl
In der Höhle
Quatermarkt
Heumarkt
Schildergasse
Zeppelinstraße
Kronengasse
Antonsgasse
Nord-Süd-Fahrt
Große Sandkaul
Hohe Straße
An St. Agatha
Augustinerstraße
Pipinstraße
Cäcilienstraße
Hugo-Passage
Jabachstraße
Am Malzbüchel
Börsengäßchen
Sternengasse
Stephanstraße
Filzengraben
Fleischmengergasse
Peterstraße
Kämmergasse
Krummer Büchel
Neuköllner Straße
Mühlenbach
Mathiasstraße
Große Witschgasse
Georgsplatz
Kaygasse
Färbergasse
Poststraße
Schartgasse
Tel-Aviv-Straße
Rheinaustraße
Kleine Witschgasse
1
2
3
4
5
6
7
8

1 HAUPTBAHNHOF

Beste Tageszeit: tagsüber, abends
Koordinaten: 50.941750, 6.958078
Adresse: Trankgasse 11, 50667 Köln

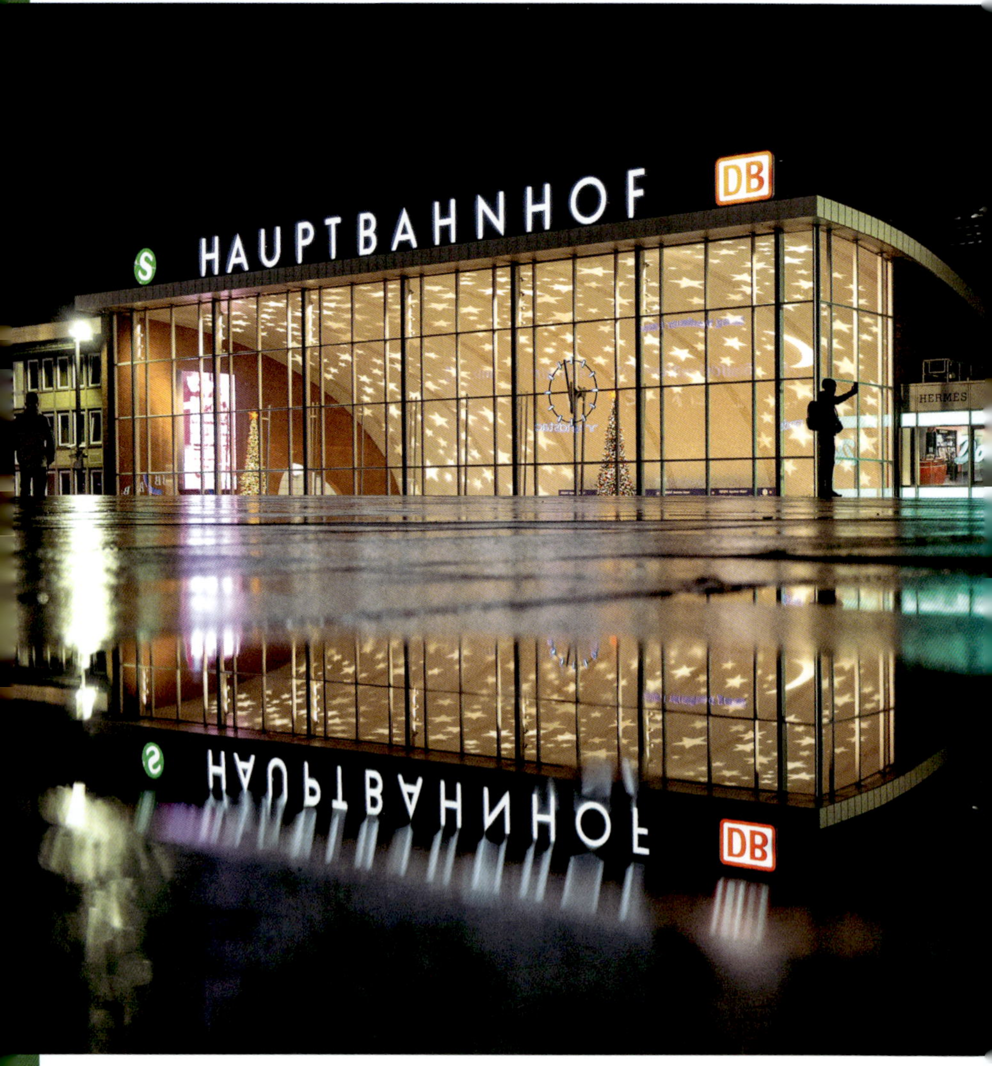

Die Schalterhalle im Hauptbahnhof erstrahlt wie ein Sternenhimmel. (26 mm · f 4 · 1/30 s · ISO 2000)

2 EXCELSIOR HOTEL ERNST

Beste Tageszeit: abends
Koordinaten: 50.941688, 6.956492
Adresse: Trankgasse 1–5, 50667 Köln

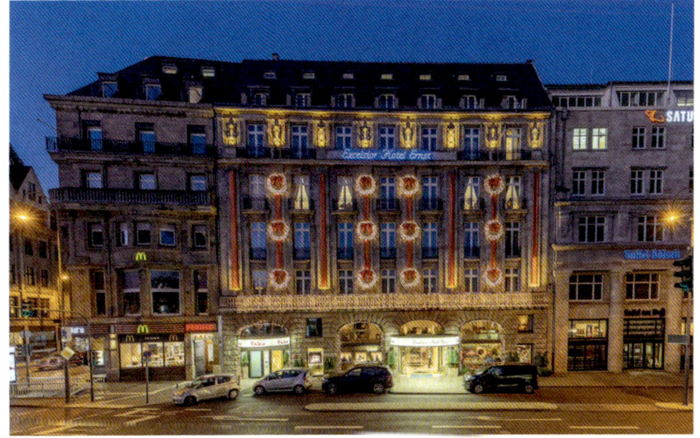

Von der gegenüber höher liegenden Domplatte lässt sich die prächtig dekorierte Fassade des Excelsior Hotel Ernst gut fotografieren. (16 mm · f 8 · 15 s · ISO 100 · Stativ)

3 WEIHNACHTSMARKT AM DOM

Beste Tageszeit: tagsüber, abends
Koordinaten: 50.940343, 6.958140
Adresse: Roncalliplatz, 50667 Köln

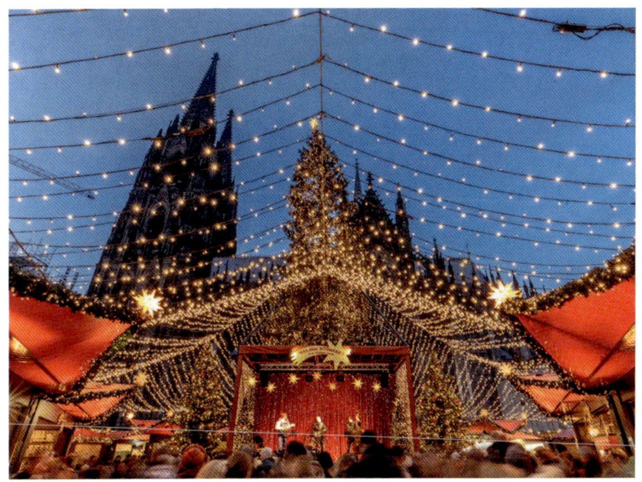

In der Menschenmenge sollten Sie darauf achten, dass Ihr Stativ nicht zur Stolperfalle wird. (19 mm · f 16 · 5 s · ISO 100 · Stativ)

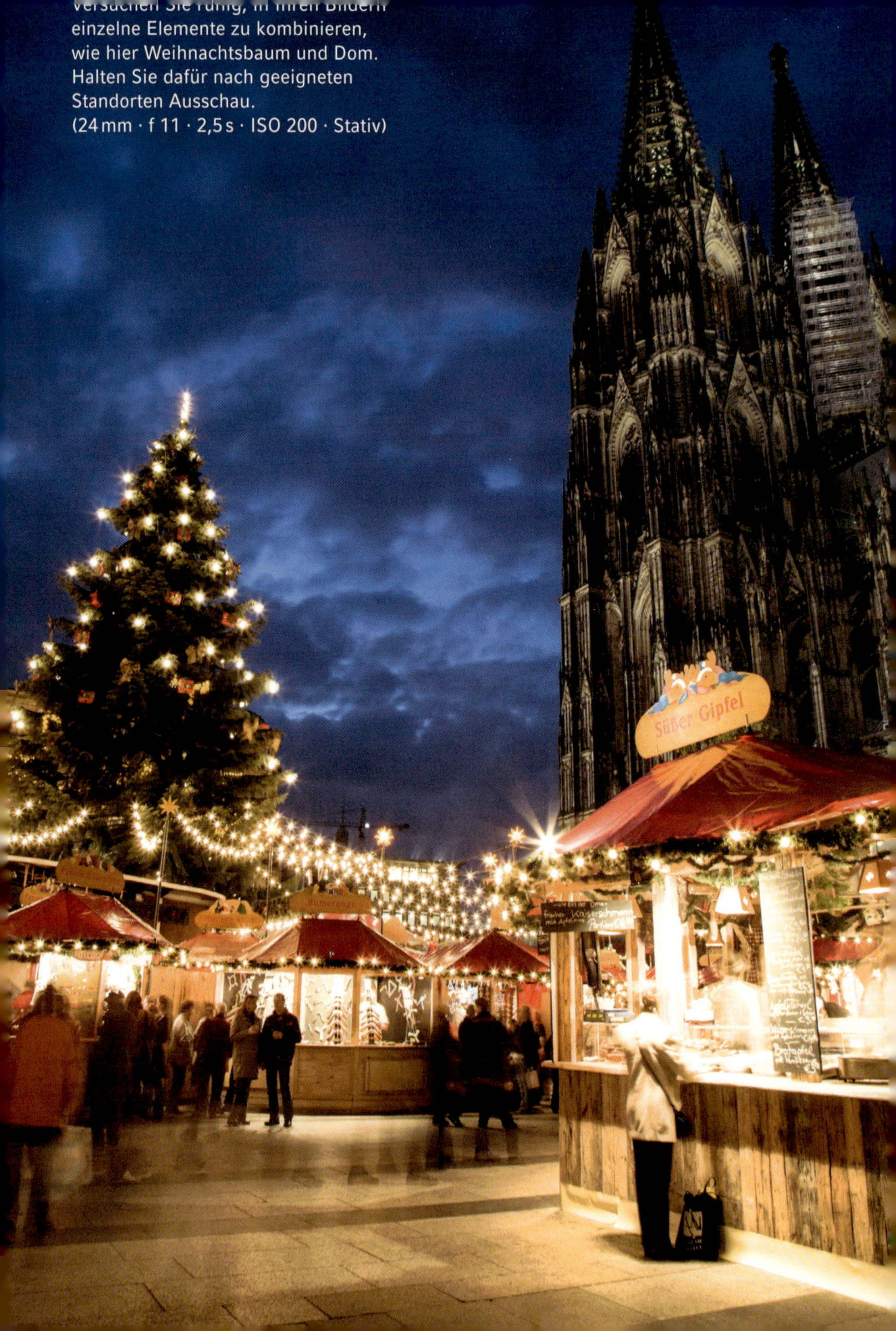

Versuchen Sie ruhig, in Ihren Bildern einzelne Elemente zu kombinieren, wie hier Weihnachtsbaum und Dom. Halten Sie dafür nach geeigneten Standorten Ausschau. (24 mm · f 11 · 2,5 s · ISO 200 · Stativ)

4 HEINZELS WINTERMÄRCHEN

Beste Tageszeit: tagsüber, abends
Koordinaten: 50.938762, 6.959997
Adresse: Alter Markt und Heumarkt, 50667 Köln

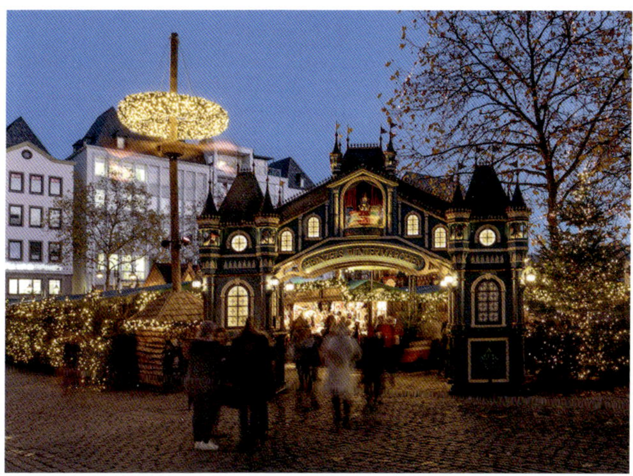

Der Eingang zum Weihnachtsmarkt auf dem Heumarkt (24 mm · f 9 · 2,5 s · ISO 100 · Stativ)

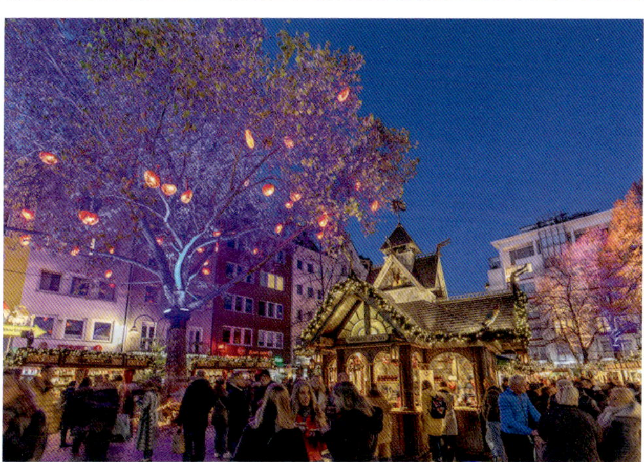

Erhöhen Sie den ISO-Wert, um die Belichtungszeit zu verkürzen, wird die Bewegungsunschärfe der Besucher verringert. (16 mm · f 7,1 · 1,3 s · ISO 400 · Stativ)

5 EISLAUFBAHN HEUMARKT

Beste Tageszeit: tagsüber, abends
Koordinaten: 50.936577, 6.960719
Adresse: Heumarkt, 50667 Köln

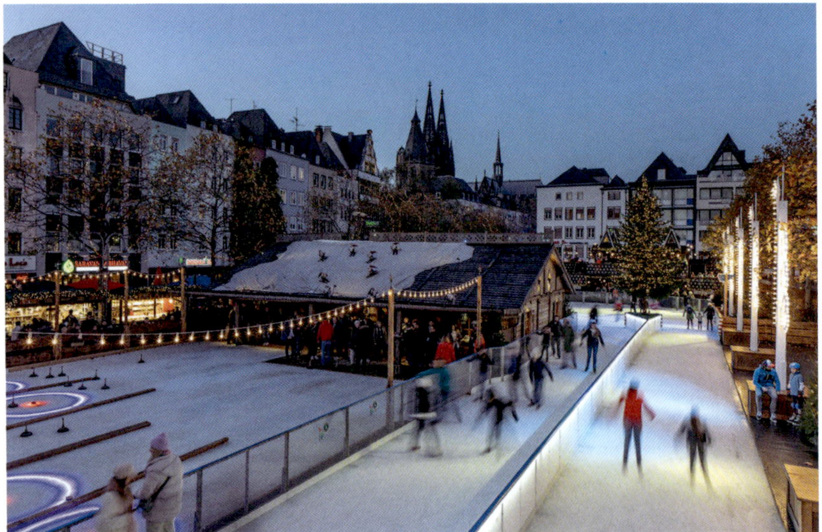

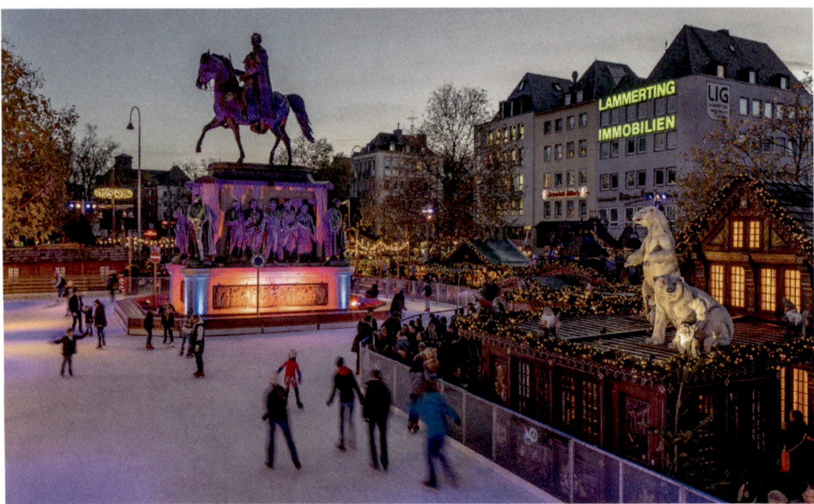

Auch die Eislaufbahn auf dem Heumarkt bietet wunderbare Motive während der Weihnachtszeit.
(Oben: 24 mm · f 7,1 · 0,3 s · ISO 100 · Stativ, unten: 24 mm · f 7,1 · 1/8 s · ISO 200 · Stativ)

6 GÜRZENICH

Beste Tageszeit: tagsüber, abends
Koordinaten: 50.936184, 6.958034
Adresse: Martinstraße 29–37, 50667 Köln

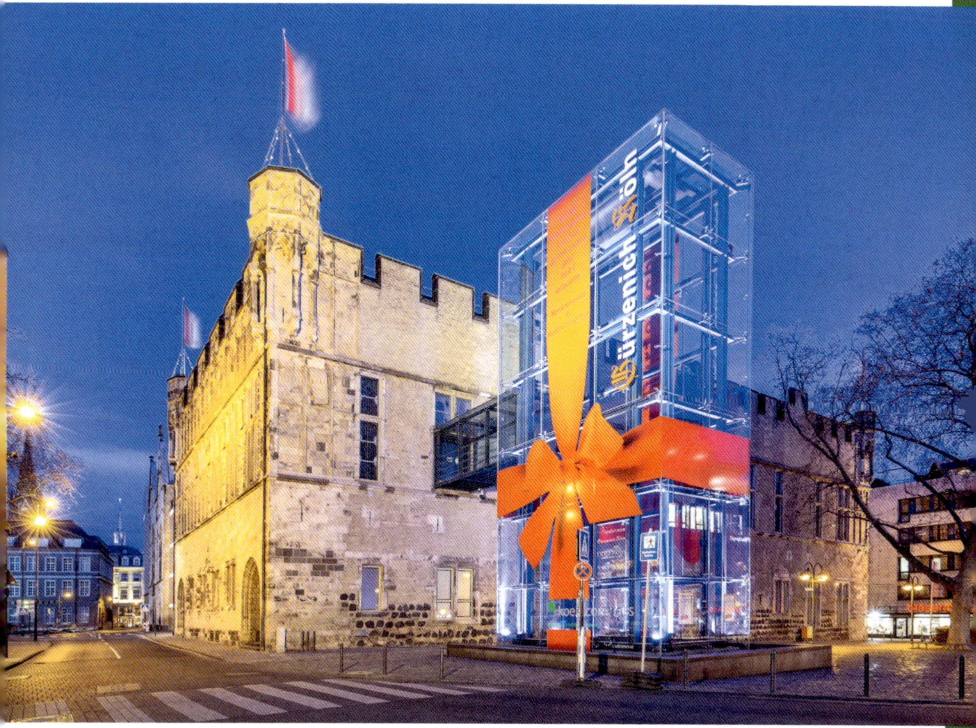

Das ist sicherlich die größte Geschenkbox in Köln.
(16 mm · f 9 · 15 s · ISO 100 · Stativ)

7 FARINA 1709

Beste Tageszeit: tagsüber, abends
Koordinaten: 50.937596, 6.958215
Adresse: Obermarspforten 21, 50667 Köln

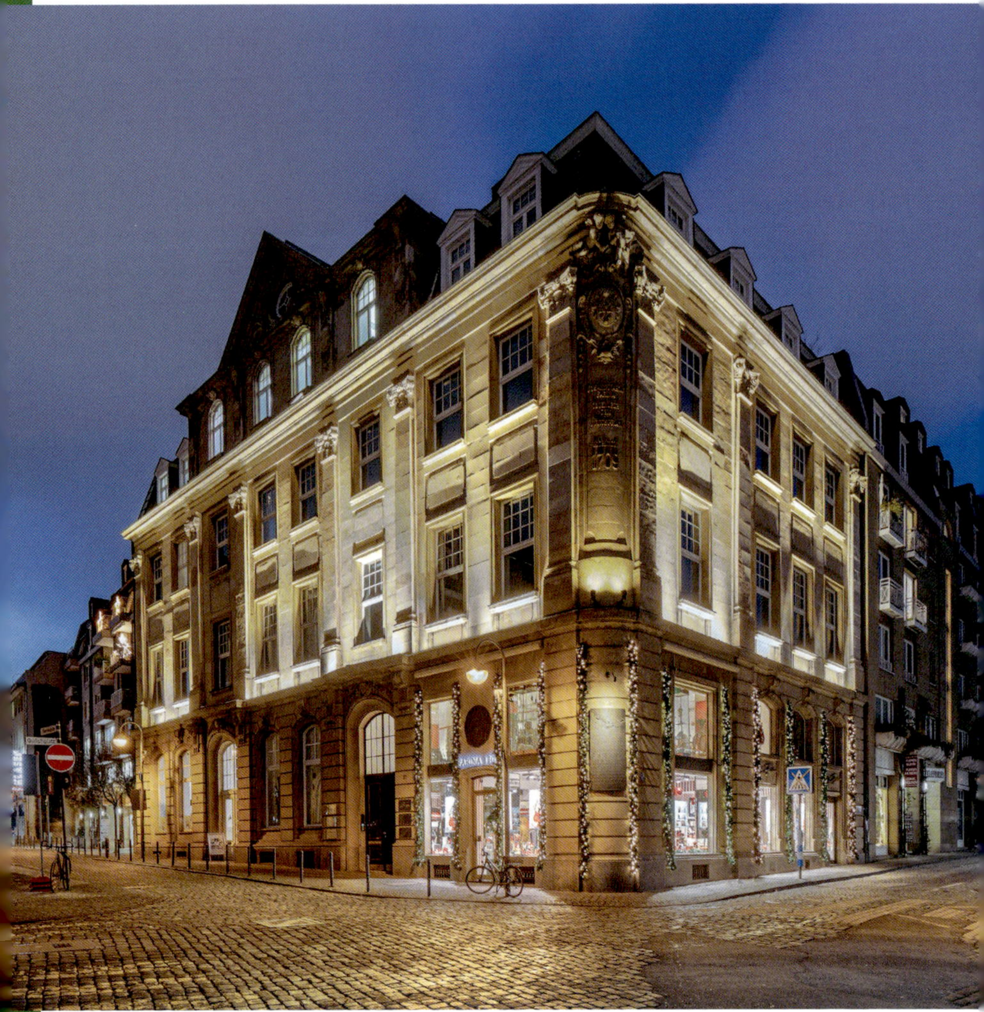

Auch die Fassade des Parfümhauses Farina 1709 wird weihnachtlich geschmückt. (16 mm · f 8 · 13 s · ISO 100 · Stativ)

8 DUFTHAUS 4711

Beste Tageszeit: tagsüber, abends
Koordinaten: 50.938319, 6.952523
Adresse: Glockengasse 4, 50667 Köln

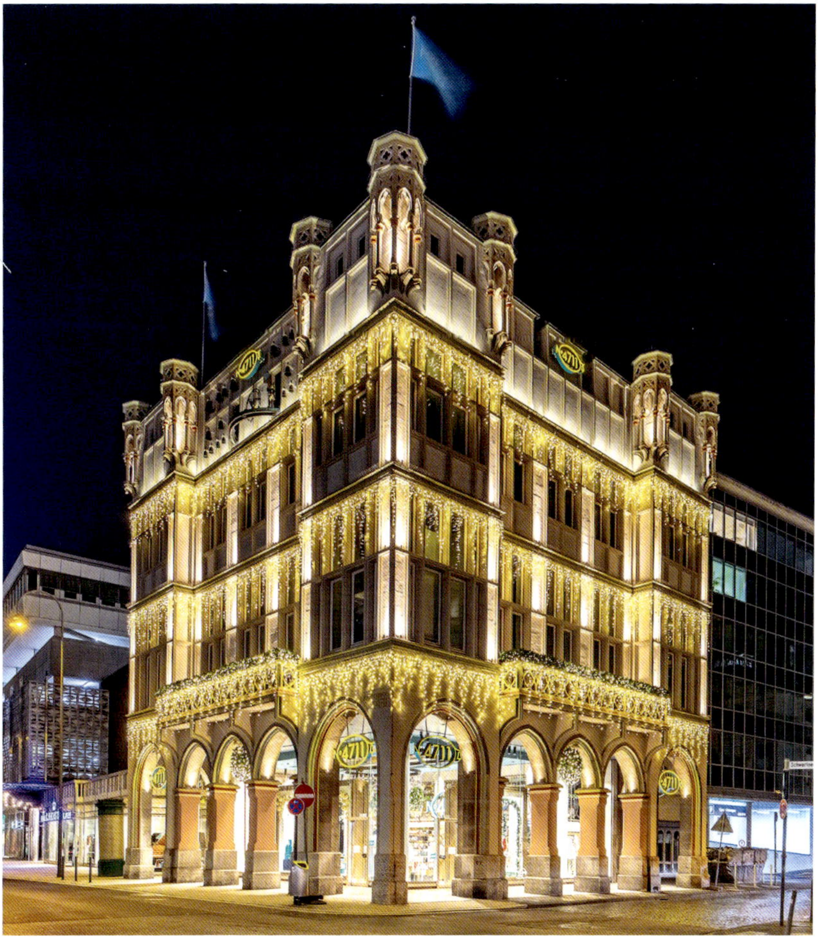

Das Dufthaus gehört sicherlich zu den fotogensten Motiven Kölns während der Weihnachtszeit. Aufgrund des weiter anhaltenden Umbaus der Oper auf der gegenüberliegenden Straßenseite sind die Aufnahmestandorte stark eingeschränkt.
(20 mm · f 8 · 20 s · ISO 100 · Stativ)

9 WEIHNACHTSMARKT AUF DEM RUDOLFPLATZ

Beste Tageszeit: tagsüber, abends
Koordinaten: 50.936418, 6.940445
Adresse: Rudolfplatz, 50674 Köln

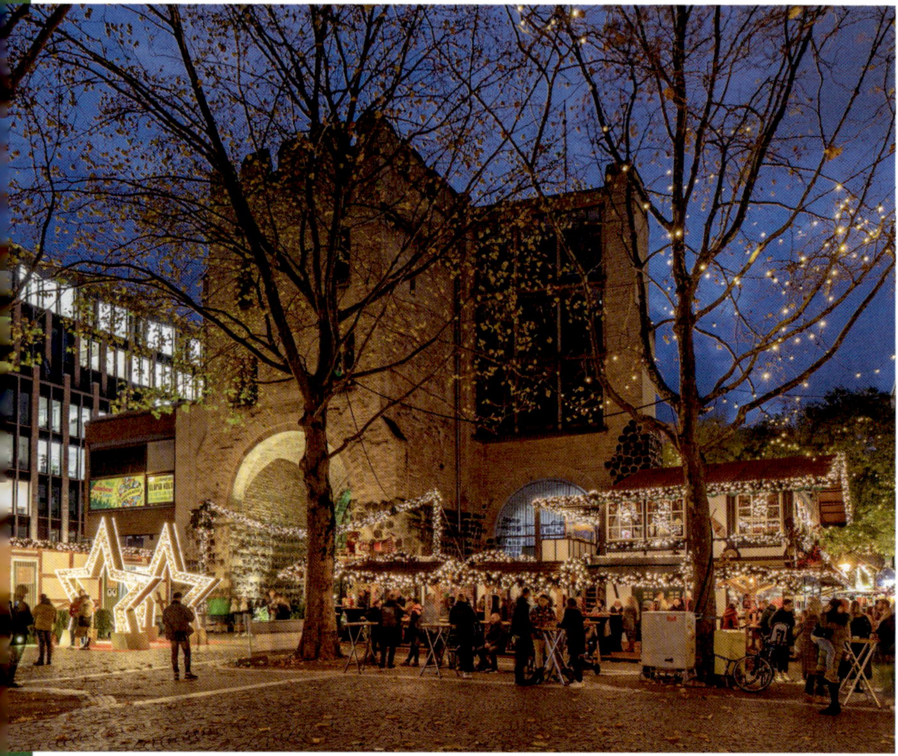

Den Weihnachtsmarkt auf dem Rudolfplatz gibt es noch nicht so lange wie die oben beschriebenen Märkte. Aber auch hier finden Sie zahlreiche reizvolle Motive. (23 mm · f 8 · 5 s · ISO 100 · Stativ)

10 WOLKENBURG

Beste Tageszeit: tagsüber, abends
Koordinaten: 50.932918, 6.945225
Adresse: Mauritiussteinweg 59-61, 50676 Köln

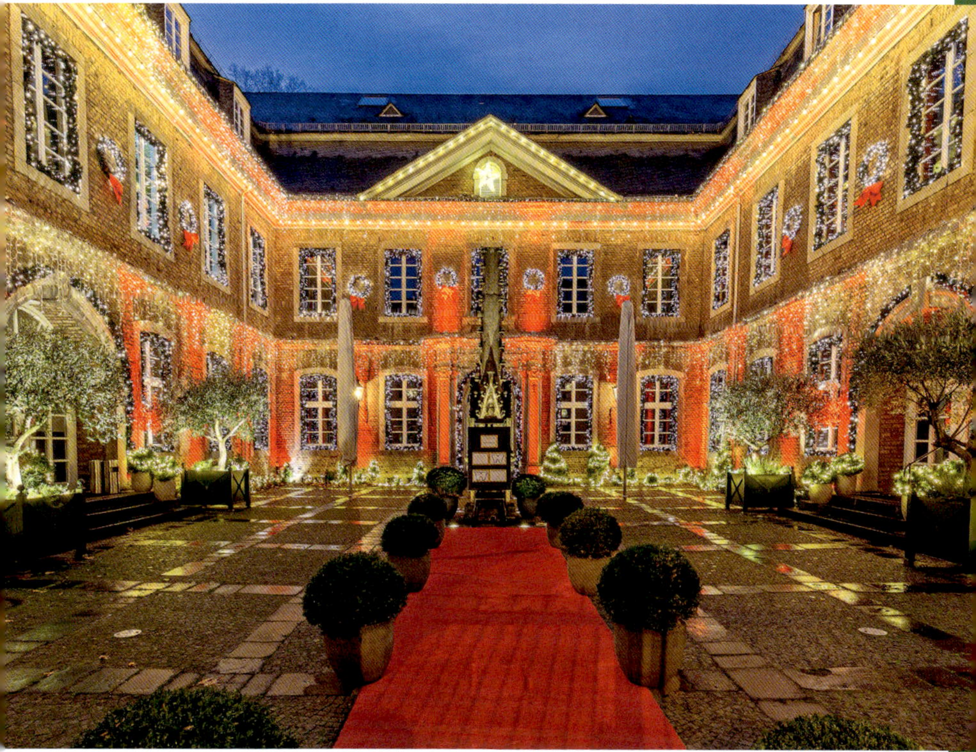

Die Wolkenburg ist eine Eventlocation und vermutlich die am kitschigsten geschmückte Weihnachtsattraktion in ganz Köln.
(16 mm · f 8 · 15 s · ISO 100 · Stativ)

Filterfotografie

In Köln bietet es sich an, mit Filtern zu fotografieren und zu experimentieren. Denn das Wasser und natürlich auch der Himmel sind zwei Elemente, die durch eine Langzeitbelichtung komplett transformiert werden können. Durch eine lange Belichtungszeit findet eine bemerkenswerte Veränderung der Aufnahme statt. Minutenlange Belichtungszeiten lassen das Wasser spiegelglatt wirken, sich am Flussufer brechende Wellen werden zu einem mystischen Nebel. Die Wolken ziehen durch das Bild und werden zu einem Hintergrund, der bedrohlich oder auch friedlich wirken kann.

Wie lange die Belichtungszeit am Ende ist, hängt ganz von den vorhandenen Lichtverhältnissen und von Ihrer Vorstellung davon ab, wie das Foto am Ende aussehen soll. Am liebsten nehme ich Langzeitbelichtungen morgens oder am späten Nachmittag auf, wenn die Sonne tief steht. Das verleiht den Objekten Tiefe und eine ausgeprägte Struktur. An bewölkten Tagen lohnt sich die Filterfotografie den ganzen Tag, denn das diffuse Licht verhindert starke Kontraste. Die Struktur und Tiefe füge ich dann der Aufnahme in der Nachbearbeitung am Computer hinzu.

Ein wichtiges Hilfsmittel stellen Graufilter dar. Ohne sie wären die langen Belichtungszeiten am Tag überhaupt nicht möglich.

GRAUFILTER

Der Graufilter, auch Neutraldichtefilter (ND-Filter) genannt, ist durchgängig neutralgrau eingefärbt. So wird der Lichteinfall ins Objektiv reduziert – so ähnlich, als ob Sie durch eine Sonnenbrille blicken würden. Im Gegensatz zur Sonnenbrille ist der ND-Filter allerdings weitgehend farbneutral. Mit einem ND-Filter werden so Überbelichtungen bei längeren Belichtungszeiten vermieden, ohne dabei die Farben des Bildes allzu sehr zu verfälschen.

Im Wesentlichen hängt die richtige Wahl der *Dichte* (Stärke) eines Graufilters von der Bildidee, dem gewünschten Effekt und der vorgefundenen Lichtsituation ab. Aus diesem Grund gibt es Graufilter in mehreren Dichtegraden, aus denen Sie für die jeweilige Aufnahmesituation auswählen müssen. Je dichter (dunkler) ein Filter ist, desto geringer ist der Lichteinfall. Das ermöglicht eine längere Belichtungszeit, ohne abblenden zu müssen.

Leider gibt es keine einheitliche Angabe der Dichte von Filtern; die Hersteller verwenden teilweise sehr unterschiedliche Bezeichnungen. Einige Hersteller geben die Dichte der Filter in »ND«, als Verlängerungsfaktor der Verschlusszeit oder in Blendenstufen an. Die folgende Tabelle hilft Ihnen, sich in Sachen Filterwirkung zu orientieren.

Dichte	Verlängerung der Belichtungszeit (Faktor)	Blenden
ND 0.3	× 2	1
ND 0.6	× 4	2
ND 0.9	× 8	3
ND 1.2	× 16	4
ND 1.5	× 32	5
ND 1.8	× 64	6
ND 2.1	× 128	7
ND 2.4	× 256	8
ND 2.7	× 512	9
ND 3.0	× 1024	10

Zusammenhang zwischen den verschiedenen Bezeichnungen und der Wirkung von Graufiltern

Je nachdem, wie dicht ein Graufilter ist, können Sie durch ihn nicht mehr hindurchschauen und das Fokussieren ist unmöglich. Am besten fokussieren Sie auf das Motiv ohne Graufilter. Das Motiv können Sie wie gewohnt entweder manuell oder mit dem Autofokus scharfstellen. Falls Sie mit dem Autofokus fokussieren, müssen Sie diesen anschließend ausschalten, bevor Sie den Graufilter vor das Objektiv setzen, da Sie sonst nicht auslösen können.

Aber auch die richtige Berechnung der Belichtungszeit ist wichtig. Da hilft die oben gezeigte Tabelle weiter. Bei sehr dichten Graufiltern ist es der Kamera nicht mehr möglich, eine korrekte Belichtungszeit zu messen. Ich gehe dann wie folgt vor:

1. Zuerst wähle ich den Bildausschnitt mit der passenden Komposition. Danach fokussiere ich auf das Motiv und schalte anschließend den Autofokus aus.

2. Ich wähle die Blendenvorwahl (A/Av) und entscheide mich für einen Blendenwert, der mir die gewünschte Schärfentiefe im Bild liefert. Die Kamera wählt automatisch die passende Belichtungszeit.
3. Diese Belichtungszeit multipliziere ich mit dem Verlängerungsfaktor des entsprechenden Filters aus der Tabelle oben.
4. Die Aufnahme selbst führe ich dann im manuellen Modus (M) mit der so ermittelten Belichtungszeit und der von mir gewählten Blende durch.

Errechnen Sie Belichtungszeiten von mehr als 30 Sekunden, kommt der Bulb-Modus (B/Bulb) in Betracht, der Belichtungszeiten länger als 30 Sekunden ermöglicht.

Es gibt zahlreiche Apps für das Smartphone, die die Berechnung der neuen Belichtungszeit erleichtern, z. B. *Long Exposure Calculator* für iPhone und Android oder *ND-Filter Expert* für Android. Ich persönlich arbeite seit kurzem mit dem *NiSi ND Calculator*. Sie müssen lediglich die Ausgangsbelichtungszeit und die Filterdichte in die App eingeben, und schon erhalten Sie die korrekte Belichtungszeit für den jeweiligen Graufilter.

ARBEITSSCHRITTE BEI DER ARBEIT MIT GRAUFILTERN

1. Stellen Sie Ihr Stativ auf und befestigen Sie die Kamera darauf.
2. Wählen Sie die gewünschte Brennweite, den Bildausschnitt und die Blende.
3. Wählen Sie einen niedrigen ISO-Wert (z. B. 100).
4. Fokussieren Sie auf das Motiv und schalten Sie dann den Autofokus aus.
5. Lassen Sie in der Blendenvorwahl (A, Av, Zeitautomatik) die Belichtungszeit durch die Kamera bestimmen.

6. Berechnen Sie die mit dem Filter benötigte Belichtungszeit mithilfe einer Smartphone-App.
7. Wechseln Sie in den manuellen Belichtungsmodus (M). Beträgt die berechnete Belichtungszeit mehr als 30 Sekunden, wechseln Sie in den Bulb-Modus (B, Bulb).
8. Schrauben Sie den Graufilter auf das Objektiv bzw. stecken Sie ihn in den Filterhalter und decken Sie bei einer DSLR das Okular ab, damit kein Umgebungslicht einfällt.
9. Benutzen Sie bei einer DSLR die Spiegelvorauslösung (falls vorhanden), um jegliches Verwacklungspotenzial zu minimieren.
10. Schalten Sie den Bildstabilisator aus.
11. Lösen Sie die Aufnahme mithilfe eines Fernauslösers aus.

TIPPS FÜR LANGZEITBELICHTUNGEN

1. Benutzen Sie ein stabiles Stativ.
2. Für die Aufnahme muss der Autofokus ausgeschaltet werden.
3. Wählen Sie den Bildausschnitt großzügig. Einige Filter führen zu Randabschattungen. Diese müssen Sie später beschneiden.
4. Fotografieren Sie bei Belichtungszeiten länger als 30 Sekunden im Bulb-Modus.
5. Nutzen Sie einen Fernauslöser.
6. Prüfen Sie, ob sich auch ein Grauverlaufsfilter für die Aufnahme anbietet.
7. Berechnen Sie die notwendige Belichtungszeit mit einer App (z. B. ND Filter Expert).
8. Prüfen Sie die Aufnahme und entscheiden Sie nach eigenem Ermessen, ob die Belichtungszeit verkürzt oder verlängert werden muss. Nutzen Sie für die Beurteilung auch das Histogramm.

GRAUVERLAUFSFILTER

Nicht nur bei den Langzeitbelichtungen spielt der Himmel bei Aufnahmen oftmals eine wesentliche Rolle. Der Himmel gehört als Bildelement einfach häufig mit aufs Bild. Je nach Lichtsituation gibt es aber oft sehr starke Kontraste zwischen Himmel und Vordergrund.

Für solche Aufnahmesituationen bietet sich der Einsatz eines Grauverlaufsfilters an, der auch als *Verlaufsfilter* oder *ND-Verlaufsfilter* bezeichnet wird. Mithilfe eines Grauverlaufsfilters können Sie den Himmel um mehrere Blendenstufen abdunkeln, ohne dabei die Helligkeit des Vordergrundes zu verändern. Somit wird eine Überbelichtung im Bereich des Himmels bei der Aufnahme verhindert. Der klassische Grauverlaufsfilter ist am oberen Rand am dichtesten und die Filterwirkung nimmt bis zur Mitte des Filters kontinuierlich ab. Von der Mitte bis zum unteren Rand ist die Filterfläche glasklar und damit ohne Wirkung.

Grauverlaufsfilter sind, ähnlich wie Graufilter, in unterschiedlichen Stärken und zudem mit einem harten oder weichen Verlauf erhältlich. Der weiche bzw. harte Verlauf bezeichnet den Übergang vom dunklen zum klaren Bereich des Filters. Filter mit hartem Übergang werden in der Regel bei einem gleichmäßig geraden Horizont eingesetzt.

Spezielle Grauverlaufsfilter, bei denen der dunkle Bereich in der Mitte des Filters liegt (sog. *Reverse-Filter*), werden in der Landschaftsfotografie während des Sonnenauf- und Sonnenuntergangs eingesetzt, da sich zu diesem Zeitpunkt der hellste Bereich der Aufnahme (die Sonne) ungefähr in der Bildmitte befindet.

Links: Graufilter der Dichte 3.0
Mitte: Grauverlaufsfilter der Dichte 0.9 mit weichem Verlauf
Rechts: Grauverlaufsfilter der Dichte 0.9 mit hartem Verlauf

Auch die Grauverlaufsfilter gibt es in runder und eckiger Form. In der Regel sind Grauverlaufsfilter nur in eckiger Form mit dem entsprechenden Filterhalter sinnvoll, da die Horizontlinie nicht unbedingt in der Mitte des Bildes liegt und ein gesteckter Filter im Filterhalter nach unten oder oben bewegt werden kann.

ALTERNATIVE HDR?

Um starke Kontraste zwischen Himmel und Vordergrund auszugleichen, greifen Fotografen auch gerne zur HDR-Fotografie. Dabei werden mehrere Aufnahmen der gleichen Szene mit einer unterschiedlichen Belichtung erstellt und mithilfe einer geeigneten Software kombiniert. Solange sich zwischen den einzelnen Aufnahmen nichts bewegt, funktioniert das auch ganz gut. Bei Langzeitbelichtungen mit bewegtem Wasser, im Wind wehenden Bäumen oder ziehenden Wolken funktioniert HDR aber nicht so gut und ist nicht das Mittel der Wahl.

FILTERSYSTEME

Bei Filtern werden zwei unterschiedliche Systeme unterschieden, je nachdem, wie sie befestigt werden. Runde Filter werden auf das Objektiv aufgeschraubt (Schraubfilter) und eckige Filter werden in einen Filterhalter geschoben bzw. gesteckt (Steckfilter). Beide Systeme haben durchaus ihre Berechtigung und bieten unterschiedliche Vor- und Nachteile.

Schraubfilter

Runde Schraubfilter werden vorne auf das Objektivgewinde geschraubt. Die Größe eines Schraubfilters muss somit dem Objektivdurchmesser entsprechen. Das bedeutet eigentlich, dass Sie für unterschiedliche Objektive mit unterschiedlichen Durchmessern mehrere Schraubfilter kaufen müssten.

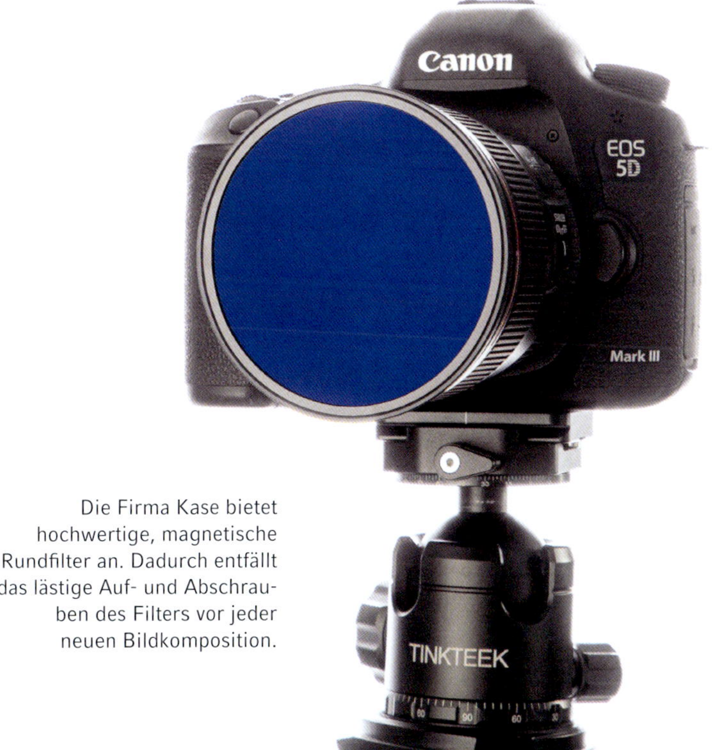

Die Firma Kase bietet hochwertige, magnetische Rundfilter an. Dadurch entfällt das lästige Auf- und Abschrauben des Filters vor jeder neuen Bildkomposition.

Ich empfehle Ihnen aber, einen Schraubfilter zu kaufen, der dem Durchmesser Ihres größten Objektivs entspricht. Das ist in der Regel 77 mm oder 82 mm.

Mithilfe eines Step-up-Adapterrings lässt sich der eigentlich zu große Schraubfilter auch auf Objektiven mit kleinerem Objektivdurchmesser befestigen. So erübrigt sich der Kauf mehrerer Schraubfilter der gleichen Dichte. Das spart Geld und Platz im Fotorucksack.

In der Regel sollten drei Filter mit unterschiedlicher Dichte reichen. Ich komme erfahrungsgemäß mit Filtern der Dichten ND 0.9 (drei Blendenstufen), ND 1.8 (sechs Blendenstufen) und ND 3.0 (zehn Blendenstufen) aus.

Zur Not lassen sich auch mehrere Schraubfilter miteinander kombinieren. Durch die Kombination mehrerer Schraubfilter kann es jedoch zu einer störenden Randabschattung (Vignettierung) kommen, gerade im Weitwinkelbereich. Für den Weitwinkelbereich gibt es deswegen eine Slim-Variante von Schraubfiltern.

Vor- und Nachteile von Schraubfiltern

Runde Schraubfilter lassen sich nicht an Objektiven mit einer nach außen gewölbten Linse oder mit fester Gegenlichtblende befestigen. Das sind in der Regel extreme Weitwinkelobjektive.

Der Vorteil von Schraubfiltern ist, dass kein Streulicht zwischen Filter und Objektiv in das Objektiv einfallen kann. Zusätzlich ist das Packmaß in Vergleich zu Steckfiltern mit Filterhalter wesentlich kleiner.

Schraubfilter gibt es von unterschiedlichen Herstellern. Nach langem Herumprobieren habe ich die Filter von *Kase* (*www.kasefilters.de*) für mich entdeckt. Die Filter von Kase haben eine hervorragende optische Qualität und eine hohe Farbtreue. Das optische Glas der Filter ist aus hochwertigem, umweltfreundlichem Material gefertigt, beidseitig nanobeschichtet, wasserabweisend, stoßfest und leicht zu reinigen. Restlos überzeugt haben mich die magnetischen Rundfilter. Dadurch wird das Auf- und Abschrauben der Filter überflüssig, was den Arbeitsprozess deutlich vereinfacht und beschleunigt.

Steckfilter

Steckfilter, auch *Rechteckfilter* genannt, bestehen in der Regel aus Glas oder Kunststoff und werden in einen Filterhalter geschoben, der quadratische oder rechteckige Filter aufnehmen kann. Der Filterhalter selbst wird an einem Metallring befestigt, der auf das Objektiv geschraubt wird. Der Metallring muss, ähnlich wie bei den Schraubfiltern, dem exakten Objektivdurchmesser entsprechen und wird daher in unterschiedlichen Größen angeboten. Der Filterhalter lässt sich nach der Befestigung immer noch in jede gewünschte Stellung drehen. Da der Filterhalter selbst nicht aufgeschraubt werden muss, lässt er sich schnell und einfach vom Objektiv entfernen bzw. daran montieren. Auf dem Filterhalter lassen sich mehrere Filter anbringen und Graufilter mit Grauverlaufsfiltern kombinieren.

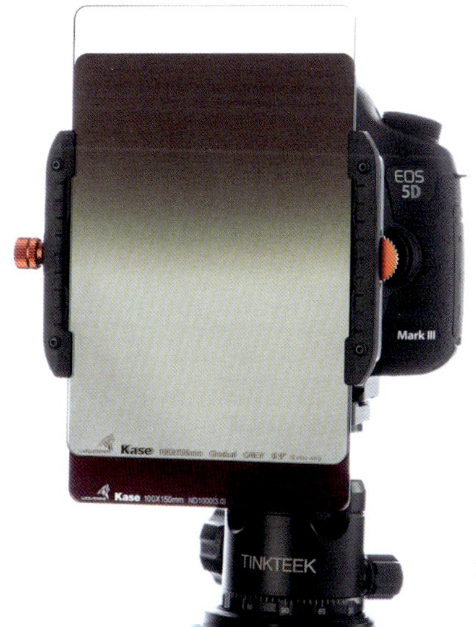

Mit dem Filtersystem von Kase lassen sich mehrere Filter kombinieren – in diesem Fall sind es drei. Als Erstes wird ein magnetischer runder Polarisationsfilter eingesetzt, der sich dank des kleinen Rädchens am Filterhalter auch bei eingeschobenen Filtern in die richtige Position drehen lässt. Davor können Sie einen Graufilter mit einem Grauverlaufsfilter kombinieren.

Auch bei den Steckfiltern gibt es eine große Auswahl an Herstellern. Ich empfehle Ihnen wieder die Filter der Firma Kase. Die Steckfiltersysteme sind vom Hersteller gründlich durchdacht und bieten eine Qualität und Sortimentsbreite, die man sonst bei fast keinem anderen Hersteller findet.

Vor- und Nachteile der Steckfilter

Der große Vorteil von Steckfiltern ist, dass sich Grau- und Grauverlaufsfilter kombinieren lassen. Eine Vignettierung ist auch im Weitwinkelbereich selten festzustellen. Folgende Nachteile sollten Sie kennen:

- Die Kunststofffilter verkratzen leicht.
- In der Regel sind die Steckfilter zusammen mit dem Filterhalter teurer als Schraubfilter. Das Steckfiltersystem ist anfälliger für Streulicht.
- Das Packmaß ist größer als bei Schraubfiltern.

FILTER-GUTSCHEIN GEFÄLLIG?

Sind Sie an einem Gutschein für Filter von der Firma *Kase* interessiert? Der *Kase Filters Deutschland Onlineshop* auf *https://kasefilters.de/* bietet Fotozubehör und Stative an.
Für einen Gutschein senden Sie mir einfach eine E-Mail an *stefano.paterna@gmail.com* mit dem Stichwort »Köln fotografieren«.

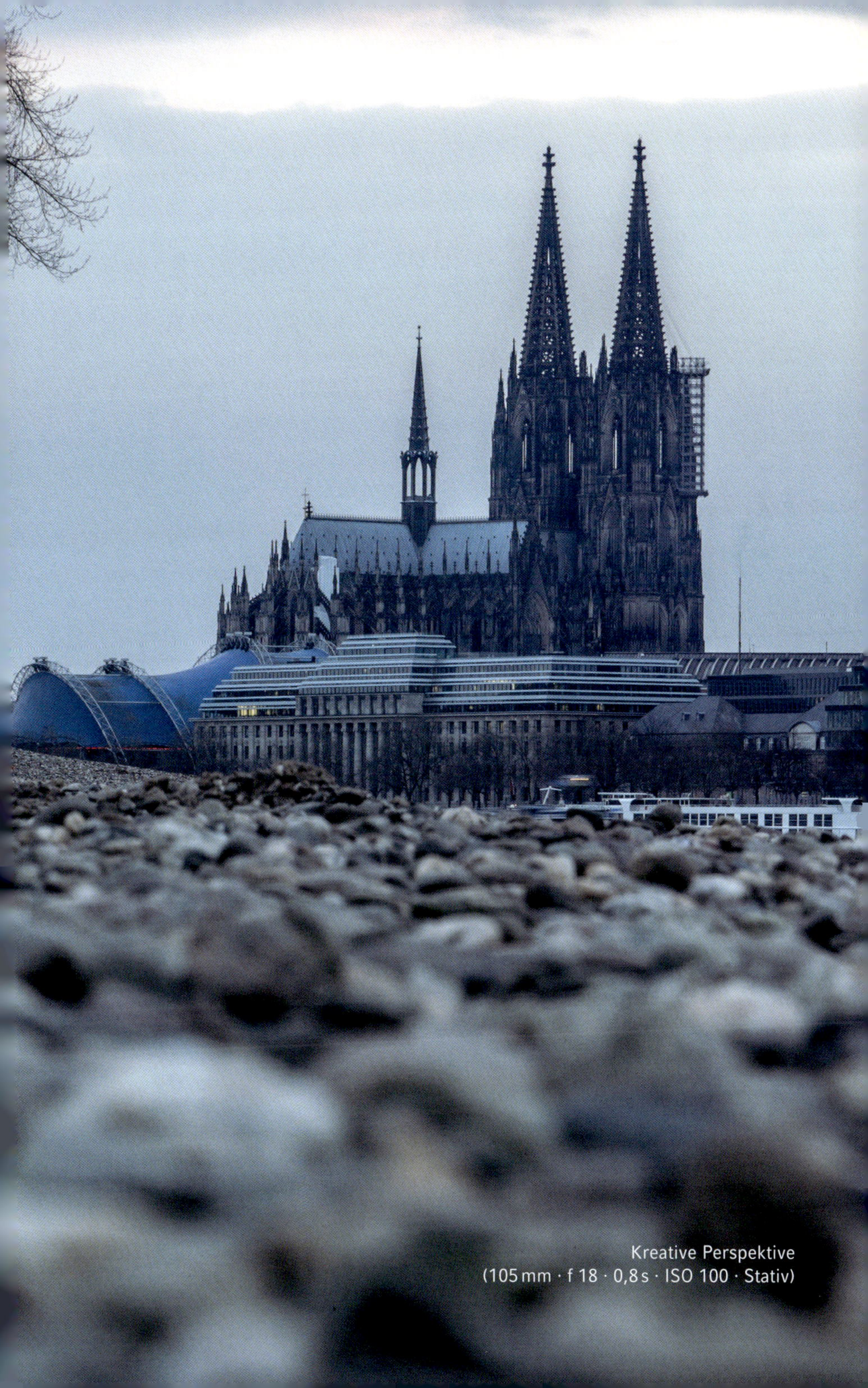

Kreative Perspektive
(105 mm · f 18 · 0,8 s · ISO 100 · Stativ)

INDEX

G

H

I

J

K

L

M

N

O

P

R

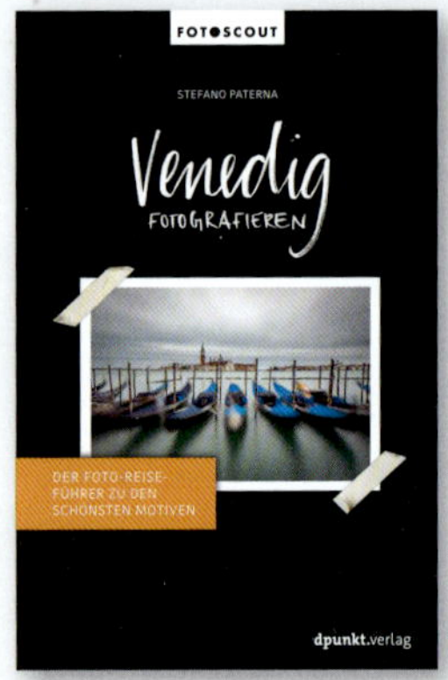

Stefano Paterna

Venedig fotografieren

Der Foto-Reiseführer zu den schönsten Motiven

2021
256 Seiten, Broschur
€ 24,90 (D)

ISBN:
Print 978-3-86490-817-0
PDF 978-3-96910-146-9
ePub 978-3-96910-147-6
mobi 978-3-96910-148-3

Auf *dpunkt.de* auch als Bundle (Print & E-Book) erhältlich.

In diesem Fotoscout ist der Kölner Fotograf Stefano Paterna Ihr Lotse und führt Sie gezielt durch die Lagunenstadt. Gemeinsam mit ihm entdecken Sie unbekannte fotografische Schätze und lernen, wie Sie auch bekannte Motive aus neuem Blickwinkel fotografieren.

Er zeigt Ihnen nicht nur die beeindruckenden Motive von Gondeln, dem Markusplatz und dem Dogenpalast, sondern gibt Ihnen auch nützliche Tipps für das Fotografieren bei Wind und Wetter, außerhalb der Touristensaison und abseits der Touristenströme. So verleihen Hochwasser und Nebel der Stadt einen besonderen Reiz und sorgen für wunderbare fotografische Motive. Zudem bietet das Buch Informationen für weitere Ausflüge zu den interessantesten Inseln der Lagune.

Dank QR-Codes, die auf Google Maps verlinken, können Sie ganz einfach zu jedem der zahlreichen Fotospots navigieren – scannen Sie dazu einfach den QR-Code mit Ihrem Smartphone.

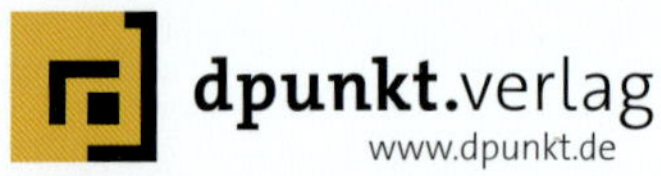